GALERIE

HISTORIQUE

DES ACTEURS

DU THÉATRE FRANÇAIS.

TOME I.

De l'Imprimerie de C. F. PATRIS, rue de
la Colombe.

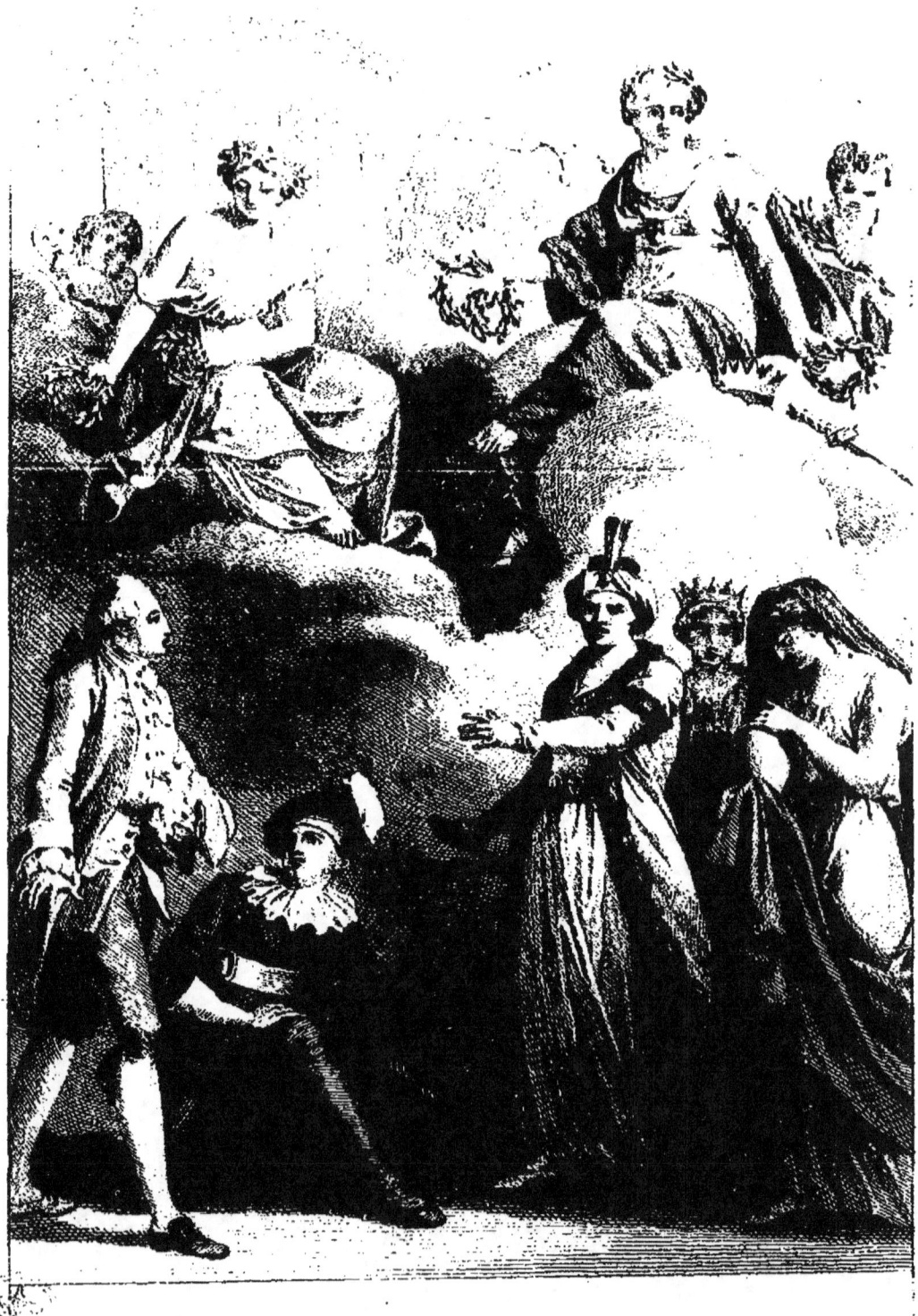

GALERIE

HISTORIQUE

DES ACTEURS

DU THÉATRE FRANÇAIS,

DEPUIS 1600 JUSQU'A NOS JOURS.

Ouvrage recueilli des Mémoires du temps et de la tradition, et rédigé

Par P. D. LEMAZURIER,

DE LA SOCIÉTÉ PHILOTECHNIQUE, etc.

TOME PREMIER.

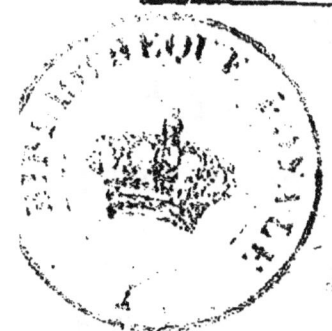

PARIS,

Joseph CHAUMEROT, Libraire, Palais-Royal, galerie de bois, n° 188.

M DCCC X.

PRÉFACE.

L E goût du théâtre étant plus répandu actuellement qu'il ne l'a jamais été, rien de moins étonnant, sans doute, que de voir paraître beaucoup d'ouvrages sur les pièces tragiques et comiques, sur les acteurs qui les jouent, et même sur le matériel des représentations théâtrales. Aussi croyons-nous pouvoir espérer que l'on ne désapprouvera point l'idée de celui que nous offrons au public ; mais peut-être est-il nécessaire que nous rendions compte des motifs qui nous ont conduits à l'adoption du plan d'après lequel nous l'avons exécuté.

Persuadés qu'une réunion de notices historiques sur les acteurs célèbres qui ont illustré la scène française, ne pou-

vait manquer d'offrir une lecture intéressante , utile même , du moins aux
personnes qui se destinent au théâtre,
et à celles qui ont besoin de consulter
les annales de la scène, si ces notices
étaient écrites d'une manière impartiale,
également éloignée du ton de la satire
et de celui du panégyrique, nous avons
commencé par rédiger celles de tous les
comédiens qui se sont fait un nom par
leurs talents, et dont le souvenir est
cher, soit à Melpomène, soit à Thalie.

En nous livrant à ce travail, sans nous
dissimuler cependant la faiblesse de nos
moyens pour y réussir, nous avons trouvé, dans le relevé général des recherches
qu'il nous avait occasionnées, un état
exact et complet de tous les acteurs qui
ont paru sur le théâtre français, et nous
avons conçu l'idée d'agrandir notre plan,
en y faisant entrer tous ceux qui ont

concouru à l'exécution des chef-d'œuvres dont notre scène s'honore.

Comme il s'en faut beaucoup qu'ils aient possedé tous le même degré de talent, et qu'il y en a même plusieurs dont l'existence fut absolument nulle, nous avons craint d'abord qu'on ne regardât comme inutiles les articles qui les concerneraient, et cette considération nous a retenus pendant quelque temps. Mais après un examen sérieux de cette difficulté, nous avons cru qu'il ne pouvait être indifférent de réunir ce qui existe de renseignements sur les acteurs même les plus faibles, puisqu'ils ont été employés, suivant leurs moyens relatifs, à l'effet général des excellentes pièces de l'ancien répertoire, et puisque des auteurs illustres ont été souvent obligés de leur confier des rôles importants dans leurs ouvrages nouveaux.

A l'appui de notre manière de penser, nous citerons l'exemple de PAULIN. Il ne fut certainement point un acteur illustre, et dans un ouvrage où l'on n'admettrait que BARON, LEKAIN et leurs semblables, il faudrait le passer sous silence. Cependant il fut chargé par VOLTAIRE du rôle de *Polifonte*, et tel était alors le concours des circonstances, que VOLTAIRE dut se trouver heureux d'avoir PAULIN pour le jouer. Sa carrière théâtrale et sa vie privée fournissent d'ailleurs un certain nombre d'anecdotes et de détails intéressants; il en est de même de plusieurs acteurs qui n'eurent pas plus de talent que lui, ou qui même en eurent moins, et ce motif n'a pas peu contribué à nous décider pour l'adoption d'un plan plus vaste, dans lequel entreraient tous ceux qui ont fait partie de la Comédie Française.

On sait qu'un usage assez anciennement établi, veut que dans l'impression d'une pièce nouvelle, le nom des acteurs qui l'ont jouée, se trouve placé sur la même ligne que celui des personnages qu'elle renferme ; et les amateurs du théâtre manifestent souvent le désir de connaître l'acteur chargé du rôle qui les a intéressés à la lecture. Tant qu'il reste sur la scène, cette curiosité naturelle est assez facile à satisfaire ; lorsque la mort l'a enlevé à son emploi, la chose devient presqu'impossible, à moins que de feuilleter un nombre considérable de volumes, et de réunir les fragments qui s'y trouvent épars. Nous avons donc pensé qu'il serait plus convenable de rassembler tous ces renseignements en un corps d'ouvrage qui présentât, dans un même point de vue, tout le Théâtre Français ancien et moderne, à partir de l'époque où commencent les premières notions positives.

Ainsi donc, pour ne sacrifier aucune des anecdotes curieuses, des pièces peu connues en prose et en vers, relatives aux comédiens du Théâtre Français, que notre travail nous a fait découvrir, nous n'avons prononcé aucune exclusion, certains qu'il suffirait d'exposer nos motifs au lecteur, pour qu'il nous pardonnât quelques articles dénués d'intérêt, mais que nous ne pouvions omettre, puisque nous voulions présenter un tableau général.

En parlant des anecdotes que renferment ces notices, nous donnons peut-être à quelques personnes l'idée d'une chronique scandaleuse; elles peuvent se rassurer. Jamais un écrivain qui respecte les mœurs, et se respecte lui-même, ne se permettra de recueillir toutes les sottises qui courent dans les recueils ; et nous ne nous pardonnerions pas d'avoir conçu cet ouvrage de manière à ce qu'elles y trouvassent une place.

C'était un écueil à craindre. On croit assez communément, que la vie privée des acteurs fournit une ample moisson d'anecdotes un peu lestes, et nous ne disons pas que l'on ait toujours tort. Mais il n'appartient qu'aux hommes qui ont renoncé à l'estime publique, d'aller les tirer de l'oubli où elles doivent rester ; ce fut le métier de *Chevrier*, de *Bachaumont* ; ce ne sera jamais le nôtre. S'il fallait absolument les imiter pour rendre piquant un travail tel que celui-ci, nous ne l'aurions pas entrepris.

Heureusement cela n'était point nécessaire ; en se bornant aux choses qu'un honnête homme peut écrire, il reste encore assez de détails capables de satisfaire la curiosité, et nous désirons vivement avoir contenté celle de nos lecteurs.

Quelque soin que nous ayons pris cependant pour écarter tout ce qui serait réellement condamnable, nous ne prétendons pas avoir fait un livre de la nature de ceux dont Piron a dit :

La mère en prescrira la lecture à sa fille.

Malgré toutes les précautions possibles, on sent très-bien que la vie des comédiens, considérés en général, ne peut être un ouvrage convenable à la jeunesse, et qu'il n'est destiné qu'aux personnes dont la raison est formée. Ce n'est pas qu'il n'y ait actuellement au théâtre, et qu'il ne s'y soit trouvé, depuis son établissement, beaucoup d'acteurs dont la conduite ne mérite que des éloges ; mais au théâtre, comme partout ailleurs, il y a des exceptions ; et pour parler toujours en thèse générale, si les mœurs se sont réfugiées quelque part, il est difficile de penser qu'elles aient choisi les coulisses pour leur asyle.

Nous croyons qu'il nous suffit d'avoir repoussé tout ce qui offre l'image dégoûtante de la licence, et que l'on ne nous reprochera pas quelques anecdotes, quelques pièces un peu gaies, qui, d'ailleurs, ne concernent jamais aucune personne vivante.

Nous n'avons admis rien de ce qui touche aux acteurs actuellement existants ; quand nous avons été obligés de les nommer, c'est sans aucune expression de blâme ou d'éloge que nous l'avons fait. Il nous en a coûté sans doute de retenir ainsi nos justes sentiments d'admiration pour les grands talents qui brillent sur la scène française ; mais nous avons cru devoir ce sacrifice aux lois du genre que nous voulions traiter.

En effet, quoique les personnages que nous avons mis en scène n'aient point la même importance que les rois, les héros, les grands hommes qu'ils ont représentés sur le théâtre; quoique nous sachions bien qu'un biographe n'est que le diminutif d'un historien, nous n'avons pas moins observé les règles que CERVANTES prescrit ainsi à ceux qui veulent écrire l'histoire : « Uno es escribir como poeta, y » otro como historiador : el poeta puede » contar ò cantar las cosas, no como » fuéron, sino como debian ser, y el his- » toriador las ha de escribir, no como » debian ser, sino como fuéron, sin » añadir, ni quitar a la verdad cosa al- » guna. »

Ainsi nous ne nous sommes permis aucuns changements aux faits avérés;

nous avons rapporté, comme douteux, ceux qui nous ont paru tels, et surtout nous n'avons rien donné à l'adulation, ni au dénigrement.

Ceux de nos lecteurs qui s'occupent de l'histoire du théâtre, se trouveront sans doute assez souvent en pays de connaissance dans cet ouvrage, et y rencontreront plusieurs faits qu'ils ont lus autre part. Ils sont priés de remarquer que notre plan ne nous permettait pas de les négliger, qu'ils appartenaient tous à cet ouvrage, qu'il serait incomplet s'ils ne s'y trouvaient pas, et que nous mériterons, au contraire, autant de reproches que nous aurons omis de faits connus, pourvu qu'ils soient certains et de nature à être publics.

Mais, dans ce dernier cas, avant de nous blâmer, nous désirons que le lecteur qui ne rencontrera pas l'anecdote ou la pièce qu'il attend, veuille bien examiner si elle est authentique, et surtout si elle a dû être répétée par un auteur qui s'est prescrit les règles que nous venons d'exposer.

Il est de notre devoir de déclarer que, dans quelques articles, nous avons fondu presque littéralement ceux qui se trouvent dans plusieurs ouvrages dont le genre se rapproche du nôtre : c'est surtout pour ARMAND et pour LEKAIN, qu'il nous a semblé permis d'employer les matériaux que le *Nécrologe* nous présentait. Nous n'avons point usé de cette faculté pour les livres publiés depuis vingt ans, ni emprunté les réflexions originales des auteurs : c'eût été un plagiat. Mais quant au récit de plusieurs faits, et d'une certaine quantité d'anecdotes, il nous a paru inutile de le récrire d'une manière différente, à moins qu'il ne fût trivial ou incorrect, et notre travail s'est borné, dans ce cas, à la découverte, au choix, à la discussion et à l'arrangement des faits. Il ne nous reste donc quelquefois que le mérite de l'exactitude, et celui de recherches immenses et pénibles; rien n'a été négligé de notre part, pour donner à cet ouvrage toute la perfection dont il était susceptible.

S'il ne l'a pas atteinte, il faut en accuser notre insuffisance, et peut-être aussi la difficulté de rencontrer des renseignements sûrs et fidèles, les contradictions qui se trouvent dans le récit des auteurs même contemporains, et souvent le défaut absolu de bons mémoires.

Plusieurs autres causes concourent encore à rendre l'exactitude très-difficile à obtenir dans un livre tel que celui-ci, surtout du moment où il faut remonter à des temps un peu éloignés. Pour n'en donner qu'un exemple, nous avons été souvent fort embarrassés de savoir à quelle actrice nous devions attribuer telle anecdote, ou tel rôle marquant, lorsque les mémoires du temps nous en offraient plusieurs qui portaient le même nom, et qui parurent simultanément au théâtre. Ce qui augmentait encore notre incertitude, c'est que, d'après un usage qui dura long-temps, leur nom se trouvait constamment précédé du mot *Mademoiselle*, soit qu'elles fussent mariées, ou qu'elles ne le fussent pas, et nous sommes bien sûrs que cette coutume a produit beaucoup d'erreurs dans quelques livres d'ailleurs utiles à consulter. Pour les éviter dorénavant, et nous conformer à l'usage actuel qui accorde le titre de *Madame* à toute femme mariée, nous n'avons point dit Mlle *Champmeslé*,

Mlle *Grandval*, puisque ces actrices furent mariées, l'une à CHAMPMESLÉ, l'autre, à GRANDVAL; et moins encore *la Champmeslé*, *la Grandval*, suivant une coutume grossière qui ne convint jamais à l'urbanité française. Nous avons toujours douté que les personnes qui disaient *la Dumesnil*, *la Clairon*, eussent réellement assez d'éducation pour juger Mlle CLAIRON et Mlle DUMESNIL; l'autorité de VOLTAIRE nous a confirmés dans cette opinion, et c'est avec plaisir que nous avons trouvé la phrase suivante dans le supplément à sa Correspondance, publié en 1807. « Les » petits-maîtres de la rue Saint-Denis » disaient *la Lecouvreur*, et le cardinal » de Fleury, disait Mlle Lecouvreur. »

Après avoir exposé les règles que nous avons suivies dans notre travail, il resterait à examiner s'il était nécessaire; mais c'est au public qu'il appartient de décider à cet égard.

Peut-être critiquera-t-on le genre même de cet ouvrage. Nous avouons qu'il n'a pas une importance aussi grande que celle d'une histoire des auteurs dramatiques, malgré son rapport direct avec leurs productions, et malgré nos efforts pour lui donner un but littéraire. Nous souhaitons qu'il soit vu avec quelque indulgence par les personnes qui fréquentent le théâtre; mais, comme l'envie de bien faire n'en donne pas toujours les moyens, il nous reste, en le publiant, beaucoup plus de crainte que d'espérance.

DISCOURS PRÉLIMINAIRE.

IDÉE GÉNÉRALE.

DES DIVERS ÉTABLISSEMENTS

Occupés dans Paris par le Théâtre Français.

PENDANT plusieurs siècles désignés à bon droit sous le nom générique de *siècles d'ignorance*, les progrès de l'art dramatique en France se bornèrent à la composition et à la représentation d'une infinité de mystères, moralités, farces et *sotties*, produits en public à la faveur d'un privilège exclusif accordé par lettres - patentes de l'an 1402, aux confrères de la Passion, qui établirent leur théâtre dans une salle de l'hôpital de la Trinité, rue Saint-Denis. Ils y restèrent jusqu'en 1548 ; à cette époque ils achetèrent l'ancien hôtel des ducs de Bourgogne, qui n'était plus qu'une masure, et y firent construire un théâtre. Lorsque la connaissance et l'étude d'Eschyle, de Sophocle, d'Euripide, d'Aristophane, de Plaute et de Térence eurent inspiré à Jodelle, La Péruse, Garnier, et autres auteurs dramatiques

du seizième siècle des ouvrages plus réguliers,
les comédiens qui voulurent se former en troupe,
et se fixer à Paris pour les représenter, éprou-
vèrent beaucoup d'obstacles, et furent long-
temps tourmentés par les confrères de la Passion
qui voyaient en eux des rivaux redoutables. Il
fallut cependant qu'ils cédassent au torrent de
l'opinion publique prononcée en faveur des nouveaux acteurs, et des pièces qui formaient alors
leur répertoire ; ils furent même contraints, en
1588, de leur abandonner l'hôtel de Bourgogne,
si long-temps témoin de leurs succès. Ce ne fut
cependant que vers 1600 que les comédiens exécu-
tèrent le projet qu'ils avaient formé d'ouvrir leur
spectacle trois fois par semaine régulièrement :
encore ne crurent-ils pas possible de continuer
leur entreprise avec succès, s'ils n'avaient à leurs
gages un poëte en état de leur donner fréquemment des pièces nouvelles, indispensables dans
un temps où tout l'ancien répertoire se composait
de douze à quinze poèmes dont le public commençait à se lasser. Hardy était l'homme qui leur
convenait : ils se l'associèrent, et sa muse féconde
leur fournit près de huit cents pièces de théâtre
qui les entretinrent dans une douce abondance,
et leur attirèrent tant de spectateurs qu'ils furent
obligés de se séparer en deux troupes, dont l'une
resta dans l'hôtel de Bourgogne, l'autre alla s'é-

tablir au Marais. On ne doit point être surpris qu'il en ait pu composer un si grand nombre ; jamais il n'employait plus de huit jours à la fabrique d'une pièce, et quand on a la patience de lire les quarante et un poèmes qui restent de lui, rien n'étonne moins que sa facilité.

Théophile, Racan, Mayret, Gombauld, entrèrent dans la même carrière, et surpassèrent de beaucoup celui qui les y avait devancés. Leurs ouvrages actuellement ignorés, s'attirèrent d'illustres suffrages et de grands applaudissements, qu'ils méritaient du moins par comparaison avec ceux de Hardy. Encouragés par le succès qu'ils obtinrent, ces auteurs consentirent à laisser paraître leurs noms dans l'affiche des comédiens, ce qui ne s'était point fait jusqu'alors. Quand ces derniers devaient jouer une pièce nouvelle, ils se contentaient de mettre dans leur affiche que *leur poète avait travaillé sur un sujet excellent,* mais ils ne le nommaient pas. A la vérité, rien n'eût été plus inutile que de le désigner nominativement : le public savait que lui seul travaillait pour la troupe, et si d'autres lui consacraient le fruit de leurs veilles, on ne les estimait pas assez pour croire que leur nom pût attirer les spectateurs.

Si l'affiche, où le mérite de la pièce nouvelle était pompeusement exalté, ne suffisait pas pour remplir la salle, alors les comédiens battaient le tambour à la porte de leur hôtel, ou à la pointe Saint-Eustache, et parvenaient ainsi à rassembler un nombreux auditoire.

Le théâtre sur lequel se jouaient ces singulières productions aussi vantées alors que les admirables ouvrages de Corneille le furent ensuite, était construit, comme tous ceux que l'on élevait à la même époque, dans un jeu de paume qui formait un carré long, très commode sans doute pour cet exercice, mais fort peu propre aux représentations théâtrales. On ne s'était pas donné la peine d'en changer la forme : à l'une des extrémités s'élevait une estrade destinée à figurer le *proscenium* des anciens. Trois ou quatre châssis de chaque côté, une toile peinte dans le fond, quelques bandes de papier bleu au plancher pour imiter les nuages, telle était la décoration habituelle, qui servait aussi bien pour un palais que pour une prison, pour une forêt que pour un jardin. Quand on voulait faire connaître au spectateur que le lieu de la scène allait changer, on levait ou l'on tirait une tapisserie, et cela se faisait jusqu'à dix et douze fois dans la même pièce.

Aux murailles du jeu de paume formant, comme on sait, un carré long, étaient appuyés deux ou trois rangs de galeries en charpente, tellement disposées que la moitié des spectateurs ne voyaient les acteurs que de côté, et que ceux qui occupaient les premières loges, ce que l'on appelait par excellence les bonnes places, assis trop loin de la scène, avaient bien besoin que leurs organes de la vue et de l'ouie fussent parfaits. On pouvait à la vérité se trouver plus près du théâtre, en allant au parterre ; mais, outre qu'il fallait s'y tenir debout, plusieurs inconvénients notables pouvaient dégoûter de cette place. Un auteur contemporain les a dépeints assez naïvement : « Le » parterre, dit-il, est fort incommode à cause de » la presse : il s'y trouve mille marauds mêlés » avec les honnêtes gens auxquels ils veulent » quelquefois faire des affronts. Ils font une que-» relle pour un rien, mettent l'épée à la main, » et interrompent toute la comédie. Dans leur » plus parfait repos, ils ne cessent de parler, de » crier, et de siffler ; et parce qu'ils n'ont rien » payé à l'entrée, et qu'ils ne viennent là que » faute d'une autre occupation, ils ne se soucient » guère d'entendre ce que disent les comé-» diens. »

Si le goût eût été plus formé à cette époque, ce qui, à la vérité, n'était pas possible, puisque les sciences, les lettres et les arts ont toujours eu leur enfance, le public ne se serait pas beaucoup soucié non plus d'entendre les pièces que les comédiens lui donnaient, et de leur apporter son argent en échange des rapsodies de Hardy.

On ne sait pas positivement combien il en coûtait, tant à la galerie qu'au parterre, pour obtenir l'entrée de ces spectacles qui commençaient ordinairement à deux heures de l'après-midi, et finissaient vers les quatre heures et demie. Vingt-trois ou vingt-quatre ans avant que des comédiens français se fussent rendus sédentaires à l'hôtel de Bourgogne, rue Mauconseil, des comédiens italiens nommés *Li Gelosi*, que Henri III avait fait venir de Venise, jouèrent dans la salle des états à Blois pour un demi-teston par personne, et à Paris dans l'hôtel de Bourbon pour quatre sols. A la deuxième représentation des *Précieuses ridicules*, en 1659, le prix du parterre, qui était de dix sols, fut doublé en raison du grand succès de cette pièce, mais cette augmentation ne fut que passagère.

Ce qu'il y a de certain, c'est qu'en 1667 on payait quinze sols au parterre du théâtre du Palais Royal occupé par la troupe de Molière : la preuve s'en trouve dans deux vers très-connus de l'Art poétique. Cette fixation subsista jusqu'au 5 mars 1699 : alors le parterre fut mis à 18 sols, et le reste à proportion. Une nouvelle augmentation eut lieu le 10 février 1716. Le théâtre (chargé de banquettes des deux côtés), l'orchestre et les premières furent portés à 4 livres ; l'amphithéâtre et les secondes à 2 livres ; le parterre à vingt sols.

On voit comment le prix des places au théâtre s'est élevé successivement, et quoiqu'il ne soit pas possible de savoir au juste à quel taux elles étaient lors de l'établissement, on conjecture du moins que pour cinq sous, on pouvait, du milieu du parterre, confondu avec les filous et les laquais, voir le *Pyrame et Thisbé* de Théophile, et le poignard fameux qui *rougissait de s'être souillé du sang de son Maître* : si l'on ne voulait point d'une pareille société, dix sous donnaient l'entrée des galeries.

Jusqu'aux pièces du grand Corneille, toutes celles que les comédiens jouèrent ne valurent pas mieux que la tragédie dont nous venons de parler, et valurent souvent moins. Aussi l'un des auteurs les plus féconds de ce temps, Duryer, écrivait-il en 1635 ces vers remarquables par la tournure et par la pensée :

Il est vrai qu'en ce temps où tout va de travers,
On voit plus de rimeurs qu'on ne voit de bons vers.
Tel se croit habile homme en cet art qu'il embrasse,
Qui tient plus du cheval que du Dieu du Parnasse.

Vendanges de Suresne.

Telles qu'elles étaient au reste, ces pièces,

qui nous paraissent si mauvaises, rapportaient beaucoup d'argent aux comédiens ; il fallait bien que le métier fût bon, puisqu'une seconde troupe s'établit vers le commencement du dix-septième siècle dans le Marais, à l'hôtel d'Argent, dont le nom du moins était de bon augure. (Cet hôtel était au coin de la rue de la Poterie.) Elle ne fut pas long-temps sans se distinguer : Mondory en était le chef et l'orateur, comme Bellerose de celle de l'hôtel de Bourgogne. Mais sa prospérité manqua d'être ébranlée en 1634. Louis XIII, voulant soutenir la troupe de l'hôtel de Bourgogne qui venait de perdre en même temps plusieurs de ses meilleurs acteurs, prit à Mondory six de ses sujets les plus distingués, pour les donner à Bellerose. Ce coup était violent ; Mondory le supporta sans se décourager, redoubla d'efforts, s'associa de nouveaux camarades, et laissa son entreprise en bon état à d'Orgemont, qui, sans égaler son prédécesseur, fut aussi un très-bon comédien. La troupe du Marais se soutint donc honorablement jusqu'en 1673. Nous dirons, dans la suite de ce discours, ce qu'elle devint à cette époque.

Celle de l'hôtel de Bourgogne, affermie en 1634 par la réunion de six acteurs du Marais, s'éleva rapidement à de plus hautes destinées, que ses commencements obscurs et bas ne semblaient point lui promettre. D'ignobles farceurs, tels que Bruscambille, Turlupin, Gros-Guillaume, Guillot-Gorju et Gaultier-Garguille, avaient quitté les opérateurs dont ils annonçaient les drogues, pour se réunir et jouer sur le théâtre long-temps occupé par les confrères de la Passion, de grossières farces improvisées, dans lesquelles, à l'imitation de Thespis qui se barbouillait de lie, ils paraissaient la figure couverte de farine. Ils s'adjoignirent quelques acteurs accoutumés à jouer les tragédies de Garnier; eux-mêmes, quittant les caractères qu'ils avaient adoptés dans la farce, se rendirent utiles dans la tragi-comédie, qui était presque le seul genre en vogue, et bientôt cette réunion si vile dans son origine fut digne de jouer le Cid, Cinna, les Horaces, Polyeucte. Ces immortels ouvrages retrempèrent, pour ainsi dire, la troupe à laquelle ils furent confiés, et le célèbre Floridor, qui en devint le chef en 1643, fut le type d'une perfection jusqu'alors inconnue sur la scène.

La concurrence passagère d'un théâtre élevé en 1633, rue Michel-le-Comte, au jeu de paume de la Fontaine, ne fut pas dangereuse pour les comédiens de l'hôtel de Bourgogne; il fut supprimé par arrêt du parlement du 22 mars de la même année. Un autre établissement du même genre, qui se forma en 1635, au faubourg Saint-

Germain, lui porta encore moins de préjudice; puisque les mémoires du temps ne nous en apprennent absolument rien, il faut que les acteurs de cette seconde troupe n'ayent eu qu'une très-courte existence théâtrale, sans aucune réputation. Il était réservé à cet homme supérieur, qui passa de bien loin Aristophane, Plaute et Térence, de fonder un théâtre rival de l'hôtel de Bourgogne, et dans lequel les illustres acteurs de cette troupe devaient venir enfin se confondre avec leurs émules.

Dès 1645, Molière avait tenté un établissement à Paris. Quelques jeunes gens qui s'étaient joints à lui formèrent une troupe qui prit le nom de l'*Illustre Théâtre*, loua le jeu de paume de la Croix-Blanche, faubourg Saint-Germain, et joua entre autres nouveautés une pièce de Magnon. Cette entreprise n'eut pas de succès : Molière fut obligé de quitter Paris et de parcourir les provinces. Il revint en 1658 avec une troupe assez forte, débuta le 24 octobre sur un théâtre dressé dans la salle des gardes du vieux Louvre, par *Nicomède* et *le Docteur amoureux*. Molière et sa troupe plûrent à un tel point au roi, qu'il leur permit de jouer alternativement avec les comédiens italiens sur le théâtre du Petit-Bourbon, et ses ouvrages lui donnèrent en peu de temps une existence brillante. Monsieur, frère de Louis XIV, prit Molière sous sa protection, et lui permit de donner à son théâtre le nom de *Théâtre de Monsieur*; les succès de ce nouveau spectacle furent si rapides qu'en 1665 le roi reçut à son service tous les acteurs qui le composaient, et le titre de *Troupe Royale* parut sur les affiches du théâtre de Molière établi depuis 1660 dans la salle du Palais-Royal. Sa mort arrivée le 17 février 1673, plongea ses camarades dans une affliction profonde, et les mit dans le plus grand embarras. A peine avaient-ils engagé Rosimont, le meilleur acteur de la troupe du Marais, pour remplir l'emploi que ce grand homme laissait vacant au théâtre, que quatre de leurs sujets les plus distingués, Lathorillière, Baron, Beauval et sa femme les quittèrent pour entrer à l'hôtel de Bourgogne. Pour comble de malheur, Lully qui avait le privilége de l'opéra, obtint la permission de faire représenter ses ouvrages dans la salle du Palais-Royal.

Cette salle était l'une des plus belles que Paris renfermât à cette époque. Le cardinal de Richelieu l'avait fait construire pour les représentations de Mirame, tragédie des cinq auteurs, dans laquelle plus de cinq cents vers étaient de lui, et on en évaluait les frais à 300,000 écus. Molière en avait obtenu l'usage, lorsque celle du petit-Bourbon où il s'était établi par ordre du roi en 1658, à son retour de la province, avait été démolie en 1660, pour la construction de la façade du Louvre.

La veuve de Molière et ses camarades se trouvèrent donc en peu de temps privés de leur chef, de leurs principaux acteurs, et de leur théâtre. Ils proposèrent aux comédiens de l'hôtel de Bourgogne de se réunir à eux, et n'en reçurent qu'un refus assez durement exprimé.

Dans cette extrémité, les restes malheureux de la troupe de Molière, pour prévenir leur ruine, achetèrent du marquis de Sourdeac, et de Champeron son associé, le théâtre construit rue Mazarine en face de la rue Guénégaud, au jeu de paume de la Bouteille; et le roi ayant déclaré qu'il voulait qu'il n'y eût plus que deux troupes de comédiens français à Paris, l'une au théâtre de la rue Mazarine, l'autre à l'hôtel de Bourgogne, son ministre Colbert se fit donner un état des sujets qui composaient la troupe du Marais, choisit les meilleurs, et les incorpora dans celle du Palais-Royal ou de Molière.

En conséquence des ordres du roi, M. de la Reynie, lieutenant de police, donna, le vendredi 23 juin 1673, une ordonnance pour l'ouverture du théâtre de la rue Mazarine (nommée alors rue des Fossés-de-Nesle), et pour la clôture de celui du Marais. Elle fut signifiée au propriétaire du jeu de paume dans lequel était établi le théâtre du Marais, et à deux actrices de cette troupe non réunies à celle du Palais royal. La nouvelle troupe fit son ouverture le dimanche 9 juillet 1673 par le *Tartuffe*.

C'est ainsi qu'après quinze années seulement d'existence (de 1658 à 1673), la troupe formée par Molière absorba l'une de celles qu'à son arrivée dans Paris, elle avait trouvée en possession des suffrages du public. Sept ans après, la seconde éprouva le même sort ; mais n'anticipons point sur les évènements futurs.

On peut remarquer comme une chose assez singulière , qu'en 1661 Paris possédait cinq théâtres, dont aucun, à la vérité, n'était ouvert tous les jours ; 1° celui de l'hôtel de Bourgogne ; 2° celui du Marais ; 3° celui de Monsieur, au palais royal ; 4° celui des comédiens espagnols venus en France à l'occasion du mariage du roi avec Marie-Thérèse d'Autriche, en 1660 ; ils alternèrent, pendant douze années, sur le théâtre de l'hôtel de Bourgogne avec la troupe royale, et repassèrent les Pyrénées en 1672, ou tout au plus tard l'année suivante ; 5° enfin, celui de Mademoiselle (de Montpensier), établi rue des Quatre-Vents, au faubourg Saint-Germain. Ce théâtre ne subsista pas longtemps ; on ignore les noms des acteurs qui y parurent, si l'on excepte Dorimon, auteur de huit ou neuf comédies, extrèmement plates, qu'il fit jouer sur ce théâtre pendant le peu de temps qu'il fut ouvert.

En 1673, au contraire, il ne resta plus que deux théâtres de comédiens français, et cet état de choses dura jusqu'en 1680. Le roi, jugeant alors qu'une seule troupe suffirait au service de la cour et à celui de la ville, réunit celle de Bourgogne à celle de Guénégaud, et la réunion s'opéra le 25 août de l'année précitée sur le théâtre de la rue Mazarine. *Phèdre et les Carrosses d'Orléans*, petite comédie en un acte et en prose, de la Chapelle, composèrent le premier spectacle donné par les deux sociétés amalgamées ensemble. Cependant l'ordre ne fut expédié par écrit que le 22 octobre suivant, et ce fait assez extraordinaire ne peut s'expliquer, qu'en supposant qu'il y avait eu avant le 25 août un ordre verbal très-suffisant, sans doute, pour que les comédiens s'empressassent de l'exécuter.

Après tant de vicissitudes, les comédiens français pouvaient légitimement espérer un avenir plus tranquille. Cependant ils ne restèrent pas long-temps paisibles, possesseurs de leur théâtre de la rue Mazarine, et se virent plongés, en 1688, dans un embarras aussi grand

que tous ceux qu'ils avaient eus précédemment.
« En acceptant le collége des Quatre-Nations.
» MM. de Sorbonne, dit Racine dans une de
» ses lettres à Boileau, ont demandé pour pre-
» mière condition qu'on les éloignât de ce
» collége. Ils ont déjà marchandé des places dans
» cinq ou six endroits ; mais partout où ils
» vont, c'est merveilles d'entendre comme les
» curés crient. Le curé de Saint-Germain-
» l'Auxerrois a déjà obtenu qu'ils ne seraient
» point à l'hôtel de Sourdis, parce que de leur
» théâtre on aurait entendu tout à plein les
» orgues, et de l'église on aurait parfaitement bien
» entendu les violons. Enfin, ils en sont à la
» rue de Savoie, dans la paroisse de Saint-
» André (des Arcs). Le curé a été aussitôt au
» roi lui représenter qu'il n'y a tantôt plus
» dans sa paroisse que des auberges et des coque-
» tiers ; si les comédiens y viennent, que son
» église sera déserte. Les grands Augustins ont
» aussi été au roi, et le P. Lembrochons, pro-
» vincial, a porté la parole ; mais on prétend que
» les comédiens ont dit à sa majesté que les
» mêmes Augustins, qui ne veulent point les
» avoir pour voisins, sont fort assidus spectateurs
» de la comédie, et qu'ils ont même voulu
» vendre à la troupe des maisons qui leur ap-
» partiennent dans la rue d'Anjou pour y bâtir

» un théâtre, et que le marché serait déjà
» conclu si le lieu eût été plus commode. M. de
» Louvois a ordonné à M. de la Chapelle de
» lui envoyer le plan du lieu où ils veulent bâtir
» dans la rue de Savoie. Ainsi on attend ce
» que M. de Louvois décidera. Cependant l'al-
» larme est grande dans le quartier; tous les
» bourgeois, qui sont gens de palais, trouvant
» fort étrange qu'on vienne leur embarrasser
» leurs rues. M. Billard surtout, qui se trouvera
» vis-à-vis de la porte du parterre, crie fort
» haut; et quand on lui a voulu dire qu'il en
» aurait plus de commodité pour s'aller divertir
» quelquefois, il a répondu fort tragiquement:
» Je ne veux point me divertir ». *8 août 1687*

Les faits que contient ce passage sont peu
de chose par eux-mêmes; mais le récit en
est fait avec tant de grâce et d'esprit, que je
n'ai pu résister au désir de le transcrire; d'ailleurs
il égaiera des détails assez arides.

Les comédiens ne furent pas long-temps à
trouver un emplacement convenable : ils acquirent le jeu de paume de l'Étoile, rue des
Fossés-Saint-Germain-des-Prés, et y firent
élever, sur les dessins de François d'Orbay,
architecte célèbre à cette époque, un théâtre
dont l'ouverture eut lieu le lundi 18 avril
1689, par la tragédie de *Phédre* et la co-

médie du *Médecin malgré lui*. Il fut occupé jusqu'en 1770 : la clôture s'en fit par une représentation de *Béverley*, drame de M. Saurin, suivi de la comédie du *Sicilien*. Dalainval prononça le compliment de clôture dans lequel il annonça la construction de la nouvelle salle. La comédie fut alors établie provisoirement dans la salle du château des Tuileries, et y resta douze années. Elle y parut pour la première fois le lundi 23 avril 1770. On joua *Phèdre* et l'*École des Maris*. Cette salle avait été construite par Vigarani, pour les représentations de *Psyché*, comédie de Molière, qui fut jouée en 1670. Elle ne servit que pour cette seule pièce, et resta abandonnée jusqu'en 1716. On en fit usage alors pour les ballets qui amusèrent la jeunesse de Louis XV. On y plaça depuis l'opéra, après l'incendie de l'année 1763, et enfin elle devint l'asyle des comédiens français.

Le théâtre que MM. de Peyre et Wailly leur construisaient sur l'emplacement de l'hôtel de Condé, faubourg Saint-Germain, fut achevé en 1782, et ouvert le 9 avril de la même année. La Harpe composa pour son inauguration une jolie comédie épisodique, intitulée : *Molière à la Nouvelle Salle ;* et le *Mariage de Figaro*, joué deux ans après, y fit courir tout Paris pendant deux autres années.

Sans les troubles politiques de la révolution, il est probable que la comédie française n'eût pas quitté cette salle magnifique; des événements désastreux pour la grande réunion sociale en général, et pour celle des comédiens français en particulier, la contraignirent d'abandonner cette salle, dont la position topographique était peut-être plus favorable à l'art considéré isolément qu'à ceux qui l'exerçaient, et tout annonce qu'ils ne reviendront jamais l'occuper.

A la suite des représentations de *Paméla*, comédie en cinq actes, en vers, de M. François de Neufchâteau, dont la première eut lieu le 1er août 1793, tous les acteurs du théâtre français furent plongés dans les prisons, qui n'étaient, à cette époque funeste, que les antichambres de la mort. Ce fut dans la nuit du 3 au 4 septembre que cette mesure s'exécuta; de cette nuit date la clôture des représentations des comédiens français au faubourg Saint-Germain (1).

Quelques-uns de leurs anciens camarades s'étaient séparés de la société en 1791. MM. Gaillard et Dorfeuille, directeurs du théâtre du Palais

---

(1) Ils y revinrent à la vérité après le 9 thermidor, mais ce fut pour très-peu de temps; ils passèrent bientôt au théâtre de la rue Feydeau.

royal, leur avaient offert des engagements avantageux. Réunis à Monvel, leur ancien confrère, et à la troupe des Variétés du Palais royal, ils firent, le 27 avril 1791, l'ouverture du *théâtre français de la rue de Richelieu*, qui subsista jusqu'au mois de pluviôse an 6.

Ceux des comédiens français, que le 9 thermidor an 2 rendit à la liberté, se réunirent au théâtre de la rue Feydeau, et alternèrent avec une troupe d'opéra comique qui l'occupait alors. Les principaux acteurs du théâtre de la république vinrent se joindre à eux en germinal, floréal et prairial an 6 ; et par suite des soins que prit le gouvernement et M. Mahérault, son commissaire auprès du théâtre français, la majorité des acteurs de cette société célèbre se trouva rassemblée au théâtre de la rue de Richelieu, et l'ouvrit le 11 prairial an 7, par une représentation du *Cid* et de l'*École des Maris*.

Plusieurs anciens sociétaires manquaient encore ; ils revinrent successivement des provinces où ils avaient été porter leurs talents.

Tandis qu'une fraction du théâtre français occupait le théâtre de la rue Feydeau (avant la révolution le théâtre de Monsieur) ; tandis qu'une deuxième partie, après avoir eu de grands succès au théâtre de la rue de Richelieu (nommé pen-

dant la révolution le théâtre de la République),
y mourait lentement dans les derniers mois de
l'an 5, et les premiers de l'an 6 : une tragédienne
célèbre, qui n'avait pas cru devoir s'attacher à
l'un ou à l'autre de ces démembrements, s'associa
quelques-uns de ses camarades qui partageaient sa
manière de penser, et établit un nouveau théâtre
français dans la salle de la rue de Louvois. Elle y
possédait Larive, Saint-Prix, Saint-Phal, Naudet,
Dupont, mesdames Thénard, Fleury, Joly et
Mézeray : quelques autres acteurs moins connus
vinrent remplir les emplois qui manquaient, et
cette nouvelle société ouvrit le 5 nivose an 5. Sa
durée ne fut pas longue : le 18 fructidor fit éprouver de nouvelles convulsions au corps politique,
et le théâtre de Louvois, dont les acteurs n'étaient
pas bien vus du Directoire de la république, fut
fermé par son ordre le 24.

Privés de leur état par cette mesure, les comédiens français du théâtre de Louvois se virent
de nouveau dans la situation la plus embarras-
sante. Enfin ils tournèrent les yeux vers leur
ancienne salle du faubourg Saint-Germain. Une
compagnie venait de la restaurer, et lui avait
donné le nom grec d'*Odéon* : ils y trouvèrent
un refuge. Ils s'associèrent une troupe comique,
formée de Picard l'aîné, auteur et acteur, de
Habert, Varennes, Valville ; de mesdames

Molière, Molé, Delille, et à peu près de tous ceux qui composèrent depuis le théâtre de l'Impératrice, rue de Louvois, sous la direction de M. Picard l'aîné. Ils y débutèrent le 29 nivose an 6. Le feu consuma leur salle le 28 ventose an 7, après la première représentation de l'*Envieux*, comédie en cinq actes et en vers de Dorvo.

Le gouvernement se chargea du soin de rassembler tous ceux qui composaient la société avant la révolution, et la reconstitua sur ses anciennes bases au théâtre de la République, le 11 prairial an 7, ainsi que nous l'avons dit précédemment, en y établissant les acteurs dispersés sur les théâtres de Feydeau et de Louvois, ou qui parcouraient la province.

La troupe comique dont Picard était acteur, et dont il devint ensuite le directeur, se proposa de remplir le vœu des gens de lettres en formant un second théâtre français. Elle parut dans la salle de Louvois le 16 floréal an 9, et pendant plusieurs années elle obtint beaucoup de succès. Ils furent dus en grande partie à la fécondité de cet auteur ingénieux qui fit jouer sur son théâtre une grande quantité d'ouvrages comiques, parmi lesquels il y en avait de très-remarquables. Ceux même qui ne méritèrent qu'une réussite peu durable, et dont il ne retira

pas la même somme d'estime et de suffrages,
contribuèrent à la prospérité de l'entreprise en
mettant une grande variété dans le répertoire.
D'ailleurs, il fut toujours parfaitement secondé
par ses acteurs qui obtinrent du public le surnom
d'*infatigables*, et le justifièrent constamment.

Aussi, lorsque S. M. l'Empereur eut résolu
de réduire le nombre des théâtres existants à
Paris, ce qui fut opéré par le décret du 8 août
1807, il confirma l'arrêté du ministre de l'intérieur du 25 avril précédent, qui plaçait le
théâtre de l'Impératrice au rang des quatre grands
théâtres. Ses intentions bienfaisantes l'ayant porté
à ordonner la reconstruction du théâtre de
l'*Odéon*, les comédiens de S. M. l'Impératrice
reçurent l'ordre d'y aller, et en firent l'ouverture le mercredi 15 juin 1808.

Ainsi, après plus de deux siècles écoulés,
Paris se retrouve dans le même état qu'en 1600,
et voit deux théâtres français ouverts dans deux
de ses quartiers les plus populeux ; mais alors
l'un de ces théâtres était dans le quartier des
Halles, et l'autre au Marais. Les habitudes sont
tellement changées que le chef-lieu se trouve auprès du palais des Tuileries, la succursale auprès
de celui du Luxembourg.

GALERIE HISTORIQUE

DES

ACTEURS DU THÉÂTRE FRANÇAIS.

ANCIENS ACTEURS OU FARCEURS

De l'hôtel de Bourgogne et du Marais.

ALISON. C'était le nom de théâtre d'un acteur de l'hôtel de Bourgogne, qui jouait les servantes dans la comédie et la farce, et les nourrices dans la tragédie et la tragi-comédie. Cet acteur, dont on ignore le nom de famille, jouait sous le masque. Le défaut d'actrices, et la licence des propos que les auteurs faisaient tenir aux servantes avaient obligé d'introduire ce personnage. Ces raisons ne subsistèrent plus lorsque le théâtre eut pris une forme plus régulière. On trouva des femmes qui consentirent à jouer ces rôles. La représentation de la *Galerie du Palais*, comédie de P. Corneille, en 1634, fixe l'époque de ce changement; et l'auteur qui jusqu'alors avait rempli les rôles de servantes et de nourrices, s'en tint à ceux de vieilles ridicules. Cependant l'usage de faire paraître des hommes sous des habits de femme se conserva très long-temps. Hubert, camarade de Molière, parut souvent travesti de la sorte; et Beauval, qui ne se retira qu'en 1704, lui succéda dans tous ses rôles de femme. Après sa retraite on ne vit plus rien de semblable : Mesd. Champvallon et Desbrosses, qui avaient un talent et un physique convenable à ces rôles, en furent chargées.

BEAULIEU. On ignore de quel théâtre il était, et l'on croit qu'il mourut avant 1673.

BEAUSÉJOUR, BEAUSOLEIL, BELLE-FLEUR. Ces trois comédiens étaient de la troupe de Mondory au Marais.

BELLEMORE. On ne sait point à quel théâtre il appartenait. Il était mort avant 1673.

BELLE-OMBRE. Il était de la troupe de Mondory au Marais.

BELLEVILLE. Henri Legrand, dit Belleville dans la comédie, et Turlupin dans la farce, plus connu sous ce dernier nom, monta sur le théâtre (ou sur les tréteaux) dès sa première jeunesse. On fixe à l'année 1583 les premiers essais de ce comédien qui, secondé de Gros-Guillaume, et de Gaultier-Garguille, porta, dit-on, la farce à un degré où elle ne s'était jamais élevée.

Turlupin (ou Belleville) était bien fait et bel homme, quoique roux. Son nom seul attirait les spectateurs, et les mettait en train de rire. L'habit qu'il portait dans la farce ressemblait à celui de Briguelle, comédien italien. Il y avait d'ailleurs une ressemblance extraordinaire entr'eux. Leur taille était la même ; leurs visages avaient beaucoup de rapport ; ils portaient le même masque ; tous deux jouaient le rôle de *Zani*, qui est, ou doit être, le plaisant de la troupe ; et l'on ne voyait d'autre différence entre eux que celle que l'on remarque entre un bon original et une bonne copie.

Jamais comédien de ce temps ne conduisit mieux une farce que Turlupin. (Il faut se souvenir qu'elles étaient presque toutes improvisées.) Ses saillies étaient pleines d'esprit et de jugement ; il ne lui manquait que de la naïveté. Il était d'ailleurs adroit, fin, dissimulé, et très-agréable dans la conversation.

Il eut long-temps une passion extrême pour les femmes ; mais le mariage le rendit plus réglé dans sa conduite. Cependant il laissa très-peu de chose aux enfants qu'il eut de deux femmes qu'il épousa successivement : ils prirent le parti du théâtre.

On a le portrait de Turlupin, gravé d'après

Huret. Il y paraît dans le costume qu'il avait adopté pour la scène.

Il mourut en 1634, ainsi que Gaultier-Garguille et Gros-Guillaume. A l'article de ce dernier, nous rapporterons l'incident qui fut cause de leur mort.

On assure que la réputation de ces trois farceurs était si grande, que le cardinal de Richelieu les fit venir dans son palais, où ils représentèrent leurs scènes les plus comiques. On ajoute que, satisfait de leurs talents, il les fit entrer à l'hôtel de Bourgogne. Ce fait, d'après lequel M. Désaugiers a arrangé le dénoûement d'une petite pièce assez plaisante, représentée au théâtre des Variétés le 10 mars 1808, est contesté.

La veuve de Belleville épousa d'Orgemont.

BLANDIMARE. Son nom est tout ce que l'on sait de lui.

BONIFACE (le docteur). Personnage de l'ancien théâtre Français, adopté par un acteur de l'hôtel de Bourgogne, vers 1600. C'était sans doute un pédant farci de latin et de ridicules.

BRUSCAMBILLE. (Deslauriers, dit) C'était un Champenois. Il débuta (sur les tréteaux du Pont-au-Change sans doute) avec l'opérateur

Jean Farine en 1598; ensuite il entra dans une troupe ambulante, avec laquelle il alla à Toulouse. Revenu en 1606 à Paris, il fut admis à l'hôtel de Bourgogne, et mourut en 1634, ou du moins ne parut que jusqu'en cette année. Il ne voulut pas que les belles choses qu'il avait débitées à ses auditeurs fussent perdues pour la postérité; il les réunit toutes en un recueil : on en trouve plusieurs éditions. La première parut, à ce que nous croyons, à Paris chez Jean Millot, en 1610. La seconde, (dont voici le titre exact, Facétieuses paradoxes de Bruscambille, et autres discours comiques, le tout nouvellement tiré de l'escarcelle de ses imaginations, jouxte la copie, imprimée à Rouen chez Thomas Maillard.), parut en 1615. C'est un volume in-12, de 134 pages.

Voici l'indication de quelques-uns des sujets sur lesquels ce farceur s'est exercé. Nous prions nos lecteurs de nous pardonner ces détails : ils sont nécessaires pour connaître où en était le théâtre français lorsque Corneille donna sa *Mélite* qui, comparée aux pièces du temps, était un chef-d'œuvre.

Prologue facétieux de l'utilité des cornes

———————————————— du derrière.

———————————————— du privé.

Avant-propos sur les tétons.

En faveur des tétons d'une nymphe.

—————— du galimatias.

—————— du crachat.

Paradoxe qu'un pet est quelque chose de corporel.

—————— qu'un pet est spirituel.

C'était ordinairement avant ou après la représentation des pièces sérieuses que Bruscambille
servait à ses auditeurs ces ragoûts délicats.

CHAMPVONNEAU. (Jean-Godard, sieur
de), comédien de la troupe du Marais, retiré
en 1667.

CHATEAUNEUF. (A. P. P.) Comédien
poète, auteur de *la Feinte mort de Pancrace*,
comédie en un acte, et en vers de huit syllabes,
jouée par les comédiens de M. le prince (de
Condé sans doute) en 1663.

DUCLOS. Comédien de la troupe du Marais,
mort avant 1673.

DES URLIS. Comédien de la troupe du Marais, frère de madame Brécourt. Il jouait les seconds rôles tragiques, et les grands amoureux
comiques, et se retira en 1672.

EPY (l') comédien du Marais. Il passa en
1634 à l'hôtel de Bourgogne. On ne sait rien de

sa vie, ni de l'emploi qu'il remplissait : il mourut avant 1674.

GANDOLIN. Nom adopté par un comédien de la troupe du Marais en 1634. C'était une espèce d'arlequin.

GAUCHER. On ignore de quel théâtre il était, mais on est sûr qu'il mourut avant 1673.

GAULTIER-GARGUILLE. (Hugues Guéru, dit Fléchelle, ou) Le nom de *Fléchelle* servait à cet acteur pour la tragédie et la comédie : celui de *Gaultier-Garguille* pour la farce. Ce fut vers 1598 qu'il parut pour la première fois dans la troupe du Marais, de laquelle il sortit après y être resté quelques années, et passa dans celle de l'hôtel de Bourgogne.

Hugues Guéru était normand ; il n'en imitait pas moins bien l'accent, le geste et les manières d'un gascon. Il était extrêmement souple, et toutes les parties de son corps lui obéissaient si parfaitement qu'on l'eût pris pour une marionnette. Quant à sa conformation, elle paraissait fort convenable à son emploi. Très-maigre du corps, et ayant les jambes droites et menues, il n'en avait pas moins un très-gros visage qu'il couvrait ordinairement d'un masque garni d'une barbe pointue. Son habillement était fort simple : il consistait en une camisole qui descendait jusqu'à la moitié des cuisses, une culotte étroite qui venait se joindre aux bas sous les genoux, une ceinture à laquelle pendait une gibecière, et un gros poignard de bois passé dans la ceinture. Le corps de l'habit était noir, les manches rouges, les boutons et les boutonnières rouges sur le noir, et noirs sur le rouge. Au lieu de souliers il portait des pantoufles; sur la tête une espèce de bonnet plat et fourré, et dans sa main un grand bâton : point de cravatte, ni de col de chemise. Dans ce grotesque équipage, il représentait toujours un vieillard, et l'on ne pouvait le voir sans éclater de rire. Tout était comique dans ses discours, dans sa démarche et dans son action : d'ailleurs il était bien secondé par Turlupin et Gros-Guillaume. Jamais comédien ne fut plus naïf et plus naturel : il réunissait tous les suffrages, surtout lorsqu'il venait à chanter seul, quoique l'air et les paroles fussent ordinairement d'assez mauvais goût. Sa posture en chantant, ses gestes, ses tons, ses accents, tout était si burlesque qu'on allait souvent pour lui seul à l'hôtel de Bourgogne, et que la chanson de Gaultier-Garguille passa en proverbe.

En lisant attentivement cette description du caractère que Gaultier-Garguille avait adopté pour ses rôles, et du costume dans lequel il les jouait, on ne peut guères douter qu'il ne l'eût imité du *Pantalon* de la comédie italienne.

Sous le nom de Fléchelle, il jouait avec succès les rôles de rois dans les pièces sérieuses. Quand il avait un masque convenable, et que la difformité de sa taille et de ses jambes était sauvée par une longue robe, il n'y avait point de rôle qu'il ne fût capable de remplir.

Hors du théâtre, à sa figure, à ses discours, à sa démarche, à son habit enfin, on l'eût pris pour l'homme le plus grossier. Cependant il était agréable avec ses amis, et d'une conversation réjouissante.

Sa femme était fille de Tabarin. En mourant il lui laissa un peu de fortune : elle se retira en Normandie où un gentilhomme l'épousa. Fille d'un saltimbanque, et veuve d'un farceur, elle ne devait pas s'attendre à contracter un mariage distingué : ou le gentilhomme qui l'épousa était bien pauvre, ou il avait des sentiments bien bas.

Gaultier-Garguille mourut âgé de soixante ans après en avoir passé quarante au théâtre : il fut enterré à Saint-Sauveur.

On a son portrait gravé par Rousselet, d'après Grégoire Huret. Le costume dans lequel il y paraît, diffère un peu de celui que nous avons décrit, d'après les auteurs du temps.

Il composa plusieurs prologues et un recueil

de chansons que l'on a eu grand soin d'imprimer, quoique ce fatras de sottises et d'ordures n'en valût nullement la peine.

DAME GIGOGNE. Caractère imaginé par un acteur de l'hôtel de Bourgogne, dont on ignore le véritable nom. Il succéd~ à celui qui avait joué le rôle de *Perrine.* 1600.

GROS-GUILLAUME. Robert Guérin, dit Lafleur dans la comédie, et Gros-Guillaume dans la farce, avait été long-temps garçon boulanger avant d'entrer à l'hôtel de Bourgogne. Il était ami de Hugues Gueru (Gaultier-Garguille) et de Henri Legrand (Turlupin) qui exerçaient le même métier que lui; et comme ils avaient tous trois plus d'inclination à une vie joyeuse et libre, telle que celle des acteurs de ce temps, qu'aux pénibles travaux auxquels ils étaient obligés de se livrer chez leurs maîtres, ils se mirent en tête de jouer la comédie. Ils adoptèrent chacun le caractère qui leur convint le plus : Gros-Guillaume choisit celui d'un homme sentencieux. Ils louèrent un petit jeu de paume à la porte Saint-Jacques, y placèrent un théâtre portatif qui leur appartenait, et firent leurs décorations avec des toiles de bateau grossièrement barbouillées. Ils jouaient depuis une heure jusqu'à deux, en faveur des écoliers, et recommençaient le soir ; le prix du spectacle était de deux sous et demi par tête. Les comédiens de l'hôtel de Bourgogne s'étant plaints au cardinal de Richelieu que trois bâteleurs entreprenaient sur leurs droits, il voulut juger lui-même de leur mérite. (1) Ils furent mandés au palais cardinal, et reçurent ordre de jouer dans une alcove. Excités sans doute par la présence d'un prince de l'église, dont leur sort dépendait, ils se surpassèrent tous les trois, surtout dans la scène de Gros-Guillaume en femme fondant en pleurs pour appaiser la colère de Turlupin son mari qui, le sabre à la main, menaçait à chaque instant de lui couper la tête, sans vouloir l'écouter : scène d'une heure entière, dans laquelle cette femme prétendue, tantôt debout, tantôt à genoux, lui disait mille choses touchantes, et tentait tous les moyens de l'attendrir ; mais bien loin de se laisser toucher, Turlupin, redoublant de colère : vous êtes une masque, lui disait-il ; je n'ai point de compte à vous rendre. Il faut que je vous tue. Eh! mon cher mari, reprenait-elle, laissez-moi la vie ; je vous

_____

(1) Nous avons dit, à l'article de Belleville, ou Turlupin, que cette anecdote n'était pas certaine ; mais comme elle fait connaître le genre des farces improvisées qu'il jouait avec ses camarades, nous avons cru devoir l'insérer ici.

en conjure par cette soupe aux choux que je vous fis manger hier, et que vous trouvâtes si bonne. A ces mots, le mari se rendait, le sabre lui tombait des mains : ah ! la carogne ! s'écriait-il ; elle m'a pris par mon faible ; la graisse m'en fige encore sur le cœur, etc.

Autre scène. Gaultier-Garguille vomissait mille imprécations contre les servantes, ajoutant qu'il était obligé d'en changer tous les huit jours ; et après avoir détaillé tous leurs défauts il finissait par celui de la malpropreté, répétait vingt fois qu'il avait surpris les siennes se peignant sur la marmite, et qu'il n'était plus étonné de trouver tant de cheveux dans sa soupe. Oh bien ! répondait Turlupin, je vous en promets une qui est le phénix des servantes : vous ne trouverez plus de cheveux dans votre potage, car elle se coiffe toujours à la cave, etc.

Suivant les auteurs qui nous ont transmis ces détails, ce spectacle, tel qu'on peut se le figurer, plut au cardinal ; il fit venir les comédiens de l'hôtel de Bourgogne, et leur ordonna de s'associer ces trois acteurs. Accoutumés à jouer leurs farces à l'impromptu, ils durent trouver quelque difficulté dans ce nouvel état qui les obligeait de charger leur mémoire de rôles auxquels on ne pouvait rien changer ; peut-être ne furent-ils employés que pour jouer leurs parades après les

pièces sérieuses, si l'on excepte Gaultier-Garguille, qui jouait dans la tragédie sous le nom
de *Fléchelle*, comme nous l'avons dit plus haut.

Gros-Guillaume était certainement un farceur
très-célèbre; le théâtre lui convenait mieux que
la boutique d'un boulanger. Mais, en changeant
de condition, il ne changea point de caractère.
Ce fut toujours un ivrogne, une âme basse et
rampante; son entretien était grossier, et pour
être de bonne humeur, il fallait qu'il se fût enivré
avec son compère le savetier.

Il avait le ventre d'une grosseur énorme, et qui
lui devait être fort incommode; cette incommodité même était ce qui servait le plus à rendre sa
tournure plaisante; sur le théâtre il était garotté
de deux ceintures placées à une distance assez
grande, ce qui faisait un effet si bizarre qu'on
l'eût pris pour un tonneau, tant ces deux ceintures ressemblaient à des cerceaux. Il ne portait
point de masque, mais il se couvrait le visage
de farine si adroitement, qu'en remuant un peu
les lèvres, il blanchissait tout d'un coup ceux à
qui il parlait.

Il était habituellement tourmenté de la pierre,
et souvent, sur le point d'entrer en scène, il en
ressentait des atteintes si vives qu'il ne pouvait
s'empêcher de pleurer. Cependant il se faisait
violence, jouait son rôle malgré la force du mal

et réjouissait autant que s'il eût eu le corps et l'esprit tranquilles, quoique les spectateurs placés auprès du théâtre s'apperçussent bien qu'il avait une contenance triste et les yeux baignés de larmes.

Avec une incommodité si douloureuse, Gros-Guillaume vécut jusqu'à l'âge de quatre-vingts ans sans avoir jamais été taillé : encore ne mourut-il que par suite d'un accident imprévu. Nous avons déjà dit qu'il jouait à visage découvert, au lieu que ses camarades Turlupin et Gaultier-Garguille étaient toujours masqués. Il s'avisa de contrefaire un magistrat qui avait une grimace d'habitude, et le contrefit si bien qu'il fut décrété ainsi que ses deux confrères. Ceux-ci prirent la fuite ; Gros-Guillaume seul fut arrêté et mis au cachot. Le saisissement qu'il éprouva dans cette occasion lui causa la mort, et la douleur qu'en ressentirent Turlupin et Gaultier-Garguille les emporta aussi dans la même semaine.

Personne n'a révoqué en doute ce dernier fait : nous avouons qu'il nous paraît incroyable.

Au reste, si trois farceurs ont donné l'exemple d'une amitié plus étonnante que celle d'Oreste et de Pilade, nous les en félicitons bien sincèrement. Ils jouaient sans femmes, du moins avant d'être reçus à l'hôtel de Bourgogne. Quand on leur en offrait, ils les refusaient, dans la crainte, disaient-ils, qu'en les admettant dans leur société, elles ne parvinssent à les désunir.

On a le portrait de Gros-Guillaume. Il y paraît la tête couverte d'une calle ou barrette ronde, avec une mentonnière en peau de mouton, enveloppé d'une espèce de sac, portant une culotte rayée, et de gros souliers gris noués d'une touffe de laine. Au bas se trouvent les vers suivants :

> Tel est dans l'hôtel de Bourgoigne
> Gros-Guillaume avecque sa troigne,
> Enfariné comme un meunier.
> Son minois et sa rhétorique,
> Valent les bons mots de Regnier
> Contre l'humeur mélancolique.

Gros-Guillaume laissa une fille qui fut comédienne, et qui épousa Lafleur.

GUILLOT-GORJU. Bertrand Haudouin, ou Harduin, dit Saint-Jacques, ou Guillot-Gorju, né à Paris vers 1598, d'une très-bonne famille, fit toutes ses humanités, et étudia la médecine pour obéir à ses parents. Comme il n'avait aucun goût pour cette profession, il quitta secrettement Paris, et courut la province avec des opérateurs. Son esprit porté naturellement à la gaîté, lui fit prendre le rôle de l'acteur qui annonce les drogues, et qui par ses bons mots, et par sa facilité à répondre à toutes les questions qui lui sont

faites, force, pour ainsi dire, le public à acheter les remèdes qu'il lui vante. Il surpassa tous
ceux qui l'avaient précédé dans cet emploi. Au
bout de quelques années, il revint à Paris, et
entra en 1634 à l'hôtel de Bourgogne pour remplacer Gaultier-Garguille, mort depuis peu de
temps. Il y parut avec beaucoup de succès sous
le nom de Guillot-Gorju qu'il porta toujours
dans la farce, et sous lequel il est le plus connu.
Son personnage ordinaire sur le théâtre, dit Sau-
val, était de représenter un médecin ridicule:
ainsi Molière n'est pas le premier ennemi que
la faculté ait eu sur la scène. Guillot-Gorju
avait une mémoire si parfaite, que tantôt il nommait une infinité de simples, tantôt les drogues
des apothicaires, et tantôt tous les instruments
de chirurgie, avec une volubilité surprenante,
quoique très-distinctement.

Cet acteur était d'un caractère inconstant.
Après avoir joué pendant huit ans, il quitta l'hôtel de Bourgogne pour quelques désagréments
reçus de ses camarades, se retira à Melun, reprit le nom de Saint-Jacques, et professa la médecine. Il ne fut pas long-temps à s'ennuyer
d'un genre de vie qui ne s'accordait pas avec
le goût décidé qu'il avait pour le théâtre, et
tomba dans une mélancolie si profonde, qu'il
fut obligé de revenir à Paris, où il espérait trou-

ver du soulagement à son mal. Il prit un logement dans la rue Montorgueil, près de l'hôtel de Bourgogne, dans la pensée que ce voisinage contribuerait à sa guérison : il se trompait, et mourut peu de temps après son retour, en 1648, âgé de cinquante ans.

C'était un grand homme noir, fort laid, ayant les yeux enfoncés dans la tête, et le nez très-long. Il jouait toujours sous le masque.

Il paraît que ce comédien fut regardé dans son temps comme l'un des plus illustres que l'on eût encore vus. Son portrait, gravé par Leblond, d'après J. Falck, se trouve dans le cabinet des estampes de la bibliothèque impériale.

JAQUEMIN JADOT comédien de la troupe du marais, passa en 1634 dans celle de l'hôtel de Bourgogne. Il ne jouait que dans la comédie, ou pour mieux dire dans la farce. On ignore le temps de sa mort. Au bas de son portrait gravé par Leblond, qui semble avoir publié la collection complette des farceurs de son temps, on lit deux quatrains dont le premier est plus plaisant que le second. Le voici :

> Jaquemin avec sa posture,
> Sa grimace et son action,
> Nazarde la perfection,
> Et rend quinaude la nature.

LAFONTAINE. (Étienne Rufin, dit) comédien de l'hôtel de Bourgogne sous les règnes de Henri IV et de Louis XIII. En 1604 il était associé avec Gaultier-Garguille, et Marie Venier de la Porte. Il passa pour l'un des principaux farceurs de son temps.

LAFRANCE, comédien de la troupe du Marais, passa en 1634 dans celle de l'hôtel de Bourgogne. Il joua dans le *Trompeur puni* de Scudéry.

LAPORTE. (Mathurin le Fèvre de) Cet acteur, et Marie Venier (ou Vernier) sa femme, étaient les premiers sujets de la troupe du Marais en 1604. Laporte excellait dans la farce.

LASERRE. (Jean de) C'est le plus ancien comédien connu. Il parut dans le quinzième siècle, et se fit une si grande réputation dans la farce, que lorsqu'il mourut, le fameux Marot célébra ses talents dans une longue épitaphe, que nous rapporterions, si elle ne nous paraissait pas indigne de lui. Long-temps avant la Serre, on vit des acteurs qui faisaient métier de jouer les Mystères, les Moralités et les Sotties, ou Farces; mais il est le premier dont le nom soit parvenu jusqu'à nous.

LENOIR comédien de la troupe du Marais

jusqu'en 1634. A cette époque il entra dans celle de l'hôtel de Bourgogne.

MATAMORE. (le Capitan) Caractère d'un faux brave dont les discours étaient remplis d'hyperboles sur ses faits d'armes imaginaires : il fut adopté par un comédien dont on ignore le nom, sur le théâtre de l'hôtel de Bourgogne. (1)

Ce personnage de Matamore brilla sur la scène jusqu'au milieu du dix-septième siècle. M. de Fontenelle, dans sa vie de Corneille, blâme beaucoup l'inventeur de ce caractère, aussi bien que les poètes qui le firent entrer dans leurs ouvrages. Les caractères outrés, dit-il, ont été autrefois fort à la mode ; mais qui représentaient-ils, et à qui en voulait-on ?

Nous croyons que l'on peut répondre à M. de Fontenelle que dans un temps où les esprits étaient échauffés par la lecture des romans de chevalerie français et espagnols ; où la licence et le désordre introduits par les guerres civiles ne pouvaient qu'avec peine être réprimés par les ordonnances les plus sévères ; où tout le monde portait l'épée ; où enfin la France fourmillait de rodomonts, il ne fallait pas moins qu'un portrait

(1) Celui du Marais avait aussi son capitan.

aussi chargé que celui de Matamore pour faire
sentir le ridicule de toute cette bravoure fausse
ou déplacée.

Au surplus ce caractère est très-ancien au
théâtre. Les auteurs latins l'avaient inventé plus
pour le divertissement du peuple que pour son
instruction, puisqu'il n'y avait point de duel-
listes à Rome. Les Italiens, sur le modèle du
Miles gloriosus, formèrent leur Spezzafer, et
les Français leur Matamore; et ces deux nations
sont excusables d'avoir goûté pendant si long-
temps la copie, un peu chargée à la vérité, d'o-
riginaux si incommodes.

Revenons à l'acteur chargé de ce rôle. Si l'on
s'en rapporte à Maréchal, auteur d'une comédie
intitulée : *le véritable capitan Matamore, ou
le faux brave*, qui n'est qu'une traduction de
celui de Plaute, on concevra une grande idée
des talents de ce comédien. Voici ses paroles :
« Je n'ai point introduit sur la scène un *Pyr-*
» *gopolinice* plus badin que fanfaron, mais j'ai
» tâché de peindre au naturel le vivant Mata-
» more du théâtre du Marais, cet original sans
» copie, et ce personnage admirable qui ravit
» également les grands et le peuple, les doctes
» et les ignorants. » Voyez *les Visionnaires* de
Desmarets, et *l'Illusion comique* de Pierre
Corneille.

MEDOR, comédien mort avant 1675. On ne sait de quel théâtre il était.

NANTEUIL, comédien de la reine en 1664, et depuis de l'électeur de Hanovre, auteur des pièces suivantes : 1º Les brouillards nocturnes, 1669. 2º le comte de Roquefeuille, ou le docteur extravagant, 1669. 3º l'amour sentinelle, ou les cadenas forcés, 1672.

PERRINE, nom d'un personnage introduit dans les farces qu'on représentait à l'hôtel de Bourgogne, vers le commencement du dix-septième siècle, et qui jouait sous les habits de femme avec Gaultier-Garguille. Cet acteur n'est pas connu sous son nom propre.

RESNEAU, comédien de l'hôtel de Bourgogne, n'est connu que par un procès qu'il gagna contre le Prince des sots, le 19 juillet 1608.

SAINT-MARTIN, comédien de l'hôtel de Bourgogne. Sans un passage de la gazette du 15 décembre 1634, où il est mis au nombre des camarades de Bellerose, on ignorerait son existence.

TABARIN. Associé de Mondor, célèbre opérateur, il jouait des parades et des farces sur les tréteaux du Pont-Neuf en 1619. Boileau parle

de Tabarin en plusieurs endroits de ses ouvrages,
notamment dans l'art poétique.

VALERAN LE COMTE, comédien de l'hô-
tel de Bourgogne vers 1608, passa dans la troupe
du Marais où il fut chargé des premiers rôles.
Il mourut avant 1632.

ACTEURS

DEPUIS L'ÉPOQUE OU LE THÉATRE

PRIT UNE FORME RÉGULIÈRE.

ACTEURS

DEPUIS L'ÉPOQUE OU LE THÉATRE

PRIT UNE FORME RÉGULIÈRE.

ARMAND.

(*François-Armand Huguet.*)

QUELQUES moralistes ont prétendu qu'en observant attentivement l'homme dans les premières années de sa vie, on peut présager avec certitude ce qu'il sera dans l'âge mûr. Cette opinion, proposée ainsi comme règle générale, souffre beaucoup d'exceptions; néanmoins on ne manque pas d'exemples qui la confirment, et la jeunesse de l'acteur dont nous allons parler, peut servir à l'appuyer.

Il naquit à Richelieu, en 1699, de Jacques Huguet et de Madeleine Souchet, d'une honnête bourgeoisie du Poitou, et fut tenu sur les fonts de baptême au nom du duc, depuis maréchal de Richelieu, qui n'était alors guères plus âgé que son filleul. Il fut élevé sous le nom d'*Armand*, qu'il porta toute sa vie par un sentiment de respect pour son parrain.

L'abbé Nadal, auteur d'une tragédie de *Saül* et de quelques autres ouvrages, trouvant dans le jeune Armand, qui avait été amené de bonne heure à Paris, un esprit vif et tourné aux saillies, se chargea du soin de son éducation. Il le plaça enfant de chœur à la paroisse Saint-Paul ; mais le maître de musique l'ayant jugé peu propre à faire des progrès dans cet art, l'abbé Nadal conçut d'autres vues pour lui, et le fit entrer chez un notaire. C'est-là qu'il donna plusieurs preuves du talent supérieur qu'il devait avoir un jour pour la comédie. Personne n'était, dès-lors, plus habile à saisir le ridicule ; il faisait rire ceux-mêmes qu'il contrefaisait, tant il imitait originalement leur ton, leurs gestes, leurs démarches. L'abbé Nadal, se trouvant un jour présent à l'une de ces scènes comiques, ne put s'empêcher de dire que, si jusqu'alors il n'y avait pas eu de comédiens, cet enfant aurait été capable de donner l'idée de cette profession. Ces paroles frappèrent le jeune Armand, qui demanda aussitôt ce que c'était que la comédie. L'abbé lui promit de l'y mener le dimanche suivant, si l'on était content de lui chez son notaire, et en effet il lui tint parole. Armand n'avait alors que treize ans ; il fut si frappé du spectacle, il prit tant de goût pour la comédie, qu'elle devint pour lui un besoin plutôt qu'un amusement. Dès qu'il avait quelque argent, il le conservait pour aller au spectacle; et revenant le soir chez son notaire, il divertissait toute la maison par les scènes qu'il avait retenues, et qu'il savait rendre précisément comme il les avait vu représenter.

La femme du notaire étant accouchée d'un fils, les parents, les amis, les voisins en témoignèrent leur joie, suivant l'usage. Armand, pour signaler la sienne, engagea les clercs, ses camarades, à jouer une comédie pour célébrer la convalescence de l'accouchée. Ils se dressèrent un théâtre avec les tables de l'étude, firent des décorations de tout ce qu'ils purent employer; et, lorsqu'on s'y attendait le moins, Armand, comme chef de la troupe, vint prier la compagnie qui était chez le notaire, de vouloir bien assister à leur petit spectacle. On fut agréablement surpris d'une pareille proposition, d'autant plus que tous les préparatifs s'étaient faits très-secrètement. On se transporta dans un grenier où le théâtre avait été établi, et la petite troupe représenta les *Folies Amoureuses* et *Crispin Médecin*. On applaudit beaucoup tous les acteurs, mais surtout Armand qui joua le rôle de *Crispin* dans les deux pièces, et

Tome I. 4

qui, dans l'entracte, pour donner le temps à
ses camarades, moins actifs que lui, de changer
d'habits pour la seconde pièce, joua la grande
scène qui commence le rôle de *Sosie* dans
Amphytrion, et sauta sur la lanterne avec tant
d'agilité et de grâces, que tout le monde en
fut charmé. Le notaire, qui s'était encore plus
amusé que les autres, donna après le spectacle
un grand souper où tous les acteurs assistèrent.
Armand y reçut tous les compliments possibles,
même de ses camarades qui se firent un mérite
d'avouer que, s'ils avaient montré quelques
talents, c'était à ses conseils qu'ils en étaient
redevables. Les applaudissements redoublèrent;
le jeune acteur, qui ne s'était jamais vu si fêté,
témoigna sa reconnaissance par une infinité de
saillies, et ne s'acquitta pas moins bien de son
rôle à table que sur le théâtre. Le lendemain
le notaire, pour remercier son petit comique
(c'est ainsi qu'il l'avait nommé), fit accommoder
à sa taille un de ses habits, dont le jeune homme
avait grand besoin, et accompagna ce cadeau
d'un louis d'or qu'il lui fit trouver dans une de
ses poches. Armand fut plus sensible encore à
cette seconde galanterie qui devait lui procurer
le plaisir d'aller plus souvent aux spectacles.

Peu de temps après, comme le jour de l'an
approchait, la femme du notaire eut envie de

renouveler chez elle le même divertissement, en faveur d'une compagnie d'amis choisis, dont l'abbé Nadal devait être. On fit dresser en conséquence, aux dépens de la dame, un petit théâtre très-joli, dans une salle basse, où l'on avait ménagé toutes les commodités nécessaires, tant pour les acteurs que pour les spectateurs. On y représenta les mêmes comédies devant une assemblée nombreuse. La décence du lieu, et les décorations analogues au sujet, ne contribuèrent pas peu à faire briller davantage les talents des acteurs; et, avant de commencer, Armand, qui voulait, en présence de l'abbé Nadal, son protecteur, se signaler de toutes manières, se chargea de haranguer la compagnie, et prononça, en habit de *Crispin*, ce compliment dont il était l'auteur :

« Messieurs, mon dessein n'est pas dans ce jour
» qui renouvelle l'année, de vous jeter de la
» poudre aux yeux, ni de vous faire croire
» que des vessies sont des lanternes. Je sais
» trop que marchand d'oignons doit se con-
» naître en ciboules, et que vous êtes des
» éveillés de Poissy, à qui l'on ne ferait pas
» passer des chats pour des lièvres, parce que
» vous en avez bien vu d'autres, et qu'on ne
» saurait vous en donner à garder. Je n'ignore
» pas qu'un discours bien garni de fleurs de

» rhétorique viendrait ici juste comme de cire,
» ou, si vous voulez, comme mars en carême,
» et que ce ne serait point tirer ma poudre
» aux moineaux, ni semer des marguerites de-
» vant des pourceaux. Mais vous savez, Messieurs,
» qu'il n'y en a pas de plus embarrassé que celui
» qui tient la queue de la poële. A petit mer-
» cier petit panier, et à bon entendeur demi-mot.
» Si nous ne remplissons pas nos rôles comme
» les grands acteurs que vous avez journelle-
» ment sous les yeux, c'est qu'il n'est pas
» permis à tout le monde d'aller à Corinthe,
» et que, qui est apprentif n'est pas maître.
» Loin de nous en faire accroire, nous avouons
» de bonne foi que, si nous comptions moins
» sur votre indulgence, nous ne saurions tous
» sur quel pied danser. Mais si vous daignez
» nous mettre le cœur au ventre, nous ne vous
» promettons pas poires molles, ni plus de
» beurre que de pain, et nous irons de cul et
» de tête, comme des corneilles qui abattent des
» noix. Ainsi, Messieurs, sans tourner si long-
» temps autour du pot, ni chercher midi à qua-
» torze heures, d'autant plus que vous n'ignorez
» pas que trop gratter cuit, et trop parler nuit;
» je me contenterai de vous prier de ne pas
» nous recevoir comme des chiens dans un
» jeu de quilles, en vous assurant que notre

» reconnaissance ne sera pas entre le ziste et
» le zeste, ni moitié figue et moitié raisin;
» et que lorsqu'il s'agira de vous faire épa-
» nouir la rate, on ne vous verra jamais n'y
» aller que d'une fesse, etc.

Cette harangue fut extrêmement applaudie;
l'abbé Nadal ne put se contenir; il se leva,
monta sur le théâtre, courut embrasser son
jeune protégé, et lui promit une amitié qu'il
lui conserva toujours. Plusieurs personnes prirent, ainsi que lui, le prétexte de la nouvelle
année pour faire des présents au jeune acteur.
On convint que, pendant tout l'hiver, on con-
tinuerait de jouer la comédie tous les diman-
ches, à la grande satisfaction d'Armand, qui
se plaisait plus sur le théâtre que dans son étude.
Ses camarades n'y trouvaient pas moins leur
compte, attendu que chaque répétition était
accompagnée de quelque régal aux frais du notaire.

Armand se trouva bientôt possesseur de cent
quinze livres, somme considérable pour un
clerc. Cette bonne fortune lui fit négliger tous
ses devoirs. Si on lui donnait quelques com-
missions, on était sûr de ne le voir rentrer
qu'à la nuit. Il avait trouvé moyen, par son
enjouement, de se concilier l'amitié de Dolet,
de Laplace et de Maillard, directeurs des spec-

tacles forains, et il n'en sortait plus. Il prit même
un goût si décidé pour tout ce qui s'appèle
charges, *farces*, *parades*, que cette passion
lui demeura toute sa vie, et influa peut-être
même un peu trop sur son jeu. A l'âge de soixante-huit ans, on l'a vu encore s'amuser des heures
entières à entendre debout, sur les boulevards,
les parades de Nicolet, et il y riait d'aussi bonne
foi qu'un jeune écolier.

Le notaire lui passait beaucoup de choses
en faveur des plaisirs qu'il savait lui procurer.
Tout aurait été fort bien pour lui, s'il ne se
fût avisé de faire des vers qui ne lui firent pas
autant d'honneur que son compliment en prose.
Voici à quelle occasion. La fille de la maison,
appelée mademoiselle Toinette, était fort aimée
de son père et de sa mère, et par conséquent
fort gâtée : elle avait environ dix-sept ans. La
Saint-Antoine arriva (c'était le jour de sa fête).
Comme elle était assez jolie, tous les jeunes gens
du quartier, et surtout les clercs de la maison,
firent des vers et des chansons en son honneur.
Armand seul ne fit rien. Son compliment en proverbes lui avait acquis la réputation de bel-esprit.
La demoiselle lui fit quelques reproches de son
silence. Armand jura qu'il n'avait fait de vers de
sa vie ; mais il ajouta que, si elle le voulait absolument, et qu'elle lui promît de prendre en

bonne part ce qu'il lui présenterait, il tâcherait
de lui composer pour le lendemain un madrigal
qui fût digne d'elle. Mademoiselle Toinette
promit tout, et courut répandre dans le voisinage qu'Armand devait faire des vers pour elle
qui seraient, sans doute, les plus jolis du monde.
Armand, se livrant un peu trop à son caractère
de plaisanterie, et voulant éviter les fadeurs dont
les autres pièces étaient remplies, lui présenta,
en effet, le lendemain, comme il l'avait promis,
et devant une grande assemblée, les vers suivants
qu'il lut tout haut :

A Mlle Toinette, pour le jour de sa fête.

D'un cochon saint Antoine avait la compagnie ;
Le ciel avec justice en fit votre patron ;
De ce saint fainéant vous imitez la vie,
Et vous êtes salope autant que son cochon.

Ces vers, à la vérité, n'étaient rien moins
que galants. Si pourtant on eût voulu considérer l'âge de l'auteur, son esprit tourné naturellement à la bouffonnerie, et la permission
qu'il avait acquise dans la maison, de tout faire
et de tout dire sans conséquence, on aurait ri
de ces vers comme de bien d'autres folies qu'on
lui avait passées ; mais attaquer mademoiselle
Toinette était un crime capital aux yeux d'un

père et d'une mère qui l'idolâtraient. Armand avait donné plusieurs copies de son madrigal, dont l'une était malheureusement tombée entre les mains d'un jeune homme qui, depuis quelque temps, faisait le soupirant auprès de la demoiselle, et la recherchait en mariage; c'était un bon parti; on craignit que cette aventure ne le dégoûtât, et ces craintes furent justifiées.

Le notaire avait trop d'esprit pour témoigner que les vers lui avaient déplu; mais dès le soir même il chercha querelle à l'auteur, et prit son libertinage pour prétexte. Il le menaça d'en porter ses plaintes à sa mère et à l'abbé Nadal. Jamais menace n'eut un effet si prompt. On lui fit de vives réprimandes; on lui demanda compte de l'argent qu'on lui avait donné. Armand, qui n'avait plus, de ses 115 livres, qu'environ 50 francs, refusa tout net de le faire, protestant que ce qu'on lui avait donné était bien à lui. On parla d'en venir à de dures extrémités pour obtenir les aveux qu'on desirait. Comme il craignait les voies de fait, en deux cabrioles il rendit ses comptes, se trouva hors de la maison avant qu'on eût songé à l'arrêter, et fut se consoler de sa disgrâce à la foire avec ses bons amis. Il revint le soir assez tard, et fut droit à la maison du notaire, croyant que le passé serait oublié, et qu'on s'estimerait encore trop heureux de le re-

cevoir, mais le notaire avait donné ordre qu'on
ne lui ouvrît point. Comme il vit que sa peine
était inutile, et qu'il mourait de froid et d'envie
de dormir, il prit le parti, n'osant se présenter
ni chez sa mère ni chez l'abbé Nadal, de s'ache-
miner vers le port, dont il n'était pas éloigné.
Il apperçut, au clair de la lune, un bateau chargé
de foin ; il se fourra dedans, et s'y endormit aussi
profondément qu'il eût pu le faire dans le meilleur
lit du monde. Il se réveilla fort tard, et fut bien
surpris, en sortant sa tête de dessous les bottes
de foin où il était enseveli, de se trouver dans
un bateau qui faisait route, et de voir la campagne à droite et à gauche. Deux hommes qui
conduisaient le bateau ne furent pas moins étonnés de son apparition. Ils lui demandèrent ce
qu'il faisait là. Armand tâcha de rappeler ses
idées encore fort embrouillées, tant par le vin
qu'il avait bu la veille, que par la vapeur du
foin qu'il avait respirée pendant la nuit et une
bonne partie de la journée. Enfin il conta aux
mariniers par quel évènement il se trouvait dans
leur bateau, et demanda s'il était loin de Paris.
On lui répondit qu'il en était à sept lieues. Il
échappe souvent aux Parisiens des naïvetés singulières quand ils sortent pour la première fois
de leur bonne ville. C'est ce qui arriva au jeune
Armand qui, n'ayant jamais perdu de vue le

clocher de sa paroisse, se crut à peu près au bout du monde. Il se chagrina beaucoup, pria instamment qu'on le mît à terre, et demanda ingenûment à ses conducteurs s'il aurait assez d'environ 5o francs qu'il avait sur lui, et qu'il compta devant eux, pour s'en retourner à Paris. Les mariniers, profitant de l'ignorance de ce jeune homme, et lui voyant plus d'argent qu'il ne paraissait convenable d'en avoir à son âge, lui dirent qu'il était sans doute un petit fripon qui avait dérobé cet argent à sa famille, et qu'ils étaient obligés en conscience, à la première ville où ils passeraient, de le mettre entre les mains de la justice. Armand fut très-épouvanté de cette menace ; le mot de *justice* le troubla au point qu'il se jeta à genoux, pleura, pria et supplia qu'on eût la bonté de le mettre à terre, offrant de partager avec l'équipage l'argent qu'il avait. Les mariniers, après avoir fait bien des façons, quoiqu'au fond ils ne demandassent pas mieux, acceptèrent la proposition, en faisant beaucoup valoir leur complaisance. Ils le mirent à terre, lui montrèrent le chemin de Paris, et continuèrent leur route du côté d'Auxerre. Armand suivait, tout pensif, ce chemin qu'on lui avait enseigné, rêvant aux moyens qu'il pourrait employer pour rentrer dans les bonnes grâces de son notaire. Cependant ces idées ne l'occupaient pas telle-

ment qu'elles l'empêchassent de sentir la faim
qui le gagnait au point où l'on peut s'imaginer
qu'elle tourmente un jeune clerc de quatorze ans
qui n'a pas mangé depuis près de trente heures.
Sa bonne fortune lui fit rencontrer une auberge
dont la cuisine était remplie de pélerins qui
allaient à Sainte-Reine. Un homme d'environ
quarante ans, et une amazone à bourdon d'à peu
près vingt-cinq, paraissaient les chefs de la troupe.
Les autres étaient ou leurs parents ou leurs amis.
On demanda au jeune Armand qui il était. Après
l'aventure des mariniers, il ne jugea plus nécessaire d'être aussi naïf dans ses réponses. Comme
il savait le plain-chant, et qu'il était d'ailleurs
mis assez proprement, il leur dit qu'il était fils
d'un musicien de Paris qui l'envoyait chercher
fortune ; et pour prouver qu'il disait vrai, il se
mit à entonner tous les chants d'église qu'il avait
appris étant enfant de chœur à Saint-Paul. Le
chef de la troupe, qui apparemment se connaissait mal en musique, fut assez content de sa voix
pour lui proposer, s'il voulait vivre gracieusement
et se bien divertir sans qu'il lui en coûtât rien,
de prendre parti dans sa compagnie. On lui fit
un tableau charmant de l'état qu'il allait embrasser.
L'embarras où il était de se présenter à Paris
devant ses supérieurs, les caresses que lui attira
sa mine espiègle, et le vin qu'on lui versait à

longs traits, le déterminèrent enfin, une vie
oisive et vagabonde ayant d'ailleurs beaucoup
d'attraits pour lui. On l'équipa en peu de temps
suivant le costume de sa nouvelle profession, et
il reprit avec les pélerins le chemin qu'il venait
de quitter. Le chef de la bande se mêlait de
guérir les paysans malades des villages où il
passait, en leur faisant boire de l'eau claire sur
laquelle il prononçait une oraison mystérieuse à
sainte Reine. Pour le nouveau prosélyte, son
emploi consistait à chanter des psaumes et des
hymnes quand le remède opérait. Plus le malade
criait et souffrait de tranchées et de coliques,
plus il s'égosillait jusqu'à ce que le patient se
trouvât soulagé.

Après un grand nombre de pareilles aventures,
dignes de figurer avec celles de Gilblas, de
Guzman d'Alfarache ou de Lazarille de Tormes,
Armand commença la comédie en Languedoc
avec Dominique et Paghetti, qui passèrent depuis au théâtre italien. Il revint ensuite à Paris,
et débuta aux Français, le mardi 2 mars 1723,
par le rôle de *Pasquin* dans *l'Homme à bonnes
fortunes.*

L'emploi des premiers comiques, ou de la
grande livrée, pour lequel il se présentait, était
alors rempli par un excellent acteur, Lathorillière
second, le seul des anciens camarades de Mo-

lière qui existât encore. Armand fut jugé digne
de le *doubler*, et reçu en 1724 (1). Lathorillière
étant mort en 1731, Armand se trouva bientôt
chef d'emploi, et, pendant sa longue carrière,
il mérita constamment la faveur et les applaudissements du public. Il en était en possession
dès 1724, et ce qui arriva cette même année
lors de la reprise des *Trois Cousines*, en est une
preuve incontestable. Il chantait le couplet suivant dans le vaudeville qui termine cette jolie
pièce :

> Si l'amour d'un trait malin
> Vous a fait blessure,
> Prenez-moi pour médecin
> Quelque bon garde-moulin.
> La bonne aventure
> O gué !
> La bonne aventure.

Le public lui cria *bis*. Au lieu de répéter tex-
tuellement son couplet, il y fit sur-le-champ les
changements qui suivent, en le chantant pour la
seconde fois.

_____

(1) La date précise de sa réception est incertaine. Je
la trouve fixée par les uns au 6 mai 1724, par les autres
au 17, ou au 27, ou au 30 d'octobre de la même année.

Si l'amour d'un trait charmant
Vous a fait blessure,
Prenez pour soulagement
Un bon gaillard comme Armand.
La bonne aventure
O gué !
La bonne aventure.

Le public aimait à rire alors. L'acteur qui risquait cette plaisanterie était vu avec faveur ; elle fit fortune, et depuis on lui demanda toujours cette variante.

Armand créa plusieurs rôles importants, et leur imprima un cachet original et vrai. Il serait trop long de les citer tous, mais on ne peut oublier ceux de *Lubin* dans *la Surprise de l'Amour*, de *Timantoni* dans *le Faux Savant*, et de *Fabrice* dans l'*Écossaise*. Il remit au théâtre, avec non moins de succès, le *Falaise* de *la Réconciliation normande*, et le *Glacignac* du *Mariage fait et rompu*. Le rôle du *commandeur de la Rocaille* dans le prologue de l'*Impromptu de la Folie*, pièce de Legrand, jouée en 1725, était de son invention, ou plutôt c'était la copie parfaite d'un original qu'il avait connu. Ce vieux commandeur, grand partisan des anciens comédiens, parlant du nez et secouant la tête, excita de grands éclats de rire, et la manière dont Armand avait conçu ce caractère,

prouva qu'il ne se bornait pas à suivre servile-
ment les traces de ses prédécesseurs. Il joua
celui de *Pantalon* dans *la Française italienne*,
petit acte qui faisait partie de la même pièce, et
contrefit avec tant de vérité le *Pantalon* des
Italiens (1), que celui-ci ne put s'empêcher de
dire : *Si je ne me sentais au parterre, je me
croirais sur le théâtre.*

Quand il établit le rôle de *Pirante* dans l'É-
tourderie, Fagan, auteur de cette pièce, prit
d'abord sa manière de le jouer pour une charge
dont il ne put s'empêcher de rire ; mais aux dernières répétitions il lui dit sérieusement qu'il
n'entrait point dans le caractère du personnage.
Armand s'obstina à le rendre comme il l'avait
conçu, et ce rôle contribua au succès de l'ouvrage.

Il saisissait, avec une présence d'esprit singulière, tout ce qui pouvait plaire au public, dont
il était fort aimé. Jouant le rôle de *Pasquin* dans
Attendez-moi sous l'orme, après ces mots : *N'y*

_____

(1) L'acteur qui jouait les rôles de *Pantalon* à la comédie italienne en 1725, s'appelait *Pietro Alborghetti*.
Il était de Venise, et mourut le 4 janvier 1731, âgé de
51 ans. Il excellait dans son emploi, qu'il jouait en habit
de noble Vénitien et sous le masque, avec beaucoup de
naturel et de chaleur.

a-t-il rien de nouveau en Catalogne ? Que dit-
on de l'Allemagne ? Vous avez reçu des lettres
de Flandres ? Il ajouta sur-le-champ : Un bruit
se répand que Port-Mahon est pris. Ainsi le
filleul eut le mérite d'annoncer la victoire de son
parrain.

La nature lui avait donné le masque le plus
propre à caractériser les talents d'un valet adroit
et fourbe, tel que les *Daves* de l'antiquité. On
le grava dans le rôle de *Carondas*, au moment
où, à l'exemple du valet de *Zénon*, il volait le
philosophe son maître par un malentendu de
philosophie. Ce rôle dans la comédie des *Philosophes*, celui de *Fabrice* dans *l'Ecossaise*, et
celui du *Garçon libraire*, dans la *Présomption
à la Mode*, furent les derniers qu'il représenta
dans les pièces nouvelles. Il termina sa carrière
comique à la cour par le rôle de *Frontin* dans
le Dédit, le 7 mars 1765, et à Paris par celui
de *Vadius*, dans *les Femmes Savantes*.

Lorsqu'Armand arriva au théâtre français, les
pièces à agrémens, mêlées de chant et de
danse étaient dans leur plus grande vogue. La
comédie, sans exiger que tous ses acteurs eussent
du talent pour la danse et le chant, donnait
la préférence à ceux qui pouvaient lui être utiles
dans ces sortes de pièces, attendu qu'elle n'avait
point alors le droit de s'attacher des danseurs

uniquement destinés à l'exécution de ses ballets.
Armand qui dansait et chantait fort agréablement,
lui fut d'une grande ressource, et mérita fort
souvent les applaudissements du public, dans les
divertissements exécutés de son temps. On nous
permettra de remarquer en passant la différence
de ce temps avec le nôtre; alors un chef d'emploi qui excellait dans tous ses rôles, ne croyait
pas avoir encore assez fait pour sa société; il
cultivait les talents d'agrément qui pouvaient
lui être utiles, ou se les procurait s'il ne les
avait pas. Dufresne lui-même, après avoir joué
Orosmane ou *le comte de Tufière*, ne dédaignait point de paraître dans le ballet du *Galant
Jardinier* : or, tout le monde sait combien cet
acteur était orgueilleux.

Armand conserva toujours son humeur gaie
et facétieuse ; le commencement de sa fortune fut même l'effet d'une plaisanterie. Il avait
l'habitude, en se promenant avec ses amis, de
parier ou la dépense du moment, ou des billets
de loterie au premier bossu que le hasard lui
faisait trouver sur son chemin, et rarement ces
billets étaient malheureux. Un jour, en sortant de
la comédie, il rencontra (ce qu'il regardait comme
un présage très-favorable) un bossu dont la physionomie le frappa vivement. Il alla prendre sur
le champ quelques billets de loterie à la devise du

bossu. Un de ces billets lui rapporta 8,000 livres.
C'était, disait-il quelquefois, *le plus beau bossu!*

Il n'eut pas toujours sujet de se louer des
bossus. Un membre de ce corps spirituel, homme
narquois, malin et railleur, lui causa même assez
souvent un chagrin mêlé d'impatience. Armand
par bonheur était à peu près du même caractère, et trouva moyen de se venger. Ce bossu
l'attaquait souvent dans les foyers, et ne lui
ménageait pas les épigrammes. Quand la toile
était levée, il se plaçait habituellement dans
une loge très-voisine du théâtre, et déconcer-
tait l'acteur par des réflexions caustiques qu'il
lui glissait à voix basse. Armand jugea qu'il
fallait absolument faire quitter la place à un
voisin aussi dangereux. La loge en question
était de huit places; Armand la loue un jour
sans en prévenir son ennemi; il distribue sépa-
rément sept billets aux sept bossus les plus remarquables qu'il peut rencontrer, et prévient
l'ouvreuse de laisser entrer pour la huitième
place le bossu qui venait d'habitude. L'heure du
spectacle est sonnée, tous les bossus arrivent les
uns après les autres, et le public de rire d'une
aussi plaisante réunion; mais ce fut surtout à
l'entrée du bossu habitué que les éclats redoublèrent. On n'avait rien vu d'aussi comique sur le
théâtre que la scène jouée naturellement par

ces huit bossus qui s'examinaient réciproquement et paraissaient surpris et chagrins de se trouver ensemble. Le caustique bossu n'osa plus reparaître dans cette loge ni dans aucune autre trop exposée aux regards du parterre; car, lorsqu'il essaya d'y revenir, il y eut toujours le désagrément d'exciter la gaîté du public dont il était reconnu sur le champ.

Armand étant à Lyon à se divertir avec quelques amis, il survint un fâcheux qui, après avoir soupé à leurs dépens, leur demanda encore à coucher pour la nuit; chacun s'en défendit en faisant retraite. Armand resté seul, connaissant l'humeur du personnage, et voulant éviter une affaire, lui promit la moitié de son lit. C'était une belle nuit d'été; Armand conduit le fâcheux à la promenade, met son épée en bandouillère, ses souliers dans sa poche, grimpe au premier arbre, et s'y établit aussi tranquillement que dans l'appartement le plus commode. Que faites-vous donc, dit l'importun que ce manége commençait à impatienter? Je loge ici, répondit froidement le comédien, et je vous invite à faire de même.

Il voyait tout gaiment, et dans les affaires les plus sérieuses, il ne pouvait se refuser une plaisanterie. Il narrait de manière à faire distinguer les différents interlocuteurs qu'il mettait en scène dans ses récits. Il imitait leur voix, leurs moindres gestes, au point qu'on eût dit qu'il se multipliait.

Quoiqu'il eût le cœur naturellement bon, et qu'on l'eût vu très-sensiblement affecté de la mort de Lathorillière le fils, qu'il remplaça, cependant ses meilleurs amis étaient quelquefois victimes de ses plaisanteries; on eût dit que Scarron l'avait deviné dans le personnage original de *la Rancune*. Un jour qu'il soupait avec deux de ses camarades, il entreprit de les faire pleurer en leur racontant le sujet de la comédie du *Tartuffe*. Figurez-vous, mes bons amis, leur dit-il, un honnête gentilhomme qui retire chez lui un misérable, auquel il donne sa fille avec tout son bien; le perfide, pour le récompenser de ses bontés, veut séduire sa femme, le chasser de sa maison, et se charge de conduire l'exempt qui doit l'arrêter. Ah! le coquin, le monstre, le scélérat, s'écrièrent les convives déjà gris et fondants en larmes. Armand continua avec ce sang-froid qui le rendait si plaisant: là, là, consolez-vous, ne pleurez pas, mon gentilhomme en fut quitte pour la peur; l'exempt lui dit :

Remettez-vous, Monsieur, d'une allarme si chaude.

A ce vers débité tragiquement, les auditeurs

désolés commencèrent à se reconnaître : Mais que diable! c'est le sujet du *Tartuffe* que tu nous débites? — Eh! oui, mes amis; a-t-on si grand tort de dire que nombre d'acteurs ne connaissent que leurs rôles, même dans les pièces qu'ils jouent tous les jours?

Après avoir passé quarante deux années au théâtre, Armand devenu doyen de la comédie par la retraite du dernier Lathorillière, qui eut lieu à la clôture de 1759, se retira lui-même à celle de 1765, avec la pension de 1500 livres, et mourut le 26 novembre de la même année.

Dorat n'a point oublié cet acteur célèbre dans son poème de la déclamation. Il a bien caractérisé le genre de son talent par les vers suivants :

L'ingénieux Armand, ce nestor du théâtre,
Oublié par le tems était encor folâtre.
Que j'aimais son adresse et sa naïveté!
Son œil étincelait du feu de la gaîté ;
Mais rempli de l'objet qu'il avait à nous peindre,
Sous un flegme éloquent il savait se contraindre :
Au plaisir qu'il donnait il savait se borner,
Et sans montrer le sien le laissait soupçonner.

On verra sans doute avec plaisir ce que Lekain pensait d'Armand. Son opinion se trouve ainsi consignée dans un mémoire où il adresse des conseils à tous ses camarades. « Je ne parle » point du sieur Armand : c'est le modèle de

» tous les comédiens. Son zèle s'est toujours mon-
» tré à toute épreuve. J'observerai seulement,
» pour le malheur de l'humanité, que le génie, usé
» par le temps, cherche des moyens qui, visant
» à la charge, sont hors de la nature; qu'il faut
» toujours être vrai, parler à son acteur, et ne ja-
» mais adresser de plaisanteries au public : c'est
» un usage de l'ancienne comédie qu'il faut bien
» se garder de suivre ».

AUGER.

ARMAND vieillissait, et s'appercevait lui-
même qu'après plus de quarante ans passés au
théâtre, il était temps qu'il songeât à la retraite.
La comédie eût desiré qu'il pût être remplacé
aussi avantageusement que Poisson l'avait été par
Préville; et dans l'enthousiasme qu'excitèrent les
débuts d'Auger qui se présenta pour occuper
l'emploi, elle crut être aussi heureuse en 1763,
qu'elle l'avait été dix ans auparavant. Cette erreur se dissipa bientôt : Auger fut sans doute un
bon acteur, mais il n'égala pas son prédécesseur
Armand, au lieu que Préville avait bien réellement surpassé Poisson.

Auger arrivait de Vienne (en Autriche), où il

tenait en chef la grande livrée, quand il débuta le 14 avril 1763, par les rôles de *Dave* dans *l'Andrienne*, et de *Labranche* dans *Crispin rival de son maître*. Il continua par ceux de *Mascarille* dans *l'Étourdi*, de *Frontin* dans *le Muet*, de *Merlin* dans *le Retour imprévu* et dans *les Trois frères rivaux*, etc. Ses premiers essais furent très-heureux, et produisirent une vive sensation. Armand eut le courage de dire: « J'ai fourni ma carrière; je sens qu'il faut quel- » qu'un qui me remplace, et depuis que j'ai vu » des comédiens, je ne sais que celui-ci qui » puisse me faire oublier. » Mademoiselle Clairon ajouta son témoignage à celui d'Armand, et c'é- tait mettre sans doute un grand poids dans la balance en faveur d'Auger. Elle assura haute- ment qu'elle n'avait jamais vu d'acteur débuter avec autant d'ensemble dans son jeu.

Le suffrage unanime du public vint confirmer ceux d'Armand et de mademoiselle Clairon. Très-peu de temps après son début, Auger fut reçu aux grands appointements (ils étaient alors de 2000 livres, feux et jetons); et à la clôture de 1764, les gentilshommes de la chambre l'admi- rent à demi-part au nombre des sociétaires.

Nous ne prétendons pas attaquer la réputation dont a joui cet acteur, mais nous croyons qu'il nous est permis de blâmer la phrase suivante, insérée par J.-G. Saint-Sauveur, dans un petit opuscule sur les acteurs célèbres, publié en 1808. Suivant lui, « quand cet *acteur* se trouvait » sur la scène avec Préville, le public satisfait » ne savait auquel de ces deux grands *acteurs* il » devait donner la préférence. »

J.-G. Saint-Sauveur inculpe bien gratuitement le public. Jamais il ne mit Auger sur la même ligne que Préville, jamais il ne balança entre eux. Préville a été le comédien le plus parfait qui ait paru sur le Théâtre-Français : Auger n'a pas atteint la hauteur à laquelle le second Lathorillière et Armand se sont élevés.

Auger était grand, bienfait, d'une figure agréable ; il avait un masque très-convenable à son emploi. On pouvait lui appliquer ces deux vers de Dorat, poème de la déclamation :

On voit étinceler dans son regard mutin,
Et la soif de l'intrigue et l'amour du butin.

Leste, souple, adroit, audacieux, imperturbable, il jouait sans doute fort bien les *Daves* et les *Scapins*, mais il ne savait pas toujours se tenir en garde contre les charges déplacées, les caricatures excessives, les grimaces ridicules. C'est Auger qui, dans *l'Enfant prodigue*, où il jouait *Jasmin*, scène de *madame Croupillac* avec *Euphémon fils*, tirait de sa poche une pe-

tite rape, s'en servait pour raper une prise de
tabac qu'il ramassait dans sa main, qu'il respi-
rait ensuite en faisant une foule de singeries.
C'est Auger qui, jouant le *Tartuffe*, s'approchait
d'*Elmire* avec l'air du satyre le plus luxurieux,
lui présentait un morceau de jus de réglisse dont
la forme et la manière de l'offrir étaient une
double charge aussi grossière qu'indécente. Le
lazzi de la rape n'a point été d'un exemple contagieux, mais celui du bâton de réglisse s'est
perpétué par tradition, et nous l'avons vu nous-
même exécuté à Paris par un acteur justement
célèbre, qui peut-être l'improuvait tacitement,
mais ne croyait pas pouvoir se dispenser de faire
ce qu'avait fait Auger. Il n'y a pas très-long-
temps qu'au morceau de réglisse de six pouces
de long, pour le moins, on a substitué une petite bonbonnière plus convenable, sans doute,
dans une scène déjà si scabreuse.

Au reste, quoique son jeu annonçât une grande
intelligence, Auger n'était ni un homme instruit,
ni un homme spirituel. Il estropiait fort souvent
les vers, et c'est à lui qu'il est arrivé en jouant
l'Intimé des *Plaideurs*, de dire ainsi les vers
suivants :

Et si dans la province
Il se donnait en tout vingt coups de nerf de bœuf,
Mon père pour sa part en remboursait *dix-huit*.

On conviendra qu'il faut être étrangement brouillé avec la rime pour manquer celle-là.

Auger, pour se conformer aux réglements de la comédie, débuta dans le genre tragique le 15 (ou 19) février 1768, par le rôle d'*Huascar* dans les *Illinois*. Il le joua trois fois, et essaya ensuite celui de *Warwick*. Cette tentative lui prouva qu'il devait s'en tenir au brodequin.

Il joua d'original avec un grand succès plusieurs rôles marquants, et notamment le *Commandeur* dans *le Père de famille*, et *Bazile* dans *le Barbier de Séville*.

Auger se retira en 1782 avec la pension de 1500 livres, et mourut au Roule le mercredi 26 février 1783.

BARNAUD.

(ou *Bernaud.*)

CET acteur, qui n'avait jamais paru à Paris, aspirant à l'emploi de Lathorillière, en choisit le rôle le plus difficile pour son début qui eut lieu, suivant le Mercure de France, le lundi 24 janvier 1754. Il joua *Arnolphe* dans *l'Ecole des femmes*, et *Dessoupirs* dans *l'Été des coquettes*. Le second

de ces rôles est peu considérable et peu difficile :
aussi Bernaud y obtint-il du succès ; il n'en eut
point dans celui d'*Arnolphe*. Il continua par les
rôles d'*Harpagon* dans l'*Avare*, d'*Orgon* dans
Tartuffe, de *Frontin* dans l'*Impromptu de
campagne*, de *milord Houzey* dans *le Français
à Londres* (deux rôles assez singulièrement
choisis pour un *financier*), de *Bernadille* dans
la Femme juge et partie, de *Géronte* dans
le Philosophe marié, et de *Georges Dandin*.
Il resta quelque temps à l'essai ; on lui conseilla
ensuite de retourner en province. Il suivit cet
avis, mais après la retraite de Lathorillière, la
comédie n'ayant plus que Bonneval dans l'emploi des manteaux, Bernaud revint, débuta une
seconde fois le dimanche 24 février 1760, par
les rôles de *Lisimon* dans le *Glorieux*, et de
Josselin dans la *Coupe enchantée*, et fut reçu
définitivement en 1760, pour doubler Bonneval.
Il resta au théâtre pendant les années 1760, 1761
et 1762, si l'on s'en rapporte aux états consignés
dans les almanachs de spectacle de Duchesne.
On trouve au contraire, dans le Mercure de
France, que Bernaud, ci - devant acteur des
Français, était entrepreneur du spectacle de
Rouen, à la fin de 1761. Au reste l'éclaircisse-
ment de ce fait est fort peu important. Bernaud
était un acteur horriblement outré, qui ne mar-

qua point pendant le peu de temps qu'il fut aux Français.

~~~~~~~~~~

BARON.

(*Michel Boyron*, dit *Baron*.)

FILS d'un marchand mercier d'Issoudun en Berry, Michel Boyron n'était point destiné à la profession de comédien. Étant allé à la foire de Bourges, pour y vendre quelques marchandises, par ordre de son père, il fut charmé de quelques pièces qu'il vit représenter, alla offrir ses services à la troupe qui les jouait, et ayant été accepté, courut la province pendant plusieurs années avec ses nouveaux camarades. Ses talents pour le théâtre s'étant développés, il vint débuter à l'hôtel de Bourgogne, et y obtint un grand succès. Il mourut assez jeune par suite d'un accident très-singulier. En jouant, dans *le Cid*, le rôle de *Don Diègue*, il repoussa du pied son épée que le *comte de Gormas* lui avait fait tomber des mains, et en rencontra la pointe qui le blessa. Cette blessure lui parut si légère, qu'il la négligea ; la gangrène s'y mit au bout de quelques jours. On lui annonça qu'il fallait lui couper la jambe, mais il ne voulut pas y consentir, donnant pour raison qu'un roi de théâtre se ferait huer avec une jambe de bois, et qu'il aimait mieux mourir que de souffrir cette opération.

Le maréchal Fabert se conduisit de même dans une occasion semblable. On le pressait de se laisser couper une cuisse : non, dit-il, la mort m'aura tout entier, ou elle n'aura rien. Mais plus heureux que le comédien, il se tira d'affaire en dépit de sa rébellion aux volontés de ses chirurgiens ; au lieu que Baron mourut le 6 ou 7 octobre 1655, deux jours après le refus qu'il avait fait d'une proposition semblable.

Baron jouait les rois et les paysans. Il avait épousé une actrice fort belle, qui avait beaucoup de talent, et dont il eut un fils nommé comme lui Michel Boyron.

Ce fut à Louis XIII que cette famille d'acteurs dut le changement de son nom. Les premières fois que le comédien dont nous venons de parler, parut devant ce monarque, il l'appela trois ou quatre fois *Baron*. Ce nom lui resta ; il sut le rendre célèbre, et son fils, dont nous allons nous occuper, le porta au plus haut degré d'illustration possible dans la carrière du théâtre.

~~~~~~~~~~

BARON.

(*Michel Boyron* dit *Baron.*)

Élève du premier auteur comique de la France, de l'un de ses plus célèbres philosophes, de celui que Boileau regardait comme le premier des grands hommes qui illustrèrent le siècle à jamais mémorable de Louis XIV, Baron, dont la mémoire durera autant que celle de Roscius, et qui mérita qu'on lui donnât le nom de ce fameux acteur, passa de bien loin son père quoique justement estimé par ses contemporains, et se montra digne d'un maître tel que Molière.

Si l'on s'en rapporte à l'extrait baptistaire produit après sa mort par sa famille, Baron naquit à Paris au mois d'octobre 1653 sur la paroisse Saint-Sauveur. Cette preuve paraît authentique : néanmoins elle fut très-contestée lors du décès de Baron. En se tenant à cette date, il n'aurait eu que soixante-seize ans et deux mois quand il mourut; mais on lui donnait généralement six ans de plus. Cette opinion était appuyée, à ce qu'il paraît, sur le mauvais état des registres des paroisses pendant les troubles de la fronde, et sur le témoignage de Descoteaux, fameux joueur de flûte, ami d'enfance de Baron, et qui mourut un an avant lui, à quatre-vingt trois ans. Au reste, l'âge précis de ce grand acteur fut un problème après sa mort, comme pendant sa vie, et ce ne fut qu'en rassemblant plusieurs époques que l'on parvint à juger qu'en dépit de son extrait de baptême, il devait-être à peu près dans sa quatre-vingt deuxième année. Baron était extrêmement délicat sur l'article de son âge : il se fâchait avec ses meilleurs amis lorsqu'ils voulaient le péné-trer, et jamais coquette ne mit autant de soins que lui à le cacher aux curieux. Dès le mois de fé-vrier 1666, Baron élevé, pour ainsi dire, dans les coulisses, dont le goût et les talents précoces pour la comédie se firent remarquer dès sa dixième année, fut recherché par les directeurs d'une troupe de petits comédiens qui jouaient à la foire Saint-Germain, et qui attiraient tout Paris. (On les appelait *petits comédiens dau-phins* parce qu'ils avaient été employés à la cour pendant l'enfance du dauphin, grand-père de Louis XV.) Le jeune Baron y parut avec tant de succès que Molière voulut voir par lui-même si tout le bien qu'on en disait n'était pas exagéré. Il lui reconnut de si rares dispositions qu'il n'oublia rien pour le faire entrer dans sa troupe, persuadé qu'en les cultivant avec soin, il forme-rait un sujet extrêmement précieux pour son théâtre. Baron accepta sa proposition et ses leçons ; mais quelque temps après, poussé soit par l'inconstance si naturelle aux jeunes gens, soit par le désir de s'exercer sur les théâtres secondaires avant de se fixer définitivement dans la capitale, il s'en alla en Languedoc, en Provence, en Dauphiné, à Lyon et à Dijon. Ces différentes courses l'occupèrent jusqu'à l'année 1670 qu'il revint à Paris débuter sur le théâtre du Palais-Royal.

Le premier rôle important qu'il y joua, fut celui de *Domitien* dans *Tite et Bérénice* de Corneille, en 1670. Cette pièce n'eut pas de succès : la *Bérénice* de Racine, soutenue par les talents des acteurs de l'hôtel de Bourgogne, qui jouaient mieux la tragédie que ceux du Palais-Royal, obtint un triomphe éclatant sur celle de Corneille, quoique l'on eût appliqué à cette lutte de deux illustres rivaux ce vers si connu :

(1) *Infelix puer atque impar congressus Achilli.*

Baron et ses camarades furent plus heureux en 1671. *Psyché* fut applaudie par la cour et la ville : Baron y jouait le rôle de *l'Amour*; sa jeunesse, la beauté de sa figure et celle de sa taille, ses

─────────────────

(1) Malheureux et faible enfant qui a lutté contre Achille.

grâces nobles le rendaient bien propre à représenter ce dieu : on le jugea dès-lors destiné à surpasser les plus fameux acteurs qui eussent encore paru sur la scène.

A la mort de Molière arrivée en 1673, Baron passa dans la troupe de l'hôtel de Bourgogne, où depuis long-temps on desirait qu'il vînt remplacer Floridor. Il y consolida sa réputation déjà très-brillante, et à la réunion de 1680 il était regardé généralement comme le premier acteur des troupes désormais unies de l'hôtel de Bourgogne, du Palais-Royal et du Marais. Malgré toute la réputation dont jouissaient encore ses prédécesseurs, il n'en était aucun que l'on osât lui comparer. Les rôles nouveaux qu'il établit depuis 1680 jusqu'à sa retraite en 1691, furent en grand nombre. On distingua particulièrement les suivants :

En 1681 *Alamir* dans *Zaïde* de La Chapelle, et *Pilade* dans l'*Oreste* de Boyer et Leclerc ;

En 1685 l'*Alcibiade* de Campistron ;

En 1686 *Moncade* et *Éraste* dans ses comédies de l'*Homme à bonnes fortunes* et de la *Coquette* ;

En 1688 le *Régulus* de Pradon ;

En 1691 *Tiridate* dans la tragédie du même nom par Campistron, faible imitateur de Racine, qui dut à Baron la plus grande partie de ses succès.

Tome I. 6

Comblé de gloire, honoré des bienfaits d'un monarque qui ne laissa jamais le mérite sans récompense, Baron ne devait pas sans doute se lasser d'une carrière où il ne cueillait que des lauriers. Cependant il sollicita sa retraite, et l'obtint de Louis XIV à Fontainebleau, où il joua pour la dernière fois le dimanche 21 (ou 22) octobre 1691, le rôle de *Ladislas* dans *Venceslas*. Il y eut plusieurs opinions sur la cause de cette retraite prématurée. Les uns prétendirent qu'il ne quittait le théâtre que pour traiter d'une charge de valet de chambre du roi, qui lui fut refusée : cela n'est guère vraisemblable. De quelque manière que fussent envisagées ces charges en 1691, il est peu croyable qu'elles fussent le *nec plus ultra* de l'ambition d'un homme aussi vain que Baron : d'ailleurs elles n'étaient pas incompatibles avec la profession de comédien, puisque Molière en avait exercé une pareille jusqu'à sa mort. D'autres assurent que Baron avait aspiré à la direction suprême de son théâtre, régi jusqu'alors en société libre par les acteurs eux-mêmes, et qu'il fut blessé du refus que le roi fit de soumettre ses camarades à son autorité. Cette raison paraît meilleure ; mais n'étant appuyée d'aucunes preuves, on ne peut raisonnablement assigner une cause certaine à la retraite de Baron.

On prétendit dans le temps que cette retraite

était un *congé*, même un *exil*, et que Louis XIV avait été très-mécontent de ce que, par une vanité mal entendue, Baron s'était obstiné à lui demander la régie de la comédie française. Nous venons de convenir qu'il se peut que cet acteur ait conçu le dessein de l'obtenir ; mais il nous semble peu probable que sa retraite ait été une disgrâce, puisqu'outre la pension de 1000 livres de la comédie qui lui fut accordée en conformité des réglements, il en eut une seconde de 3000 l. uniquement due à la munificence de Louis XIV.

Quoi qu'il en soit, il paraît qu'il renonça formellement au théâtre, afin de pouvoir jouir des droits que l'église refusait alors aux comédiens, et sa résolution fut invariable pendant près de trente années. Elle excita long-temps un regret général. En 1691, le Noble fit jouer à la comédie Italienne une pièce intitulée : *Les deux Arlequins*. Gherardi, qui jouait dans cette pièce, contrefaisait parfaitement Baron, et cette imitation d'un acteur que l'on ne pouvait plus admirer au théâtre français, procura de fortes recettes à celui qui en offrait une faible image. Le public, qui regrettait tous les jours cet acteur inimitable, (quoiqu'il se fût accoutumé à son successeur Beaubourg, retiré du théâtre en 1718,) n'espérait plus de le revoir jamais, lorsque tout-à-coup sa rentrée fut annoncée le 16 mars 1720, jour de la clôture ordinaire, par l'acteur Lathorillière qui prononçait le compliment d'usage, et s'exprima ainsi :

« Nous ouvrirons le théâtre par *Polyeucte* (1).
» Le mercredi ensuite, au Palais-Royal, M. Baron représentera *Cinna*. Ce lieu retentit encore des applaudissements qu'il a reçus. Nous espérons que l'exécution répondra à votre attente. Je crois que son nom suffit, Messieurs, sans vous faire un plus long discours. »

On peut croire que cette annonce fut reçue avec enthousiasme. Beaubourg n'était plus au théâtre : Dufresne n'était point encore ce qu'il devint ensuite. Baron ne pouvait reparaître dans une circonstance plus favorable, et le public, selon la judicieuse observation d'un écrivain périodique de ce temps, avait besoin de cet exemple de comparaison pour juger du mérite des comédiens qui étaient alors au théâtre.

Il rentra donc le mercredi 10 avril 1720, par le rôle de *Cinna*, en présence du duc d'Orléans, régent, et d'un prodigieux concours de spectateurs qui firent retentir de leurs acclamations le même théâtre où il en avait tant reçu plus de cinquante ans avant cette glorieuse époque. Sa

―――――――――――――――――――――――――

(1) Les Comédiens avaient coutume alors de fermer et de rouvrir leur théâtre par une représentation de cette tragédie. Cet usage fut suivi depuis 1705 jusqu'en 1732.

rentrée, plus productive que toutes les nouveautés et que tous les débuts, attira constamment une affluence considérable, et le public vit avec surprise que pendant une inaction de trente années, cet homme étonnant n'avait rien perdu des talents qui l'avaient si justement fait admirer de la génération précédente. Il joua successivement les premiers rôles tragiques et comiques, et plusieurs autres qui n'avaient jamais été de son emploi, ou qui semblaient ne devoir plus convenir à son âge : dans tous il excita l'admiration et donna de grands exemples aux acteurs nouveaux qu'il trouvait en possession de la scène. Il est a remarquer, qu'à l'exception de Lathorillière, aucun des anciens camarades de Baron ne faisait alors partie de la société dans laquelle il rentrait. Tous étaient morts ou retirés du théâtre.

Il serait trop long d'énumérer tous les rôles de répertoire courant qu'il joua, tous ceux qu'il établit dans les pièces nouvelles. Cependant, comme cette nomenclature présente une variété d'emplois réellement surprenante, nous ne pouvons nous dispenser de mentionner au moins *Sévère* dans *Polyeucte*, *Horace* dans la tragédie de ce non, *Néron* dans *Britannicus*, *Ulysse* dans *Pénélope*, *Nicomède*, *Rodrigue* dans *le Cid*, *Achille* dans *Iphigénie en Aulide*, *Antiochus* dans *Rodogune*, *César* dans *la Mort de Pompée*, *Pompée* dans *Sertorius*, *Ladislas* dans *Venceslas*, *OEdipe* dans l'*OEdipe* de Corneille, *Don Sanche d'Arragon*, *le Comte d'Essex*, *Scévole* dans la tragédie de Duryer, rôles qui appartiennent tous au premier emploi; *Mithridate*, *Joad*, *Acomat*, *Don Diègue*, *Créon* dans *la Thébaïde* de Racine, que l'on comprend dans celui des pères nobles; *Pyrrhus* dans *Andromaque*, *Xipharès* dans *Mithridate*, *Andronic*, rangés dans la classe des jeunes premiers.

Il joua encore dans la comédie, *Alceste* du *Misantrope*, *Amphytrion*, *Moncade* de *l'Homme à bonnes fortunes*, *Dorante* dans *le Menteur*, *Éraste* dans *la Coquette*, premiers rôles; *Horace* dans *l'École des femmes*, *Pamphile* dans l'*Andrienne*, jeunes premiers, et même le rôle de *Jupiter*, d'*Amphytrion*, que les acteurs qui tiennent aujourd'hui l'emploi de Baron regarderaient sans doute comme trop au-dessous d'eux.

On croira facilement que les auteurs de tragédies nouvelles, jouées pendant les dix années que Baron passa au théâtre depuis sa rentrée, s'empressèrent d'en confier les premiers rôles à ce grand acteur qui semblait braver le pouvoir du temps; mais on pourrait douter que sa mémoire et ses forces lui eussent permis de les apprendre et de les jouer, si l'on considérait à quel âge il reparut sur la scène. Il devait avoir alors soixante-douze ou soixante-treize ans. Ce n'est pas à cet âge qui, pour la plupart des hommes, est celui de la décrépitude, que l'on peut se permettre des études nouvelles ; tout au plus est-il possible à l'homme le plus favorisé de la nature, de continuer l'exercice des travaux qu'un long usage lui a rendus faciles. Baron, destiné à étonner en tout son siècle et la postérité, retrouva des forces suffisantes à la mise en scène de douze rôles nouveaux, au nombre desquels les suivants ne méritaient point la peine qu'ils lui coûtèrent. Qui se souvient en effet de l'*Annibal* de Marivaux, où il jouait *Annibal ?* de *Nitétis* de Danchet qui l'avait chargé du rôle de *Cambyses ?* de l'*Egysthe*, composé en société (comme un vaudeville moderne), par Seguineau et Pralard, où il représentait *Thyeste ?* de la *Mariamne* de l'abbé Nadal, qui voulait sans doute que Baron, comme jadis Mondory, succombât au rôle d'*Hérode ?* enfin de l'*Œdipe* de la Motte, où le personnage de *Polémon* lui fut confié. Dumirail était certainement assez bon pour ces malheureuses tragédies. Il est vrai que le talent sublime de Baron leur procura un succès éphémère, tel que celui qu'il fit obtenir, avant sa retraite, au *Régulus* de Pradon, à l'*Alcibiade*, au *Tiridate* de Campistron ; mais quand elles furent dénuées de ce secours, le parterre reconnut avec surprise la faiblesse de ces esquisses décolorées auxquelles le pouvoir magique de Baron avait prêté momentanément le coloris le plus séducteur.

Ses peines ne furent pas toujours aussi infructueuses. *Hérode* dans la *Mariamne* de Voltaire, *Glaucias* dans le *Pyrrhus* de Crébillon, *Alphonse* dans *Inès de Castro*, *Tatius* dans *Romulus*, et *Misaël* dans *les Machabées*, furent pour lui l'objet d'études plus utiles.

Il est singulier que Lamotte ait eu le privilège de posséder Baron dans chacune de ses quatre tragédies; aussi la Grange-Chancel lui enviait-il ce précieux avantage, ainsi que le constate le fragment suivant d'une lettre qu'il écrivit en 1724 au Baron de Walef. « Je ne » puis m'empêcher de finir ces remarques (sur » *Inès de Castro*) par une réflexion sur le » bonheur d'un auteur qui se donne au théâtre » dans le temps que Baron y rentre et que » Dancourt en est sorti. » Cette réflexion, très-honorable pour Baron, ne l'est guères pour Dancourt. Nous examinerons à l'article de cet acteur, si elle était d'une exacte justice.

Esther, première tragédie sainte de Racine, n'avait jamais été jouée par les comédiens français. Ils la donnèrent en 1721; mais quoique le rôle d'*Assuérus* fût rempli par Baron, et que ce grand acteur s'y montrât digne de lui-même, Esther n'eut pas de succès. Comme elle en obtint un prodigieux à la reprise qui en fut donnée plus de quatre-vingts ans après, le 13 prairial an 11, il semble que la froideur du public en 1721, doit être attribuée à l'esprit de licence et de vertige que le gouvernement du régent et le système de Law avaient répandu dans la société, non à des acteurs tels que Baron, Dufresne, mademoiselle Duclos et mademoiselle Lecouvreur.

A la première représentation d'*Athalie* en 1716, le rôle du grand-prêtre fut rempli par Beaubourg, qui, suivant l'expression triviale, mais piquante, de Lefevre, alors rédacteur du *Mercure de France*, le joua fort bien et bien fort. Si l'on s'en rapporte à Racine le fils, que la piété filiale pouvait à la vérité rendre un peu trop sévère, Beaubourg était plus capable d'imiter les capucinades du petit-père Honoré, que la majesté d'un prophète divin. Baron joua ce rôle bien différemment : il fut aussi vrai, aussi sublime dans son jeu, que Racine l'était dans ses vers.

Après avoir réhabilité le rôle de Joad, Baron continua de rendre aux spectateurs étonnés ces modèles d'un débit juste, naturel et simple dans sa noblesse, dont ils commençaient à perdre jusqu'au souvenir. Beaubourg et mademoiselle Duclos surtout, avaient outré la déclamation monotone et chantante que Mad. Champmeslé avait prise des anciens acteurs de l'hôtel de Bourgogne, auxquels Molière la reproche si justement dans l'*Impromptu de Versailles*. On s'était totalement éloigné de ce beau naturel dont Floridor et Baron avaient donné les premiers exemples : toute la comédie française, si l'on en excepte Ponteuil, s'était livrée au débit le plus ampoulé, prenait la bouffissure pour de la grandeur, et corrompait insensiblement le goût du public.

La rentrée de Baron, le comédien le plus naturel qui ait jamais existé, ne pouvait venir plus à propos. Il confirma dans les vrais principes Mlle Lecouvreur, qui, depuis l'époque de ses débuts en 1717, brillait d'un grand éclat, mais que la contagion du mauvais goût eût pu séduire : il fit ouvrir les yeux sur les défauts de Mlle Duclos, et empêcha que Mlle Balicourt n'en fût atteinte. Enfin, en paraissant dans tous les emplois, et même dans celui des manteaux, par le rôle d'*Arnolphe* de l'*Ecole des Femmes*, qu'il joua en 1726 aux débuts de Mlle Angélique, son élève, Baron prouva qu'un talent tel que le sien ne connaissait point de bornes et n'avait point d'âge.

Cet acteur, que l'on ne pourra jamais louer autant qu'il l'a mérité, possédait la réunion brillante de toutes les qualités dont chacun de ses successeurs, sans même en excepter Lekain, n'offrit qu'une portion plus ou moins forte. Dufresne ne possédait qu'une chaleur médiocre; Grandval avait dans l'organe un défaut insurmontable que l'on ne tolérerait peut-être pas à présent; Lekain ne tenait pas de la nature un extérieur convenable aux premiers rôles; Bellecourt et Molé ne pouvaient remplir que la moitié de l'emploi, c'est-à-dire, les premiers rôles de la comédie; Baron, supérieur à ces comédiens, d'ailleurs justement célèbres, fut également admirable dans les deux genres.

La nature semblait s'être épuisée en le formant. Sa taille était avantageuse et bien prise; sa figure avait ce caractère de beauté mâle qui convient à l'homme : elle prenait un air imposant et fier, tendre et passionné, selon les différents personnages qu'il avait à représenter. Sa voix était sonore, forte, juste et flexible : sa prononciation facile, nette et d'une grande précision; ses tons énergiques et variés. Ses inflexions ajoutaient souvent au sens des vers qu'il récitait : on leur trouvait dans sa bouche des beautés qu'ils perdaient quelquefois à la lecture : son silence, ses regards, les diverses passions qui

se succédaient sur son visage, ses attitudes,
ses gestes ménagés avec art, complétaient l'effet
infaillible de son débit puisé dans les entrailles
de la nature.

Sa manière de jouer les grands rôles fit une
révolution au théâtre, mais on ne l'admira pas
sur-le-champ autant qu'elle le méritait. Les
spectateurs blasés par Montfleury et les autres
comédiens de son temps, qui se permettaient
l'exagération la plus extravagante, eurent quelque peine à s'accoutumer à la noble simplicité
de Baron, qui ne déclamait jamais, *parlait* la
tragédie, et employait des gestes et des attitudes que l'on regardait alors comme trop voisins
de la familiarité.

Dans le quatrième acte de *Polyeucte*, quand
il arrivait à ce vers,

Nous en avons beaucoup pour être de vrais Dieux.

il s'approchait de *Fabian*, comme lorsqu'on
craint d'être entendu; et pour obliger ce confident à ne pas perdre un mot de ce qu'il allait
lui dire, il lui mettait la main sur l'épaule.

Sa profonde intelligence lui faisait découvrir
des nuances délicates auxquelles l'auteur lui-
même n'avait probablement jamais pensé. Lorsqu'il prononçait ce vers de la même tragédie,

Servez bien votre Dieu, servez votre Monarque.

la manière dont il le disait annonçait claire-
rement qu'il permettait l'un et qu'il ordonnait
l'autre, en homme qui regardait le service
de l'empereur comme plus indispensable que
celui de la Divinité, et c'était parfaitement
entrer dans l'esprit d'un payen tel que *Sevère*,
qui, voyant plusieurs cultes divers se partager
le monde, pouvait penser qu'au fond ils étaient
tous assez indifférents. Cette intention est même
indiquée par les vers fameux que l'on retranche
à la représentation, et qui attribuent les reli-
gions à la politique des gouvernements primitifs.
On sait avec quelle finesse d'intelligence, dans
le début de *Mithridate* avec ses deux fils, il
marquait son amour pour *Xipharès* et sa haine
pour *Pharnace*. Dans ces vers,

> Princes, quelques raisons que vous puissiez me dire,
> Votre devoir ici n'a point dû vous conduire,
> Ni vous faire quitter en de si grands besoins,
> Vous le Pont, vous Colchos confiés à vous soins.

il disait à *Pharnace* : *Vous le Pont*, avec la
hauteur d'un maître et la froide sévérité d'un
juge ; et à *Xipharès* : *vous Colchos*, avec l'expression d'un reproche sensible, et d'une surprise mêlée d'estime, telle qu'un père tendre
la témoigne à un fils dont la vertu n'a pas rempli

son attente. Dans ce vers de *Pyrrhus* à *Andro-*
maque,

Madame, en l'embrassant, songez à le sauver.

Il employait, au lieu de la menace, l'expression
pathétique de l'intérêt et de la pitié; au geste
touchant dont il accompagnait ces mots, *en
l'embrassant*, il semblait tenir *Astianax* entre
ses mains, et le présenter à sa mère.

Il s'écartait souvent de la manière adoptée par
ses prédécesseurs; c'était toujours avec raison et
jamais sans succès. Il ne récitait les vers suivants,
que Racine a mis dans la bouche d'*Achille*,

Quelle entreprise ici pourrait être formée?
Suis-je, sans le savoir, la fable de l'armée?
Entrons. C'est un secret qu'il leur faut arracher.

qu'avec le ton d'un homme extrêmement supérieur à toutes les entreprises formées contre
lui, qui les voit avec le plus grand dédain; et
pour tout dire en un mot, qui s'en moque. Le
rire perçait au travers de sa surprise et de son indignation. Tous les autres acteurs avant lui y mettaient du feu et de la colère; et c'est encore dans
ce sens que l'on joue actuellement ce passage.

Sa présence d'esprit était étonnante. Il en
donna plusieurs preuves remarquables; les anecdotes suivantes en offriront une idée. Il jouait

le rôle du *Comte d'Essex* : sa jarretière se détacha et tomba sur le théâtre. Si cet accident lui fût arrivé étant en scène avec la reine ou avec la duchesse, certainement il n'aurait pas eu l'air d'y prendre garde ; mais ne se trouvant alors que' vis-à-vis du traître *Cécil*, qu'il était en droit de traiter cavalièrement, il en profita pour se donner une belle attitude de plus, une nouvelle grâce qui ajoutait encore à la vérité de la situation ; appuyant sans façon sa jambe sur un des balcons du théâtre, il remit sa jarretière devant le ministre d'Elisabeth, sans pour cela s'interrompre un seul instant, et continuant au contraire à lui parler, en le regardant à peine, ou même en lui tournant le dos. C'était, à la vérité, au hasard seul que Baron dut cette occasion de manifester cette aisance théâtrale qui lui fit beaucoup d'honneur ; aussi d'autres acteurs ayant voulu l'imiter, ils l'essayèrent infructueusement. Ces sortes de jeux de théâtre, n'étant que l'effet du moment, ne peuvent être répétés avec succès, et tout leur mérite s'évanouit dès qu'ils paraissent préparés avec affectation.

On avait affiché *Phèdre* un jour, et il s'attendait à y jouer *Hyppolite*. Le spectacle fut changé presqu'au moment de lever la toile, et sans qu'on l'en prévînt. Il entre sur la scène suivi de son confident, et lui fait part, avec cette noble candeur qui convient au vertueux fils de Thésée, des motifs qui l'engagent à quitter Trézène. Le souffleur l'avertit que la pièce est changée, et qu'on joue *Mitrhidate*. Sans s'étonner et sans rien répondre, il prend son confident par la main, le conduit au bord de la scène; et de l'air profond et mystérieux que doit avoir *Xipharès*, il lui dit :

On nous faisait, Arbate, un fidèle rapport,

Ce passage subit d'un caractère à un autre, cette métamorphose si prompte, ravirent le public, et produisirent l'enthousiasme.

Le sentiment de sa force excitait en lui une assurance naturelle et pardonnable. Il jouait *Agamemnon* dans *Iphigénie en Aulide;* et en entrant sur la scène, il disait, d'un ton fort bas, ce vers qui commence la pièce :

Oui, c'est Agamemnon, c'est ton roi qui t'éveille.

On lui cria du parterre : *Plus haut.* Si je le disais plus haut, je le dirais mal, répondit-il ; et il continua son rôle. Un trait à-peu-près pareil ne réussit pas de même à Dufresne, ainsi que nous le verrons à son article.

Lorsqu'en jouant la tragédie, il entendait parler trop haut derrière lui (sur le théâtre où se plaçaient alors les gens du bel air), il se retournait du côté de ces personnes, leur adressait les vers qu'il avait à dire, et par-là leur imposait silence. Sa manière de pratiquer les préceptes de son art, était celle d'un grand acteur qui sait que la nature est au-dessus des conventions. « Les » règles, disait-il, défendent d'élever les bras » au-dessus de la tête ; mais si la passion les y » porte, ils feront bien. La passion en sait plus » que les règles. » Cette maxime est dangereuse pour le commun des acteurs.

Quoique la rentrée de Baron eût causé le plus grand plaisir aux amateurs du théâtre, et qu'ils fussent disposés à l'admirer dans tous ses rôles, il y en avait néanmoins quelques-uns qui faisaient avec son âge un contraste trop frappant pour n'être pas ridicule, et rien n'est aussi promptement saisi par nos Français que le ridicule. Lorsque la Motte donna sa tragédie des *Machabées*, il confia le rôle du jeune *Misaël* à Baron ; et le costumier du théâtre, imaginant sans doute que les enfants juifs étaient vêtus et coiffés comme ceux des bourgeois de Paris, lui fit prendre un toquet d'enfant et des manches pendantes. A supposer même que Baron eût conservé quelque reste de la figure séduisante qu'il avait en 1670, lorsqu'il joua le rôle de *l'Amour* dans *Psyché*, on croira facilement qu'étant âgé de soixante-huit ans en 1721 (suivant le calcul le plus favorable), il devait avoir une tournure passablement originale. Aussi ne pût-il éviter l'épigramme suivante :

Le vieux Baron, pour l'honneur d'Israël,
Fait le rôle enfantin du jeune Misaël,
Et pour rendre la scène exacte,
Il se fait raser à chaque acte.

Il était alors si accablé sous le poids des ans qu'il fallut l'aider à se relever lorsqu'il se fut jeté aux pieds de *Salmonée*. Pareil accident lui arriva en jouant *Rodrigue* dans *le Cid*. Il se mit fort lestement aux genoux de *Chimène*, mais comme il y restait trop long-temps, deux valets de théâtre furent obligés de le prendre par dessous les bras pour le mettre en pied.

Dans la même tragédie du *Cid*, il excita un éclat de rire général en récitant les vers suivants :

Je suis jeune, il est vrai, mais aux âmes bien nées
La valeur n'attend pas le nombre des années.

Mais en grand comédien que rien ne peut déconcerter, il recommença ces deux vers, avec tant d'assurance et de sang-froid, en affectant même d'appuyer sur le premier hémistiche : *Je suis jeune, il est vrai*, qu'il en imposa au public qui fut forcé de l'applaudir et de l'admirer (1).

_____

(1) On raconte cette anecdote d'une autre manière,

Cependant, depuis cet accident, il abandonna tout-à-fait ce personnage, et ne se réserva de tous les rôles semblables que celui d'*Antiochus* dans *Rodogune*, qu'il joua jusqu'à la fin de sa vie. Or, quelque considération qu'on eût pour ses talents, il essuya encore dans cette tragédie, et toujours relativement à son âge, une nouvelle mortification, lors des débuts de Mlle Balicourt en 1727. Elle jouait *Cléopâtre*, et toutes les fois qu'elle le nommait son fils, il partait un éclat de rire qui ne fit que redoubler à cet endroit du rôle où elle fut obligée de dire : *Approchez, mes enfants*, en parlant à *Rodogune*, représentée par Mlle Duclos, qui avait alors plus de cinquante ans, et à Baron, auquel l'opinion générale en donnait quatre-vingts : leçon importante pour ceux qui, loin de se rendre justice, se déplacent

---

qui ne nous paraît pas vraisemblable. On prétend qu'il recommença les deux vers, qui avaient excité la gaîté du parterre, et que les éclats de rire redoublèrent encore plus fort ; qu'alors il s'avança sur le bord du théâtre et dit : « Messieurs, je vais recommencer pour la troisième » fois ; mais je vous avertis que si l'on rit encore, je » quitte le théâtre et n'y remonte de ma vie ». On ajoute qu'il continua son rôle, et que le silence fut exactement gardé. Encore une fois cela n'est pas vraisemblable : le parterre ne s'est jamais laissé menacer de la sorte.

mal-à-propos, et sont loin d'avoir pour excuse le talent supérieur des comédiens célèbres dont nous parlons.

Indépendamment de l'épigramme occasionnée par le rôle de *Misaël*, Baron reçut encore d'autres avis dont il dut être affligé. En rapportant la pièce suivante, nous ne partageons pas l'opinion de son auteur; mais il nous a semblé qu'elle offrait assez de mérite dans les idées et dans la versification pour qu'il nous fût permis de la reproduire à l'article de l'acteur auquel on l'adressa.

Épître à Baron.

As-tu bien réfléchi sur le pas téméraire
Que d'imprudents amis t'ont conseillé de faire?
Oses-tu, par l'appât d'un vain espoir flatté,
Reprendre le cothurne après l'avoir quitté?
Autrefois, il est vrai, tu sus, acteur habile;
Charmer également et la cour et la ville,
Et du peuple romain Roscius en son temps,
Reçut et mérita moins d'applaudissements.
Mais tout passe: aujourd'hui ta mémoire infidèle
Dans le plus court récit bronche, hésite, chancelle,
Et quelquefois d'un vers qu'elle a défiguré,
La mesure est contrainte et le sens altéré.
Tu n'as plus cette grâce, aimable enchanteresse,
Ce geste libre, aisé, que donne la jeunesse;
Malgré tous tes efforts, et tes soins superflus,
On cherche en toi Baron, que l'on n'y trouve plus.

Ta retraite au théâtre éternisait ta gloire.
Quel motif t'y rappelle, et que faut-il en croire?
Insensible aux remords qui doivent t'agiter,
Le frein de la raison n'a-t-il pu t'arrêter?
Parle de bonne foi : convient-il à ton âge
De jouer un comique ou galant personnage?
On rit en te voyant, suranné Bajazet,
Sentir pour Atalide un amour indiscret,
Et flatter tes desirs de l'espérance vaine
D'attendrir Andromaque, ou de plaire à Chimène.
En mettant pour jamais le spectacle en oubli,
Tu devais imiter Beaubourg et Roséli.
Ils n'ont point attendu que la décrépitude
Les forçât de quitter leur première habitude;
Que la mort, de leurs jours éteignant le flambeau,
Les transmît tout-à-coup du théâtre au tombeau.
Peut-on trop déplorer le malheur de Molière,
Qui presque sur la scène a fini sa carrière?
Sans prévoir cette chute il se vit accabler.
Cet exemple effrayant doit te faire trembler.
Aujourd'hui que ton sang dans tes veines se glace,
Aux deux jeunes Quinault laisse remplir ta place;
Laisse-les dans un champ difficile et scabreux,
Exercer sans scrupule un talent dangereux, etc.

Le reste de l'épître dégénère en capucinade (1).

---

(1) Ce fragment est tiré des œuvres de M. Lebrun, imprimées chez Prault, en 1736. Ce M. Lebrun est parfaitement oublié. Cependant on voit qu'il faisait d'assez bons vers, et tel autre, fastueusement décoré d'un nom grec, ne sera peut-être pas plus connu sur la fin du dix-neuvième siècle.

Jusqu'ici nous ne nous sommes occupés que du comédien : parlons de l'homme et de l'auteur.

L'orgueil poussé jusqu'au dernier degré d'exaltation, faisait le fond de son caractère, et produisait en lui les plus comiques effets. Il disait souvent dans son enthousiasme de vanité : « Tous » les cent ans on peut voir un César, mais il en » faut deux mille pour produire un Baron, et » depuis Roscius je ne connais que moi. »

Il fut si choqué des termes de la première ordonnance de sa pension, qui portait : « Garde » de mon trésor royal, payez comptant au » nommé Michel Boyron, dit Baron, l'un de » mes comédiens, la somme de, etc. », qu'il fut tenté de ne pas la recevoir. Comme elle était de trois mille livres, il est probable cependant qu'il ne voulut pas tenir rigueur au roi pour un léger manque de politesse.

Un jour son cocher et son laquais furent battus par ceux d'un très-grand seigneur avec lequel il vivait avec cette familiarité que la plupart des courtisans permettaient alors aux comédiens. « M. le marquis, lui dit-il, vos gens ont maltraité les miens, je vous en demande justice ». Et comme il revint plusieurs fois à la charge, se servant toujours des mêmes termes *vos gens et les miens*, ce seigneur, impatienté de la réclama-

tion, et choqué du parallèle, lui répondit à la
fin : Hé ! mon pauvre Baron, que veux-tu que je
» te dise ? de quoi diable aussi t'avises-tu d'a-
» voir des gens ? »

Une autre fois se trouvant au jeu avec un prince
du sang qui l'honorait de ses bontés et de son
amitié : *Va pour cinquante louis, Mons— de
Conti*, dit-il. — *T'ope à Britannicus*, répond le
prince, en faisant allusion au rôle qu'il avait
joué la veille. On ne peut s'empêcher de remarquer que si l'acteur ne manquait pas d'effronterie,
le prince manquait encore moins de patience.
Racine n'en eut pas autant, et par sa position
devait peut-être en montrer davantage. Il lisait
une de ses pièces à l'assemblée, et Baron s'é-
tant avisé d'en dire son sentiment d'une manière
peu convenable, l'auteur lui ferma la bouche en
lui répliquant : « Baron, je vous ai fait appeller à
» l'assemblée pour prendre un rôle dans ma
» pièce, et non pas pour me donner des con-
» seils. » Si un auteur, quel qu'il fût, s'avisait
d'en dire autant aujourd'hui, il courrait grand
risque de ne voir jamais jouer son ouvrage.

D'ailleurs Racine eut occasion de réparer cette
petite mortification. Il faisait répéter une de ses
pièces : après avoir expliqué aux autres acteurs
le caractère de leurs rôles, il se tourna vers
Baron, et lui dit : Pour vous, Monsieur, je n'ai

point d'instructions à vous donner : votre âme et votre génie vous en diront plus que mes instructions n'en pourraient faire entendre.

Les défauts de Baron, et surtout son excessive vanité, furent sévèrement critiqués dans beaucoup de brochures actuellement oubliées, entr'autres dans un petit volume que l'abbé d'Allainval, caché sous le nom de Georges Wink, publia peu de temps après la mort de Baron, chez Antoine de Heuqueville, sous ce titre : Lettre à Milord .... sur Baron et Mlle Lecouvreur. Mais ce que l'on n'oubliera point, c'est le passage suivant du Diable boiteux que Le Sage publia du vivant de Baron, et dans lequel il le persiffle sans pitié.

« J'apperçois un histrion qui goûte, dans un
» profond sommeil, la douceur d'un songe qui
» le flatte agréablement ; cet acteur est si vieux
» qu'il n'y a tête d'homme à Madrid qui puisse
» dire l'avoir vu débuter. Il y a si long-temps
» qu'il paraît sur le théâtre, qu'il est, pour
» ainsi dire, théâtrifié. Il a du talent, et il en
» est si fier et si vain, qu'il s'imagine qu'un
» personnage tel que lui est au-dessus d'un
» homme. Savez-vous le songe que fait ce su-
» perbe héros de coulisse ? Il rêve qu'il se meurt,
» et qu'il voit toutes les divinités de l'Olympe
» assemblées pour décider ce qu'elles doivent

» faire d'un mortel de cette importance. Il en-
» tend Mercure qui expose au conseil des Dieux
» que ce comédien, après avoir eu l'honneur
» de représenter si souvent sur la scène Jupiter
» et les autres principaux immortels, ne doit pas
» être assujetti au sort commun à tous les humains,
» et qu'il mérite d'être reçu dans la troupe cé-
» leste. Momus applaudit au sentiment de Mer-
» cure ; mais quelques autres dieux et déesses
» se révoltent contre la proposition d'une
» apothéose si nouvelle ; et Jupiter, pour les
» mettre tous d'accord, change le vieux comé-
» dien en une figure de décoration. »

Ce petit morceau est assez piquant : toutefois
ce n'est rien auprès du suivant qui se trouve au
chapitre XI du livre troisième de *Gilblas*.

« Un moment après parut Florimonde, ac-
» compagnée d'un homme qui avait tout l'air
» d'un *senor cavallero* des plus lestes ; il avait
» les cheveux galamment noués, un chapeau re-
» levé d'un bouquet de plumes feuille morte,
» un haut de chausses bien étroit ; et l'on voyait,
» aux ouvertures de son pourpoint, une che-
» mise fine avec de fort belle dentelle ; ses gants
» et son mouchoir étaient dans la concavité de
» la garde de son épée, et il portait son man-
» teau avec une grâce toute particulière.

« Néanmoins, quoiqu'il eût bonne mine et fût

» très-bien fait, je trouvai d'abord en lui quelque
» chose de singulier. Il faut, dis-je en moi-même,
» que ce gentilhomme-là soit un original. Je
» ne me trompais point, c'était un caractère mar-
» qué. Dès qu'il entra dans l'appartement d'Ar-
» sénie, il courut, les bras ouverts, embrasser les
» actrices et les acteurs, l'un après l'autre, avec
» des démonstrations plus outrées que celles des
» petits-maîtres. Je ne changeai point de senti-
» ment lorsque je l'entendis parler. Il appuyait
» sur toutes ses syllabes, et prononçait ses pa-
» roles d'un ton emphatique, avec des gestes et
» des yeux accommodés au sujet. J'eus la curio-
» sité de demander à Laure ce que c'était que ce
» cavalier. Je te pardonne, me dit-elle, ce
» mouvement curieux; il est impossible de voir
» et d'entendre pour la première fois le seigneur
» Alonzo Carlos de la Ventoleria sans avoir l'en-
» vie qui te presse; je vais te le peindre au na-
» turel. Premièrement, c'est un homme qui a
» été comédien; il a quitté le théâtre par fan-
» taisie, et s'en est depuis repenti par raison.
» As-tu remarqué ses cheveux noirs? Ils sont
» teints aussi bien que ses sourcils et sa mous-
» tache; il est plus vieux que Saturne; cepen-
» dant, comme au temps de sa naissance, ses
» parents ont négligé de faire inscrire son nom
» sur les registres de sa paroisse, il profite de

» leur négligence, et se dit plus jeune qu'il n'est
» de vingt bonnes années pour le moins ; d'ail-
» leurs c'est le personnage d'Espagne le plus rem-
» pli de lui-même ; il a passé les douze premiers
» lustres de sa vie dans une ignorance crasse ;
» mais pour devenir savant, il a pris un précep-
» teur qui lui a montré à épeler en grec et en
» latin ; de plus il sait par cœur une infinité de
» bons contes, qu'il a récités tant de fois comme
» de son crû, qu'il est parvenu à se figurer qu'ils
» en sont effectivement ; il les fait venir dans la
» conversation, et on peut dire que son esprit
» brille aux dépens de sa mémoire. Au reste, on
» dit que c'est un grand acteur, je veux le croire
» pieusement. Je t'avouerai toutefois qu'il ne me
» plaît point ; je l'entends quelquefois déclamer
» ici, et je lui trouve, entr'autres défauts, une
» prononciation trop affectée, avec une voix
» tremblante qui donne un air antique et ridicule
» à sa déclamation.

» Tel fut le portrait que ma soubrette me
» fit de cet histrion honoraire, et véritablement
» je n'ai jamais vu de mortel d'un maintien
» plus orgueilleux. Il faisait aussi le beau par-
» leur ; il ne manqua pas de tirer de son sac
» deux ou trois contes, qu'il débita d'un air
» imposant et bien étudié.

Quand on ignorerait que Le Sage n'aimait pas

les comédiens français, ce portrait de Baron, auquel son nom manque seul pour que la ressemblance soit parfaite, suffirait pour le prouver. La plupart des traits satiriques qu'il renferme sont justes; mais on ne peut nier qu'il n'y en ait quelques-uns d'outrés. Pour tout ce qui regarde le talent de Baron, comme acteur, il faut le rectifier par le passage suivant, extrait des mémoires de Collé, autre esprit satirique, qui se dédommageait sur les vivants de la justice qu'il rendait aux morts.

» Baron, la Lecouvreur et les Quinault, que » j'ai vus, quoique je ne sois pas encore bien » vieux, m'avaient donné une idée de la per- » fection, surtout Baron, auquel il ne manquait » quelquefois que de la chaleur pour être le plus » accompli comédien qui ait jamais pu exister; » il faut même supposer qu'il avait eu cette » partie essentielle du comédien lorsqu'il était » jeune. Quand je l'ai vu, il avait déjà soixante- » douze à soixante-quinze ans, et à cet âge on » pouvait bien lui pardonner de ne pas entrer » aussi vivement dans la passion que l'eût pu » faire un acteur de trente ans. Il suppléait » de reste à ce défaut par une intelligence, une » noblesse et une dignité que je n'ai vues » qu'en lui; il excellait surtout dans les détails » d'un rôle; il avait un naturel qui allait jusqu'au

» familier dans le tragique, sans par-là en dé-
» grader la majesté. Il n'était pas moins supé-
» rieur dans le comique ; je lui ai vu jouer
» divinement les rôles du *Misantrope*, d'*Ar-*
» *nolphe* et de *Simon* dans l'*Andrienne* ; il y
» avait une si grande vérité dans son jeu et tant
» de naturel, qu'il vous faisait toujours oublier
» le comédien ; et il portait l'illusion jusqu'à faire
» imaginer que l'action qui se passait devant vous
» était réelle. Il ne déclamait jamais, pas même
» dans le plus grand tragique ; et il rompait la
» mesure des vers de telle sorte, que l'on ne
» sentait point l'insupportable monotonie du vers
» alexandrin. Aussi le beau vers ne gagnait rien
» avec lui, et l'on avait de la peine à démêler
» dans son débit, s'il récitait des vers de Racine ou
» de Lachaussée (1) ; il ne rendait jamais le vers,

---

(1) Collé se trompe. Baron n'a jamais pu jouer dans
une pièce de Lachaussée, puisque le premier ouvrage
de cet auteur, *la Fausse Antipathie*, fut donné en 1733.
D'ailleurs, s'il fallait prendre à la lettre ce qu'il dit du
débit de Baron, ce ne serait pas un sujet d'éloge. Il est
bon sans doute de dissimuler la monotonie des rimes
plates, et de ne pas faire sentir la mesure des vers en
les scandant ; mais du moins faut-il qu'on puisse les
discerner de la prose, autrement ce ne serait pas la
peine d'en faire.

» mais la situation, mais le sentiment ; il faisait
» de si longues pauses et jouait si lentement, que
» le spectacle durait une demi-heure de plus
» quand il y avait un rôle. En sortant de la cou-
» lisse, il s'animait et parlait bas lui seul, ou à
» celui avec qui il entrait en scène ; et par ce
» moyen, il paraissait en action dès le premier
» vers qu'il disait. Il aimait la pompe théâtrale ;
» et quand il jouait quelque rôle d'empereur ou
» de roi, il se faisait toujours précéder de huit
» ou dix gagistes habillés à la romaine. Je me
» souviens, à propos de cela, que, représentant
» le grand - prêtre dans *Athalie*, des gagistes
» qu'il avait fait habiller en Lévites ne se pré-
» sentant pas assez tôt pour un jeu de théâtre
» nécessaire, il cria tout haut : *Un Lévite !*
» *un Lévite ! Comment, par la mordieu, pas*
» *un b..... de Lévite !* Ceux qui étaient sur le
» théâtre l'entendirent, et rirent de tout leur
» cœur de sa colère d'enthousiaste. Il était fa-
» natique de son métier, et c'est un grand point
» pour y réussir. »

En joignant à cette opinion de Collé ce que
l'on trouve sur Baron dans les mémoires de
Mlle Clairon, on pourra, d'après tout ce que
nous avons dit nous-mêmes de cet acteur, se
former une idée complète de son talent.

« Baron eut l'avantage d'être élevé par Molière.

» Il avait de l'esprit, une figure imposante, et
» passait sa vie avec ce que la France avait de
» plus illustre. Comme les autres, il cadençait
» et déclamait les vers dans ses jeunes années ;
» mais à force de s'exalter lui-même, de s'égaler,
» autant qu'il le pouvait, aux premiers person-
» nages de l'état qui l'admettaient près d'eux,
» la simple et véritable grandeur lui devint
» familière : il la porta dans tous ses rôles, et
» c'est à lui qu'on doit les premières leçons de
» cette vérité qu'il est toujours si difficile d'at-
» teindre. »

S'il obtint de grands succès en jouant les
ouvrages des autres, Baron en eut aussi en expo-
sant les siens aux honneurs et aux dangers de
la représentation. Malheureusement on lui con-
testa la propriété de ses meilleurs ouvrages,
et jusqu'ici la question de savoir jusqu'à quel
point il en pouvait revendiquer la paternité, est
restée indécise. Rien de plus obscur pendant sa
vie que ce point de fait ; qu'on juge s'il doit être
facile de le décider quatre-vingts ans après sa
mort ; aussi ne l'entreprendrons-nous point, et
nous bornerons-nous à donner ici la liste de ses
pièces de théâtre, en ajoutant à chacune d'elles
le nom de l'auteur dont on assure que Baron
n'était que le prête-nom.

1° *Le Rendez-vous des Tuileries*, ou le *Coquet*

trompé, comédie en trois actes et en prose, avec un prologue ; première représentation le 3 mars 1685 : elle en eut dix. Cette pièce ne vaut rien : Baron a placé sans façon, dans le prologue, la scène de l'*Importun*, de *l'Impromptu de Versailles ;*

2° *Les Enlèvements*, comédie en un acte et en prose ; première représentation le 6 juillet 1685 ; huit en tout. Fidèle à sa coutume de piller Molière, Baron a pris pour cette pièce deux scènes de *Mélicerte*. Elle n'en est pas meilleure.

3° *L'Homme à bonnes Fortunes*, comédie en cinq actes et en prose ; première représentation le jeudi 30 janvier 1686 : elle en eut vingt-trois. On prétendit que Subligny était le véritable auteur de cette pièce ; rien n'est moins vraisemblable. Dans tout ce qui nous reste de Subligny, il n'y a rien qui annonce le talent que prouve l'*Homme à bonnes Fortunes*. Une autre opinion plus probable, c'est que Baron traça, d'après lui-même, le caractère de son *Marquis de Moncade*. Il est certain que ses talents, et surtout ses avantages physiques, lui valurent beaucoup de bonnes fortunes, parmi lesquelles il en pouvait compter de très-distinguées. On prétend même qu'une nuit qu'il était couché avec une duchesse, dans une chambre ornée des portraits des aïeux de la dame, elle s'écria en les considérant : Que diraient mes ancêtres, s'ils me voyaient dans les bras d'un homme comme vous? et qu'il répliqua vivement : Eh! parbleu! ils diraient que vous êtes une *Catin*. Si ce fait est vrai, on peut s'étonner que Baron ne soit pas sorti de cette maison par les fenêtres.

4° *La Coquette*, ou la *Fausse Prude*, comédie en cinq actes et en prose, représentée le 18 décembre 1686; vingt-cinq représentations : elle fut encore attribuée à Subligny. Il y a du comique, mais le dénouement qui est fort défectueux, mécontenta toujours le public jusqu'à l'époque où Bellecourt, qui s'était érigé en restaurateur des anciennes pièces du répertoire, le changea d'une façon plus supportable. En l'imprimant, Baron la dédia à la dauphine. (On l'attribue aussi à M. d'Alègre).

5° *Le Jaloux*, comédie en cinq actes et en vers; 17 décembre 1687 : elle eut quatorze représentations; mais à la reprise du 18 février 1710, malgré les corrections de l'auteur, elle ne fut jouée qu'une fois, et ne l'a pas été depuis.

5° *Les Fontanges maltraitées*, ou *les Vapeurs*, comédie en un acte et en prose, jouée le 13 mai 1689; seize représentations; malgré ce succès, cette pièce n'a pas été imprimée et n'est point connue.

Tome I. 8

7° *La Répétition*, comédie en un acte et en prose, jouée, sans être annoncée ni affichée, le 10 juillet 1689; onze représentations; aussi inconnue que la précédente : elle ne fut également pas imprimée.

8° *Le Débauché*, comédie en cinq actes et en prose, jouée le 6 décembre 1689; onze représentations : elle ne se trouve pas dans les *OEuvres de Baron*, ce qui peut faire présumer qu'il n'en était que le prête-nom.

9° *L'Andrienne*, comédie en cinq actes et en vers, jouée le 16 novembre 1703 : elle eut le plus grand succès et le méritait en grande partie. Cette comédie, attribuée au père Delarue, jésuite, est le premier modèle du genre noble ou larmoyant, pour lequel Larhaussée et consorts ont si long-temps combattu. Dans la préface de cette pièce, Baron se défend assez mal contre ceux qui ne voulaient pas qu'il en fût le véritable auteur. Il se compare modestement à Térence qui, dit-il, s'est trouvé dans le même cas. Sans vouloir décider la question, on peut dire qu'il y avait plus d'affinité entre le père Delarue et Térence, qu'entre le comédien français et l'auteur latin.

Collé, toujours prêt à refaire l'ouvrage des autres, a remanié *l'Andrienne* à sa guise. Les comédiens n'ont pas voulu de sa besogne, et ils ont eu raison. Baron n'était pas un très-habile auteur comique ; mais du moins en savait-il plus que celui de *Dupuis et Desronais*, et de *la Partie de Chasse de Henri IV*. Pour le dire en passant, la première de ces pièces n'est qu'un drame assez triste, tiré d'un mauvais roman ; la seconde doit son plus grand mérite au nom d'Henri IV.

Il n'y a guères plus de vingt ans que l'*Andrienne* était encore au courant du répertoire.

10° *Les Adelphes*, ou l'*École des Pères*, comédie en cinq actes et en vers, imitée de Térence, ainsi que la précédente, et jouée le 5 janvier 1705 ; sept représentations : on l'attribue aussi au père Delarue.

Quelques jours avant que Baron fît représenter cette comédie, M. de Roquelaure lui dit : « Baron, quand veux-tu me montrer ta pièce » nouvelle ? Tu sais que je m'y connais ; j'en ai » fait fête à trois femmes d'esprit qui doivent » dîner chez moi. Viens dîner avec nous. » Apporte les *Adelphes*, et tu nous en feras » la lecture. Je suis curieux de voir si tu es » moins ennuyeux que Térence. » Baron accepta la proposition, et se rendit à l'hôtel de Roquelaure, où il trouva deux comtesses et une marquise, qui lui témoignèrent une vive impatience d'entendre sa pièce. Cependant, quelque envie qu'elles parussent en avoir, elles ne laissèrent pas de se donner le temps de dîner à leur aise. Après un repas fort long, ces dames demandèrent des cartes. Comment ! des cartes, s'écria M. de Roquelaure ! vous n'y pensez pas, Mesdames ; vous oubliez que Baron se prépare à nous lire sa comédie nouvelle. Non, non, Monsieur, répondit une de ces Dames, nous ne l'oublions point ; tandis que nous jouerons, M. Baron nous lira sa pièce, et nous aurons deux plaisirs pour un. A ces mots, Baron se leva brusquement et gagna la porte ; la lecture n'eut pas lieu. — Poinsinet a fait usage de ce trait dans le *Cercle*, mais il l'a outré.

Tels sont les titres que Baron peut invoquer pour être rangé dans le nombre des auteurs : ils ne seraient pas brillants, s'il fallait retrancher de cette liste les pièces dont on lui conteste la propriété ; mais comme les journaux existaient dans le temps où elles parurent, et qu'aucun des auteurs prétendus n'a réclamé contre la paternité que Baron s'est toujours hautement attribuée, nous pensons qu'on ne peut la lui contester avec justice, et qu'on doit regarde, comme très-suspecte, l'anecdote suivante tirée de la brochure de l'abbé d'Allainval dont nous avons parlé précédemment.

Suivant lui, peu s'en est fallu que Baron n'ait

fait aussi la tragédie de *Géta*. Péchantré, qui en était l'auteur, la lui fit voir : le comédien, après lui en avoir dit le plus de mal qu'il put, lui en offrit vingt pistoles. Péchantré, homme simple et peu fortuné, accepta l'offre ; mais Champmeslé, qui soupçonna quelque chose de cette convention, et qui avait lu cette pièce, la jugeant digne du succès qu'elle obtint effectivement, prêta à Péchantré les vingt pistoles qu'il fallait rendre à Baron pour reprendre le manuscrit.

L'abbé d'Allainval avait du talent, mais le malheur l'aigrissait, et nous voudrions d'autres garants que lui pour croire toutes les anecdotes de ce genre dont sa brochure est semée (1).

Après avoir, pour ainsi dire, renouvelé sa gloire, Baron termina sa carrière dramatique le 3 septembre 1729. Il jouait le rôle de *Venceslas*; (à sa première retraite, c'était celui de *Ladislas*); il ne put aller que jusqu'au vers :

Si proche du cercueil où je me vois descendre,

et fut obligé de s'arrêter, soit qu'alors il se sentît oppressé par son asthme, soit plutôt par une triste refléxion sur son grand âge que ce

---

(1) La meilleure édition des œuvres de Baron est celle de Paris, 1759, 3 vol in-12.

vers lui rappelait. Il se trouva mal ; on fut obligé de l'emporter hors du théâtre, et son rôle fut achevé par Dumirail.

Il ne survécut pas long-temps à ce dernier accident. Le 22 décembre de la même année, l'ami, l'élève, le camarade de Molière, honneur éternel du théâtre français, mourut à Paris, et fut enterré à Saint-Benoît, sa paroisse, après avoir renoncé une seconde fois à sa profession. On pouvait croire qu'il tiendrait mieux cette promesse que la première.

De son mariage avec Charlotte Lenoir de Lathorillière, fille du premier Lathorillière, sœur de madame Dancourt et du second Lathorillière qui mourut en 1731, il eut Étienne Baron, comédien du même théâtre, mort dix-huit ans avant son père.

Jean-Baptiste Rousseau composa les vers suivants pour le portrait de Baron.

Du vrai, du pathétique il a fixé le ton.
De son art enchanteur l'illusion divine
Prêtait un nouveau lustre aux beautés de Racine,
Un voile aux défauts de Pradon.

BARON.

(*Etienne* ou *Antoine*)

Une partie du talent que possédait le célèbre Baron, fut le seul héritage de ce jeune comédien qui, s'il eût vécu plus long-temps, eût peut-être égalé son illustre père.

Dès 1686 il jouait de petits rôles proportionnés à son âge, entr'autres celui du *petit Chevalier* dans *l'Homme à bonnes fortunes*, rôle actuellement supprimé; et ce fut dans cette pièce de son père, donnée pour la première fois, ainsi que nous l'avons remarqué, le jeudi 30 janvier 1686, qu'il fit le premier essai de ses jeunes talents. Il joua, dans *la Coquette*, un rôle à peu près semblable, et dans le *Régulus* de Pradon, en 1688, celui du *jeune Attilius*; mais il ne débuta en forme qu'après Pâques de l'année 1695. Il fut reçu pour les seconds rôles tragiques, et les premiers dans le haut comique dont il s'acquittait avec succès : le nom de son père n'était point un fardeau pour lui. Son unique défaut, bien considérable dans un emploi comme le sien (celui que les comédiens appelent *l'emploi des grands amoureux tragiques et comiques*), était d'être un peu froid à la scène. Cependant, une fois dans sa vie il mit la chaleur la plus passionnée dans son jeu ; ce fut à la reprise de *Psyché* en 1703. Il y jouait le rôle de *l'Amour* établi par son père ; et Mlle Desmares, qu'il aimait éperdûment, et qui ne le chérissait pas moins, remplissait celui de *Psyché*. Baron rendit son rôle avec tant de feu, qu'il donna de la jalousie au duc d'Orléans, depuis régent, qui avait jeté le mouchoir à cette actrice. Il fallut s'expliquer : Mlle Desmares avoua son amour pour Baron, et lui sacrifia le prince.

Baron méritait une telle preuve d'attachement. Comme son père, il était de la plus belle figure et parfaitement bien fait ; mais, moins réservé que lui dans son goût pour le plaisir, il s'y livra tellement, qu'il dérangea sa santé., et mourut dans l'épuisement à la fleur de son âge, le mercredi 9 décembre 1711.

Il joua d'original les rôles de *Damon* dans *le Flatteur* de Rousseau, en 1696 ; du *Chevalier* dans *le Distrait* ; d'*Agélas* dans *Démocrite* ; de *Dorante* dans le *Double Veuvage*, en 1702 ; de *Pamphile* dans *l'Andrienne*, en 1703.

Étienne Baron avait épousé Catherine Vondrebeck, fille de la dame Maurice, directrice d'un spectacle de la foire. Il en eut un fils, François Baron ; et deux filles, Jeanne Baron, connue au théâtre sous le nom de Mlle de la Traverse, et N..... Baron Desbrosses. Ces trois enfants d'Étienne Baron suivirent la carrière illustrée par leur aïeul, mais ils n'y apportèrent que son nom. Ses talents s'arrêtèrent à sa première génération.

~~~~~~~~~~

BARON.

(*François*)

Pendant près de cent années, le nom que portait cet acteur avait été célèbre au théâtre français; il en compromit la gloire, et prouva que les talents sont bien rarement héréditaires. Étienne, dont nous venons de parler, n'avait pas brillé du même éclat que son père; François descendit au dernier rang des derniers comédiens.

Il débuta, le samedi 8 juillet 1741, par le rôle d'*Agamemnon* d'*Iphigénie en Aulide*, et fut reçu au mois de novembre ou le 15 septembre suivant, sur un ordre de la cour, accordé sans doute plutôt à la mémoire de son aïeul qu'à son propre mérite. Il ne joua pas long-temps les rôles de l'emploi dans lequel il avait débuté, et se vit bientôt réduit aux *utilités*. Cependant il fut souffert jusqu'au 1er janvier 1755 qu'il reçut sa ro-

traite, et même, en faveur de son nom, il obtint une pension de 500 livres et l'emploi de cais-
sier de la comédie qu'il géra pendant quelques
années. Quoique fort inutile à sa société, il
paraît qu'il jouissait d'une part entière; à sa retraite, Mlle Guéant en obtint la moitié; l'autre
fut mise en séquestre. Nous ignorons l'époque
de sa mort.

〜〜〜〜〜〜〜

BEAUBOURG.

(Pierre Trochon, sieur de)

La retraite de Baron, en 1691, jeta la comédie
dans le plus grand embarras. Rien n'était plus
facile que de donner ses rôles à un autre acteur;
mais en trouver un qui le remplaçât réellement,
et, sans le faire oublier, consolât le public de
sa perte, c'est ce qui semblait impossible.

On prit le parti d'essayer plusieurs sujets fameux dans la province. Saint-Georges-Durocher
parut le premier dans ce concours; il fut congédié, après avoir joué *Andronic*, *Régulus* et
Cinna, chacun une seule fois.

Rosidor se présenta ensuite avec une extrême
confiance. Ses débuts furent effectivement plus
brillants que ceux de Durocher; mais comme il

n'en était pas moins fort éloigné d'avoir les talents
de l'acteur inimitable qu'il s'agissait de remplacer, les comédiens n'hésitèrent pas à faire paraître Beaubourg, qui débuta le samedi 17 décembre 1691, par le rôle de *Nicomède*. Le
public en fut assez satisfait; cependant on voulut
encore essayer Biet, qui joua *Ladislas* dans
Venceslas, le samedi 1er mars 1692, et ne parut
que cette seule fois. Convaincus alors qu'il ne
fallait pas espérer un second Baron, que de tous
ceux dont ils pouvaient essayer les dispositions,
Beaubourg était le meilleur, ou du moins le plus
passable, les comédiens demandèrent un ordre
de réception pour lui, et l'obtinrent le vendredi
17 octobre 1692. On ne peut douter que le crédit
de Mme Beauval, dont il avait épousé la fille, ne
lui ait été fort utile dans cette occasion; mais
il est encore plus certain qu'il fut bien servi par
la faiblesse de ses rivaux.

Beaubourg essuya d'abord de grands désagréments; cependant il vint à bout de les surmonter, et bientôt il accoutuma le public à son jeu,
quelque différent qu'il fût de celui de Baron. Jamais acteur n'éprouva mieux que lui la vérité de
l'observation suivante due à l'un de nos meilleurs
critiques. « Le gros du public s'accoutume assez
» facilement à trouver bon ce qu'on lui donne,
» quand il ne peut pas avoir mieux, et il n'ou-

» blie rien aussi facilement que les talents qu'il
» a le plus admirés ». (Laharpe, corresp. let. 97).

Sans être beau ni bien fait, Beaubourg avait
l'air noble. Son visage était susceptible des grandes
impressions ; on oubliait sa laideur et ses genoux
cagneux en faveur de ses bonnes qualités : d'ailleurs, on ne pouvait trouver rien de bas dans
ses manières.

Il se fit une grande réputation, peut-être parce
qu'il n'y eut point d'acteurs, de son temps, que
l'on pût mettre en parallèle avec lui ; cependant
son jeu était outré, ses gestes forcés, sa déclamation peu naturelle, ses inflexions désagréa-
bles. D'ailleurs, il joignait à ces défauts celui
d'une intelligence si commune, qu'il confondait
habituellement les endroits médiocres d'une pièce
avec les plus beaux, et ne mettait pas moins d'enthousiasme à déclamer les uns que les autres (1).

----

(1) La plupart des défauts que nous reprochons à
Beaubourg, se trouvent relevés d'une manière bien piquante par Le Sage dans son premier volume de *Gilblas*.
« Vous devez être charmé de celui qui a fait le per-
» sonnage d'Enée. Ne vous a-t-il pas paru un grand
» comédien, un acteur original ? Fort original, répondit
» le censeur : il a des tons qui lui sont particuliers, et
» il en a de bien aigus. Presque toujours hors de la na-
» ture, il précipite les paroles qui renferment le senti-

On voit qu'il eût été difficile de ressembler moins à Baron, dont le jeu noble, les gestes simples, le débit naturel, les inflexions justes et l'intelligence supérieure avaient fait l'admiration de ses contemporains.

Par un système tout opposé à celui de Baron, lorsque Beaubourg jouait *Néron* dans *Britannicus*, c'était avec des cris affreux et tout l'emportement de la férocité qu'il disait à *Burrhus*, en parlant d'*Agrippine* :

Répondez-m'en, vous dis-je ; ou sur votre refus,
D'autres me répondront et d'elle et de Burrhus.

» timent, et appuye sur les autres. Il fait même des
» éclats sur des conjonctions. Il m'a fort diverti, et par-
» ticulièrement lorsqu'il exprimait à son confident la
» violence qu'il se faisait d'abandonner sa princesse.
» On ne saurait témoigner de la douleur plus comique-
» ment.

» Tout beau, cousin, repartit don Alexo. Sais-tu bien
» que l'acteur, dont nous parlons, est un sujet rare.
» N'as-tu pas entendu les battements de mains qu'il a
» excités ? cela prouve qu'il n'est pas si mauvais. Cela ne
» prouve rien, repartit don Pompeyo. Laissons-là, je
» vous prie, les applaudissements du parterre ; il en
» donne souvent aux acteurs fort mal-à-propos. Il ap-
» plaudit même plus rarement au vrai mérite qu'au
» faux, comme Phèdre nous l'apprend dans une fable
» fort ingénieuse. »

Cette manière paraît, au premier examen,
un grossier contre-sens. Il semble que ces deux
vers exigent un ton tout différent ; ils semblent
demander uniquement la dignité d'un empereur
et la tranquillité cruelle d'un fils dénaturé. Cependant le comédien mettait, dans sa façon de
les dire, ou plutôt de les hurler, tant de force
et de véhémence, que le public en était frappé
de terreur, et se sentait entraîné à les applaudir,
comme s'il les eût débités dans la plus exacte
vérité. Cet exemple prouve bien qu'au théâtre il
s'agit bien souvent, moins de frapper juste, que
de frapper fort : aussi voyons-nous tous les jours
des acteurs frénétiques usurper, en criant, des
succès encore moins mérités.

On n'oubliera point la politesse hors de saison
dont il fit preuve dans *les Horaces*. Mlle Duclos
y jouait *Camille*. Elle se laissa tomber sur la
scène après son imprécation, par suite de la
précipitation qu'elle mit dans sa fuite ; un acteur intelligent, jouant le rôle d'*Horace*, n'aurait sans doute pas manqué de saisir cette occasion pour la poignarder dans sa chute même.
Au lieu de cela, Beaubourg ôta son chapeau
d'une main, lui présenta l'autre fort civilement
pour la relever, et un instant après alla froidement l'assassiner dans la coulisse. Suivant la remarque de l'abbé Nadal, la singularité de cet

accident , bien saisi , eût corrigé peut-être l'a-
trocité de l'action.

Après ce détail des défauts de Beaubourg , il
paraîtrait étonnant qu'il eût passé pour un grand
comédien, si l'on ne savait pas qu'il mettait beaucoup d'âme dans son débit , et qu'il avait quelquefois des inflexions touchantes qui allaient au
cœur. Il se pénétrait vivement , et l'impression
qu'il avait reçue il la faisait passer dans l'âme du
spectateur, qui se sentait ému, quelquefois à tort,
mais toujours avant le temps de la réflexion.
Enfin , quand le hasard ou l'habitude d'un rôle
lui faisaient rencontrer la véritable expression, il
était admirable, et tous ses défauts disparaissaient.

Au nombre des grands rôles joués d'original
par Beaubourg pendant les vingt-sept années qu'il
resta au théâtre , on distingue : *Valère* dans *le
Joueur* (c'était son triomphe); *Léandre* dans
le Distrait; *Rhadamiste* ; *Absalon* ; *Joad* (on
n'a pas oublié la plaisanterie de Lefevre , ni le
jugement de Louis Racine , rapportés à l'article
de Baron); *Agénor* dans la *Sémiramis* de Crébillon.

Beaubourg parut pour la dernière fois , le dimanche 3 avril 1718 , dans *Polyeucte* , où il
jouait le rôle de *Sévère* ; et reçut sa retraite à la
clôture de la même année , avec la pension ordinaire de 1000 livres dont il jouit jusqu'à sa mort,

arrivée le jeudi 17 décembre 1725, à soixante-trois ans. On prétend que depuis la rentrée de Baron il avait été tenté d'imiter son exemple. Que ce projet ait été réel ou supposé, toujours est-il certain qu'il resta sans exécution.

Sa femme, comédienne du même théâtre, se nommait Louise Pitel ; elle était fille de Beauval et de Jeanne Olivier-Bourguignon.

BEAUCHATEAU.

(*François-Châtelet*)

ON sait bien peu de chose sur cet acteur. Il paraît qu'il était gentilhomme, et qu'entraîné par un penchant irrésistible, il débuta en 1633 à l'hôtel de Bourgogne dans *la Comédie des comédiens*, tragi-comédie de Gougenot, qui fut jouée en cette année. On le reçut pour les seconds rôles tragiques et comiques ; mais il faut que par la suite il se soit élevé jusqu'aux premiers, ou bien que celui de *Rodrigue* dans *le Cid* fût alors regardé comme un second rôle. Il est certain que Beauchâteau le jouait, puisque dans *l'Impromptu de Versailles* Molière critique la manière ampoulée et peu naturelle dont il débitait les stances fameuses :

Percé jusques au fond du cœur, etc.

Peut-être ne le jouait-il que comme double de Floridor, ou pendant quelque indisposition de cet acteur célèbre.

On croit qu'il joua d'original celui d'*Alcippe* dans *le Menteur.*

Beauchâteau mourut au commencement de septembre 1665.

BEAUVAL.

(*Jean Pitel*, *sieur de*)

L'emploi dans lequel ce comédien se fit une réputation, est le plus facile de tous ; mais, comme il y a toujours du mérite à exceller dans quelque genre que ce soit, on ne pourra jamais se dispenser de placer son nom à la tête de ceux des acteurs qui ont brillé dans les rôles de *niais.*

Il était frère de Pitel de Longchamp, qui suivit aussi la carrière du théâtre en province. L'emploi qu'il occupa d'abord était assez modeste : Monsinge (ou Monchinge), plus connu sous le nom de Paphetin, directeur d'une troupe à Lyon, l'avait mis au nombre de ses gagistes, en lui confiant le soin de moucher les chandelles. Dans l'exercice de cette utile fonction, Beauval, négligé probablement de toute la société comique, n'en fut pas moins distingué par Mlle Bourguignon, jeune actrice de la troupe de Paphetin, et il l'épousa très-légitimement, c est-à-dire en face de l'église, au moyen d'une ruse assez originale qu'elle employa, et que nous rapporterons à l'article de Mme Beauval. Ce mariage lui valut son admission au nombre des acteurs employés par Paphetin.

La réputation de sa femme ayant percé jusqu'à Paris, Molière obtint un ordre du roi pour la faire passer au théâtre du Palais-Royal, et Beauval y fut reçu avec elle au mois de septembre 1670.

Beauval était alors un très-faible acteur. Molière étudia ses moyens, et lui donna des rôles qui le firent supporter du public. Sa réputation ne commença que par celui de *Thomas Diafoirus*. On dit que Molière en faisant répéter cette pièce, parut mécontent de tous les acteurs qui y jouaient, et principalement de Mme Beauval, chargée du rôle de *Toinette*. Cette actrice, qui n'était pas endurante, après lui avoir répondu assez brusquement, ajouta : « Vous nous tourmentez tous, » et vous ne dites rien à mon mari? J'en serais » bien fâché, répliqua Molière, je lui gâterais

» son jeu : la nature lui a donné de meilleures
» leçons que les miennes pour ce rôle. »

Après la mort de Molière, Beauval et sa femme
passèrent, en février 1673, à l'hôtel de Bourgogne;
il fut conservé, ainsi qu'elle, à la réunion des
troupes en 1680, remplaça Hubert dans les rôles
d'hommes travestis en femme à la retraite de cet
auteur qui eut lieu en 1685, et se retira lui-même
le 8 mars 1704, avec la pension de 1000 livres. Il
mourut le dimanche 29 décembre 1709.

Beauval était un fort honnête homme, de peu
de génie, mais bon mari, bon père, et vivant dans
une grande union avec ses camarades. Son talent
était borné aux rôles de *niais*, à quelques valets,
et aux vieilles ridicules, mais il y fut toujours
agréable au public. Il joua d'original *M. Bobinet*
dans *la Comtesse d'Escarbagnas.*

~~~~~~~~~

BÉJART.

Il joua la comédie de très-bonne heure, et
fut camarade de Molière dans la province. Revenu avec lui à Paris en 1658, Béjart parut dans
presque toutes les pièces de ce grand homme, et
s'acquit beaucoup de réputation. Il remplissait
ordinairement les rôles de pères, les seconds
valets, et les confidents tragiques.

Ayant trouvé deux de ses amis qui se battaient sur la place du Palais-Royal, il voulut les séparer; mais en croisant leurs épées avec la sienne, et en les rabattant, il fut blessé au pied par un coup de pointe, et cette plaie assez légère ayant été mal pansée, il demeura boiteux pour tout le reste de sa vie. Cela ne l'empêcha point de continuer sa profession : le public au contraire redoubla les applaudissements qu'il avait coutume de lui accorder, et Molière ne craignit pas de faire allusion à cette disgrâce accidentelle de son acteur qu'il avait chargé du rôle de *Laflèche* dans *l'Avare*. On sait qu'*Harpagon* dit dans cette pièce, en parlant du valet de son fils : *Je ne me plais point à voir ce chien de boiteux-là*. Les acclamations réitérées du parterre, chaque fois que l'on donnait l'*Avare*, et qu'*Harpagon* prononçait ces paroles, prouvèrent à Béjart qu'on ne le voyait pas avec moins de plaisir depuis son accident. La chose alla même plus loin : comme Béjart avait beaucoup de réputation dans son emploi, tous ceux qui le jouaient en province, affectèrent de bboiter comme lui, non seulement dans le rôle de *Laflèche*, où cela était nécessaire, mais encore dans tous les autres qu'il jouait à Paris. C'était bien le cas de s'écrier : *O imitatores ! servum pecus.* En boitant comme Béjart, espéraient-ils avoir attrapé tout le secret de son

talent? Au reste, on peut remarquer combien
les dispositions du public changent avec le temps.
Il est fort douteux que le comédien le plus habile
et le plus aimé du public, en fût bien reçu aujourd'hui, s'il remontait sur le théâtre après un
malheur semblable à celui de Béjart. Le parterre
actuel, très-indulgent pour le talent des acteurs,
est d'une injuste sévérité pour tout ce qui tient à
leur conformation physique. On était, avec raison, plus facile autrefois : un talent recommandable faisait excuser bien des défauts corporels ;
le public savait qu'il est plus aisé de rassembler
de beaux hommes que de bons acteurs.

Béjart était brave et avait beaucoup de présence
d'esprit. La maison du roi jouissait anciennement
du privilége d'entrer *gratis* au spectacle : Molière
obtint de Louis XIV que cet abus serait supprimé.
On conçoit à peine aujourd'hui comment des militaires, presque tous gentilshommes, pouvaient
tenir à un droit semblable, et l'on croit pouvoir
affirmer qu'il ne serait pas du goût de nos braves.
Mais l'esprit du dix-septième siècle était bien
différent du nôtre : la maison du roi se crut ou-
tragée ; elle se porta au théâtre, en força la porte,
tua les gagistes qui en défendaient l'entrée (1), et

_____

(1) On choisissait alors pour cet emploi les hommes
les plus déterminés qu'il fût possible de trouver, parce

cherchait la troupe entière pour lui faire partager le sort de ses employés. Béjart, habillé en vieillard pour la pièce que l'on allait jouer, eut la hardiesse de se présenter sur le théâtre au milieu du tumulte, et de dire aux mutins : *Eh! Messieurs, épargnez du moins un pauvre vieillard de soixante-quinze ans, qui n'a plus que quelques jours à vivre.* Ces expressions, dans la bouche d'un jeune acteur aimé du public, excitèrent un éclat de rire général, même parmi les séditieux, et calmèrent leur fureur, au point que le spectacle du jour ne fut pas même interrompu, et que depuis ils ne firent aucune difficulté de payer comme les autres spectateurs.

Béjart se retira en 1670 avec une pension de 1000 livres qu'il conserva jusqu'à sa mort arrivée le 29 septembre 1678. Il était frère de Mad. Aubry, comédienne fort médiocre, et de Mad. Béjart dont Molière épousa la fille.

---

qu'ils étaient souvent obligés de faire le coup d'épée contre les ferrailleurs dont Paris fourmillait.

BELLECOURT.

(Jean-Claude-Gilles Colson de)

Fils de Gilles Colson, peintre de portrait, et de Marthe Duchange, fille d'un célèbre graveur; J. C. G. Colson, connu depuis sous le nom de Bellecourt, fit toutes ses études à Toulouse, d'où il fut envoyé par son père qui le destinait à la peinture, à l'école du célèbre Carle Vanloo. Né avec des dispositions très-heureuses pour devenir un habile peintre, il n'eut besoin que de voir jouer la comédie chez M. Vanloo, pour se reconnaître une vocation encore plus marquée, et le goût du théâtre prit sur lui un ascendant irrésistible. Bientôt il ne sortit plus des foyers, où il trouva l'occasion de se lier avec des acteurs dont l'éducation n'avait pas été moins soignée que la sienne ; ce qui n'était pas rare alors parmi les comédiens français.

Envain M. Vanloo, qui l'aimait, chercha-t-il à le détourner d'une profession dont le jeune Colson ne voyait que les agréments, sans en prévoir les dégoûts ; envain Armand lui-même lui prodigua-t-il les plus sages conseils ; la raison se tut, et la passion du théâtre l'emporta.

Il se rendit à Besançon, sous le nom de Bellecourt, et débuta dans une troupe où Préville se trouvait alors. La vie d'un comédien, et surtout ses premières années, donnent toujours matière à quelques anecdotes plaisantes. Le début de Bellecourt nous en offre une qui ne serait pas indigne de figurer parmi les scènes du *Roman comique*, et qui prouve que dans son temps, Scarron n'avait rien exagéré. En arrivant à Besançon, sa garderobe ne consistait que dans un habit noir qu'il s'était fait faire pour les deuils de cour, et dans une culotte de velours qui avait servi à Mlle Clairon dans une pièce où il avait fallu qu'elle s'habillât en homme; Mlle Clairon la lui avait généreusement donnée. Il joignait à cet équipage une bourse à cheveux très-élégante, garnie en dentelle noire, qui était un présent de Grandval; des souliers à talons rouges, et une belle paire de boucles de diamants faux. De tout l'emploi auquel il se destinait, il ne savait que le rôle de *Nérestan*; mais il se croyait de bonne foi le meilleur comédien du monde.

Bellecourt débuta donc dans ce rôle de *Nérestan* dont il attendait toute sa gloire; malheureusement, en paraissant sur le théâtre, la peur le saisit au point de ne pouvoir se faire entendre, malgré les encouragements du public et de ses camarades que sa figure charmante avait intéressés.

Bientôt la tragédie se changea en comédie : au moment le plus pathétique de la reconnaissance, lorsque *Nérestan* se jète aux pieds de *Lusignan*, cette culotte de velours, qui avait servi à Mlle Clairon, et qui n'avait point été prise sur les proportions de Bellecourt, se déchira en deux, de manière que Nérestan ne put se relever qu'en tenant à deux mains sa culotte, dont il fallut refaire la couture dans l'entr'acte. On peut se figurer les éclats de rire du parterre, et la confusion du pauvre débutant. Pour comble de disgrâce on le trouva mauvais, et il s'était flatté d'être excellent. Préville, qui avait déjà de la réputation, osa lui dire des vérités dures, mais utiles, et réussit à le convaincre de la difficulté de son art.

Devenu modeste, il cessa de se proposer pour les premiers rôles, déclara qu'il se chargerait de tous ceux qu'on voudrait bien lui confier, et dès ce moment fit une étude sérieuse de son état. On le vit en province, comme on l'a vu depuis à Paris, faisant des efforts de mémoire incroyables pour se rendre utile à ses camarades, et ne leur reprochant jamais ses services ; exact à remplir tous ses devoirs, et toujours prêt à se dépouiller des rôles les plus agréables de son emploi pour les remettre, de son plein gré, à de jeunes acteurs qui lui paraissaient dignes de cet encouragement. Jamais acteur n'eut des mœurs plus douces et ne mérita mieux d'être aimé des gens de lettres et du public.

Bellecourt ne pensait peut-être point encore à s'essayer sur le théâtre de la capitale lorsqu'il y fut appelé par un parti puissant auquel le fameux Lekain, qui venait de débuter le 14 septembre 1750, n'avait pas le bonheur de plaire. Mais s'il ne pouvait obtenir le suffrage de ce parti, Lekain possédait un appui plus certain, la faveur du parterre qui s'était hautement déclaré pour lui dès son premier début. On craignait d'être obligé de le recevoir, et l'on imagina de lui opposer un rival qui, avec un talent déjà remarquable, offrait à l'œil enchanté toute la beauté des formes dont Lekain était privé. Bordeaux possédait alors Bellecourt : il y plaisait généralement ; les meneurs de l'intrigue espérèrent qu'il n'aurait pas moins de succès à Paris, et qu'il ferait oublier Lekain.

Bellecourt débuta donc le 21 décembre 1750, par les rôles d'*Achille* dans *Iphigénie en Aulide*, et de *Léandre* dans le *Babillard*. Cette soirée déconcerta les ennemis de Lekain ; Bellecourt lui fut jugé très-inférieur dans la tragédie. Cependant ils ne se découragèrent pas, et se roidissant contre l'évidence et le sentiment du public impartial, ils continuèrent pendant long-temps encore à le soutenir en rivalité avec Lekain.

Quant à lui, plus juste que ses protecteurs,

il ne s'aveugla point sur le succès de son début, et le jugeant même plus malheureux qu'il ne l'avait été réellement, il ne songeait le lendemain qu'à faire ses malles et à retourner à Bordeaux. On parvint facilement à le détourner de cette résolution désespérée ; il suivit ses débuts dans le haut comique avec plus d'avantage, parut successivement dans le *Glorieux* (*Tufière*), l'*Homme à bonnes fortunes* (*Moncade*) le *Français à Londres* (*Polinville*), *Mélanide* (*Darviane*), *Zénéide* (*Olinde*), les *Dehors trompeurs* (*le Baron*); et les connaisseurs pensèrent qu'il pourrait un jour y remplacer Grandval.

S'il ne fut pas précisément dans la classe des comédiens de génie, tel que Baron et Préville, du moins ne peut-on nier que, par ses grands talents, il ne se soit marqué près d'eux une place infiniment honorable. Il serait à desirer pour la comédie qu'elle eût souvent d'aussi bons modèles à offrir. Par la noblesse, le naturel de son jeu, par le soin avec lequel il conserva toujours la décence théâtrale qui se perd insensiblement, Bellecourt mérita d'être proposé en exemple aux jeunes acteurs. L'excellente éducation qu'il avait reçue, et qu'il ne cessait de soigner depuis qu'il était au théâtre, contribuait non-seulement à la décence de son jeu, mais encore lui faisait éviter une foule de fautes humiliantes qui commençaient à devenir trop fréquentes à la comédie française; rien de plus commun que d'y entendre violer d'une manière choquante, les lois de la prononciation, de la prosodie et de la grammaire, en changeant les temps des verbes, faisant rimer des singuliers avec des pluriels, allongeant ou raccourcissant les vers, et ce qui est plus inexcusable encore, en manquant aux bienséances dans les scènes avec les femmes; Bellecourt, qui avait de l'usage et le ton de la meilleure compagnie, n'abordait jamais une femme au théâtre qu'avec la politesse et la réserve de la bonne éducation.

Il s'était fait une étude particulière de servir les acteurs qui étaient en scène avec lui; loin de chercher à les écraser, il ne s'occupait qu'à les faire valoir et à développer leurs talents. Ce mérite est très-rare et plus nécessaire qu'on ne peut le penser à la perfection de l'art du théâtre.

Nous avons parlé des efforts de mémoire que Bellecourt faisait souvent pour obliger ses camarades : l'anecdote suivante en sera la preuve. On jouait à la cour le *Philosophe marié* de Destouches, et le *Tuteur* de Dancourt; l'acteur qui devait jouer le rôle de *M. Bernard* dans cette petite pièce, fit dire qu'il était malade, au moment du départ pour Versailles. On proposait de lire ce rôle : Bellecourt dit qu'il fallait l'apprendre ; la chose semblait impossible. Bellecourt, qui jouait dans la grande pièce le rôle de *Damon*, personnage important et qui paraît dans tous les actes, dit qu'il se chargerait de celui de *Bernard*, pourvu qu'on eût soin de lui tenir prêt le costume convenable. Il l'apprit effectivement pendant la route, le repassa dans les entr'actes *du Philosophe marié*, et le joua, sans que sa mémoire en parût gênée.

Ce qui achève de rendre le souvenir de Bellecourt précieux, c'est qu'il doit être compris dans la classe assez nombreuse des comédiens qui ont joint au mérite de se distinguer comme acteurs, celui d'enrichir le théâtre de leurs productions. Le lundi 17 août 1761, il fit jouer une petite comédie en un acte et en prose, intitulée *les Fausses Apparences*, qui obtint du succès (1). Cependant,

(1) Il faut convenir aussi qu'elle fut parfaitement jouée. Je ne crois pas inutile de consigner ici la distribution des rôles : on verra qu'une réunion pareille de talents ne se retrouvera probablement jamais.

Lisimon, oncle d'Angélique, *Bonneval*. — Angélique, Mlle *Gaussin*. — Lisette, Mlle *Dangeville*. — Eraste, amant d'Angélique, *Grandval*.—Valère, destiné à Angélique, *Molé*. — Crispin, valet d'Eraste, *Préville*.

il ne jugea pas à propos de la faire imprimer.

On a dû trouver dans ses papiers le plan d'un ouvrage plus important, sous le titre *d'École des pères*. Un des meilleurs critiques du siècle dernier le vit et trouva qu'il promettait une bonne comédie : Bellecourt cependant ne poussa pas plus loin cette entreprise ; peut-être en fut-il détourné par le désagrément de n'avoir recueilli de ses travaux, même parmi ses camarades, que ces dégoûts cruels qui ont refroidi l'émulation de tant de gens de lettres. On poussa la fureur jusqu'à lui reprocher par des lettres anonymes, d'avoir la manie de se distinguer et de faire le bel esprit.

Rassassié de ces tracasseries, il crut s'y soustraire, en se bornant à faire des changements indispensables à plusieurs pièces qui semblaient oubliées, et que de légères corrections pouvaient remettre au courant du répertoire. Il s'exerça sur le *Double veuvage* de Dufresny, *l'Homme singulier*, *la Fausse Agnès*, et le *Tambour nocturne* de Destouches, la *Coquette* de Baron, *le Muet* de Bruéys, *le Cocher supposé* de Hauteroche, etc. La plupart de ces pièces doivent aux travaux de Bellecourt l'avantage qu'elles ont eu de reparaître avec succès : du reste, il ne s'exagérait pas le mérite d'un pareil travail. Il sentait qu'il ne fallait pas de génie pour effacer quelques taches, supprimer quelques longueurs, corriger enfin quelques fautes dans des ouvrages d'ailleurs très-bien faits. C'était à Marmontel, l'homme de lettres de son temps qui eut le plus de manège et de charlatanisme, qu'il était réservé d'attacher une ridicule importance à des rhabillages de cette espèce.

Assurément Bellecourt eût réformé quelques expressions vieillies dans *Venceslas*, eu rajeuni quelques scènes de Quinault, qu'il n'en eût été que plus modeste, et se fût bien gardé surtout de lire *Atys* ou *Roland* dans toutes les sociétés comme s'il en eût été l'auteur.

C'est particulièrement dans la comédie que cet acteur a prouvé des talents distingués, et l'on n'oubliera pas avec quelle supériorité il rendait les rôles du *Joueur*, du *Distrait*, de *l'Homme à bonnes fortunes*, du *Chevalier à la mode*, du *Marquis* dans *Turcaret*, de *l'Aveugle clairvoyant*, du *Somnambule*, etc. Mais s'il soutint la réputation de ces anciennes comédies, et de beaucoup d'autres, il ne contribua pas moins au succès de plusieurs pièces nouvelles. On remarque au nombre des rôles qu'il joua d'original, *Dainval* dans les *Méprises* de P. Rousseau, *Mécène* dans le *Triumvirat* de Crébillon, *Pylade* dans *Iphigénie en Tauride*, *Saint-Albin* dans *le Père de famille*, *le Marquis* dans le *Financier* de St.-Foix, *le Marquis* dans *les Mœurs du jour* de Saurin, *Lorédan* dans *Tancrède*, *Cléon* dans les *Méprises* de Palissot, *le Baron* dans le *Tambour nocturne* de Destouches, *Milord Brumpton* dans *l'Anglais à Bordeaux* de Favart, *Verville* dans le *Négociant* de Dampierre, *Antigone* dans *Olympie*, *Monck* dans *Cromwel* tragédie de Duclairon, *Arnold Melchtal* dans *Guillaume Tell* de Lemière, *Clarendon* dans *Eugénie* de Beaumarchais, *Valsain* dans *les Fausses infidélités*, *d'Etieulette* dans la *Gageure imprévue*, *Dorval* dans le *Bourru bienfaisant* de Goldoni, *Sully* dans la *Partie de chasse*, *Almaviva* dans le *Barbier de Séville*, et *l'Insouciant* dans le *Malheureux imaginaire* de Dorat: ce personnage fut, à ce que nous croyons, le dernier que Bellecourt joua dans les pièces nouvelles.

Malgré la rivalité que l'on avait voulu établir entre cet acteur et Lekain, il était trop supérieur à l'envie pour n'être pas l'un des plus grands admirateurs de ce tragédien illustre. Il fut aussi l'un de ses amis les plus zélés, et sa mort le toucha sensiblement. Il en prit le deuil, comme s'il eût été son plus proche parent; et, ce qui prouve à quel point il en fut frappé, il prédit qu'il ne lui survivrait pas long-temps.

En présentant ses camarades à M. de Voltaire, après cette perte irréparable, Bellecourt pénétré d'une tristesse profonde, n'avait pu prononcer que ces mots : voilà le reste de la comédie française. Bientôt le grand homme auquel il s'adressait, et lui-même, devaient aller rejoindre celui qu'ils regrettaient si amèrement.

Il mourut effectivement le jeudi 19 novembre 1778, avec la réputation justement méritée d'homme honnête et d'acteur célèbre (1).

----

(1) Voici de quelle manière Laharpe jugeait Bellecourt.

« Une maladie qui vient de conduire Bellecourt au
» tombeau, a retardé les deux pièces nouvelles de Dorat,
» parce qu'il a fallu faire apprendre à Monvel le rôle
» que Bellecourt aurait joué. Quoique ce comédien ne
» fût pas un grand acteur, sa perte sera pourtant sensible
» à la comédie dans l'état d'indigence où le théâtre est
» réduit. Bellecourt avait débuté en même temps que
» Lekain ; il était doué d'une fort belle figure, et avait
» tous les avantages extérieurs que Lekain n'avait pas,
» mais aucun des talents que la nature avait prodigués
» à Lekain. Il ne manquait point d'intelligence, mais
» son jeu était sec et froid, sa prononciation brusque et
» dure. Cependant le Maréchal de Richelieu, dans le
» temps que Bellecourt débutait avec Lekain, donnait
» une préférence marquée et une protection exclusive
» au premier. Le public jugea bien différemment, puis-
« que quelque temps après Bellecourt fut obligé de

Il avait épousé Mlle. Beaumenard, qui donna, dans l'emploi des soubrettes, une double célébrité au nom de Bellecourt.

~~~~~~~~~~

BELLEMONT.

(*Jean-Baptiste Colbert de Beaulieu*, dit)

I l. naquit à Breteuil en Picardie, en 1728, et fit d'excellentes études. S'étant destiné par goût au théâtre, il joua pendant plusieurs années des rôles de divers emplois dans la province, et vint débuter à Paris, le 14 mai 1765, par celui de *Cléante* dans *Tartuffe*. On le chargea des confidents tragiques et de quelques utilités dans la comédie, et le public, qui prend facilement en aversion les acteurs chargés de ces rôles ingrats, l'accueillit assez mal pendant cinq ou six années; mais, à la mort de Paulin, qui jouait les rois et les

---

» quitter le tragique, et que Lekain devint par la suite
« le dieu de la tragédie. Bellecourt se renferma dans le
» premier emploi comique, où il succédait à Grandval,
» mais il s'en fallait de beaucoup qu'il n'en approchât. Il
» n'en avait ni la finesse, ni la grâce, ni les nuances déli-
» cates, ni surtout cette noblesse naturelle qui a distingué
» Grandval, le seul de tous les comédiens qui, sur la
» scène, ait eu l'air d'un homme du monde ».

Correspondance, lettre 97.

paysans, conformément à l'ancien usage de la comédie, Bellemont hérita de la moitié de son emploi, et bientôt il fit paraître un talent que personne ne lui aurait même soupçonné. Paulin, fort mauvais acteur dans la tragédie, était excellent pour les rôles de paysan : Bellemont ne se contenta point de l'égaler, il le surpassa. Un changement si rapide fit changer également les dispositions du public envers lui. On s'accoutuma à l'applaudir, comme on s'était habitué à le siffler, et jusqu'à l'époque de sa retraite, il ne cessa plus de jouir de la faveur du public, qui aimait en lui un bon acteur et un excellent homme.

Nous ne dirons pas que l'art fût pour beaucoup dans le talent de Bellemont. Il tenait tout de la nature : aussi n'a-t-on peut-être jamais vu d'acteur plus simple et plus vrai. On n'oubliera pas sa naïveté piquante dans les rôles de *Lubin* des *Fausses confidences*, de *Pierrot* du *Festin de Pierre*, et autres du même genre qu'il jouait encore parfaitement à plus de soixante-dix ans. On ne pouvait, à la vérité, s'empêcher de rire, quand il disait dans cette dernière pièce :

Pour t'aller dénicher des marles je n'sais où,
Tous les jours je m'hazarde à me rompre le cou.

Car il était impossible d'avoir moins l'air d'un

dénicheur de merles : mais il était également impossible de ne point applaudir au naturel étonnant qu'il mettait dans son débit et dans son jeu.

Quand il remplissait le petit rôle du *Valet allemand* dans *les deux pages*, le parterre lui faisait presque toujours l'application flatteuse et juste de ces mots qu'il prononçait : *sans faire beaucoup de bruit, moi, je remplis toujours bien mon devoir*, et elle était ordinairement signalée par de nombreux applaudissements.

Quoique dès 1771 Bellemont eût manifesté le talent dont il ne cessa de donner des preuves jusqu'à sa retraite, il ne fut reçu définitivement qu'en 1778, et resta conséquemment treize ans pensionnaire.

Lorsque les comédiens français furent incarcérés en 1793, il partagea le sort de ses camarades, sortit ainsi qu'eux des prisons après le 9 thermidor, reprit sa place dans leur société reconstituée en l'an 7, et se retira en 1802.

Au théâtre on l'avait vu modèle de probité, d'exactitude à ses devoirs et de bonne conduite ; il resta, dans sa retraite, un modèle de vertus sociales et domestiques. Ses dernières paroles donnent une idée de son caractère et de ses mœurs. Un prêtre étant venu pour l'assister à ses derniers moments : « Nous ne sommes pas

» bien ensemble , lui dit-il ; ce n'est pas que je
» vous veuille du mal , mais vous m'avez ex-
» communié je ne sais trop pourquoi. Je n'ai fait
» mal à personne ; j'ai fait tout le bien que j'ai
» pu : voyez, Monsieur, si cela vous convient. »

Dans une visite que lui firent deux de ses anciens camarades , au nom de leur société , il
montra toute sa présence d'esprit, et leur fit les
adieux les plus touchants. Enfin , *sûr de l'estime
et de l'amitié de ses camarades* qu'il fit assurer
de son attachement et de sa reconnaissance , il
mourut content dans les bras de son fils , le 23
pluviôse an 11 (12 février 1803), emportant les
regrets de tous ceux qui l'avaient connu.

BELLEROSE.

(*Pierre le Messier*).

CONTEMPORAIN et camarade des ignobles farceurs de l'hôtel de Bourgogne , Bellerose , qui
entra dans leur société dès 1629, est un des premiers acteurs dont Melpomène ait applaudi les
essais, et fut sans contredit le meilleur comédien
de son temps. La supériorité de ses talents le fit
parvenir assez vite à l'emploi de chef de sa
troupe et d'orateur ; il s'acquitta de cette der-

nière fonction surtout avec un grand succès. On
sait que l'orateur des comédiens de ce temps
était leur menteur habituel. Il lui fallait beaucoup d'audace et de charlatanisme ; s'il pouvait
même s'élever jusqu'à l'éloquence , telle du
moins qu'on la connaissait alors , tout en allait
mieux. Bellerose avait , à ce qu'il paraît , toutes
les qualités requises , et surtout l'effronterie. En
annonçant *l'Amant libéral* , il le nommait in-
trépidement *chef-d'œuvre de M. de Scudéry*.
Au reste , il parlait avec une grande facilité. Ses
petits discours faisaient chaque soir un nouveau
plaisir par les traits piquants dont il savait les
orner.

On croit que Bellerose joua d'original le rôle
de *Cinna* et plusieurs autres des premières pièces
de Corneille ; quant à celui du *Menteur* , on en
est sûr. Le cardinal de Richelieu lui fit présent
d'un habit magnifique pour cette représentation.

Jusqu'à ce qu'il parût dans la troupe royale ,
on n'avait point vu de comédien qui méritât réellement ce nom ; tous ceux qui avaient joué à
l'hôtel de Bourgogne jusqu'alors , étaient plus ou
moins dignes de figurer avec Mondor et Tabarin
sur les tréteaux du Pont – Neuf , et plusieurs
d'entr'eux y avaient fait leurs premières armes.
Bellerose fit une révolution dans son art ; il y
parut parfait, quoique la perfection ne fût point

réservée à son temps ; mais il l'était du moins, comparé à ceux qu'il remplaçait, et même à ses camarades.

Bellerose cependant ne manqua point de censeurs. Scarron, dans son *Roman comique*, fait dire à *La Rancune* que Bellerose était trop affecté : (il est vrai que ce vieux comédien est représenté comme un frondeur envieux et malin qui ne veut trouver rien de bon), et nous voyons dans les Mémoires du cardinal de Retz, que Mme de Montbazon ne pouvait se résoudre à aimer M. de la Rochefoucault, parce qu'il ressemblait à cet acteur qui avait, disait-elle, l'air trop fade.

On ne sait pas précisément en quel temps Bellerose quitta le théâtre. On peut croire que ce fut après les débuts de Floridor, qui parut à l'hôtel de Bourgogne en 1643. Ce qu'il y a de sûr, c'est qu'après avoir passé ses dernières années d'une manière très-régulière, il mourut au milieu du mois de janvier 1670.

Il avait épousé la sœur de Ducroisy, camarade de Molière.

BERCY.

(*Drouin de*)

LEGRAND, père, n'était pas un assez bon acteur pour qu'il fût bien difficile de le remplacer; cependant Bercy, quoique reçu pour son emploi, ne put s'y maintenir long-temps.

Il débuta pour la première fois le jeudi 8 avril 1728, par les rôles de *Mithridate* dans la tragédie de Racine, et de *Nicodème* dans *le Deuil;* pour la seconde le 21 mars 1729, dans *Polyeucte*, par le rôle de *Félix*, et dans *le Deuil* par celui qu'il avait déjà joué. Il fut reçu à demipart, pour les rôles de rois et de paysans, le lundi 28 mars 1729, en même temps que Sarrazin dont il avait été le concurrent. Cela semblerait prouver que Bercy n'était pas sans talents, car Sarrazin en avait beaucoup. Quoi qu'il en soit, il se retira le lundi 11 mai 1733, avec 500 livres de pension qu'il conserva jusqu'à sa mort, arrivée, à ce que nous croyons, en 1760 : du moins n'est-il plus porté sur l'état des pensionnaires vivants au 1er janvier 1761.

BLAINVILLE.

(*Fromentin de*)

Maître de pension à Gonesse où il était né, Blainville apprit que des infirmités graves forceraient bientôt Sarrazin à prendre sa retraite, et conçut l'espoir d'obtenir sa place. Il débuta le samedi 3 septembre 1757, et, suivant Boissy, qui composait alors *le Mercure*, on lui trouva de l'âme et de l'intelligence, en lui désirant plus de noblesse dans la figure et dans le jeu. Il continua son début par les rôles de *Palamède* dans *Électre*, de *Lusignan* dans *Zaïre*, et de *Dorimond* dans *Cénie*. Il fut reçu à l'essai le 20 octobre suivant, et admis au nombre des sociétaires en 1758. On peut croire que ce ne fut que comme double de Brizard, qui avait débuté avant lui, et dont le talent était bien supérieur au sien.

Il fut compromis dans la ridicule affaire qui occasionna le renvoi de Dubois et la retraite de Mlle Clairon. Dubois avait affirmé par serment qu'il avait payé son chirurgien en présence de son camarade Blainville ; Blainville avait affirmé que le payement s'était fait en sa présence, et tous deux ensuite s'étaient rétractés. Une telle conduite était certainement condamnable. Ce qu'il y eut de plaisant, c'est que le renvoi de Blainville, le moins coupable des deux, ne souffrit pas de difficulté, tandis qu'il s'en trouva beaucoup à l'expulsion de Dubois. Au reste, cela s'explique aisément. Dubois était le père d'une fille charmante, actrice du même théâtre, dont la beauté faisait tout le talent, et le duc de Fronsac, fils du maréchal de Richelieu, premier gentilhomme de la chambre, aimait beaucoup les jolies filles. Blainville, à ce qu'il paraît, n'avait ni femme, ni fille, ni sœur qui pussent plaider pour lui. Sa carrière dramatique se trouva terminée à la clôture de 1765.

On lit dans un Mémoire sur la comédie française composé par Lekain, et dont l'authenticité ne paraît pas douteuse, l'avis suivant adressé à Blainville.

« Il est possible de remontrer..... au sieur Blain-
» ville, que le respect dû au public doit forcer
» un comédien à la tempérance et à la sobriété ;
» que la destinée de certains acteurs est de se
» placer dans des rôles où il n'y ait aucune pré-
» tention ; que les pères nobles en ont beaucoup,
» et que peut-être aurait-il plus de mérite à dou-
» bler les rôles à manteau ».

~~~~~~~~~~~~~

BONNEVAL.

(*Jean-Jacques Gimat de*)

SANS avoir obtenu, dans l'emploi des *financiers*, une réputation égale à celle de Guérin ou de Duchemin père, Bonneval y a laissé des souvenirs honorables.

Il débuta, le 9 juillet 1741, par les rôles d'*Orgon* dans le *Tartuffe*, et dans *la Pupille*, continua par celui de *l'Avare*, et fut reçu au mois de décembre suivant (ou le 8 janvier 1742; cette seconde date est même plus sûre). Il avait alors environ trente ans.

Bonneval ne pouvait pas se plaindre de la nature. Il était *facé comiquement*, suivant l'expression originale d'un de ses contemporains, et possédait un organe ferme et sonore, fort utile pour son emploi. Toutefois il y fut long-temps assez mal vu du parterre, qui ne commença à le goûter qu'après la retraite du dernier Lathorillière, dont il était le double. Tant que ce comédien, que l'on nous représente comme extrêmement outré, tint en chef l'emploi des *manteaux*, Bonneval parut froid et mauvais; cela devait être. Mais lorsque le public eut perdu l'acteur avec lequel il voulait toujours comparer Bonneval, il fut obligé de rendre justice à son intelligence, et de lui reconnaître un jeu sage et comique, quoique bien moins chargé que celui de la Thorillière.

Il donna un jour une preuve frappante de sa présence d'esprit. Au troisième acte, scène 7me de *l'Avare*, *Cléante* paraît mécontent du choix qu'*Harpagon* a fait de *Mariane ; Harpagon* témoigne sa surprise du compliment, et *Mariane* répond à son tour. Mlle Doligni, qui jouait ce rôle, manqua de mémoire, et le souffleur la laissa dans l'embarras, ainsi que *Frosine* qui pouvait l'aider. Bonneval reprit sur-le-champ, au moment où les trois acteurs semblaient stupéfaits : « Elle ne répond rien, elle a raison ; à » sot compliment point de réponse ». Le public remarqua cette adresse de l'acteur, et lui en sut bon gré.

Bonneval fut gravé dans le rôle du *Malade imaginaire* qu'il jouait supérieurement. Il se retira en 1773 avec deux pensions, l'une de 1500 livres de la comédie, l'autre de 500 livres accordée par le roi, et mourut en 1783.

BOURET.

(Claude-Antoine.)

CE fut à l'opéra-comique que Bouret fit ses premières armes. Il paraît que cet acteur ne se destinait pas au théâtre, et l'incident qui l'y conduisit est assez singulier. Vadé, qui travaillait à sa pièce de *Nicaise*, désirait de trouver un acteur qui eût la physionomie du rôle. Le hasard amena chez lui le petit Bouret. A son air et à sa voix de polichinelle, Vadé s'écria : *Voilà Nicaise tout trouvé*, et il le fit recevoir dans la troupe qui devait jouer son ouvrage. Il y débuta, pendant la durée des foires Saint-Germain et Saint-Laurent, en 1755, par le rôle d'*Alain* dans *la Chercheuse d'esprit*, et fit assez longtemps les délices de ce spectacle alors administré par Monnet. Sa réputation dans les rôles de *niais* lui facilita l'accès de la comédie française, menacée de la perte de Dangeville, et il y débuta, le jeudi 2 décembre 1762, par les rôles de *Turcaret*, et de *Crispin* dans *Crispin rival de son maître*. On parut plus content de lui dans la seconde pièce que dans la première ; cela n'était pas étonnant ; il avait joué beaucoup de

Crispins à l'opéra-comique, mais il n'avait jamais essayé le rôle de *Turcaret*, et on l'y jugeait par comparaison avec Préville. Il joua successivement *Sosie* dans *Amphytrion*, *le Ménechme bourru*, *Crispin* des *Folies amoureuses*, *Crispin médecin*, *Crispin du Légataire*, *Frontin* dans *l'Impromptu de campagne*, *Hector* dans *le Joueur*, *Sbrigani* dans *Pourceaugnac*, etc. On l'admit à l'essai dès que son début fut terminé. Dans le cours de l'année suivante (1763) il fut reçu aux grands appointements de 2000 livres, et au nombre des sociétaires en 1764.

Plusieurs personnes le regardaient comme le premier acteur de l'opéra-comique. En passant à la comédie française, s'il ne vérifia pas entièrement l'adage si connu,

Tel brille au second rang qui s'éclipse au premier.

du moins est-il certain qu'il n'occupa qu'une des dernières places de sa nouvelle société.

Bouret n'était cependant pas sans talent, mais il faut considérer que la nature de ce talent se renfermait dans le genre le plus facile de tous. Ce ne fut donc que pendant son séjour à l'opéra-comique, qu'il mérita sans restriction cet éloge qui lui a été donné par un critique son contemporain :

« Il joue supérieurement les *ivrognes*, les

» rôles d'*Alain* et de *Nicaise*, et les *Crispins*.
» Il est petit, mais bien fait ; son masque est
» extrêmement comique, et son jeu des plus
» naturels. Il a peu de voix, et son organe
» n'est pas agréable dans le chant ; cepen-
» dant il a tenu son coin dans nos intermèd. s
» français ».

Laharpe n'en fait pas un aussi pompeux éloge ;
en parlant de sa mort, arrivée en 1783, il prétend que c'était *un assez mauvais comédien*,
mais on voudra bien se souvenir qu'il n'était nullement facile de contenter Laharpe. Mlle Luzy,
du même théâtre, rendait, à ce qu'il paraît, plus
de justice à Bouret ; il ne fut cependant pas satisfait de la manière dont elle lui accordait son
suffrage. On prétend qu'en parlant de lui en sa
présence, et assez haut pour qu'il pût l'entendre,
elle convint qu'*il jouait fort bien les rôles de
bête.* — « Oui, Mademoiselle, répartit Bouret,
» et votre suffrage est bien flatteur pour moi ;
» vous devez vous y connaître, M. votre père
» en faisait ». Ce mot est piquant. On ajoute
qu'il ne portait pas à faux ; nous avons peine à
le croire.

Vers la fin de la vie de Bouret, sa prononciation était devenue si vicieuse, qu'on ne l'entendait plus. Le dernier rôle qu'il joua dans une
pièce nouvelle, est celui du *Garçon de café*

dans *Molière à la nouvelle salle*, comédie épisodique de Laharpe, jouée le 12 avril 1782 pour la première fois.

Les procédés des comédiens envers sa femme et ses enfants, leur firent beaucoup d'honneur. Il en avait laissé deux ; la comédie leur fit à chacun une pension.

~~~~~~~~~~

BRÉCOURT.

(*Guillaume Marcoureau, sieur de*)

COMÉDIEN et auteur, Brécourt se fit bien plus de réputation en jouant dans les pièces des autres, qu'en risquant les siennes au théâtre.

Les premières années de sa vie offrent peu de faits bien avérés. Un annaliste des spectacles a prétendu qu'il était hollandais ; que Filandre, chef d'une troupe de province, lui ayant trouvé des dispositions, lui fit apprendre le français, et le garda quelque temps. L'anecdote est peu vraisemblable ; heureusement il n'importe guère qu'elle soit éclaircie.

Ce que l'on sait avec plus de certitude, c'est qu'ayant embrassé de très-bonne heure la carrière du théâtre, il joua la comédie en province pendant quelques années, dans différentes troupes qui la parcouraient, et qu'il finit par s'attacher à celle de Molière. Lorsque ce grand homme vint s'établir à Paris en 1658, Brécourt le suivit, et fut regardé dès-lors comme l'un des meilleurs acteurs de sa troupe. Il n'y resta pas long-temps. Ayant eu le malheur de tuer un cocher sur la route de Fontainebleau, il fut obligé de quitter la France, et se retira en Hollande, où il s'engagea dans une troupe française qui était entretenue par le prince d'Orange. On ne sait pas précisément en quelle année Brécourt, emporté par son caractère violent, commit une action aussi coupable; nous pensons que ce fut en 1663, et nous nous appuyons sur la date de la première représentation de l'*École des femmes*, donnée le 26 décembre 1662, dans laquelle il est sûr que Brécourt joua le rôle d'*Alain*, et sur celle de sa réception à l'hôtel de Bourgogne, placée ordinairement à l'année 1664.

Pendant son séjour en Hollande, le hasard fit que la Cour de France, pour des raisons d'État, dont les ministres ne manquent jamais, voulut faire enlever un particulier qui s'y était réfugié. Brécourt, sans cesse occupé des moyens qui pouvaient lui faciliter son retour dans sa patrie, s'offrit pour cette entreprise dangereuse, et promit d'en rendre bon compte. Elle manqua cependant; et Brécourt jugeant bien que sa vie n'était pas en sûreté, après la découverte d'un projet semblable, prit la poste sur-le-champ et revint en France. Louis XIV, informé de la bonne volonté dont il avait donné des preuves au péril de sa tête, lui accorda sa grâce, et lui permit de rentrer dans la troupe de Molière, qu'il quitta en 1664 pour passer dans celle de l'hôtel de Bourgogne. Lors de la réunion en 1680, Brécourt fut conservé, et joua encore pendant un peu plus de quatre années. Il se rompit une veine par les efforts qu'il fit en représentant à la cour le principal rôle de sa comédie de *Timon*, et mourut des suites de cet accident vers la fin de février 1685.

Brécourt était de moyenne taille, bien *facé*, mais extrêmement pâle. Ce fut un très-grand comédien dans les deux genres. Après avoir joué *Antiochus* dans *Bérénice*, il représentait *Colin* dans sa petite comédie de *la Noce de Village*, et plaisait également sous les habits de prince et sous le costume d'un villageois. Louis XIV, charmé de son jeu dans le rôle d'*Alain* de *l'École des Femmes*, ne put s'empêcher de dire : Cet homme-là ferait rire des pierres !

Indépendamment des rôles que nous venons de citer, Brécourt jouait supérieurement ceux de *l'Avare*, de *Pourceaugnac*, etc. Il établit les rôles du *Docteur Pancrace* dans le *Mariage*

Forcé, de *Taxile* dans *Alexandre*, d'*Anaxandre* dans *Laodice*, et de *Britannicus* ; son emploi comprenait les seconds rôles de la tragédie, et beaucoup de rôles comiques de différents genres.

Si l'on en croit les mémoires manuscrits de M. de Tralage, Brécourt n'avait que trois petits défauts : il aimait avec excès le vin, le jeu et les femmes. Ces trois passions lui firent une réputation assez désavantageuse, et l'obligèrent d'ailleurs à contracter une grande quantité de dettes que l'on ne put acquitter après sa mort, puisqu'elles surpassaient de plus de vingt mille livres la valeur de sa succession.

Brécourt était brave. En 1678, se trouvant à la chasse du roi, à Fontainebleau, il joua une scène assez longue avec un sanglier qui l'atteignit à la botte, et le tint quelque temps en échec. Il parvint cependant à lui enfoncer son épée dans le corps jusqu'à la garde, et le tua roide. Louis XIV, témoin de cette action vigoureuse, lui en fit compliment, en lui demandant s'il n'était point blessé ; et le soir, il la raconta devant toute la cour, en assurant qu'il n'avait jamais vu donner un aussi vigoureux coup d'épée.

Les comédies que Brécourt fit jouer n'ajoutent rien à sa réputation : elles sont du genre le plus bas et le plus trivial ; aussi personne ne lui en disputa-t-il la propriété. On sait cependant qu'elles eurent du succès, ce qui pourrait surprendre si l'on ne se rappelait pas qu'à la même époque le *Régulus* de *Pradon* réussissait sur le même théâtre où se jouaient les chefs-d'œuvre de Corneille et de Racine. En voici la liste :

1° *La Feinte Mort de Jodelet*, comédie en un acte et en vers, 1660 ;

2° *La Noce de Village*, comédie en un acte et en vers, 1666.

Nos lecteurs verront peut-être avec plaisir quelques échantillons des vers, de la prose et des chansons de Brécourt. Nous les extrairons de la petite pièce que nous venons de désigner ; elle fut imprimée avec huit belles estampes gravées par Lepôtre.

COLIN.

Hayer, comme esgeveny d'avau notre prairie,
J'entris cheux Grand François pour visiter not mie.
Margué, j'appercevy par le trou du grand huis
Que tu batifolais tout l'environ du puis
Avenc elle.

NICOLAS.

Avenc qui ?

COLIN.

Morguène avenc Glaudenne ;
Aux enseigne, aga quien, que tu prenis la peine

De mettre tes deux mains tout avau son brechet,
Et puis tu lui baillis comme un colifichet......
Margué, je m'entends bien ; tu lui disais : Glaudenne,
Lorgne-moi par un peu, n'ai-je pas bonne mene ?
A donc, tu la prenis par le chinon du cou,
Et tu t'allis fourrer dans le jardin au chou
Avenc elle.

NICOLAS.

Bon , bon.

COLIN.

Il ne faut point tant rire,
Nicolas, j'ai tout vu.

NICOLAS.

Bon , bon.

COLIN.

Que veux-tu dire
Bon , bon ? car, vois-tu bien , si j'avais été prompt,
Morgué, je t'arais fait put-être un grand affront.

NICOLAS.

Bon, bon, qu'arais-tu fait ?

COLIN.

Si je n'eusse été sage ,
Margué, je l'arais dit par tout notre village.
Et que m' soucige moi ? Ventregué, dans l'honneur,
Je suis pis qu'an démon , car rien ne me fait peur.
Comme dit l'autre, on za biau vous prenre une fumelle,
Margué, n'an prend toujours quenque mâle avenc elle.

NICOLAS.

Ardé le grand malhûr !

COLIN.

Et bonhûr si tu veux.
Je ne veux point porter les cornes si je peux.
Hé , que sait-on ? parfois un désespoir peut prendre,
Marguenne , pour un rien qu'un cocu s'irait pendre.
Je le sais, pargué bien ; j'en connaissous plusieus....

NICOLAS.

Hé, margué, tu ferais comme les gros monsieus.
Hé ! que t'es fou ; Colin !

COLIN.

Ho , morgué , fou toi-même.
Je ne veux point du lait , quand un autre a la crême.

Actuellement voici le contrat de mariage de
Colin :

Pardevant Nicolas Douillet, tabellion d'Aubervilliers, furent présents en leurs personnes
Jean Laurent, dit Grand-François, demeurant
audit Aubervilliers ; et Perrette Cré, sa femme,
d'une part ; Guillaume Battau, maître carillon-
neur et premier chasse-chien de la grande-
église dudit lieu, et Catherine Vigreux, sa femme,
lesquels, de leur bon gré, ont reconnu et con-

fessé avoir fait et font les promesses et accords de mariage qui en suivent : A savoir, de Colin Battan et de Claudine Vigreux, tous bourgeois dudit lieu, tant du côté paternel que maternel ; l'un et l'autre âgés de chacun dix-neuf ans environ, plus ou moins sans conséquence. Pour la grande affection qu'ils se portent, pour avoir gardé, par l'espace de dix ans, les vaches ensemble, ils ont desiré se conjoindre par lien matrimonial, sous le bon plaisir de leurs parents et amis. Lequel Guillaume Battan, non ici présent, pour être détenu au lit d'un coup de pierre au milieu du dos, a donné et donne à Colin Battan, son fils et futur époux, par ces présentes, en faveur de mariage, un arpent d'héritage, assis audit Aubervilliers ; plus, une charrue attelée d'un bœuf et d'un âne, âgés de quarante-cinq ans ou environ ; ensemble ses habits ; savoir, un palteau d'écarlate noire, doublé de jaune cramoisi, un fond de chausse de blanchet gris, une chemise garnie de son collet de toile à bouffette. *Item*, une paire de guêtres et de souliers de vache tout neufs ; en outre, la somme de onze livres quinze sols six deniers tournois, en belles pistoles et monnaie blanche ; et quant audit Laurent, dit Grand-François, père de la future épouse, pour la bonne amitié qu'il lui porte, lui a donné, en faveur dudit mariage, un quartier et demi de pré fraîchement tondu, assis au lieu et territoire de la Motte ; plus, une vache sous poil grivelé, avec le pot à traire et autres ustensiles de ménage, et, en outre, son trousseau garni de deux draps, et une nappe frangée d'une aune un douze ou environ, avec ses bagues et joyaux, desquels ledit Colin Battan, futur époux, s'est tenu et tient pour content; et a doué et doue ladite future épouse de la s omme de quatorze sols six deniers tournois, pour icelle avoir et prendre sur une masure, sise en la plaine de Long-boyau, etc.

Admirons à présent le talent lyrique de Brécourt.

CHANSON.

Aga, Piarrot, le terrible accident !
J'avions fait acheter une fort bonne éclanche ;
J'espérions la manger ; elle était belle et blanche ;
    Maturenne qu'a le cœur grand,
    Voulait régaler nos parents :
J'estions auprès du feu, les mains dessus les hanches;
Je buvions demi-stier toujours en attendant.
    Mais hélas ! dans le même instant
Un mâtin l'attrapit sur le bout d'une planche,
    Et nous la croquit sur-le-champ :
    Il n'en laissit rien que le manche.
    Aga, Piarrot, le terrible accident !

3° *Le Jaloux Invisible*, comédie en trois actes et en vers; 1666.

4° *L'Infante Salicoque*, ou *les Héros de Roman*, comédie en un acte, 1667, non imprimée.

5° *L'Ombre de Molière*, comédie en un acte et en prose; 1674. On la trouve dans les premières éditions des OEuvres de Molière; mais, comme elle est bien peu digne d'un pareil honneur, les derniers éditeurs se sont bien gardés d'imiter en cela leurs devanciers.

6° *Timon*, comédie en un acte et en vers; 1684.

Brécourt avait épousé N. Etienne des Urlis.

BRIZARD.

(*Jean-Baptiste Britard*, dit)

BRIZARD, dont le souvenir est encore cher à beaucoup d'amateurs du théâtre, naquit à Orléans, le 7 avril 1721, de parents honnêtes et assez fortunés. Il fut amené à Paris dans la famille de sa mère, pour y continuer ses études. Peu de temps après, le goût de la peinture s'étant déclaré chez ce jeune homme, destiné à devenir un artiste célèbre dans une carrière différente, il fut mis chez Carle Vanloo, premier peintre du roi, et ses progrès furent si rapides, qu'à

dix-huit ans son maître le trouva capable de
concourir pour le grand prix. Il était bon des-
sinateur, et peignit à cette époque quelques
tableaux qui annonçaient de véritables dispositions. Toutefois il ne donna point de suite à
ces premières études. Invinciblement entraîné
vers le théâtre, Brizard céda sans peine aux
instances de Mlle Destouches, directrice des
spectacles de Lyon, s'engagea avec elle et joua
long-temps dans la province ; peut-être ne fût-il
jamais venu à Paris, sans Mlles Dumesnil et Clairon, qui, ayant conçu l'idée la plus favorable
de ses talents, cherchèrent à l'y attirer. Elles y
réussirent heureusement pour la scène française
menacée alors de la retraite de Sarrazin, et il
débuta dans l'emploi des *rois* et des *pères*
nobles, si bien rempli par ce grand acteur, le
samedi 30 juillet 1757. Son premier rôle de
début (*Alphonse* dans *Inès de Castro*) n'était
pas fort avantageux ; cependant il y eut beaucoup de succès. On lui trouva un débit et un
maintien nobles, un jeu fait, une figure théâtrale, et l'on jugea qu'aucun des acteurs, qui
débutaient concurremment avec lui pour l'emploi de Sarrazin, ne méritait autant de l'obtenir ; il fut encore plus applaudi dans les rôles
de *Brutus* et de *Mithridate*, bien plus difficiles
et bien plus brillants que celui d'*Alphonse*, et fut

reçu au nombre des comédiens français le
15 mars 1758.

Le théâtre de la nation n'avait pas encore
possédé d'acteur qui eût autant que Brizard
le physique de son emploi. Sa figure, où la
dignité d'un roi et la tendresse d'un père se
peignaient avec la même facilité, était om-
bragée par de beaux cheveux blancs qui contribuaient beaucoup à l'illusion parfaite qu'il
produisait dans tous ses rôles. Un accident
terrible, qui manqua de lui coûter la vie,
avait subitement blanchi sa chevelure, long-
temps avant l'âge où ce changement devient naturel. On assure que, traversant le Rhône dans
une petite barque, Brizard la vit renversée par
une mauvaise manœuvre des mariniers ; qu'il
eut le bonheur de se prendre à un anneau
de fer placé aux piles d'un pont sous lequel
la barque était près de passer ; qu'il y resta
quelque temps suspendu entre la vie et la mort,
et que cette affreuse situation l'avait tellement
frappé de terreur, que ses cheveux blanchirent
sur-le-champ. Sa frayeur était légitime ; s'il n'eût
été secouru avec la plus grande promptitude, ses
propres forces n'eussent pu le dérober long-
temps à une mort infaillible.

Pendant vingt-neuf années que Brizard passa
sur la scène française, il s'y montra l'égal des

grands acteurs qui l'avaient précédé dans son emploi, et il contribua au succès de la plûpart des tragédies nouvelles jouées depuis 1757 jusqu'à sa retraite.

Entr'autres rôles établis par cet acteur, nous citerons *Argire* dans *Tancrède*, *Polidore* dans *Zelmire*, *Siffredi* dans *Blanche et Guiscard*, l'*Hiérophante* dans *Olympie*, *Eustache de Saint-Pierre* dans *le Siége de Calais*, le *Grand Bramine* dans la *Veuve du Malabar*, *Avogare* dans *Gaston et Bayard*, *Cindonax* dans les *Druides*, *Duguesclin* dans *Pierre le Cruel*, *Montaigu* dans *Roméo et Juliette*, *Sésostris* dans *Orphanis*, *Soliman II* dans *Mustapha et Zéangir*, *OEdipe chez Admète*, et le *Roi Léar*.

Nous n'oublierons point *le Père de Famille*, *Dupuis* dans *Dupuis et Desronais*, *Vanderk père* dans le *Philosophe sans le savoir*, et *Henri IV* dans *la Partie de Chasse*. Brizard semblait avoir reçu pour ce rôle une portion de l'âme d'un roi dont la mémoire sera toujours chère et respectable aux Français; ses vertus le rendaient digne de représenter le meilleur des monarques.

Brizard ne fut pas seulement un grand acteur : il fut encore le meilleur des hommes. Son éloge se trouve dans tous les écrits de son temps qui ont rapport au théâtre ; on l'a délayé dans une multitude de phrases qui toutes peuvent se réduire à celle que nous avons employée, et nous espérons qu'on ne nous accusera point d'avoir méconnu les droits que Brizard s'acquit à l'attachement de ses contemporains, à l'estime de la postérité.

Il est quelques acteurs plus occupés de ce qui se passe dans la salle que de ce qui doit les attacher sur le théâtre : Brizard n'était pas de ce nombre. Personne ne porta plus loin que lui l'attention à la scène. Un jour le feu prit aux plumes de son casque, sans qu'il s'en apperçût; le public l'avertit du danger qu'il courait; sans se déconcerter, il ôta avec noblesse son casque enflammé, le remit tranquillement à son confident, et continua la scène avec le même sang-froid.

Jouant le rôle de *Danaüs* dans *Hypermnestre*, il fut blessé à la main par le comédien Dubois qui s'était servi d'un sabre tranchant; son sang coulait avec abondance; il n'y prenait pas garde; ce fut le public qui l'obligea de se retirer.

Il était plus scrupuleux que Sarrazin sur la vérité des costumes. Le jour de la première représentation d'*OEdipe chez Admète*, à Versailles, on lui apporta un habit de satin bleu céleste (c'était le roi qui faisait la dépense des habits). Il le refusa, et en prit un de laine destiné pour les confidents.

Il se retira du théâtre en 1786, et joua pour la dernière fois le samedi 1er avril, jour de la clôture, les rôles du *Vieil Horace* et de *Henri IV*. La salle fut remplie dès quatre heures : le théâtre français, outre cet excellent acteur, perdait encore en ce seul jour Préville, madame Préville et Mlle Fanier.

Brizard se surpassa lui-même dans le rôle du *Vieil Horace* : touché des applaudissements qu'il recevait, il ne put, sans un extrême attendrissement que le public partageait, prononcer ce vers qui convenait si bien à la circonstance :

Moi-même, en vous quittant, j'ai les larmes aux yeux.

La scène de *la Partie de Chasse*, où il se trouva réuni à la même table aux trois autres acteurs dont le public devait aussi regretter la perte, produisit la plus vive impression : ils furent tous demandés après le spectacle, et reçurent l'expression unanime et touchante de la reconnaissance et des regrets publics.

Après le spectacle, un homme d'un très-grand mérite monta dans la loge de Brizard avec son fils, et lui dit : « Mon fils, embrassez monsieur : » c'est aujourd'hui que nous perdons un homme » dont les vertus ont surpassé les talents. »

Le cœur froid et sec de Laharpe n'était pas fait pour partager de si nobles sentiments, pour éprouver des émotions aussi douces. La retraite de Brizard, qui affligea tant de monde, ne lui inspira que les lignes suivantes où l'injustice est poussée jusqu'à l'exagération. « Quant à Brizard » (il venait de parler de Préville), il avait de » bien beaux moments, et quelquefois une sorte » de chaleur machinale ; mais si peu d'intelli- » gence! mais laissant tomber la moitié de ses » rôles, faute de les sentir, et de les entendre! » mais sachant si peu dire des vers ! mais sou- » vent si faible et si froid ! M. de Voltaire écri- » vait à propos de lui : *On dit que Brizard est* » *froid. Comment peut-on être froid ?* On en » faisait pourtant de grands éloges, et l'on en » fait de grands regrets. Cela ne prouve que » notre indigence. »

Mais, pouvait-on répondre à Laharpe, si Bri- zard avait tant de défauts, nommez donc l'ac- teur du théâtre français, qui, dans son emploi, lui fut supérieur ? Direz-vous que jamais les rois et les pères nobles ne furent bien joués ? Pré- tendrez-vous que Sarrazin, homme de mérite d'ailleurs, ait réuni plus de talents que Brizard ? Nos lecteurs verront, à l'article de Sarrazin, qu'il lui fut fait dans son temps des reproches très-forts sans être injustes, que Brizard à sa place n'aurait jamais mérités.

Au reste, rien d'étonnant dans le procédé de Laharpe. Sa correspondance n'est qu'un *factum* dans lequel il semble avoir juré de n'épargner personne ; elle lui était fort utile en lui donnant une occasion d'évacuer le fiel dont il était rempli. Avant la retraite de Brizard, il avait dit au grand duc que *cet acteur possédait un naturel précieux, mais qu'il avait toujours été faible d'intelligence; que sa figure et ses cheveux faisaient la moitié de son talent ; qu'il n'avait jamais su créer un rôle ; qu'il ne rencontrait le pathétique que par tradition :* (puis insistant cruellement sur les défauts de la vieillesse et les exagérant), *qu'il commençait à avoir une prononciation molle et confuse, à cause de la perte de ses dents ; et que son jeu devenait moins sûr par le défaut de sa mémoire.*

Laharpe avait eu l'injustice ou la mauvaise foi d'attribuer à Brizard la chute de sa tragédie des *Brames* : il suffit de la lire pour n'avoir pas besoin de chercher les causes de son malheureux sort.

Le public réuni à cette solemnelle représentation où Brizard paraissait pour la dernière fois, manifesta des sentiments bien contraires à ceux de Laharpe. Il entendit avec une vive satisfaction, et couvrit d'applaudissements cette partie du discours de clôture prononcé par Saint-Fal, dans laquelle il rendait un juste hommage aux talents supérieurs de Brizard. Après avoir parlé de Préville, de sa femme et de Mlle Fanier, il ajoutait : « Il fallait enfin que Melpomène et Thalie » eussent à s'affliger ensemble de la retraite d'un » acteur sublime dont le premier talent fut une » âme brûlante et vraie ; qui parcourut avec un » égal succès tous les rôles de la tragédie et de » la comédie ; qui, par la mobilité de sa phy- » sionomie, par l'art de modifier ses accents, » peignit tour-à-tour, avec une vérité frappante, » la valeureuse férocité du *vieil Horace*, l'or- » gueilleuse sensibilité de *D. Diègue*, la noble » fermeté de *Zopire*, et la douce générosité » d'*Alvarès* ; qui enfin, et ce dernier trait suffit » à son éloge, vous a paru digne, pendant un » long cours de représentations, de peindre le » caractère et l'âme bienfaisante du meilleur des » rois. »

Brizard, à sa retraite, eut 2175 livres de pension de la comédie, 2000 livres du roi, dont moitié accordée en 1770, l'autre en 1782, et 500 livres comme professeur de déclamation.

Il ne profita pas long-temps de ces récompenses si bien méritées. A l'époque de la révolution il fut l'un des électeurs de Paris, et capitaine des

Tome I.

grénadiers volontaires du neuvième bataillon de
la deuxième division de la garde nationale com-
mandée par M. de Lafayette, quoique son âge
semblât le dispenser de ces pénibles fonctions.
Heureusement pour son âme sensible, il ne vit
que les premières scènes de la sanglante tragédie
qui commença en 1789, et mourut à Paris le 30
janvier 1791, âgé de 70 ans.

Nous ne croyons pas pouvoir mieux terminer
cet article qu'en rapportant la lettre écrite par
M. Ducis à la veuve de Brizard qui lui avait demandé une épitaphe pour le tombeau de son
mari.

Madame, — Je vous envoye l'épitaphe de
votre bon et tendre mari, et du père de vos chers
enfants : ce sont vos larmes qui me l'ont demandée ;
comment aurais-je pu ne pas leur obéir ? Il m'a
semblé, en la laissant sortir de mon cœur, que
je payais un tribut de reconnaissance à sa mémoire : combien n'en dois-je pas à ses talents !
Nos deux âmes s'étaient unies sur la scène ; je
n'oublierai jamais cette association avec un homme
de bien, et l'acteur de la nature. Je ne puis songer, sans attendrissement, à notre *OEdipe*, à
notre roi *Léar*, où il fut inimitable. Ces tristes
lignes, destinées pour son tombeau, vont renouveler vos douleurs, je le sais, Madame ;
mais considérez qu'elles rendent justice à ses

talents, et surtout à ses vertus, et souvenez-vous, en pleurant sa mort, que vous avez rendu sa vie heureuse.

Ducis.

Ci-gît

Jean-Baptiste Britard, dit Brizard,

Né à Orléans le 7 avril 1721;

L'un des Électeurs de cette ville, (*de Paris.*)

Capitaine des grenadiers de la garde nationale,

Marguillier de sa paroisse, et pensionnaire du roi.

Bon mari, bon père, bon ami,

Vertueux et courageux patriote,

Après avoir joui long-temps de la gloire mondaine

Qu'une sensibilité profonde,

Jointe à tous les dons extérieurs de la nature,

Lui avait acquise sur la scène française,

Il préféra aux vains applaudissements des hommes

La satisfaction de la conscience

Et le bonheur d'une fin chrétienne;

Et tournant ses derniers regards

Vers une gloire impérissable,

Et vers la véritable patrie,

Il décéda le 30 janvier, l'an second de la liberté;

Emportant l'estime publique,

Les regrets de tous ceux qui l'avaient connu,

Et la reconnaissance des pauvres.

Sa veuve inconsolable et ses enfants

Lui ont érigé ce monument.

CHAMPMESLÉ.

(*Charles Chevillet, sieur de*)

L'ÉPOUSE de ce comédien a laissé un nom plus célébre que celui de son mari ; c'était cependant un fort bon acteur. Fils d'un marchand de rubans établi sur le pont-au-Change à Paris, Champmeslé débuta à Rouen, où il épousa Mlle Desmares. Il aspira bientôt à paraître sur les théâtres de la capitale, et s'étant acquis de la réputation en province, il ne lui fut pas difficile de se faire recevoir en 1669 au théâtre du Marais. A Pâques 1670, il passa dans la troupe de l'hôtel de Bourgogne, où il resta jusqu'à Pâques 1679. A la rentrée de cette année, Champmeslé, qui ne paraît pas avoir été l'homme le plus constant du monde, alla retrouver ses anciens camarades du Marais, réunis sur le théâtre de Guénégaud à la troupe de Molière ou du Palais royal. Il fut conservé à la réunion de 1680, et continua de remplir jusqu'à sa mort les rôles de *rois* dans la tragédie, et plusieurs rôles comiques.

Quoique fort gros, Champmeslé était bel homme, avait l'air noble, et était extrêmement poli. Tant que vécut Lathorillière premier, il ne brilla pas beaucoup à l'hôtel de Bourgogne ; à sa mort, ayant en chef l'emploi qu'il n'avait jusqu'alors exercé que comme double, il parvint à se faire aimer du public.

Au théâtre du Marais, il établit les rôles suivants : *Policrate* dans la comédie héroïque de l'abbé Boyer qui porte ce titre, et *Mars* dans les *Amours de Vénus et d'Adonis* par de Visé : à l'hôtel de Bourgogne ceux d'*Antiochus* dans la *Bérénice* de Racine ; de *Métellus* dans le *Régulus* de Pradon ; d'*Arsace* dans le *Tiridate* de Campistron.

Champmeslé était homme d'esprit et de goût ; ses conseils furent utiles à beaucoup d'auteurs de son temps. Palaprat, dans la préface du Grondeur, rend un témoignage non suspect à ses connaissances. Lui-même était auteur dramatique ; et s'il n'égala point ses camarades Dancourt et Hauteroche, du moins fut-il au-dessus de Dorimon, de Chevalier et de Rosimond.

Il aimait la vie épicurienne. On en pourrait trouver la preuve dans presque tous les ouvrages du temps où il est question des comédiens. Nous ne citerons que le passage suivant tiré d'une lettre de Boileau à Racine. Il s'agit de l'embarras où se trouvèrent les acteurs du théâtre français en 1689, lorsqu'ils furent obligés de quitter la rue Mazarine. « De quelque pitoyable » manière que vous m'ayiez conté la disgrâce des.

» comédiens, je n'ai pu m'empêcher d'en rire.
» Mais, dites-moi, Monsieur, supposé qu'ils
» aillent habiter où je vous ai dit (*entre la*
» *Villette et la porte Saint-Martin*), croyez-vous
» qu'ils boivent du vin du crû ? (*Il y avait alors*
» *des vignes dans le faubourg Saint-Laurent ; le*
» *père de Boileau en possédait quelques-unes*
» *dans ce quartier*). Ce ne serait pas une mau-
» vaise pénitence à proposer à M. de Champ-
» meslé, pour tant de bouteilles de vin de Cham-
» pagne qu'il a bues : *vous savez aux dépens de*
» *qui* ».

Champmeslé mourut subitement le lundi
22 août 1701, mais non en sortant du cabaret,
comme l'assure le *Commentateur* de Des-
préaux, édition de 1747, cinq volumes in-8°.
Voici le fait dans toute son exactitude :

La nuit du vendredi 19 au samedi 20 août, cet
acteur rêva qu'il voyait sa mère avec sa femme
(cette dernière était morte en 1698), et que sa
femme lui faisait signe, avec le doigt, de venir
la trouver. Frappé de ce songe, il en fit le récit
à ses amis, qui n'oublièrent rien pour lui calmer
l'esprit. Le lendemain il joua le rôle d'*Ulysse*
dans *Iphigénie* ; et pendant qu'on représentait la
petite pièce, il se promenait dans le foyer en
chantant :

Adieu, paniers, vendanges sont faites.

Il répéta même tant de fois ce refrein, qu'on lui en fit la guerre. Le lundi matin, il alla aux Cordeliers, et donna une pièce de trente sols au sacristain, en le priant de faire dire une messe de *Requiem* pour sa mère et une pour sa femme. Le sacristain voulant lui rendre dix sols, Champmeslé ajouta : La troisième sera pour moi, et je vais l'entendre. Au sortir de la messe, il prit le chemin de la comédie ; et comme tous les acteurs n'étaient pas encore arrivés pour l'assemblée, il fut s'asseoir sur un banc à la porte de l'*Alliance*, cabaret fameux qui était alors tout près de la porte de l'hôtel des Comédiens, et qui était tenu par Forel (1). Il y causa avec Sallé, Rosélis, Beaubourg, Desmares, et quelques autres de ses camarades qu'il avait priés à dîner, dans le dessein de raccommoder Sallé et le jeune Baron, qui s'étaient brouillés pour quelques rôles, car il aimait à voir régner la paix et l'union dans sa société. Il répéta plusieurs fois : Sallé, nous dînerons aujourd'hui ensemble. Ensuite il prit sa tête dans ses mains, et tomba tout étendu

---

(1) Regnard fait une mention très-honorable de ce cabaretier dans la scène deuxième du *Retour Imprévu*. « L'illustre Forel a envoyé six douzaines de bouteilles » de vin de Champagne comme il n'y en a point, il l'a » fait lui même ».

le visage sur le pavé. On courut promptement chercher le sieur Guichon, chirurgien, qui demeurait à deux portes du café de Procope, mais ce fut inutilement, et il dit à Desmares : Il n'y a plus personne.

Voici la liste des pièces de théâtre de Champmeslé :

1° *Les Grisettes*, comédie en trois actes et en vers ; 1671.

2° *Les Grisettes*, ou *Crispin Chevalier*, comédie en un acte et en vers ; 1671 (C'est la même que la précédente qui fut trouvée trop longue).

3° *L'Heure du Berger*, pastorale en cinq actes et en vers ; 1672.

4° *La Rue Saint-Denis*, comédie en un acte et en prose ; 1682.

5° *Le Parisien*, comédie en cinq actes et en vers ; 1682.

6° *Les Fragments de Molière*, comédie en deux actes en prose ; 1684.

7° *La Veuve*, comédie en un acte et en prose, non imprimée ; 1699.

On prétend qu'il eut part aux quatre petites pièces suivantes : *Le Florentin*, 1685, *la Coupe Enchantée*, 1688, *le Veau perdu*, 1689, *et Je vous prends sans verd*, 1693, qui ont été jouées sous le nom de la Fontaine.

La meilleure édition des ouvrages de Champmeslé, est celle donnée à Paris par la compagnie des libraires en 1742.

~~~~~~~~~~

CHAMPVALLON.

(*N... de Lost.*)

FILS d'une actrice qui jouait avec succès les rôles de caractère, Champvallon débuta, pour la première fois, le vendredi 13 mai 1718, par le rôle d'*OEdipe* dans la tragédie de Corneille; et pour la seconde, le jeudi 16 avril 1722. Il fut reçu par ordre de la cour du 26 mars précédent, et congédié le mardi 2 juin de la même année ; ce n'était pas la peine de le recevoir.

~~~~~~~~~~

CHAMPVILLE.

(*Gabriel-Léonard-Hervé Dubus de*)

FILS de Dubus de Champville, qui débuta au théâtre italien, le jeudi 29 mai 1749, dans la *Surprise de la Haine*, par le rôle de l'*Amoureux*, et qui y fut long-temps agréable au public; neveu du célèbre Préville dont le nom seul fait l'éloge, Champville, en se présentant au théâtre français le 7 mai 1783, devait espérer et reçut, en effet, l'accueil le plus favorable du public. Il joua d'abord les rôles du *Marquis*

dans le *Joueur*, et de *Crispin* dans *Crispin rival
de son maître* : il continua par ceux de *Crispin*
dans le *Légataire*, de *Frontin* dans l'*Impromptu
de Campagne*, de *Crispin* des *Folies Amoureuses*, etc. et fut admis au nombre des pensionnaires de la comédie en 1784.

Quelque succès qu'il eût obtenu dans ses débuts, et quelque déférence qu'eussent ses camarades pour le nom de Préville, il n'en est pas
moins certain qu'à cette époque, où l'admission
dans le nombre des sociétaires ne s'accordait pas
légèrement, il fallut à Champville plusieurs années d'épreuves pour l'obtenir. Il ne fut reçu
définitivement qu'en 1791 (ou même l'année
suivante), et cette faveur tardive lui devint funeste, en lui faisant partager le sort de la comédie
incarcérée en 1793.

Plus heureux que ses camarades, Champville
obtint sa liberté avant eux ; il n'en fit usage que
pour consacrer tous ses moments à leur salut :
un intérêt aussi pressant lui fit surmonter l'horreur que lui inspiraient les tyrans de la France :
il résolut d'aller implorer la protection de Col-
lot-d'Herbois, alors membre du comité de salut-
public, qu'il avait connu dans le temps où ce
décemvir féroce jouait la comédie, et la jouait
mal. *Va-t-en*, lui répondit cet homme de sang ;
tes camarades et toi, vous êtes tous des contre-

révolutionnaires ; la tête de la comédie française sera guillotinée, et le reste déporté.

Le courage que Champville déploya dans ces temps malheureux, et les preuves de dévouement qu'il eut le bonheur de donner à ses camarades, ne leur permettaient pas de l'oublier quand il leur fut permis de se réunir après le 9 thermidor an 2. Il leur resta constamment attaché jusqu'à sa mort arrivée au mois de germinal an 10. Le dernier rôle qu'il joua fut celui du *Tailleur* à la reprise du *Bourgeois Gentilhomme*, donnée dans le mois précédent.

Champville était gros et court, d'une figure large et comique, qui manquait rarement de dérider le parterre ; il ressemblait assez à Bouret auquel il avait succédé.

On ne peut le placer que parmi les comédiens médiocres, parce qu'il vint dans un temps où la comédie comptait dans son sein plusieurs talents du premier ordre. Il ne possédait pas un excellent ton, ne prouvait point une grande finesse d'intentions ; mais ses lazzi, sa caricature, et son imperturbable sang-froid, étaient en possession d'exciter la gaîté. Il jouait ordinairement les *troisièmes comiques*, et doublait les *seconds*. Nous l'avons vu applaudi dans le *Crispin du Légataire*, et nous n'oublions point que, chargé exclusivement du rôle de *Pourceaugnac*, il y était excellent.

L'honnêteté de son caractère le rendait cher à ses camarades dont il fut vivement regretté.

~~~~~~~~~~~~~~~~

CHEVALIER.

C'ÉTAIT un comédien du Marais ; il est si peu connu, que l'on ignore même l'emploi qu'il remplissait. On croit qu'il mourut avant 1673 ; il a composé quelques pièces de théâtre ; mais ce ne sont que de mauvaises farces, pareilles à celles que jouaient les Enfants sans souci. Nous n'en joignons ici les titres que pour éviter le reproche d'inexactitude.

Le Cartel de Guillot, ou *le Combat Ridicule*, comédie en un acte et en vers de huit syllabes ; 1660.

La Désolation des Filoux sur la défense de porter des armes, ou *les Malades qui se portent bien*, comédie en un acte et en vers de huit syllabes ; 1661.

Les Galants Ridicules, ou *les Amours de Guillot et de Calotin*, comédie en un acte et en vers de huit syllabes ; 1662.

L'Intrigue des Carosses à cinq sols, comédie en un acte et en vers ; 1662.

La Disgrâce des Domestiques, comédie en un acte et en vers de huit syllabes ; 1662.

Les Barbons Amoureux et Rivaux de leurs Fils, comédie en trois actes et en vers; 1662.

Les Amours de Calotin, comédie en trois actes et en vers; 1664.

Le Pédagogue Amoureux, comédie en cinq actes et en vers; 1665.

Les Aventures de Nuit, comédie en trois actes et en vers; 1666.

On lui attribue mal-à-propos le *Soldat Poltron*, comédie en un acte. Pour savoir de quel bourbier Molière a retiré la comédie, il faut lire les pièces de Chevalier.

~~~~~~~~~~~~~~

CLAVAREAU.

(*Augustin*)

Il paraît que ce comédien, neveu du sieur Clavareau, secrétaire de M. Boucher-d'Orsay, prevôt des marchands, tenait à une bonne famille : il paraît aussi qu'il n'avait point de talent. Il débuta, le mercredi 15 juin 1712, dans *Iphigénie en Aulide* par le rôle d'*Achille*, fut reçu le mercredi 7 (ou 8) juillet de la même année, et réformé le dimanche 20 octobre 1715 (ou le 26 décembre). Il débuta pour la seconde fois, le lundi 21 janvier 1726, par le rôle du

Vieil Horace, et sa femme par celui de *Camille*. Ni l'un ni l'autre ne furent reçus ; mais Clavareau obtint une pension de 500 livres, qu'il conserva jusqu'à sa mort arrivée le 17 juillet 1769.

~~~~~~~~~~~~~

COURVILLE.

(*Edme-François Chollot de*)

AVOCAT en parlement avant d'embrasser le parti du théâtre, Courville doublait Desessarts qui avait été procureur. Mais Thalie sut gré au second de ces acteurs d'avoir abandonné la cour de Themis : elle fut souvent tentée de renvoyer le premier dans l'antre de la chicane.

Il débuta pour la première fois le 6 octobre 1757, par le rôle d'*Harpagon* dans *l'Avare* ; pour la seconde, le 27 mai 1773, par celui d'*Arnolphe*, dans l'*École des femmes*, fut reçu à quart de part en 1779, et mourut au mois de juin 1789.

Courville ayant besoin de secours ou d'avances, en fit la demande un jour d'assemblée. On semblait disposé à le refuser, quoique pareille chose eût été accordée à un *gagiste*. Cette injustice révolta un acteur présent à la discussion, et il s'écria : « Comment, Messieurs, vous

» refusez de faire pour un camarade, ce que
» vous avez fait pour un homme à vos gages? Il
» me semble que si cette grâce a été accordée
» à N...., elle doit l'être A FORTIO à Courville. »
Cet *a fortio* fit sourire les comédiens qui n'a-
vaient pas oublié leur latin : l'orateur seul ne
s'apperçut point de sa méprise, et depuis il a
toujours dit avec la meilleure foi du monde, *a
fortio* pour *a fortiori*.

D'ALAINVAL.

(*Jean-Baptiste Canavas.*)

On assure que d'Alainval ne dut sa réception
qu'au crédit de M. Saussaie son frère, premier secrétaire du duc d'Aiguillon ; il est certain qu'il
ne la justifiait pas par de grands talents. Son
père, musicien du roi, était un homme fort estimable ; ses fils imitèrent sa probité. D'Alainval
surtout se rendit recommandable par son honnêteté, mais au théâtre cela ne suffit pas.

Il arrivait de Bordeaux, lorsqu'il débuta sans
être annoncé, le premier mai 1767, par le rôle
de *Damon*, dans *le Philosophe marié* (ou dans
Mérope par *Poliphonte*). Il resta pensionnaire
pendant cette année et la suivante, fut reçu en
1769, remercié en 1776, et mourut en 1784.

D'Alainval doublait ordinairement Brizard dans la tragédie, et jouait encore d'autres rôles de différents emplois. Pendant un voyage de Fontainebleau, où les premiers sujets s'étaient rendus pour le service de la cour, il consentit à remplacer Auger dans le rôle de *Tartuffe*. Cette soirée dut être cruelle pour lui. Un témoin oculaire assure qu'il essuya toute l'humeur du public, déjà fort mécontent des autres *doubles* qui jouaient avec lui; que pour la première fois, depuis l'établissement de la garde dans l'intérieur des spectacles, les sifflets se firent entendre bien distinctement; que d'Alainval ne put se faire écouter qu'au bout d'un grand quart d'heure de tumulte; qu'on lui fit l'application du vers suivant:

Mais la vérité pure est que je ne vaux rien.

et de l'hémistiche, *je vois qu'il faudra que je sorte;* mais qu'il soutint tout cela sans se déconcerter, et que son courage ne se démentit point jusqu'à la fin de la pièce. Il y a des grâces d'état.

D'ALAINVILLE.

(Molé.)

Bien moins heureux que son frère, l'un des plus grands acteurs de la scène française, parce qu'il était fort au-dessous de lui pour le talent, quoique son aîné pour l'âge, Molé d'Alainville parut à deux reprises différentes au théâtre de Paris, et deux fois il fut obligé de le quitter. Il débuta le dimanche 29 janvier 1758, par les rôles de *Darviane* dans *Mélanide*, et d'*Olinde* dans *Zénéide*. Il joua ensuite le *Marquis des Dehors trompeurs*, et celui de *la Pupille*, *Andronic*, *Nérestan*, et *Gusman* dans *Alzire*. Ce début ne fut pas malheureux, et quoique d'Alainville eût été jugé plus propre à la haute comédie qu'au genre tragique, on le reçut à l'essai le premier avril 1758, et à demi-part, le premier avril 1759. Il semblerait que cette faveur eût du le fixer définitivement; nous trouvons cependant dans le premier Mercure de juillet 1759, ces termes positifs: M. Dalainville a demandé son congé et l'a obtenu.

On dit qu'une lettre qu'il écrivit au nom de ses camarades, comme semainier, à Marmontel, au sujet du *Venceslas* de Rotrou, corrigé par l'académicien, lui valut beaucoup de tracasseries, un démenti de la part des sociétaires qui avaient promis de signer, et retirèrent ensuite leur parole, et enfin un séjour de deux fois vingt-quatre heures au For-l'Évêque. On ajoute que ce châtiment et le procédé de ses camarades lui causèrent tant de dégoût, qu'il jugea convenable de quitter Paris pour la Hollande.

Lorsque Molé qui, comme d'Alainville, avait tenté sans succès un premier essai, se vit sûr des suffrages du public, il voulut rappeler son frère à la place qu'il avait déjà remplie. Le 3 juillet 1769, d'Alainville reparut par le rôle de *Vendôme* dans *Adelaïde*. Avant la représentation, Molé sollicita dans un discours également honorable pour son cœur et pour son esprit, l'indulgence du public pour un frère qu'il aimait. D'Alainville qui se destinait alors au premier emploi, joua successivement *le Comte d'Essex*, *Arsace* dans *Sémiramis*, *Warwick*, *Ariste* dans *le Philosophe marié*, et *Damis* dans la *Métromanie*. Il ne se soutint pas long-temps au théâtre français. En février 1770, le public le hua tellement dans le rôle de *Gustave*, qu'il fut obligé de prendre son parti et de retourner à Marseille, d'où il était venu. Cette déconvenue affligea Molé. Pour sauver l'honneur de son frère, il demanda et obtint le renvoi d'un autre mauvais acteur, nommé Chevalier, qu'il accusait d'avoir formé une cabale contre d'Alainville. Cela n'était pas vrai : le public seul, et sans instigation étrangère, avait repoussé d'Alainville, dans lequel il ne pouvait souffrir la prétention de doubler Lekain.

Cet acteur était glacial : Chevalier ne l'était guères moins. Par leur retraite le parterre fit donc un double bénéfice. La province s'enrichit de ces deux grands talents. D'Alainville y joua long-temps les premiers rôles : il se chargea même de deux directions, à Toulouse et à Rouen. A l'époque de la révolution d'Alainville était dans cette capitale de la Normandie, et y faisait de fort mauvaises affaires. Molé, auquel il communiqua sa situation, ne voulant point qu'il manquât à ses engagements, se chargea, dit-on, de toutes ses dettes.

Nous ignorons l'époque de la mort de d'A-lainville.

~~~~~~~~~~~~

DANCOURT.

(*Florent Carton, sieur*)

CE comédien est beaucoup plus connu comme auteur, que comme acteur : cependant, s'il a de véritables titres à la gloire, peut-être est-ce plutôt pour avoir joué des pièces de théâtre que pour en avoir composé ; car on lui conteste la propriété de plusieurs de ses meilleures pièces, et personne n'a jamais prétendu qu'il ne rendît pas avec supériorité plusieurs grands rôles de l'ancien répertoire.

Il naquit à Fontainebleau le premier novembre 1661, le même jour que le dauphin, fils de Louis XIV, qui mourut en 1711. Cette date est prouvée par l'épitre dédicatoire de la comédie des *Fées*, offerte par Dancourt à ce prince qui le protégeait. Son père s'appelait Florent Carton, écuyer, sieur Dancourt ; sa mère Louise de Londé descendait par les femmes des Budé, et comptait parmi ses parents un chevalier de Londé, établi en Angleterre, où il avait été honoré de l'ordre de la jarretière. Tous deux étaient de la religion protestante qu'ils abjurèrent dans la suite.

Le jeune Dancourt fit ses études à Paris sous le célèbre père Delarue, Jésuite, qui, lui trouvant de la vivacité, de la pénétration et des dispositions singulières pour les sciences, le regarda comme un sujet qu'il devait ménager à son ordre ; mais Dancourt avait beaucoup d'éloignement pour la vie religieuse, et tous les soins que le Jésuite se donna pour le gagner furent inutiles. Après avoir fait sa philosophie, Dancourt étudia en droit, et fut reçu avocat à dix-huit ans. Il ne suivit pas long-temps le barreau : livré à la dissipation, et fréquentant plus habituellement le théâtre que le palais, il eut occasion de voir Thérèse Lenoir de Lathorillière, fille d'un comédien fort estimé : l'amour le plus violent s'empara de son cœur. Dès-lors il abandonna tous les projets qu'on avait conçus pour sa fortune, résolut d'épouser Mlle de Lathorillière, et comme il craignait que ni sa famille, ni celle de la jeune personne ne consentissent à son union, il trancha la difficulté par une action d'éclat, et enleva sa maîtresse. Les deux familles se virent forcées de donner leur consentement au mariage ; peu de temps après, Dancourt, qui n'avait pas commencé d'une manière aussi déterminée pour s'en tenir là, obtint un ordre de début, se hasarda sur la scène à la rentrée de Pâques 1685, et les applaudissements du public l'y fixèrent pendant trente-trois ans.

Dancourt était d'une taille moyenne, mais bien prise, du moins avant que l'âge lui eût donné de l'embonpoint. Il avait les cheveux et les sourcils bruns, de beaux yeux, le visage agréable, la physionomie noble et spirituelle. Son portrait a été gravé plusieurs fois ; mais on peut le mieux juger d'après son buste en marbre par J. J. Foucou, qui est dans le foyer de la comédie française, à gauche de celui de Molière, dont il devrait être un peu plus loin, et en face de la cheminée.

Les rôles qu'il jouait le mieux étaient ceux du haut comique, les raisonneurs et quelques rôles de l'emploi des *Financiers* ou *Manteaux*. Il prenait avec succès le caractère d'un hypocrite, d'un jaloux, d'un bourru : on assure qu'il excellait dans le *Misantrope*. *Ésope* était aussi l'un de ses meilleurs rôles. Dans la tragédie ce n'était plus le même homme : froid et monotone, il glaçait les spectateurs, et s'ennuyait lui-même ; aussi ne la jouait-il que le moins qu'il lui était possible.

L'exemple de Hautcroche et de quelques autres auteurs qui soutenaient eux-mêmes leur théâtre, engagea Dancourt à s'essayer dans la comédie. Son premier ouvrage ayant eu du succès, quoiqu'il fût assez faible, il se livra tout entier à la composition des pièces de théâtre, et en produisit un grand nombre parmi lesquelles il y en eut de très-applaudies.

Le style de Dancourt est vif et naturel, plein de gaîté et de saillies. Personne ne s'entendit mieux que lui à faire parler les paysans qu'il aimait à peindre, et qu'il connaissait bien ; il ne puisait presque jamais ses sujets que dans les dernières classes de la société : les notaires, les greffiers, les commissaires, les huissiers, les baillis, les procureurs sont les plus nobles personnages de ses pièces. On ne doit cependant pas lui en faire un reproche : le comique véritable ne se rencontre guères dans les premiers rangs de la société civile ; en peuplant la scène de Marquis, de Comtes, de Barons, de Chevaliers et de Présidens, Lachaussée est parvenu à en bannir la gaîté.

Dancourt ne peut être comparé ni à Molière, ni à Regnard. On le place ordinairement assez près de Dufresny : cependant il y a beaucoup de différence entre eux. Dufresny est plus spirituel, plus original : Dancourt plus naturel et plus gai. Le premier connaissait mal la scène : un des plus grands mérites de l'autre est de l'avoir parfaitement bien entendue.

Dancourt dialoguait plaisamment ; il saisissait à merveille l'anecdote du jour, le vaudeville à la mode : et beaucoup de ses pièces nées de la circonstance sont restées au théâtre, long-temps après que l'anecdote ou le vaudeville étaient oubliés.

Son chef-d'œuvre est le *Chevalier à la mode*. Cette pièce, pour la conduite et pour le caractère, s'élève même tellement au-dessus des autres comédies de Dancourt, que l'on a long-temps douté qu'il en fût le seul auteur. M. de Saint-Yon, descendant de ces fameux bouchers qui, réunis

aux Thibert et aux Gois, partagèrent sous Charles V les fureurs et la punition de Maillard,
M. de Saint-Yon, homme plein d'esprit et d'o-
riginalité, fut regardé comme le véritable père
de cet ouvrage, et des *Bourgeoises à la mode* :
on prétendit que Dancourt n'avait fait que retoucher ces pièces, et les accommoder au théâtre,
d'après la parfaite connaissance qu'il avait de la
scène. On lui reprocha de retenir les comédies
que de jeunes auteurs lui apportaient, d'en prendre
l'intrigue et les situations, de les rendre ensuite,
en disant qu'elles n'étaient pas jouables, et de les
faire jouer un an ou dix-huit mois ensuite, en y
changeant quelque chose, et en substituant son
style à celui des auteurs originaux.

On n'a pas oublié le fragment de la lettre de
la Grange-Chancel au baron de Walef, que nous
avons rapporté à l'article de Baron : cet auteur
était d'un caractère difficile, ce qui affaiblit son
autorité dans le cas dont il s'agit.

Au reste, des reproches pareils ont été faits de
tout temps, et même de nos jours, aux auteurs
qui ont rempli à leurs théâtres les fonctions que
Dancourt remplissait au sien. Honoré de la confiance de ses camarades, Dancourt chargé presque
toujours des lectures de pièces nouvelles par les
auteurs, l'était aussi de leur examen par les
comédiens.

Sans entrer plus avant dans la discussion des abus de confiance que l'on eut à lui reprocher, nous allons parler des talents autres que ceux d'acteur et d'auteur qui le distinguèrent. Il lisait parfaitement; on le vit plus d'une fois apporter à l'assemblée un ouvrage qu'il ne connaissait point, et le lire sans aucune préparation, de manière à n'en rien faire perdre à ses auditeurs.

Il parlait avec une facilité prodigieuse, et même avec éloquence. Ses camarades lui avaient déféré l'honneur de haranguer le public dans toutes les occasions particulières, et le public l'écoutait toujours avec une grande satisfaction.

Un suffrage illustre, celui de Louis XIV, ne laisse pas de doute sur les talents oratoires de Dancourt. Un jour que ce monarque sortait de la messe, l'acteur l'aborda pour lui parler de quelques affaires qui regardaient la comédie. Animé par la chaleur qu'il mettait dans son discours, et obligé de marcher à reculons, il se trouvait sur le bord d'un escalier qu'il ne pouvait voir, et allait faire une chute plus dangereuse que celles du théâtre : Louis XIV le retint par le bras en lui disant : Prenez garde, Dancourt, vous allez tomber. Se retournant ensuite vers les seigneurs qui l'environnaient, il ajouta : Il faut convenir que cet homme parle bien ! Nous n'avons pas besoin de dire qu'il lui accorda l'objet de sa demande. Il n'eut pas le même succès dans une autre occasion où sa société était plus intéressée. Ses camarades l'avaient chargé de porter aux administrateurs de l'Hôtel-Dieu la part qu'ils étaient obligés de donner aux pauvres dans leur recette. Il s'acquitta de cette commission, et accompagna son argent d'un de ses plus beaux discours. Il s'efforçait d'y prouver que les comédiens, par les secours qu'ils procuraient aux hôpitaux, méritaient d'être à l'abri de l'excommunication. Le président de Harlay lui répondit : « Dancourt, nous avons des oreilles » pour vous entendre, des mains pour recevoir » les aumônes que vous faites aux pauvres ; » mais nous n'avons point de langue pour vous » répondre. »

Louis XIV honorait Dancourt d'une bienveillance particulière, et le protégeait dans toutes les occasions. Le mérite de cet acteur lui avait procuré un accès facile à la cour ; il était même admis dans le cabinet du roi pour lui lire ses ouvrages avant la représentation, et l'on rapporte qu'un jour s'y étant trouvé mal à cause du grand feu que l'on y entretenait, le roi prit lui-même la peine d'aller ouvrir la fenêtre pour qu'il pût respirer un air plus salubre.

Plusieurs princes imitèrent Louis XIV dans l'estime particulière qu'il faisait de Dancourt.

Ayant fait un voyage à Dunkerque pour y voir sa fille aînée, madame Fontaine, qui y demeurait alors, il en prit occasion de pousser jusqu'à Bruxelles pour y faire sa cour à l'électeur de Bavière. Ce prince le reçut fort bien, et après l'avoir retenu assez long-temps pour qu'il eût besoin d'une prolongation de congé, il lui fit présent à son départ d'un diamant de mille pistoles. Il ne le récompensa pas moins généreusement lorsqu'étant venu à Paris, Dancourt composa par son ordre le divertissement qui porte dans ses œuvres le titre de *l'Impromptu de Surène.*

Dancourt ne fut pas toujours aussi heureux. Outre le chagrin qu'il dut ressentir en se voyant disputer ses meilleures pièces; outre les sarcasmes de Lefèvre, rédacteur du Mercure de France, qui ne laissait échapper aucune occasion de le critiquer, il eut avec le marquis de Sablé l'aventure la plus désagréable.

On jouait une de ses comédies intitulée : *l'Opéra de village.* Ce seigneur y vint dans un état voisin de l'ivresse, et se plaça sur une des banquettes du théâtre. Quoique peu en état de suivre la pièce, il l'écoutait avec tranquillité, lorsqu'ayant entendu chanter ces vers,

En parterre il boutra nos prés;
Choux et poiriaux seront *sablés.*

il alla s'imaginer que Dancourt avait voulu l'insulter, se leva en fureur, et lui appliqua un soufflet pareil au moins à celui que *D. Diègue* est censé recevoir. Dans une autre condition que la sienne, Dancourt, maître de sa vengeance, n'eût pas manqué de se couper la gorge avec le marquis de Sablé; il était comédien, il aurait perdu son état; il lui fallut garder le soufflet et dévorer sa colère.

D'ailleurs il ne trouvait pas tout le monde disposé à rendre justice à son talent d'auteur. Racine ayant entendu, en passant dans le Palais, le libraire Brunet qui s'égosillait à crier : Le « théâtre de M. Dancourt ! Messieurs , voici » le théâtre de M. Dancourt ! », lui cria plus haut encore : « Le théâtre de Dancourt ? dis son » échaffaud. » On peut croire que Racine se trouvait dans un accès de mauvaise humeur.

Dancourt demandait quelquefois sur ses pièces le sentiment de sa fille *Mimi*, célèbre par sa beauté, ses grâces et son esprit. Quoique jeune encore, elle joignait à un goût sûr des connaissances que l'expérience seule peut donner. Quand Dancourt ne réussissait pas, entraîné par les amis de sa femme qui craignait la mauvaise humeur de son mari, il allait avec eux chez Cheret, fameux marchand de vin, à l'enseigne de la Cornemuse, noyer son chagrin dans les bouteilles, et

l'on prétendait même que Cheret le voyait souvent. Un jour que l'on répétait une de ses pièces
dont il espérait beaucoup : Mimi, dit-il à sa
fille, que penses-tu de ceci ? — Ah ! mon papa,
répondit-elle, vous irez souper à la Cornemuse.

La considération qui lui était accordée dans le
monde, le consolait sans doute des échecs que
ses ouvrages essuyaient quelquefois. Desiré par
la meilleure société de Paris, il se rencontra un
jour avec le P. Delarue, son ancien professeur.
La conversation roulait sur un sujet qui lui était
familier : il s'en empara, discourut avec sa facilité, son élégance ordinaire, et fut applaudi par
une nombreuse compagnie. Le jésuite ne fut pas
un de ceux qui le goûtèrent le moins ; mais ne
le connaissant que sous le nom de Carton, et
l'entendant appeler Dancourt, ne l'ayant pas vu
d'ailleurs depuis ses études, il n'avait garde de
croire que ce comédien, dont la conversation lui
plaisait tellement, eût été au nombre de ses élèves.
Dancourt, content de son suffrage, lui rappela
le souvenir des années où il avait profité de ses
leçons ; alors le jésuite, qui ne pouvait oublier
son refus d'entrer dans la société de Jésus, entreprit de le prêcher sur le choix d'une profession aussi mondaine et aussi dangereuse pour le
salut. Dancourt l'écouta quelque tems sans l'in-

terrompre; mais enfin perdant patience : « Eh!
» morbleu, mon révérend père, s'écria-t-il,
» pourquoi me chapitrer aussi vertement ? que
» trouvez-vous tant à redire à ma profession ?
» c'est presque la vôtre. Toute la différence
» qu'il y a, c'est que vous êtes comédien du
» pape, et que je suis comédien du roi. » La répartie était vive, surtout pour le temps. Nous
nous abstenons de la juger : c'est à nos lecteurs
à le faire suivant leur manière de voir.

Dancourt se retira du théâtre le dimanche 3
avril 1718, avec la pension de 1000 livres, et
mourut dans sa terre de Courcelles-le-Roi en
Berry le vendredi 6 (ou 7) décembre 1725, âgé
de 64 ans. De son mariage avec Thérèse Lenoir
de Lathorillière, il eut deux filles connues au
théâtre sous les noms de Manon et de Mimi
Dancourt.

Ses ouvrages dramatiques sont à peu près au
nombre de soixante. Nous nous bornerons à rapporter les titres de ceux qui sont restés au répertoire, ou qui mériteraient du moins de s'y trouver, en indiquant la date de leur première
représentation. (Nous n'avons pas cru devoir
comprendre dans cette liste *la mort d'Alcide*,
tragédie jouée en 1704. Dancourt versifiait fort
mal, et n'avait pas plus de disposition à composer des tragédies qu'à en jouer. Au reste, il

se rendit justice, et ne fit pas imprimer cette
pièce.)

1° *Le Chevalier à la mode*, comédie en cinq
actes et en prose, octobre 1687 ; 2° *la Maison
de campagne*, en un acte et en prose, 27 août
1688 ; 3° *l'Été des coquettes*, en un acte et en
prose, 12 juillet 1690 ; 4° *la Parisienne*, en un
acte et en prose, 13 juin 1691 ; 5° *les Bourgeoises
à la mode*, en cinq actes et en prose, 15 novembre 1692 ; 6° *le Tuteur*, en un acte et en
prose, 13 juillet 1695 ; 7° *les Vendanges de
Surène*, en un acte et en prose, 15 octobre 1695 ;
8° *le moulin de Javelle*, en un acte et en prose,
7 juillet 1696 ; 9° *les Vacances*, en un acte et
en prose, 31 octobre 1696 ; 10° *le Charivari*,
en un acte et en prose, 19 septembre 1697 ;
11° *le Retour des officiers*, en un acte et en
prose, 19 octobre 1697 ; 12° *les Curieux de
Compiègne*, comédie en un acte et en prose, 4
octobre 1698 ; 13° *le Mari retrouvé*, comédie
en un acte et en prose, 25 octobre 1698 ; 14° *la
Fête de village* (on la joue depuis 1724 sous le
titre des *Bourgeoises de qualité*), comédie en
trois actes et en prose, 13 juillet 1700 ; 15° *les
Trois Cousines*, en trois actes et en prose, 18 octobre 1700 ; 16° *Colin-Maillard*, en un acte
et en prose, 28 octobre 1701 ; 17° *le Galant Jardinier*, en un acte et en prose, 10 novembre

1704. — Il y a plusieurs éditions complètes du théâtre de Dancourt, et un choix de ses meilleures pièces en quatre volumes in-12.

~~~~~~~~~~

DANGEVILLE.

(*Claude-Charles Botot.*)

Tous les acteurs de ce nom eurent du talent, mais ce fut à la célèbre Marie-Anne Dangeville qu'il dut sa plus grande illustration.

Celui dont nous allons parler était fils de Jean Botot, procureur au châtelet de Paris, et naquit dans cette ville le 18 mars 1665. En 1697 il était attaché, du moins comme danseur, au Théâtre Français ; il est nommé dans le divertissement du *Retour des Officiers* de Dancourt. Cependant il ne débuta qu'au mois de juin 1702, par le rôle de Ladislas, ce qui nous fait croire qu'il aspirait à doubler Beaubourg. Le genre de son talent ne le portait pas au tragique : mieux conseillé depuis ses débuts, il se proposa pour doubler Beauval, auquel il succéda deux ans après, et jouer plusieurs rôles de caractère. Il fut reçu dans la même année, et se retira le dimanche 3 avril 1740, avec la pension de 1000 livres qu'il conserva jusqu'à sa mort arrivée le vendredi 18 janvier 1743, à soixante-dix-huit ans.

Dangeville avait beaucoup de talent : il jouait dans la perfection tous les rôles de *niais*, surtout celui de *Thomas Diafoirus* où il paraissait réellement inimitable. Il excellait aussi dans ceux de *Chicaneau* des *Plaideurs*, du *Maître de philosophie* dans *le Bourgeois gentilhomme*, etc. Cet acteur était depuis quelques années doyen de la comédie quand il se retira : on le regardait comme un fort honnête homme. Il avait épousé Marie-Hortense Racot de Granval, dont il n'eut point d'enfants.

~~~~~~~~~~

DANGEVILLE.

(*Charles-Étienne Botot.*)

Ce comédien était fils d'Antoine-François Botot Dangeville, danseur à l'opéra depuis 1701 jusqu'en 1748, et de Christine Desmares. Il était neveu du précédent, et de la célèbre Mlle Desmares, et frère de Mlle Dangeville, la meilleure soubrette de notre théâtre. On voit que, sans sortir de sa famille, il avait de bons exemples à suivre ; et, sans pouvoir être compté parmi les grands acteurs, il ne se montra nullement indigne du nom qu'il portait.

Tome I.

Il débuta le 17 avril 1730, trois mois après sa sœur, par les rôles de *Polyeucte* dans la tragédie de ce nom, et du *Marquis de Polinville* dans *le Français à Londres*. (Il avait déjà joué ces deux rôles à Versailles devant le roi le mardi 21 mars précédent.) On le reçut au mois de mai suivant, par égard pour son nom, car il n'avait point de talent pour l'emploi dont ces deux rôles dépendent. Il fallait cependant le rendre utile à la comédie : on le chargea des *confidents tragiques*, et le public ne cessa de l'y siffler que lorsqu'à la retraite de son oncle il eut hérité de tout son emploi. Dangeville parut alors sous un aspect plus avantageux ; quoique horriblement outré, si l'on s'en rapporte à un auteur contemporain, et bien éloigné de la perfection de son oncle, il parvint à plaire dans ce genre, le plus facile de tous, et le public lui passa les *confidents tragiques* en faveur des *niais* de la comédie.

Dangeville se retira, en même temps que sa sœur, à la clôture de 1763, avec une pension de 1500 livres, et mourut au mois de février 1787. Dans le compliment prononcé par Dauberval se trouvent les phrases suivantes qui prouvent en quelle estime étaient les deux Dangeville. « Sa famille (il venait de parler de Mlle Dange- » ville) est depuis long-temps, Messieurs, en pos- » session de vous plaire, et son frère, qui se retire

» aussi, vous a retracé le souvenir d'un oncle
» son modèle. L'un et l'autre ont prouvé par
» leurs succès, dans ces rôles peu brillants par
» eux-mêmes, qu'aucun genre comique n'est
» stérile que lorsqu'on manque de talents. »

DAUBERVAL.

Tous les historiens du théâtre se réunissent
pour faire l'éloge de cet acteur. Ils ne tarissent
pas sur son honnêteté, sur son respect pour le
public, sur son dévouement sans bornes aux intérêts de sa société : ils sont plus laconiques quand
il s'agit de ses talents.

Dauberval débuta le 11 mai 1760, dans *Zaïre*
par le rôle de *Nérestan*, joua le 19 celui de
Durval dans le *Préjugé à la mode*, et le 22
celui d'*Achille* dans *Iphigénie en Aulide*. On
lui trouva un bel organe, et de l'intelligence,
mais son jeu parut lent et maniéré. Il fut mis
au nombre des pensionnaires en 1761, et reçu
définitivement en 1762. Son emploi pendant les
vingt années qu'il passa au théâtre, fut celui des
grands confidents tragiques et des raisonneurs
dans la comédie, qu'il jouait généralement avec
sagesse, mais un peu froidement. Au reste, il
ne s'y borna point ; tous les rôles, quelque mau-

vais qu'ils fussent, lui convenaient dès qu'il était avantageux pour le public, ou pour sa société, qu'il s'en chargeât. Nous ne savons pas, dit un auteur contemporain qui ne flattait point les comédiens, si avant lui il a existé à la comédie française des acteurs doués d'un zèle aussi ardent, aussi universel; nous n'en avons point vu depuis sa réception, et il est à croire que son exemple ne sera guère suivi.

Dauberval se retira le 1ᵉʳ juillet 1780, avec une pension de 1000 livres, et mourut à Paris il y a déjà quelques années.

DAUVILLIERS.

(*Nicolas d'Orvay, sieur*)

Comédien de la troupe du Marais, Dauvilliers passa en 1673 dans celle de Guénégaud, et fut conservé à la réunion de 1680 pour les seconds et troisièmes rôles tragiques, et quelques-uns dans le haut comique. Cet acteur était fort laid, mais il réparait ce tort de la nature par un talent très-distingué : sa voix était flexible et touchante.

Quoiqu'il fût loin des talents sublimes de Baron, Dauvilliers en réunissait assez pour ne devoir point être jaloux de ce grand acteur : la jalousie est ordinairement le partage de la mé-

diocrité : Dauvilliers n'était point un acteur médiocre. Cependant il se laissa tellement dominer
par ce sentiment bas et vil que sa tête en fut bientôt sensiblement dérangée : on ne peut du moins
attribuer qu'à la folie le trait suivant par lequel il
compromit la vie de Baron.

Dans la scène IX du IV acte de *Cléopâtre*,
tragédie de La Chapelle, qui fut donnée en 1681,
Éros (représenté par Dauvilliers) se frappe de
son épée, et la présente ensuite à *Antoine*. (ce
rôle était joué par Baron) Il lui remit une épée
qui avait une pointe, et Baron, qui la croyait
aussi peu dangereuse que le sont ordinairement
les armes de théâtre, pensa se l'enfoncer dans
l'estomac. Heureusement pour Baron, et même
pour Dauvilliers, elle glissa dans la main de
l'acteur, et ne fit qu'effleurer la peau.

Cette noirceur annonçait que la tête de Dauvilliers n'était pas bien saine, et il acheva de la
perdre, en acquérant une preuve convaincante
de l'aversion que la dauphine (Anne-Christine-
Victoire de Bavière) ressentait pour lui. Les
grands ne sont pas accoutumés à contraindre
l'expression de leurs sentiments : toutes les fois
qu'il jouait à Versailles, cette princesse ne cessait de se récrier sur sa laideur, et d'un ton si
haut qu'il ne perdait pas une seule de ses paroles.
Frappé du malheur qu'il avait de lui déplaire,

il devint absolument fou, et on fut obligé de le mettre à Charenton, où il mourut le mardi 15 août 1690.

Dauvilliers joua d'original les rôles d'*Abderamen* dans *Zaïde*, tragédie de La Chapelle, en 1681, d'*Oreste* dans l'*Oreste* de Boyer et Leclerc, et de *Mannius* dans le *Régulus* de Pradon en 1688.

Il avait épousé Victoire-Françoise Poisson, fille de Raymond Poisson.

~~~~~~~~~

DAZINCOURT.

(*Joseph-Jean-Baptiste Albouy.*)

La cendre de Dazincourt est à peine refroidie, et les regrets de sa perte sont loin d'être calmés, lorsque nous écrivons cette notice destinée à faire connaître un des meilleurs acteurs qui ayent paru sur la scène française dans l'emploi des comiques.

Né à Marseille, le 11 novembre 1747, J. J. B. Albouy était fils d'un négociant aussi recommandable par sa probité que par ses relations commerciales, et parent ou allié des premières maisons de commerce de cette ville : il y fut élevé au collége de l'Oratoire où il fit d'excellentes humanités. Elles furent terminées à seize ans ; jusqu'à dix-neuf il étudia le commerce sous la direction de M. de Lasalle, ancien consul dans le Levant. A cette époque de sa vie, c'est-à-dire vers 1766, Mad. Audibert, sa tante, amie du maréchal de Richelieu, fit un voyage à Bordeaux, et le présenta à ce seigneur, qui goûta son caractère, et consentit à le garder près de lui. Il y resta pendant trois années, jouissant pour tout salaire de l'estime et de la confiance du maréchal. Comme ces sentiments honorables ne lui étaient d'aucun secours pour son entretien, il se lassa de travailler gratuitement, d'être à la merci des usuriers, et de recevoir de vaines promesses du maréchal ; il se sentait du goût pour le théâtre, s'était essayé avec succès dans une société particulière très-bien composée, qui jouait dans une petite salle de spectacle de la rue de Popincourt, et se détermina sans peine à chercher sur la scène la fortune qu'il ne pouvait espérer du maréchal de Richelieu, ni même de son père dont le commerce n'avait pas été toujours heureux.

Dazincourt avait connu à Marseille Monvel père, qui jouait la comédie depuis trente ans en province, et qui parut sans succès à Paris. Il alla le trouver à Lille, en obtint une lettre de recommandation pour d'Hannetaire, alors directeur du spectacle de Bruxelles, et l'un des meilleurs comédiens de son temps, qui voulut d'abord le détourner de son projet, et finit par l'accueillir comme un sujet de la plus haute espérance.

Dazincourt choisit pour son début à Bruxelles, le rôle de *Crispin* des *Folies amoureuses*, et suivant l'aveu de d'Hannetaire lui-même, jamais début ne fut plus brillant. Il obtint 1200 liv. d'appointements pour doubler d'Hannetaire et Grandménil qui se partageaient l'emploi des premiers comiques. Ce qui valait encore mieux pour lui, il reçut d'excellentes leçons de d'Hannetaire qui démontrait son art dans le cabinet avec autant de succès qu'il en avait en l'exerçant sur la scène. Cet acteur distingué fut le seul maître de Dazincourt (1), et si dans son éloge de Préville, il s'est servi de l'expression suivante : (O mon maître)

_____

(1) La preuve en résulte de ce passage extrait des observations sur l'art du comédien, par d'Hannetaire.

« Je citerai surtout le Crispin de cette troupe (le sieur
» Daz.......) qui serait peut-être aussi détestable qu'il
» est agréable et plaisant, sans les soins attentifs de son
» premier maître qui, dès le commencement, lui a appris
» non seulement à se garantir d'une mauvaise imitation
» à laquelle il n'était que trop enclin; mais encore à se
» servir à propos des grâces naturelles et autres gen-
» tillesses, qu'il eût été, comme tant de comédiens,
« vingt ans à développer de lui-même, ou bien qu'il
» aurait fini peut-être par gâter tout-à-fait ».

elle n'était dans son intention que le témoignage naturel de son enthousiasme pour le plus grand acteur de la scène française.

D'Hannetaire possesseur de 80,000 livres de rente, tenait une maison charmante qu'embellissaient encore ses trois filles connues à Bruxelles sous le nom des *trois Grâces*. Dazincourt fut l'heureux Sigisbé de l'une d'elles avec laquelle il se consola d'avoir été forcé de laisser à Paris une dame fort aimable, maîtresse en titre du maréchal de Richelieu, dans le temps où le jeune Albouy demeurait chez ce seigneur, et qui avait sagement préféré un jeune secrétaire à un vieux maréchal de France.

Quatre années passées à Bruxelles fortifièrent le talent de Dazincourt : il aspira au Théâtre Français; pour y arriver, il fallait la protection du maréchal, premier gentilhomme de la chambre, qui pouvait avoir conservé quelque ressentiment contre Dazincourt. La recommandation du prince de Ligne qui l'honorait de son amitié, applanit cet obstacle : le maréchal répondit en ces termes : « Ce qu'on m'a dit du talent de Dazincourt m'a » fait oublier l'ingratitude d'Albouy. J'ai totale- » ment perdu le souvenir de ce dernier, et je me » ferai un vrai plaisir d'étayer de mes moyens le » comédien qui a su mériter votre estime et celle » de tous les honnêtes gens. Ses succès à Bruxelles

» lui répondent d'avance de ceux qu'il doit es-
» pérer ici. Je ne serai pas un des moins em-
» pressés à l'y applaudir. »

Son ordre de début lui fut accordé le 28 octobre 1776; peu de jours après il se remit en
route pour Paris. Il le présenta le 16 novembre
à l'assemblée, et débuta le 21, par le rôle de
Crispin des *Folies amoureuses*. Il joua ensuite
Jasmin dans l'*Enfant prodigue*, *Charlot* dans le
Mari retrouvé, *Lubin* dans la *Surprise de l'a-
mour*, *Sosie* dans *Amphytrion*, *Crispin* dans
Crispin rival, *Pasquin* de l'*Homme à bonnes
fortunes*, le *Ménechme bourru*, *Crispin médecin*,
et *Rustaut* du *Galant coureur*. On lui trouva un
talent formé, un jeu raisonné, beaucoup d'intelligence, de vérité, de finesse : il parut, dit un
auteur du temps, bon comédien sans être farceur,
et plaisant sans être outré.

Après avoir terminé son début, il retourna finir
à Bruxelles le temps de son engagement. Il y resta
jusqu'à la clôture, et revint a Paris où il fut reçu
à l'essai le 26 mars 1777, avec 5000 livres d'appointements et les jetons. C'était une grande faveur : les appointements ordinaires n'étaient alors
que de 1800 livres, et l'on n'obtenait les jetons
qu'après plusieurs mois d'essai.

Il fut reçu sociétaire le 23 mars 1778, et arriva
le 24 mars 1784 à la part entière. Sa réputation

toujours croissante, justifiait assez l'autorité qui la lui accorda : il lui fit faire un pas considérable en établissant le rôle de *Figaro* dans *la Folle Journée* que Beaumarchais, en dépit du roi, des ministres, et de tous les gens sensés, parvint à faire jouer le mardi 27 avril de la même année. Préville, qui n'était plus jeune, et dont la mémoire commençait à devenir infidèle, ne pouvait se charger d'un rôle aussi long : Beaumarchais, en le donnant à Dazincourt, n'eut pas à se repentir de sa confiance.

Dans les premiers jours de mai 1785, il eut l'honneur d'être choisi par la reine pour lui donner des leçons de déclamation : elle voulait jouer des soubrettes. Dazincourt fit sans doute tout ce qu'il pouvait pour la mettre en état de bien s'acquitter de ces rôles ; toutefois il paraît qu'il n'y réussit pas, si l'on se rappelle le propos naïf de ce subalterne admis à une représentation et qui ne put s'empêcher de dire à son camarade : Il faut avouer que c'est royalement mal joué !

Le maître n'en continua pas moins ses leçons qui lui valurent des cadeaux précieux : elles furent interrompues par la révolution, au moment où la reine allait lui faire expédier le brevet d'une pension de 1000 livres.

Cette crise terrible fut fatale à Dazincourt. Il y perdit d'abord l'espoir d'une fortune rapide, ensuite son repos, et bientôt après sa liberté. On l'arrêta le 3 septembre 1793, et il subit une détention de onze mois dont il passa moitié à peu près aux Madelonnettes, le reste à Picpus. Spécialement détesté par les meneurs, il n'obtint sa liberté qu'après que tous ses camarades eurent été rendus à la société : il en profita sur-le-champ pour se réunir à eux.

Dans cette affreuse position, où la mort était sans cesse présente à ses yeux, Dazincourt montra de la philosophie, et conserva toute sa gaîté. L'un de ses camarades, obligé de se servir lui-même, s'écriait plaisamment : Ah! malheureux empereur ! qui t'eût dit que tu serais forcé de balayer ta chambre ! et Dazincourt, saisissant l'à propos, lui offrait de le remplacer dans cette fonction, plus convenable, disait-il, à un pauvre valet comme lui.

Nous n'écrivons pas une chronique scandaleuse : on ne sera donc pas surpris de ne trouver ici aucun détail sur l'attachement de Dazincourt pour Mlle Olivier, ni sur ses relations (dont nous ne jugeons pas la nature) avec la princesse Sch...; cette dernière anecdote nous semble d'ailleurs un peu douteuse. Ceux qui voudraient la connaître, pourront consulter les mémoires de Dazincourt, publiés deux mois après sa mort, en un vol. in-8., chez Favre;

ils sont ornés d'un portrait assez ressemblant de cet acteur; mais on y trouve peu de choses qui soient réellement de lui.

Le nombre de rôles nouveaux établis par Dazincourt pendant trente deux ans qu'il fut au théâtre, est trop considérable pour que nous les citions tous; nous nous bornerons à en indiquer quelques-uns des plus marquants, tels que *Crispin* dans l'*Inconstant*, *l'Hôte* dans les *Deux pages*, *Georges* dans le *Vieux célibataire*, *Plaude* dans l'*Ami des Lois*, *Longman* dans *Paméla*, *Pédro* dans les *Projets de mariage*, *Dominique* dans l'*Abbé de l'Epée*, et *Fabrice* dans l'*Assemblée de famille*. Le dernier qu'il ait joué d'original se trouvait dans l'*Homme aux convenances*, petite comédie en un acte et en vers de M. Joui, donnée le 13 juin 1808, qui n'eut que deux représentations.

Ses meilleurs rôles dans l'ancien répertoire étaient les suivants : *Cliton* du *Menteur*, *Pasquin* de l'*Homme à bonnes fortunes*, *Vadius* des *Femmes savantes*, *Sosie* d'*Amphitrion*, *Hector* du *Joueur*, *Dubois* du *Jaloux désabusé*, *Antoine* du *Philosophe sans le savoir*, *La Fleur* dans la *Gageure imprévue*, et *Figaro* du *Barbier de Séville*.

La finesse et la grâce faisaient le caractère distinctif du talent de Dazincourt. Si son jeu, toujours spirituel, manquait quelquefois de chaleur, du moins ne pouvait-on lui reprocher de charges déplacées; il se montra constamment au théâtre en valet de bonne compagnie. Sur la fin de sa vie, ayant pris un embonpoint qui excluait la légèreté nécessaire aux rôles trop jeunes, il jouait de préférence ceux de vieux serviteurs honnêtes et respectables, plutôt les amis que les valets de leurs maîtres. Les auteurs se conformèrent à cette indication, et lui composèrent plusieurs rôles de ce genre, dans lesquels il fut extrêmement goûté.

Dazincourt avait de l'esprit, une grande intelligence, un respect bien senti pour le public, et conservait religieusement le dépôt de la tradition, sans lequel l'ancien répertoire perdrait bientôt sa couleur. Ce fut en l'observant comme elle doit l'être, qu'il eut occasion de donner aussi une preuve de sa présence d'esprit.

A la suite d'une représentation de *Polixène*, tragédie qui n'en eut que quatre, on en donnait, dans l'hiver de l'an 12, une de l'*Homme à bonnes fortunes* de Baron : il y jouait *Pasquin* ; un étourdi du parterre, venu apparemment pour siffler la tragédie, et mécontent sans doute d'avoir été contenu par les nombreux amis de l'auteur, crut se dédommager en sifflant Dazincourt, dans l'instant où il exécutait un lazzi consacré par la tradition. On sait qu'au moment où *Pasquin* fait sa toilette, il inonde son mouchoir d'Eau de Cologne, le tord ensuite, et en exprime le contenu sur la tête du souffleur, qui d'avance a grand soin de faire le plongeon. Le connaisseur prétendu lâcha un coup de sifflet éclatant. Dazincourt, sans rien perdre de sa fermeté, s'avança sur le bord du théâtre, et s'adressant au parterre : « Messieurs, dit-il, lorsque Préville » jouait ce rôle, il faisait ce que je viens de faire, » et il était applaudi par tout ce qu'il y avait de » mieux en France. » Cette petite justification, qui censurait indirectement le parterre actuel, fut bien accueillie, et de nombreux applaudissements consolèrent Dazincourt de la sottise d'un jeune écolier qui probablement n'avait encore rien vu.

Jaloux de suivre en tout les traces de Préville, Dazincourt se chargea de former Mlle Volnais aux rôles de jeunes princesses tragiques et de jeunes amoureuses dans la comédie. Ses soins ne furent ni sans succès, ni sans récompense : il reçut du ministre de l'intérieur une gratification de trois mille francs, et Mlle Volnais prouva qu'elle avait bien profité de ses leçons.

Le gouvernement jugeant convenable d'en faire profiter le plus grand nombre de sujets possible, le nomma en avril 1807, professeur au Conservatoire; une nouvelle élève, Mlle Rose Dupuis, qui débuta en 1808, parut destinée à lui faire honneur.

Au commencement de la même année, S. M. l'empereur le choisit pour directeur des spectacles de la cour. A peine avait-il rempli les premières fonctions de cette place qu'il fut attaqué de la fièvre: tout entier à ses devoirs, il négligea les soins que sa situation nécessitait. Une partie de la Comédie ayant reçu l'ordre de se rendre à Erfurt, ville d'Allemagne, où devaient se réunir les empereurs de France et de Russie et plusieurs autres personnages illustres, Dazincourt ne put se dispenser de faire aussi ce voyage pour diriger les représentations. Il se donna beaucoup de peine pour la restauration de la salle de spectacles qu'il avait trouvée en très-mauvais état; il réussit à la rendre plus digne des spectateurs qu'elle devait recevoir; mais ce fut aux dépens de sa santé. En quittant Paris, il emportait une fièvre intermittente; il la rapporta d'Erfurt. Les secours de la médecine invoqués à temps auraient pu lui sauver la vie; il ne les réclama que lorsqu'il était trop tard pour remédier au mal. Après une maladie assez longue, il succomba le 28 mars 1809, dans sa soixante-deuxième année.

Ses obsèques eurent lieu le lendemain à Saint-

Roch, et furent honorées d'un concours prodigieux. Plusieurs littérateurs distingués dont il avait été l'ami, la Comédie française toute entière, et la majeure partie des acteurs attachés aux autres théâtres conduisirent son corps jusqu'à sa dernière demeure.

Par son testament il institua sa légataire universelle, Mlle Eulalie Desbrosses, actrice de la comédie française, dont l'attachement lui était prouvé depuis plusieurs années. La fortune qu'il lui laissa n'était pas considérable, surtout après le payement des dettes qu'elle se fit un devoir d'acquitter, quoique Dazincourt, si nous en croyons des personnes qui se prétendent bien instruites, eût été assez heureux pour gagner, dans les premiers temps du rétablissement de la loterie, un quaterne sec de 150,000 livres sur les n°s 11=12=47=50.

DEBRIE.

(Edme Wilquin, sieur)

CE n'était probablement pas un bon acteur, puisqu'il ne nous reste que très-peu de renseignements sur sa vie. On sait seulement qu'il joua pendant quelques années dans les troupes de province; qu'il fut reçu dans celle de Molière en 1658; qu'à la mort de cet homme illustre, il passa au théâtre de Guénégaud, et qu'il mourut vers la fin de 1675, ou au commencement de 1676.

En ce qui concerne son caractère, on sait qu'il était bretteur, et que Molière ne l'aimait point : son emploi, qu'il joua d'original le rôle de *M. Loyal* dans *Tartuffe*, et qu'il succéda à *Gros-René*; les détails de sa vie privée, qu'il avait épousé Catherine Leclerc, qui se fit au théâtre plus de réputation que lui.

———————

DESCHAMPS.

Dans un emploi que la concurrence d'Armand rendait difficile à remplir, Deschamps sut se distinguer et se rendre agréable au public qui rarement accorde sa faveur au *double* d'un comédien qu'il aime. Il débuta le jeudi 30 août 1742, par les rôles d'*Hector* dans le *Joueur*, et de Merlin dans les *Trois Frères rivaux*, fut reçu le lundi 17 décembre de la même année, et mourut le 22 novembre 1754, n'ayant encore que trois quarts de part, quoiqu'il fût au théâtre depuis douze ans.

Deschamps avait de la chaleur, de la finesse et de l'intelligence : on lui reprochait d'être maniéré et grimacier. Il paraît qu'il jouait avec succès le rôle de *Tartuffe*, mais dans un genre assez différent de celui qu'Auger et Feulie adoptèrent dans la suite.

La Comédie donna une représentation au bénéfice de sa veuve et de ses enfants.

DESESSARTS.

(*Denis Dechanet, dit*)

Il naquit à Langres de parents honnêtes qui lui donnèrent une bonne éducation. Destiné à la pratique, il fit le noviciat nécessaire pour obtenir une charge de procureur, et l'exerça pendant quelques années dans sa patrie; cet état lui convenait peu. Appelé à Paris pour y suivre quelques affaires, un ami le conduisit à la comédie française; il en sortit enthousiasmé, connut sa véritable vocation, et résolut de se faire comédien. Il commença, suivant l'usage sagement établi à cette époque, par s'essayer sur les théâtres de la province, et s'y fit bientôt une réputation dans l'emploi des *financiers*, des *manteaux* et des *grimes*.

La comédie française songeait alors à remplacer Bonneval longtemps célèbre dans cet emploi, et

qui ne desirait plus que du repos. Elle chargea
Bellecourt qui allait jouer en province d'y choisir
un acteur en état de remplacer celui qu'elle
craignait de perdre : sur son rapport, un ordre de
début fut envoyé à Desessarts qui se trouvait à
Marseille ; il vint à Paris, débuta le 4 octobre
1772, par les rôles de *Lisimon* dans le *Gw.ieux*,
et de *Lucas* dans le *Tuteur*, et fut reçu le 1er
avril 1773.

Il eut quelques contrariétés à supporter dans
les deux ou trois années qui suivirent son début ;
les études auxquelles il se livra pour perfectionner
son jeu, sa bonne conduite, et son exactitude à
remplir ses devoirs, les lui firent bientôt surmonter.

Une bonhommie mêlée de rudesse, de la franchise, de la gaîté, du mordant, tels étaient les
principaux caractères du talent de Desessarts. Il
jouait beaucoup mieux les rôles de Molière que
ceux dont il se trouvait chargé dans les comédies modernes, et cela n'est pas surprenant. Desessarts avait beaucoup de naturel : Molière avait
pris la nature sur le fait ; les acteurs qui, depuis
cinquante ans, se sont exercés dans la comédie
n'ont pas été aussi indiscrets. Ils ont écrit pour
les boudoirs des pièces de *bon ton*, de *bonne
compagnie*. Desessarts n'y était pas très-bon ; il
avait trop de talent pour cela.

Rochon de Chabannes eut cependant l'art de lui composer un rôle, celui du *comte de Brux-hall*, des *Amants Généreux*, où il put déployer tout son talent ; c'est dire assez qu'il y excella.

Desessarts était extrêmement gros ; quand il jouait *Orgon* du *Tartuffe*, il fallait une table faite exprès, et plus haute qu'à l'ordinaire, pour qu'il pût se cacher dessous. Jamais, dans le rôle de *Petit Jean* des *Plaideurs*, il ne récita ce vers

Pour moi je ne dors plus ; aussi je deviens maigre.

sans exciter de grands éclats de rire dans le parterre. Jamais aussi le contraste de son embonpoint prodigieux avec certains rôles qu'il jouait ne fut plus remarquable que dans un drame de Desfontaines, intitulé : *la Réduction de Paris*. Il y représentait le prévôt des marchands qui vient présenter au roi le peuple *exténué par une longue famine*, et tout en parlant ainsi, il paraissait si gras et si bien portant que l'on n'avait autre chose à craindre, sinon que la porte ne fût pas assez grande pour lui.

On trouve dans l'histoire du Théâtre Français de MM. Étienne et Martainville, tome 3, pages 108, 109 et 110, une anecdote fort plaisante sur Desessarts. Quoiqu'elle nous fût connue avant la publication de leur ouvrage, nous ne l'eussions pas rapportée dans celui-ci, dont le plan est de ne parler d'aucun acteur vivant, s'ils n'avaient pas jugé à propos de l'imprimer. Nous allons nous borner à transcrire.

« Desessarts était généralement aimé de ses » camarades quoiqu'il supportât quelquefois im- » patiemment leurs plaisanteries sur sa mons- » trueuse corpulence. Dugazon surtout semblait » s'être fait une joyeuse tâche de mystifier De- » sessarts. Lorsque la ménagerie du roi perdit » l'unique éléphant qu'elle possédait, Dugazon » alla prier Desessarts de venir avec lui chez » le ministre ***, pour y jouer un proverbe dans » lequel il avait besoin d'un *compère* intelligent. » Desessarts y consent, et s'informe du costume » qu'il doit prendre. Mets-toi en grand deuil, » lui dit Dugazon ; tu es censé représenter un » héritier. Voilà Desessarts en habit noir com- » plet, avec des crêpes, des pleureuses, etc. On » arrive chez le ministre ; Monseigneur, dit Du- » gazon, la Comédie française a été on ne peut » plus sensible à la mort du bel éléphant qui fai- » sait l'ornement de la ménagerie du roi ; et si » quelque chose pouvait la consoler, c'est de » fournir à sa majesté l'occasion de reconnaître » les longs services de notre camarade Desessarts ; » en un mot je viens, au nom de la Comédie » française, vous demander pour lui la survi- » vance de l'éléphant. Qu'on se figure les éclats

» de rire des auditeurs, et l'embarras du pauvre
» Desessarts! Il sort furieux, et le lendemain
» appelle Dugazon en duel. Arrivés au bois de
» Boulogne, les deux champions mettent l'épée
» à la main. Mon ami, lui dit Dugazon, j'éprouve
» vraiment un scrupule de me mesurer avec toi;
» tu me présentes une surface énorme; j'ai trop
» d'avantage : laisse-moi égaliser la partie. A ces
» mots, il tire de sa poche un morceau de blanc
» d'Espagne, trace un rond sur le ventre de Des-
» essarts : Ecoute, ajoute-t-il, tout ce qui sera
» hors du rond ne comptera pas. Le moyen de se
» battre! Ce duel bouffon fut terminé par un dé-
» jeuner. »

Ceux de nos lecteurs qui n'ont pas vu Desessarts, pourront juger, en lisant cette anecdote, de quelle taille devait être un homme que l'on comparait à un éléphant. Son prodigieux appétit répondait à l'énormité de sa grosseur : Desessarts mangeait en un repas ce qui aurait suffi à quatre hommes. Aussi ses transpirations de la nuit étaient-elles si abondantes qu'il fallait le veiller pour lui faire changer de linge d'heure en heure.

Quelque temps avant l'incarcération des comédiens français, de fréquentes oppressions ayant fait craindre pour sa vie, les médecins lui ordonnèrent les eaux de Baréges : il y apprit le sort funeste de ses camarades. Cette nouvelle fatale lui causa une révolution terrible, et il mourut suffoqué dans sa cinquante-cinquième année, au commencement du mois de brumaire de l'an deux.

Desessarts était un homme fort instruit ; il avait une mémoire et une présence d'esprit à toute épreuve, et si on avait le malheur de se tromper en racontant un trait d'histoire devant lui, on était sûr qu'il vous rappelait les époques, les noms des personnages, et jusqu'aux moindres particularités qui les caractérisaient.

On mit au bas de son portrait ces mots qui font allusion à son premier état : *J'aime mieux faire rire les hommes que de les ruiner.*

DESMARES.

(*Nicolas*)

Le grand-père de cet acteur était président au parlement de Rouen ; il deshérita son fils parce qu'il s'était marié sans son consentement. De ce mariage sortirent Desmares et mad. Champmeslé qui, se trouvant sans fortune, prirent le parti de la comédie. Desmares et sa femme, Anne d'Ennebaut, allèrent à Copenhague, où ils furent reçus dans la troupe des comédiens français du roi de Danemarck : ils plurent tant à cette cour que le roi et la reine tinrent sur les fonds de baptême une fille dont mad. Desmares accoucha en 1682, et qui fut depuis très-célèbre au théâtre français.

Mad. Champmeslé était restée à Paris : elle y jouissait du plus grand succès. Comme elle aimait beaucoup son frère, elle le rappela de Copenhague, et obtint de Louis XIV qu'il fût reçu sans début le 28 mars 1685 dans la troupe dont elle faisait l'ornement. Desmares avait beaucoup de talent pour les rôles de paysans, et ce fut pour lui que Dancourt composa la majeure partie de ceux qu'il fit entrer dans ses pièces.

Desmares joua d'original les rôles de *M. Martin* dans *l'Homme à bonnes fortunes*, de *Simon* dans *le Muet*, *d'Ambroise* dans le *Flatteur* de Rousseau, de *Tout-à-bas* dans le *Joueur*, de *Thaler* dans *Démocrite*, du *Suisse* dans le *Double veuvage*, de *Delorme* dans les *Trois cousines*, de *Thibault* dans les *Vendanges de Suresne*, du *Mari retrouvé*, etc.

Il se retira le lundi 27 juin 1712 avec une pension de 1000 livres, et mourut le samedi 3 novembre 1714.

~~~~~~~~

DORIMON.

Nous avons parlé dans le discours qui se trouve à la tête de cet ouvrage du théâtre de Mademoi-

selle (de Montpensier), établi rue des Quatre-
vents au fauxbourg Saint-Germain. Dorimon en
est le seul acteur connu ; ses pièces, au nombre
de huit, y furent toutes jouées : elles sont également les seules que l'on puisse dire avec certitude avoir été représentées sur ce théâtre qui
n'eut pas une longue existence.

Dorimon était bon dans le comique ; mais il
eût dû se borner à jouer des pièces de théâtre,
et n'en point composer. Les siennes sont fort
mauvaises, et à-peu-près de la force du huitain
suivant que lui adressait, relativement à sa tragi-
comédie du *Festin de Pierre*, sa femme, comédienne du même théâtre, qui se mêlait aussi
de faire des lignes rimées.

> Encore que je sois ta femme,
> Et que tu me doives ta foi,
> Je ne te donne point de blâme
> D'avoir fait cet enfant sans moi.
> Toutefois ne me crois pas buse :
> Je connais le sacré vallon,
> Et si tu vas trop voir ta muse,
> J'irai caresser Apollon.

Voici la liste des pièces de Dorimon.

1°. *Le festin de Pierre*, ou *le fils criminel*,
tragi-comédie en cinq actes et en vers, 1658.

2°. *L'amant de sa femme*, comédie en un
acte et en vers, 1661.

3°. *L'inconstance punie*, comédie en un acte et en vers, 1661.

4°. *L'école des cocus*, ou la précaution inutile, comédie en un acte et en vers, 1661.

5°. *La femme industrieuse*, comédie en un acte et en vers, 1661.

6°. *La comédie des comédiens*, comédie en un acte et en vers, 1661.

7°. *Les amours de Trapolin*, comédie en un acte et en vers, 1661.

8°. *La Rosélie ou Don Guillot*, comédie en cinq actes et en vers, 1661. On lui en attribue une neuvième : *Le médecin dérobé*, mais sans aucune preuve.

Le *Festin de Pierre* de Dorimon est encore plus faible que celui de Devilliers : nous avons lu des vers louangeurs qu'un nommé Duperrier lui adressa et qu'il fit modestement imprimer en tête de sa pièce, dans laquelle il jouait le principal rôle ; Duperrier lui certifie très-positivement qu'il a surpassé Mondory. Si Dorimon jugea convenable de croire en cela M. Duperrier, il ne manquait ni d'amour-propre, ni de crédulité. Mondory avait de grands défauts, et cependant Dorimon ne serait point resté au Théâtre de Mademoiselle, s'il eût valu Mondory.

DORIVAL.

Il fut un temps, et ce temps n'est pas encore très-éloigné, où le public mettant au-dessus de tout les qualités de l'âme dans un acteur, lui passait assez facilement quelques défauts physiques, quoique considérables et choquants. Le parterre actuel se conduit d'une manière différente : il n'excuse ni ne tolère aucun défaut corporel, mais il se montre peu difficile pour les dons plus précieux et plus rares qui tiennent au moral du comédien. Nous ne croyons pas que Dorival, quoique doué certainement d'un talent bien recommandable, pût se soutenir aujourd'hui à la Comédie française : son organe empâté, lourd et désagréable, sa tournure mesquine, seraient surs de déplaire à nos jeunes connaisseurs. Ils ne lui tiendraient pas compte de son intelligence parfaite, de sa chaleur réelle et profonde ; ils lui préféreraient un comédien bien froid, bien méthodique, qui aurait une haute stature et un bel organe. Nos pères ne jugeaient pas comme nous : ils accueillirent Dorival.

Cet acteur débuta deux fois, la première le 8 juin 1776 par le rôle de *Polyeucte ;* la seconde en 1779. Il fut reçu à la clôture de cette même année, et dès le mois de juin 1780, il avait demi-part.

On sait que Grammont n'était pas aimé du public. Un jour qu'il se présenta pour jouer *Orosmane*, les spectateurs refusèrent absolument de l'entendre, et demandèrent Larive. Cet acteur n'étant pas à la comédie, l'embarras des semainiers devenait extrême, lorsque Dorival, qui avait joué ce rôle en Province, offrit de le remplir si cela pouvait être agréable au public. Sa proposition fut acceptée avec plaisir : il fut constamment et justement applaudi, quoique pour l'ordinaire il ne jouât que les troisièmes rôles tragiques. La nature, en lui refusant les moyens physiques nécessaires au premier emploi, lui en avait donné les talents.

Dorival était encore au théâtre en janvier 1791. Il le quitta au commencement de cette même année, et passa dans les colonies où l'on croit qu'il est mort.

~~~~~~~~~~

DROUIN.

Il y a peu de chose à dire de cet acteur dont le plus grand mérite était d'être frère de mad. Préville, et mari de Mlle Gautier. Avant d'être admis au théâtre français, il avait paru sur celui de l'opéra-comique où l'on joua en 1742 une pièce de sa façon intitulée : *La Meunière de qualité*. Drouin était bien fait, et d'une belle figure : il ne lui manquait que du talent. Un auteur contemporain, qui n'était pas indulgent à la vérité, prétend que Drouin ne fut jamais agréable au public, ni même supportable.

Il débuta le mercredi 20 mai 1744 par le rôle d'*Azor* dans *Amour pour amour*, comédie de Lachaussée, et dansa dans le divertissement. Il fut reçu le 25 avril 1745, et chargé de la composition des ballets. S'étant démis le tendon d'Achille en jouant à Fontainebleau, il fut obligé de renoncer au théâtre, obtint sa retraite le premier janvier 1755 avec deux pensions ; une de 1000 livres, de la Comédie, et une de 1200 livres accordée par le roi, en considération sans doute de son accident. Il mourut en 1789 ou 1790.

DUBOCAGE.

(*Antoine Chantrelle.*)

Il débuta le lundi 29 mai 1702 dans *Polyeucte*, se retira, par ordre de la cour, le lundi 21 octobre 1723 avec la pension de 1000 livres, et mourut à Strasbourg le 21 janvier 1757. Par le rôle de *Maxime*, capitaine des gardes de Domitien, qu'il joua dans *Cornélie vestale*, tragédie de Fuzelier, donnée en 1713 ; par celui du *Notaire* dont il fut chargé dans le *Mariage fait et rompu* joué en 1721, on peut juger qu'il tenait l'emploi des *Confidents tragiques*, et les utilités de la comédie. Il joua d'original *Mercure* dans *Momus fabuliste* en 1719.

~~~~~~~~~~

DUBOIS.

Les troubles qui agitèrent la comédie en 1765, et la retraite de Mlle Clairon, furent l'ouvrage de cet acteur qui ne laissa pas un souvenir honorable au théâtre quand il fut forcé de l'abandonner.

Il était âgé de vingt ans lorsqu'il débuta le 19 octobre 1736 par le rôle d'*Andronic* dans la tragédie de ce nom. Il joua ensuite *Achille*, *Rodrigue*, *Xipharès*, *Hyppolite*, le *Marquis de Polinville* du *Français à Londres*, et fut reçu le 29 novembre de la même année pour les *Confidents tragiques*, et quelques-uns des *troisièmes comiques*, emploi assez éloigné de celui dans lequel il avait débuté.

Dans sa jeunesse Dubois avait beaucoup de feu, du comique, de l'impudence, toutes qua-

lités fort convenables aux rôles de *valet* et de
marquis dans lesquels il mettait assez de gaîté :
il s'acquittait bien des récits pathétiques de la
tragédie : en un mot, il donnait des espérances
fort satisfaisantes. Avec l'âge il n'acquit que de
la routine et du *métier* ; Lekain n'en fait pas un
beau portrait dans le mémoire que nous avons
déjà cité à l'article de Blainville. Voici comment
il s'exprime :

« Il est possible de remontrer........ au
» sieur Dubois, le premier et le plus absurde de
» tous les raisonneurs, qu'aucun confident ne
» doit être ni maniéré, ni gourmé, ni familier ;
» mais qu'il est de convenance qu'il reste toujours
» dans une position subalterne vis-à-vis de son
» souverain : ajoutez encore qu'il lui est défendu
» d'élever la voix d'une octave plus haut que son
» maître, à moins qu'il ne soit emporté par la
» passion ; car la passion étant commune à tous
» les hommes, elle excuse tout ; qu'un comédien
» enfin qui jouit de sa part, pour jouer des con-
» fidents, doit se prêter plus qu'il ne le fait dans
» l'emploi des raisonneurs, soulager ses cama-
» rades, afficher moins de prétention, apporter
» plus de politesse et de décence dans la société,
» et n'employer sa franchise qu'à dire des choses
» honnêtes ; car quand elle est poussée jusqu'à
» l'insulte, elle devient cruelle. »

A ces avis fort sages, il eût fallu que Lekain en ajoutât un dernier qui n'eût pas été le moins important de tous, celui de prendre garde au choix des belles qu'il courtisait. Pour n'y avoir pas mis assez d'attention, Dubois se trouva dans un fâcheux embarras.

Maltraité par l'amour, plus maltraité peut-être encore par le sieur Benoît son chirurgien, il se prit de querelle avec lui relativement aux honoraires qu'il lui devait. Le chirurgien donna un mémoire de ce qu'il prétendait lui être dû légitimement; Dubois le trouva trop enflé, prétendit avoir donné des à-comptes, et deux feuillettes de vin qui complétaient son payement, et demanda qu'il lui fût permis d'affirmer, par serment, qu'il ne devait rien. Malheureusement il ne pouvait prouver la quotité de ces à-comptes, ni articuler quand il les avait payés; dans un mémoire qui lui fut signifié, le chirurgien lui prouva que, par cette seule raison, il ne pouvait être admis au serment : il avança de plus que sa profession de comédien empêchait qu'on ne le lui déférât. Cette assertion, mise en avant dans le mémoire du chirurgien, ne tendait à rien moins qu'à représenter Dubois comme exerçant un état infâme, s'il était prouvé qu'on ne pouvait lui déférer le serment en justice, et par contre-coup elle déshonorait tous ses camarades;

aussi s'éleva-t-il un cri général et un soulè-
vement de tous les comédiens contre celui qui
leur attirait une pareille avanie. Ils portèrent
plainte à leurs supérieurs, et demandèrent permission de juger Dubois, et de le chasser de
leur société, s'ils le trouvaient coupable. Les
gentilshommes de la chambre leur accordèrent
ce pouvoir; et par une délibération prise à l'una-
nimité, Dubois fut chassé de sa compagnie,
après avoir été convaincu, en présence du duc
de Duras, d'avoir voulu attester par serment
qu'il avait payé son chirurgien.

En conséquence de ce jugement des comédiens, les gentilshommes de la chambre ordonnèrent d'expédier l'ordre nécessaire pour la retraite de Dubois, mais on y trouva de la difficulté. La beauté de sa fille et les démarches
qu'elle fit auprès du duc de Fronsac, gentilhomme de la chambre en survivance du maréchal de Richelieu son père, firent pencher la
balance en faveur de Dubois. Elle obtint un ordre
qui enjoignait aux comédiens de jouer avec son
père; et comme elle savait qu'ils s'étaient en-
gagés d'honneur à ne plus reparaître en scène
avec lui; comme elle craignait que, s'ils en
avaient connaissance, ils n'en obtinssent la révo-
cation, elle attendit, pour le leur faire signi-
fier, jusqu'au lundi 15 avril, jour de l'ouverture

du théâtre, qui devait se faire par la vingtième représentation du *Siége de Calais*. Elle eut même soin de ne l'envoyer qu'à deux heures après-midi.

On sait ce qui arriva. Lekain, Brizard, Molé, ne vinrent point à l'heure du spectacle. Mlle Clairon, qui avait paru pour la forme, s'en retourna bien vite ; *le Siége de Calais* ne fut pas joué : le public fit un vacarme épouvantable ; il fallut rendre l'argent ; les comédiens réfractaires aux ordres de l'autorité furent mis en prison ; mais, en définitif, Dubois n'y gagna rien ; il resta toujours honteusement expulsé de la comédie, et n'eut de ressource que dans la protection du maréchal de Richelieu qui, pour ne pas avoir l'air de reculer, et pour complaire à Mlle Dubois, le plaça dans sa troupe de Bordeaux.

Il avait été sociétaire pendant vingt-neuf années. La comédie lui était redevable d'un esclandre affreux, de la retraite d'une des plus grandes actrices qui ayent illustré la scène, et de la perte des recettes considérables que la tragédie de *du Belloy*, alors dans le fort de son succès, aurait pu produire ; elle n'en fut pas moins obligée de lui payer une pension de 1500 livres, qu'il conserva jusqu'à sa mort arrivée en 1775.

On fit sur Dubois et sur Mlle Clairon une épigramme mordante et bien tournée que nous n'insérons pas ici, parce qu'elle est trop cynique : elle se trouve dans les mémoires de Bachaumont, qui ne se gênait pas plus que s'il eût écrit en latin.

DUBREUIL.

(*Pierre Guichon, sieur*)

Si quelque auteur compose jamais un livre sur les réputations usurpées, Dubreuil pourra lui fournir un chapitre assez plaisant.

Il existe encore aujourd'hui plusieurs vieux amateurs du théâtre français qui se souviennent d'avoir entendu dire dans leur jeunesse que le comédien Dubreuil, retiré en 1758, et reconnu de son vivant pour un très-mauvais acteur, était un excellent juge des ouvrages de théâtre, et s'y connaissait mieux que tous ses camarades ; c'était une réputation établie sans que personne pût en produire les titres. A sa mort on en sut le secret. Un particulier déclara qu'il perdait une pension de 600 livres que lui payait Dubreuil, pour répandre journellement le bruit qu'il était grand connaisseur en pièces de théâtre. Cet homme était continuellement dans les cafés ; il y vantait sans cesse le jugement exquis de

Dubreuil ; personne n'ayant d'intérêt à le contredire, cette opinion passait de bouche en bouche, et l'on se disait au parterre : « Vous voyez » cet acteur si ridicule ? C'est le plus éclairé de » tous les comédiens sur le mérite d'une pièce » nouvelle. » Ainsi Dubreuil, ne pouvant faire croire au public qu'il était un bon acteur, était parvenu du moins à lui persuader qu'il possédait une judiciaire infaillible. Il voulait être loué de quelque chose, et ce plaisir, qui lui coûtait 600 livres par an, ne lui paraissait pas trop cher.

Cette anecdote serait très-remarquable, quand elle ne servirait qu'à prouver ce que les méchants ne savent que trop bien, et ce que les honnêtes gens refusent de croire ; c'est que quiconque sort le matin dans le dessein de répandre un mensonge, est sûr de l'accréditer avant la nuit, et même pour un temps, à moins qu'il n'y ait beaucoup de gens intéressés à le détruire ; tout se dit, tout se répète, et tout se croit.

Dubreuil, qui ne fut jamais passable dans aucun rôle, dont tout l'emploi consistait à jouer les *confidents* de tragédie, à doubler quelques *grimes*, à remplir, en un mot, ce que l'on appelle au théâtre les *utilités*, n'en parvint pas moins à y rester trente-cinq années, comme s'il eût été l'acteur le plus précieux au public et à tous ses camarades. Fils du chirurgien dont nous avons parlé à l'article de Champmeslé, il avait débuté le jeudi 15 avril 1723 par le rôle de *Xipharès* dans *Mithridate*, fut reçu le 12 mars 1725, et lorsqu'il se retira en 1758, avec la pension de 1500 livres, il y avait long-temps qu'il jouissait d'une part entière. Il mourut l'année suivante à Saint-Germain en Laye. Dubreuil avait épousé Elisabeth Taitte, actrice du même théâtre.

DUCHEMIN.

(*Jean-Pierre*)

GUÉRIN D'ESTRICHÉ, l'un des plus célèbres acteurs que *le* théâtre ait possédés pour *les* rôles à manteaux, et pour les grands confidents tragiques, venait de terminer sa carrière : il s'agissait de le remplacer. La comédie n'espérait pas trouver dans un seul acteur le talent nécessaire aux deux emplois que remplissait Guérin, mais elle voulait du moins un bon *Financier*. Duchemin se présenta, parut pour la première fois le lundi 27 décembre 1717, par le rôle d'*Harpagon* dans l'*Avare*, et le public reconnut en lui un homme digne de succéder à Guérin. Pendant vingt-quatre années qu'il passa au théâtre, Duchemin eut la satisfaction de se voir placé sur la même ligne que ses plus fameux prédécesseurs ; et lorsqu'il se retira, Bonneval, qui prit son emploi, et qui avait un talent très-réel, fut cependant loin de le faire oublier.

Les principaux rôles établis dans les pièces nouvelles par Duchemin, sont les suivants : *le Comte* de la *Réconciliation Normande*, *M. Mathieu* de l'*École des Bourgeois*, *Hortensius* dans la *Surprise de l'Amour*, *Lisimon* du *Glorieux*, *Orgon* dans la *Pupille*, *Géronte* dans le *Philosophe marié*, *Françaleu* dans la *Métromanie*, *Orgon* dans le *Consentement forcé*, le *Baron* du *Somnambule*, et *Forlis* des *Dehors trompeurs*.

Duchemin avait été notaire avant de suivre la carrière du théâtre. Il parut pour la dernière fois dans le *Double Veuvage*, par le rôle de l'*Intendant*, se retira le dimanche 19 mars 1741 avec la pension de 1000 livres, et mourut le 15 novembre 1754. De son mariage avec Gilette Bouteluier, il eut l'acteur qui va faire le sujet de l'article suivant.

DUCHEMIN.

(Pierre-Jacques.)

Il y a long-temps que cet acteur serait complètement oublié, s'il n'eût pas porté un nom célèbre dans les annales de la comédie, et si, à l'âge de dix-sept ans, il n'avait pas fait la folie d'épouser Mlle Duclos, qui en avait cinquante-cinq. (Elle était née en 1670, Duchemin en 1708).

Elève de Baron, auquel il ne fit point honneur, Duchemin fils débuta, le 3 juillet 1724, par le rôle d'*Achille* dans *Iphigénie en Aulide*, joua ensuite *Pompée* de *Sertorius* et *Xipharès* dans *Mithridate*, et fut reçu à demi-part en janvier 1725. Il fut congédié par ordre de la cour à la clôture de 1730 avec une pension de 500 livres, devint chef de troupe en province pendant quelques années, et mourut fou chez son père le 3 février 1753.

DUCROISY.

(*Philbert Gassaud*, *sieur*)

LA déclaration de Louis XIII relative aux comédiens, d'après laquelle ils peuvent monter sur le théâtre sans déroger à la noblesse, devait intéresser Ducroisy, qui était un gentilhomme de Beauce. Entraîné sans doute par un penchant irrésistible, il entra dans une troupe de province dont il était le chef lorsqu'il se joignit à celle de Molière. Il vint avec lui à Paris en 1658, et fut bientôt regardé comme un des meilleurs acteurs du palais royal.

On est assez embarrassé de savoir au juste quel emploi jouait Ducroisy. Le rôle de *Tartuffe*, qui lui fut confié par Molière, prouve bien à la vérité qu'il devait avoir beaucoup de talent pour la comédie ; mais comme il joua aussi d'original ceux du docteur *Marphurius*, dans *le Mariage forcé*, du *Sénateur* dans le *Sicilien*, d'*Aristomène* dans la *Princesse d'Élide*, du *Philosophe* dans le *Bourgeois Gentilhomme*, de *M. Harpin* dans la *Comtesse d'Escarbagnas*, et qu'ils ne semblent pas de la même importance, il est difficile de se décider à cet égard. Quant à la tragédie, il y était chargé des confidents.

Ducroisy était un bel homme, fort gras, et le public ne lui en faisait pas un crime, Mlle Clairon n'ayant point encore écrit que la graisse était ignoble au théâtre.

Après la mort de Molière, il passa sur le théâtre de Guénégaud, fut conservé à la réunion en 1680, quitta la scène le lundi 18 avril 1689 avec la pension de 1000 livres, et mourut d'une goutte remontée à Conflans-Sainte-Honorine, village auprès de Paris, vers la fin de 1695, âgé de soixante-cinq ou soixante-six ans. De son mariage avec Marie Claveau, il eut deux filles.

La première, nommée Angélique, âgée de cinq ans en 1666, était au nombre des petits comédiens du dauphin, et mourut en vingt-quatre heures au mois de février 1670 ; la seconde, Marie-Angélique, épousa Paul Poisson, et parvint à une extrême vieillesse.

DUFEY.

(Pierre-Louis Villot, sieur)

DUFEY était un de ces comédiens qui végètent obscurément dans les derniers emplois, jusqu'à ce que, par leur patience, bien plutôt que par leurs services, ils ayent mérité la retraite et la pension. Au reste, il en faut de cette espèce, puisqu'il y a des confidents et des capitaines des gardes dans les tragédies, des notaires et exempts dans les comédies, et qu'on ne peut se servir pour ces rôles brillants de l'homme qui balaye le théâtre.

Il naquit en 1664, débuta le dimanche 2 mai 1694 par le rôle de *Nicomède*, fut reçu par ordre du 28 novembre 1695, se retira le mercredi 21 décembre 1712, avec la pension de 1000 livres, et mourut le dimanche 19 août 1736, âgé de soixante-douze ans. Il jouait les troisièmes

rôles tragiques et quelques *utilités* de comédie.
Regnard le chargea du rôle d'*Agénor* dans *Démocrite*.

~~~~~~~~~

DUMIRAIL.

Fils d'un danseur de l'opéra, ayant lui-même
un talent marqué pour la danse, Dumirail, qui
doubla successivement Poisson et Baron père,
débuta, pour la première fois, le jeudi 31 mai
1708, par le rôle de *Jodelet* dans *le Geolier de
Soi-même*, comédie de T. Corneille, qui resta
fort long-temps au théâtre sous le titre de *Jodelet
Prince ;* et pour la seconde, le mardi 29 décembre 1711, par le même rôle : il fut reçu le 27 juin
1712, et congédié avant Pâques 1718. Adoptant un
emploi tout différent, il débuta pour la troisième
fois le 21 mars 1724 par le rôle de *Mithridate ;*
et comme on ne l'avait vu jusqu'alors qu'avec les
moustaches, le manteau, la dague et les bottines
de Crispin, le désir de voir comment il porterait
le casque du roi de Pont, réunit à son début tragique une assemblée très-nombreuse.

Dumirail avait des entrailles, de l'esprit et
du feu ; mais son extérieur n'était rien moins
qu'héroïque ; il representa *Mithridate* de manière
à satisfaire tous ses auditeurs, s'il n'avait eu

pour auditeurs que des aveugles. Dans la scène où Monime dit à ce prince : *Seigneur, vous changez de visage?* un mauvais plaisant cria du fond du parterre à l'actrice ; *Laissez-le faire.* Ces trois mots firent appercevoir au public le peu de convenance qui se trouvait entre la personne de Dumirail et son rôle, et diminuèrent beaucoup l'effet que ses talents avaient produit : cependant il fut applaudi par tous ceux qu'un bon mot ne séduisait pas ; et le 27 du même mois il joua *Néron* dans *Britannicus* avec assez de succès pour mériter d'être reçu une seconde fois vers la fin de 1724.

Il se retira définitivement le mercredi 11 janvier 1730, avec la pension de 1000 livres, et mourut le 5 novembre 1754.

DUNANT.

Madame Lobreau, connue avant son mariage sous le nom de Mlle Destouches, avait été, pendant vingt ans, directrice du théâtre de Lyon. Elle avait eu constamment les procédés les plus obligeants et les plus nobles pour les acteurs de la Comédie française qui, pendant la durée de leurs congés, s'étaient trouvés dans le cas de jouer sur son théâtre ; pour lui en témoigner leur reconnaisnaissance, ils facilitèrent le début de son neveu Dunant, jeune homme d'une jolie figure et d'une taille convenable à l'emploi des jeunes premiers auquel il se destinait. Il parut, pour la première fois, le mercredi 9 août 1780 par le rôle d'*Arsame* dans *Rhadamiste*; le 11 il joua *Euphemon fils* dans l'*Enfant Prodigue*, et *Lisidor* dans le *Cocher supposé*; le 12 *Nérestan* dans *Zaïre*, et le 17 il termina son début par le rôle du *Chevalier* dans le *Distrait*. Dunant resta pensionnaire jusqu'en 1787 : à cette époque, il fut reçu au nombre des comédiens français. Dunant était un acteur médiocre, et qui d'ailleurs négligeait beaucoup les devoirs de son état. Il joua d'original le rôle de *Cléon* dans le *Conciliateur* de Demoustier, et celui de *l'Officier* qui vient arrêter *Forlis* dans l'*Ami des Lois*. Nous ne doutons point qu'il n'en ait établi encore quelques autres; mais il serait fort inutile de les citer. Dunant mourut fou quelques années après avoir quitté le théâtre.

***

DUPARC dit GROS-RENE.

DUPARC fut un des acteurs de la troupe bourgeoise qui jouait en 1645 au faubourg-Saint-Germain, et prenait le nom de *l'Illustre*

Théâtre. Le dessein que cette société avait formé de s'établir à Paris n'ayant pas réussi, Molière qui en était, proposa à ses camarades de se joindre à lui, et d'aller en province. Son projet fut agréé de la plûpart de ses camarades, et entr'autres de Duparc qui prit le nom de Gros-René, sous lequel il est le plus connu.

Duparc revint à Paris avec Molière en 1658. Lorsque Jodelet mourut en 1660, il y a lieu de croire que Duparc forma le dessein de quitter la troupe du palais royal, pour aller le remplacer à l'hôtel de Bourgogne ; le témoignage de Loret, dans sa *Muse historique,* autorise à le penser. Du reste on ignore combien de temps il passa parmi ses nouveaux camarades, et dans quelle année ils le perdirent. On le met ordinairement au nombre des acteurs morts avant 1673. Pour connaître le caractère du rôle adopté par Duparc, il faut lire le *Dépit Amoureux.*

~~~~~~~~~~

D U P I N.

(*Joseph du Landas*, sieur)

Fils, ou du moins parent de M. du Landas, lieutenant général de la Rochelle, Dupin dissipa toute la fortune qu'il tenait de son père ; et ne pouvant subsister d'une pension assez modique que son frère lui faisait, il se fit comédien, s'engagea d'abord dans une troupe de province, et vint ensuite à Paris, où il entra dans celle du Marais. En 1673 il passa au théâtre de Guénégaud, et fut congédié à la réunion de 1680 avec une pension de 500 livres.

Dupin était un acteur très-médiocre et un fort honnête homme. La fin de sa vie fut plus heureuse pour lui que le commencement ne l'avait été. Il hérita de son frère qui mourut sans enfants ; mais il ne put jouir long-temps de cette aisance tardive, étant mort lui-même le mercredi 25 juillet 1696. Il avait épousé Louise-Jacob de Montfleury, actrice assez fameuse, qui avait des talents et de la beauté.

DURAND.

Il débuta le vendredi 9 juillet 1712 par les rôles d'*Antonin* dans *Géta*, et de *Nicodéme* dans le *Deuil*, fut reçu le jeudi 22 décembre de la même année, et congédié le dimanche 20 octobre 1715. Espérant être plus heureux une seconde fois, il reparut le dimanche 20 août 1724 par les rôles de *Burrhus* et de *Nicodéme*, et fut, au contraire, moins goûté que lors de son premier début. Il mourut pensionnaire de la comédie au mois d'avril 1733.

DURIEU.

(Michel)

C'ÉTAIT un comédien de province que le crédit de madame Beauval, sa tante, fit recevoir à la comédie en 1685 , qui fut renvoyé quelques années après, et mourut en 1701 , étant alors huissier du cabinet du prince de Condé, par lequel il fut toujours protégé. Durieu n'avait aucun talent ; mais sa femme, Anne Pitel, fille de Pitel de Longchamp, et nièce de Beauval, n'en manquait pas pour l'emploi des caractères.

FEULIE.

LE théâtre français posséda trop peu cet excellent comédien , digne d'être placé immédiatement après Préville, et au-dessus d'Auger.

Il n'avait jamais joué sur un théâtre public , lorsqu'il débuta , le mardi 8 mai 1764 , par les rôles de *Frontin* dans *le Muet*, et de *Labranche* dans *Crispin rival de son maître*. Il joua ensuite les *Crispins* du *Légataire* et des *Folies amou-*

reuses, *Frontin* dans *l'Impromptu de campagne*, *Sganarelle* dans *le Festin de Pierre*, et *L'olive* dans *le Grondeur*. On lui trouva un masque très-convenable à son emploi, une taille agréable et dégagée, de l'agilité, de la prestesse dans ses mouvements, et de l'intelligence. Ce jugement favorable, porté sur ses premiers essais, fut confirmé lorsqu'il eut passé quelque temps à la comédie; il fallut même y ajouter beaucoup : aussi Feulie fut-il reçu en 1766.

Le talent de cet acteur soutint plusieurs pièces anciennes, trop éloignées de nos mœurs actuelles pour n'avoir pas besoin d'être parfaitement jouées. Grâces à lui, *Don Japhet d'Arménie* obtint de nombreuses représentations auxquelles le public prit beaucoup de plaisir. Il savait y éviter la charge et la grossièreté, sans jamais cesser d'y être comique et plaisant; c'était un exemple qu'il avait reçu de Préville, et que leurs successeurs n'ont pas toujours imité. Feulie obtint même du succès aux *Amazones modernes*, qui n'en avaient point eu dans leur nouveauté. La manière originale dont il joua le rôle de *Crispin*, fit oublier les défauts de cette pièce, une des plus faibles de Legrand. Elle ne fut pas aussi heureuse quand on voulut la reprendre en 1781, sept ans après la mort de Feulie.

Il excellait dans le rôle de *Tartuffe*. Sa manière de le rendre, plus décente que celle d'Auger, n'en était pas moins comique. De tous les acteurs que le théâtre a perdus, Feulie est sans contredit celui qui a le plus parfaitement joué ce rôle difficile. Enfin, ce qui, selon nous, met le comble à son éloge, c'est que Laharpe, qui ne trouvait presque rien de bon, le regardait comme *un excellent comédien*. Nous employons ici ses propres termes consignés dans le *Mercure de France* auquel il travaillait alors. Il ajoute que Feulie *saisit à merveille la caricature et le ridicule de son personnage, et le rend avec une vérité singulière*.

Feulie resta trop peu de temps au théâtre, pour avoir pu y établir beaucoup de rôles nouveaux ; d'ailleurs, il avait pour chef d'emploi l'acteur inimitable, Préville ; et dans la grande livrée, Auger, sans avoir le même talent, pouvait invoquer des droits antérieurs aux siens. Il en joua donc fort peu, et ceux dont il fut chargé n'avaient point d'importance. On ne peut citer que *Picard* dans *le Bourru bienfaisant*, *M. Jourdain* dans *la Centenaire*, *Lisimon* dans la *Feinte par amour*, ce qui nous fait croire qu'il avait envie de prendre l'emploi des *manteaux*, si la mort ne l'eût enlevé, et *Lucas* dans *la Partie de chasse*, que les comédiens français allèrent jouer, en 1773, à la maison de campagne de

Mlle Dangeville. Louis XV vivait encore ; il avait défendu la représentation de cette comédie sur le théâtre de Paris. Après sa mort, Louis XVI leva cette défense, mais alors Feulie n'existait plus ; Auger fut chargé du rôle.

Feulie mourut en 1774, et fut universellement regretté. Il est en effet bien fâcheux qu'un aussi bon acteur ne se soit pas trouvé en chef dans son emploi, et n'ait pas fourni une plus longue carrière.

FIERVILLE.

(Pierre)

DANS cet article sur un comédien actuellement peu connu, nous aurons à combattre trois opinions reçues sans contradiction lorsqu'elles furent avancées, par la raison que nous avons expliquée en parlant de Dubreuil, qui est que personne n'avait intérêt à les détruire ; mais comme Fierville n'est point un personnage important dans l'histoire du théâtre, nous aurons soin de ne pas les réfuter longuement.

Il débuta le lundi 18 mai 1733 (ou le mercredi 20) par le rôle de *Palamède* dans *Electre*, fut reçu au commencement de 1734, et congédié le mardi 24 janvier 1741 avec une pension de 500 livres. Fierville avait quitté Strasbourg pour venir débuter à Paris ; après avoir reçu sa retraite, il retourna en province.

Son emploi était celui des *rois* et des *paysans;* on ne le trouvait supportable que dans ces derniers rôles.

Le chevalier de Mouhy prétend que l'ordre expédié par les gentilshommes de la chambre pour la retraite de Fierville, ne lui accordait point de pension, et que ses camarades lui en donnèrent une de 500 livres à l'insu de leurs supérieurs. Cela ne peut être : Fierville resta huit ans à la comédie, et plusieurs acteurs qui n'y avaient demeuré que trois ou quatre ans, ayant obtenu la pension de 500 livres sans aucune difficulté, il n'y avait pas de raison pour la lui refuser.

Fierville mourut en 1777. C'est un fait d'autant plus certain, qu'on ne trouve point son nom sur l'état des pensionnaires en 1778; aussi ne le contestons-nous pas ; mais nous ne pouvons admettre les singulières assertions contenues dans l'article du *Mercure de France* qui annonça ainsi sa mort. « D'Augsbourg, le 28 février 1777. On écrit de Munich que Pierre » Fierville, comédien français, est mort en cette » ville le 26 de ce mois, âgé de cent sept ans.

» Il se souvenait *d'avoir vu Molière dans son*
» *enfance :* il avait été contemporain de Baron,
» et avait joué la comédie devant Charles II,
» roi d'Angleterre, et devant Christine de Suède.
» Il avait été reçu à Paris en 1733 au nombre
» des comédiens du roi, parmi lesquels il était
» resté jusqu'en 1741. »

Si Fierville, mort le 26 février 1777, avait
cent sept ans à cette époque, il était donc né
en 1670. Or, Molière mourut le 17 février 1673.
Fierville aurait eu alors trois ans au plus : à qui
fera-t-on croire qu'un enfant de trois ans puisse
remarquer quelque chose ? D'ailleurs il nous
semble difficile de ne pas retrancher à Fierville
au moins dix ans des cent sept qu'on lui accorde :
on a vu des acteurs pousser leur carrière théâtrale jusqu'à soixante-trois ans, et beaucoup plus
loin ; mais on n'a point vu la Comédie française
admettre des comédiens de soixante-trois ans,
même pour les rôles de vieillards: or, à supposer
que Fierville fût né en 1670, il aurait eu soixante-trois ans à l'époque de son début en 1733.

La troisième erreur que nous relèverons est
plus plaisante que grave. Il ne s'agit que de la
générosité du rédacteur de l'article *Spectacles*
dans le *Mercure de France* qui, quarante ans
seulement après la retraite de Fierville, l'honorait de l'épithète *célèbre*, tandis que ses con-

temporains le regardaient comme un fort mauvais acteur. En rendant compte de la reprise de *l'École des Amis* de Lachaussée, qui eut lieu le 16 août 1781, ce rédacteur s'exprima ainsi : « Le rôle d'*Aramont*, actuellement joué » par M. Desessarts, fit la *réputation* du *célèbre* » Fierville. » Il est assez singulier qu'un auteur qui par état doit connaître l'histoire du théâtre, tombe dans une erreur aussi forte.

FLEURY.

(*Liard, dit*)

Le nom de théâtre de ce comédien devait devenir célèbre ; mais ce n'était pas à lui qu'il était réservé de l'illustrer. Il débuta le samedi 25 avril 1733 par le rôle d'*Achille* dans Iphigénie, fut reçu le lundi 21 décembre de la même année, et congédié le lundi 12 novembre 1736, avec une pension de 500 livres dont il jouissait encore en 1793, lorsque la Comédie française, jetée dans les prisons, fut forcée de cesser ses payements. Nous ignorons l'époque de sa mort, et nous le plaçons ici sans scrupule, y ayant peu d'apparence qu'un comédien retiré depuis plus de soixante-douze années, soit encore vivant. Fleury était fils d'un cent-suisse du roi, qui tenait auberge au faubourg Saint-Honoré; tout ce qu'on peut dire de cet acteur, c'est qu'il était fort bien fait.

〰〰〰〰〰〰〰〰

FLORIDOR.

(Josias de Soulas, écuyer, sieur de Prinefosse).

Nous allons parler de l'un des plus grands acteurs qui ayent paru sur la scène française, d'un homme qui lui fit autant d'honneur par ses vertus que par ses talents. Il fut d'autant plus digne d'éloges qu'il n'eut point de modèles, et devint celui de tous les comédiens qui lui succédèrent, et que, si l'on excepte Mondory, d'Orgemont et Bellerose, il n'avait guères pour camarades que des farceurs plus ou moins ignobles.

Il naquit dans la Brie, de George de Soulas, gentilhomme d'origine allemande, qui s'était retiré dans cette province où il se maria, après avoir embrassé la religion catholique. Au sortir de ses études, Josias de Soulas entra dans le régiment des Gardes-françaises, compagnie de M. de Besnc. Il y porta le mousquet pendant quelque temps, suivant la coutume alors adoptée par les jeunes gentilshommes qui n'avaient point de fortune; ensuite il obtint une enseigne dans le régiment de Rambures. Après la réforme de quelques compagnies de ce régiment, Josias de Soulas prit le parti de la comédie, et ce fut alors qu'il adopta le nom de Floridor. Il y a beaucoup d'apparence qu'il se fit connaître en province avant de venir à Paris; c'est du moins ce qui résulte du passage suivant de Chappuzeau en son *Théâtre français*, livre 3, page 161. « Mais j'ai » vu aussi des troupes s'accorder, se mêler en- » semble et ne former qu'un théâtre; et il me sou- » vient qu'en 1638, cela fut pratiqué à Saumur » par deux troupes que l'on nommait alors *de* » *Floridor* et de *Filandre*, parce que ces deux » comédiens annonçaient, et qu'ils étaient les » meilleurs acteurs. »

Quoi qu'il en soit, Floridor entra dans la troupe du Marais en 1640, et succéda à d'Orgemont dans l'emploi d'Orateur. En 1643, Bellerose, chef de celle qui jouait à l'hôtel de Bourgogne, ayant jugé à propos de se retirer, Floridor vint le remplacer dans tous ses rôles, et, comme au Marais, il fut chargé du soin de porter la parole au nom de ses camarades.

Floridor avait tous les talents que l'on peut désirer dans un comédien; il fut la gloire du théâtre français. Il tenait en chef les premiers rôles tragiques et comiques, et les remplissait d'une manière si noble et si naturelle, qu'il fit oublier tous les grands acteurs qui avaient paru avant lui, ou, pour nous exprimer d'une manière plus exacte, tous ceux que jusqu'alors on avait regardés comme de grands acteurs ; d'ailleurs il n'était point journalier, et jouait toujours également bien.

Quant à ses qualités physiques, elles n'étaient pas moins avantageuses. La nature l'avait doué d'une figure imposante, d'une taille haute et bien prise, et d'un son de voix qui, quoique très-mâle, avait quelque chose de pénétrant et d'affectueux : son air et ses manières étaient pleins de noblesse.

A tant de perfections Floridor joignait beaucoup d'esprit et de probité. Au milieu de la corruption du théâtre il menait une vie exemplaire ; aussi s'était-il attiré l'estime et l'approbation générales. On l'aimait beaucoup à la cour ; Louis XIV même, dont il était connu particulièrement, se fit un plaisir de lui accorder plusieurs grâces, tant pour lui que pour sa compagnie.

Soit qu'il jouât un rôle ou qu'il prononçât un compliment, les spectateurs gardaient un profond silence qui n'était interrompu que par des acclamations unanimes. On dit que ses discours

étaient toujours concis, mais bien tournés, et
qu'ils faisaient souvent autant et plus de plaisir
que la pièce qu'on venait de jouer.

Tel est le résultat des témoignages rendus à
Floridor par tous les auteurs contemporains ;
réunis de la sorte, ils peuvent ressembler à un
panégyrique presque toujours soupçonné d'exagération ; nous pouvons cependant assurer à nos
lecteurs que nous n'avons rien ajouté au récit
des écrivains du temps dont nous avons même
employé plusieurs expressions. Il existe d'ailleurs, en faveur de Floridor, un témoignage de
la plus grande importance, quoiqu'il ne soit que
négatif. Dans *l'Impromptu de Versailles*, Molière a censuré vivement les plus fameux acteurs
de l'hôtel de Bourgogne, Montfleury, Beauchâteau, Devilliers, Hauteroche, Mme Beauchâteau ; il n'a rien dit contre Floridor ; c'est une
preuve tacite de la supériorité de son talent que
Molière n'osait contester, lors même qu'il était
le plus animé contre le théâtre rival dont cet
acteur était le chef.

Une anecdote dont on ne peut douter, puisqu'elle a Boileau pour garant, confirme ce que
nous venons de dire des rares talents de Floridor et de l'extrême affection que le public lui
portait. Dans les premières représentations de
Britannicus, cette admirable tragédie n'eut pas

tout le succès qu'elle méritait, et Floridor en fut la cause. Il y jouait cependant avec une grande supériorité le rôle de *Néron* que Racine lui avait confié ; mais ce rôle est si odieux, et Floridor était tellement aimé du public, que tout le monde souffrait de lui voir réprésenter *Néron*, et d'être obligé de lui vouloir du mal. Racine s'apperçut de cet effet singulier du mérite de Floridor ; il donna, de son consentement, le rôle de *Néron* à un acteur moins chéri, et la pièce s'en trouva mieux.

Floridor joua d'original *Massinisse* dans la *Sophonisbe* de Corneille, *Alexandre* dans la tragédie de Racine, *Antiochus* dans celle de Thomas Corneille qui porte ce nom, *Léandre* dans *Héro et Léandre* de Gilbert, *Pyrrhus* dans *Andromaque*, *Oronte* dans *Laodice*, *Marius* dans la tragédie de Boyer jouée en 1669, *Titus* dans la *Bérénice* de Racine, et beaucoup d'autres dont les écrivains de ce temps oublièrent de parler.

Les usurpateurs de la noblesse ayant été recherchés en 1668, Floridor, qui n'avait pas en sa possession les titres de la sienne, fut inquiété par les traitants ; mais ayant donné une requête au Conseil, dans laquelle il établit et prouva sa descendance d'individus auxquels la noblesse ne pouvait être contestée, il obtint un arrêt du 10

septembre 1668, par lequel il lui fut donné un
an pour rapporter ses titres. Cet arrêt prouve
que l'on ne dérogeait pas en exerçant la profession
de comédien. Si la loi eût prononcé cette déro-
geance, on n'eût pas demandé à Floridor les titres
en vertu desquels il prenait la qualité d'écuyer;
on se fût contenté de lui alléguer sa profession,
et, en lui défendant de la prendre à l'avenir, on
l'eût condamné à l'amende encourue par les usurpateurs de la noblesse.

Après cette chicane des partisans, Floridor
continua de jouer la comédie. Vers la fin de 1671,
ou au commencement de 1672, il tomba dange-
reusement malade. M. Marlin (ou Merlin), curé
de Saint-Eustache, s'empara de lui, le confessa,
et le fit renoncer au théâtre. Il revint de cette
maladie, et fut fidèle à sa promesse; cependant
il ne survécut pas long-temps à sa retraite. Chappuzeau, dans la liste des comédiens de l'hôtel
de Bourgogne en 1674, ne met point ce fameux
acteur au nombre de ceux qui s'étaient retirés et
vivaient encore; cela prouve qu'il le croyait mort
avant cette année. D'autres écrivains prétendent
qu'il mourut le 20 août (ou avril) 1671 (ou 1672)
à soixante-quatre ans. Il y a beaucoup d'incertitude sur cette date, et peu de moyens de la
vérifier actuellement.

Il avait épousé Marguerite Valloré, de laquelle

il eut trois enfants ; un fils qui embrassa l'état ecclésiastique , et fut prêtre de la paroisse de Saint-Sauveur , et deux filles. L'aînée , Marie-Marguerite de Soulàs , épousa Antoine Jacob , fils de Montfleury ; la cadette M. Bigodet , qui devint fermier-général.

FONPRÉ.

(*Hugues-François Banier, sieur de*)

Il débuta pour la première fois à Versailles , le mercredi 17 mars 1688, par le rôle de *Stilicon* , et n'eut pas de succès. Sans se rebuter de cet échec , il parut une seconde fois à Paris , le 15 septembre 1701 , dans *Andronic* et dans *le Florentin* , et fut reçu à la fin de la même année. Cet acteur, d'une nullité presqu'absolue , mourut dans la nuit du mardi 20 au mercredi 21 septembre 1707. Il avait épousé Élisabeth Clavel , comédienne de sa force.

FONTENAI.

(*François-Charles Bazouin de*)

Celui-ci valait un peu mieux que le précédent ; c'est tout ce qu'on peut en dire. Il débuta le lundi 30 mai 1712 , par le rôle de *Polyeucte* , fut reçu le mercredi 7 juillet suivant pour les grands confidents tragiques et quelques utilités de la comédie, se retira au mois de mai 1728, et mourut le mercredi 29 août 1733. Il était épileptique.

~~~~~~~~~~~~~~~

GRANDVAL.

(*Charles-François-Nicolas Racot de*)

LE fameux Baron touchait au terme de sa longue carrière, lorsque Grandval, qui devait un jour le remplacer dans le haut comique, commençait la sienne sous les plus heureux auspices. Par la mort de Baron, Quinault-Dufresne allait se trouver en possession des premiers rôles. Il fallait à la Comédie un acteur en état de remplir l'emploi des jeunes premiers tragiques et comiques. Grandval se présenta; obtint un grand succès, et, pendant trente-deux années, offrit au public un modèle parfait qui n'a pas encore été égalé.

Il débuta sous le nom de Duval, le samedi 19 novembre 1729, par le rôle d'*Andronic*; il n'avait alors que dix-huit ans. Cependant on lui trouva tant de talents, qu'ayant joué le même rôle à la cour le 1er décembre suivant, il fut reçu à demi-part sur un ordre du 31 du même mois.

La carrière dramatique de Grandval se divise

naturellement en trois époques. Depuis sa réception jusqu'à la retraite de Dufresne en 1741, il tint le second emploi pour lequel il avait été reçu, et pendant ce temps il établit les rôles de *Valérius Publicola* dans *Brutus*, de *Nérestan* dans *Zaïre*, de *Frédéric* dans *Gustave*, d'*Hiarbe* dans *Didon*, du *Marquis* dans *la Pupille*, de *Valère* dans *le Somnambule*, du *Marquis* dans *les Dehors trompeurs*, d'*Alcindor* dans l'*Oracle*, et beaucoup d'autres moins importants, ou qui tiennent à des pièces actuellement oubliées.

A la retraite de Dufresne, il prit en chef les premiers rôles tragiques et comiques ; mais, comme il n'avait encore que trente ans, il continua de jouer et d'établir des rôles de jeunes premiers, pour lesquels son rare talent et son beau physique étaient indispensables, tels que *Darviane* dans *Mélanide*, *Olinde* dans *Zénéide*, *Égisthe* dans *Mérope*. Les rôles de *Brutus* dans *la Mort de César*, et d'*Oreste* dans la tragédie de ce nom, lui furent aussi confiés par Voltaire lors de la première représentation de ces deux pièces. Lorsque Lekain parut en 1750, il trouva Grandval en possession de l'emploi auquel il aspirait. Il fallut pour ainsi dire que Lekain lui arrachât les premiers rôles tragiques les uns après les autres ; il est vrai que pour se faire sur ces rôles un droit incontestable, et pour ôter à Grandval toute envie d'y reparaître, il suffisait à Lekain de les jouer une seule fois. On prétend que Grandval ne sentit pas tout de suite la grande supériorité de Lekain, qu'il ne vit que les désagréments naturels de cet acteur sublime, et ne sut point apprécier l'âme et la sensibilité qui les effaçaient. Cela n'est point invraisemblable ; il y a bien peu d'acteurs assez généreux pour rendre justice à leurs rivaux, mais un homme tel que Grandval eût dû faire exception à la règle. Au reste, l'enthousiasme du public pour son double, et l'accueil glacial qu'il reçut dans plusieurs rôles tragiques, où jusqu'alors il avait été fort applaudi, le forcèrent bientôt à prendre le seul parti qui lui restait. Il céda le premier emploi tragique à Lekain, se réservant les grands rôles de haut comique, dans lesquels il n'avait pas de concurrence à craindre. Depuis ce sacrifice forcé, mais indispensable, il ne joua, en rôles nouveaux de quelque importance, que *Lisois* dans *le Duc de Foix*, *Orbassan* dans *Tancrède*, et *le Marquis du Carrage* dans *le Droit du Seigneur* ; mais il se dédommagea aux reprises de *Don Sanche d'Arragon* en 1753, de *Nicomède* en 1754, et de *Sertorius* en 1758 ; il y joua les principaux rôles de chacune de ces pièces avec autant de succès que dans ses plus beaux jours.

Grandval fut l'acteur le plus noble et le plus décent que le théâtre eût encore possédé. Il mettait une finesse étonnante et des grâces exquises dans son jeu, où l'on distinguait jusqu'aux nuances les plus délicates d'un caractère, et fut peut-être le seul comédien qui, sur la scène, ait eu véritablement l'air d'un homme du monde.

Un seul défaut, malheureusement incorrigible parce qu'il le tenait de la nature, mit un terme aux succès de Grandval, lorsqu'il fut parvenu à cet âge où le public juge les acteurs avec plus de sévérité, parce qu'il n'est plus séduit par les grâces de la jeunesse. Grandval grasseyait d'une manière assez marquée ; ce défaut seul l'empêcha de prolonger encore sa brillante carrière. Mlle Clairon en a parlé dans ses Mémoires. Nous allons copier ses expressions :

« Qu'on se rappelle tous les acteurs qu'on a
» vus ; il ne fut jamais de grands acteurs avec ce
» défaut (dans la prononciation). Une jolie fi-
» gure, un âge intéressant, des dispositions, le
» font excuser quelquefois ; mais la figure et les
» jeunes années passent : les espérances se réali-
» sent rarement avec des défauts tenants à la na-
» ture, et que l'âge ne fait qu'accroître. J'en
» donnerai Grandval pour exemple. Ce comé-
» dien charmant, plein de grâces, d'esprit et de
» chaleur, avec qui ce qu'on nomme décence

» théâtrale a quitté la scène ; qu'on ne rem-
» placera peut-être jamais dans les petits-maîtres
» de bonne compagnie et dans le haut comique,
» ayant la sagesse de ne se montrer que dans les
» rôles convenables à son âge, a été forcé de se
» retirer avant cinquante ans, par le dégoût que
» son grassèyement inspirait au public dont il
» avait été l'idole. La jeunesse et la beauté en
» font une grâce de plus dans le monde, mais
» c'est un défaut intolérable au théâtre. »

Ainsi, pour éviter de compromettre sa grande
réputation, Grandval prit sa retraite à la clôture de 1762, avec 1000 livres de pension du roi,
accordée dès 1745, et 1500 livres de la Comédie.
Heureux s'il s'en était tenu à cette sage résolution! Mais soit que des conseils imprudents l'eussent abusé, soit qu'il s'ennuyât de son oisiveté,
Grandval rentra au théâtre le 6 février 1764, par
le rôle d'*Alceste*, dans *le Misantrope* ; décidé à
joindre aux premiers rôles qui conviendraient à
son âge, ceux de pères nobles. C'est la troisième
époque de sa carrière théâtrale ; elle ne fut pas
satisfaisante pour lui, et après avoir fait la triste
épreuve du changement du public à son égard,
il se retira une seconde fois en 1768, sans avoir
rien ajouté à sa gloire, et avec le chagrin de l'a-
voir peut-être altérée, du moins aux yeux de
cette partie des spectateurs qui n'avait pu le voir

dans son bon temps. Pendant ces quatre années, il joua d'original *Coucy* dans *Adélaïde*, le *Baron d'Esparville*, dans *le Philosophe sans le savoir*, et le *capitaine Coverly* dans *Eugénie*.

Grandval avait de l'esprit et de la littérature. Son père, Charles Racot de Grandval, musicien assez estimé, composa la musique de beaucoup de petites pièces *à agréments*, données à la Comédie française. On lui doit le poème de Cartouche, dans lequel on trouve des choses fort plaisantes.

Grandval fils employa aussi ses loisirs à des ouvrages en vers. Il fit imprimer quelques comédies d'un genre très-libre, mais où l'on trouve souvent de l'esprit, de la gaîté et du talent pour la critique.

Il avait épousé Marie-Geneviève Dupré, célèbre actrice, à laquelle il ne survécut que d'une année, étant mort le 25 septembre 1784. Son portrait a été gravé par Lebas, d'après Lancret.

GUERIN.

(*Eustache-François, sieur d'Estriché.*)

Né à Paris en 1636, Guérin débuta sur le héâtre du Marais en 1672, ou au commencenent de 1673. Après la mort de Molière, la troupe dont il faisait partie, se réunit à celle du Palais-Royal, sur le théâtre de la rue Mazarine. Guérin y fut admis et conservé à la réunion de 1680. A dater de cette époque, il passa trente-sept années au théâtre français, dans l'emploi des rôles à manteau et des grands confidents tragiques, où il s'acquit une très-grande réputation. Il contribua au succès d'une quantité considérable de pièces nouvelles ; on ne peut actuellement en indiquer qu'une très-faible partie par suite de la négligence des auteurs contemporains qui ne croyaient pas nécessaire de constater dans leurs écrits des choses que tout le monde savait de leur temps. Cependant on ne peut douter que Guérin n'ait joué d'original les rôles du *Marquis de Sardan* dans *le Muet*, de *Chrisante* dans *le Flatteur*, de *Valère* dans *le Distrait*, de *l'Intendant* du *Double Veuvage*, de *Simon* dans *l'Andrienne*, de *Rutile* dans *Manlius*, et d'*Achitophel* dans *Absalon*. On sait aussi qu'il jouait avec un art et en même temps un naturel admirables ceux de *l'Avare*, du *Grondeur*, de *M. Guillaume* (*Avocat patelin*) de *Chrysale* des *Femmes savantes*, et dans la tragédie les grands confidents tels que *Théramène*, *Arbate* et *Narcisse*. Son talent pour les récits fut long-temps célèbre ; on se souvint aussi long-temps d'une habitude qu'il avait prise dans celui de

Théramène. Les acteurs tragiques portaient alors une large perruque à trois marteaux. Or, toutes les fois que Guérin arrivait à ce vers :

J'ai vu, Seigneur, j'ai vu votre malheureux fils, etc.

il ne manquait pas de réjetter régulièrement derrière lui un de ces marteaux.

Près d'un demi siècle s'était écoulé depuis le début de Guérin : il approchait de quatre-vingt-deux ans, et ne songeait point à quitter le théâtre. Les applaudissements du public dont il était flatté, la crainte de s'ennuyer dans la vie privée, le retenaient sur la scène : il semblait qu'il eût fait vœu de mourir sur les planches, et peu s'en fallut que cela n'arrivât. Le 25 juillet 1717 on devait jouer *Héraclius* à l'opéra : Guérin, qui remplissait le rôle d'*Exupère*, était habillé, et prêt à paraître en scène, lorsqu'il tomba en apoplexie dans les coulisses : on l'emporta aussitôt chez lui. Cet accident imprévu frappa tellement les comédiens qui révéraient en lui leur doyen et l'un des anciens camarades de Molière, qu'ils aimèrent mieux rendre l'argent que de jouer la pièce.

Guérin ne fut pas long-temps à se rétablir. Il renonça au théâtre pendant sa maladie, et Buchet, alors auteur du Mercure de France, remarqua qu'il lui serait plus facile qu'à un autre d'être fidèle à la parole qu'il avait donnée de n'y plus remonter, attendu que son apoplexie s'était tournée en paralysie sur la langue, et que d'ailleurs il touchait à sa quatre-vingt-deuxième année.

Il paraît que les médecins trouvèrent moyen de détourner la paralysie sur une autre partie du corps, puisqu'à l'époque de sa mort, arrivée le 28 janvier 1728, dans la quatre-vingt-douzième année de son âge, il conservait encore, suivant le témoignage de Laroque, successeur de Buchet, un esprit très-sain, et une mémoire admirable. En juin 1723, le roi lui avait accordé une pension de 300 livres sur sa cassette ; et il est très-probable, quoique nous n'ayions pu en avoir de certitude, qu'il eut la pension ordinaire de 1000 livres ; il l'avait du moins plus que doublement méritée.

Guérin avait épousé en 1677 ou 1678 Armande-Grésinde-Claire-Elizabeth Béjart, veuve de Molière. Il n'en eut qu'un fils qui mourut avant lui, et ne monta point sur le théâtre.

Guérin fut un excellent comédien, et, ce qui vaut mieux encore, un homme plein d'honneur et de probité.

G R A M M O N T.

(*Nourry*)

En commençant cet article, nous devons prévenir nos lecteurs qu'il n'entre pas dans notre plan d'examiner la vie politique de Grammont : nous ne devons le considérer que comme acteur.

Après la mort de Lekain, son emploi fut partagé entre Molé, Monvel et Larive ; Ponteuil même y aspirait. Le premier et le dernier de ces acteurs sont les seuls sur lesquels nous puissions avoir une opinion, et nous croyons que Molé, portant dans les premiers rôles tragiques la diction brusque et hachée, le tâtonnement, l'hésitation et les réticences qui convenaient si bien aux petits maîtres, ne pouvait espérer raisonnablement de remplacer Lekain. Quant à Ponteuil, il était, ou froid comme la glace, ou plus emporté qu'un énergumène : manquant de chaleur véritable, il n'en acquérait l'apparence qu'en se battant péniblement les flancs ; et les contorsions, les cris, ou plutôt les beuglements qui lui étaient familiers, ne pouvaient satisfaire des spectateurs encore remplis du jeu terrible et parfait de Lekain.

Grammont, qui se proposait de doubler Larive, se présentait donc dans une circonstance assez favorable. Il parut pour la première fois le 5 fevrier 1779 par le rôle de *Tancréde*, et sous le nom de Rozelli. Ensuite il joua *Vendôme*, *Orosmane*, *Mahomet*, *Zamore* et *Gengis*. Jaloux de s'essayer aussi dans la comédie, il choisit les rôles de *Clarendon* dans *Eugénie*, du *comte d'Olban* dans *Nanine*, du *Glorieux*, de *Valsain* dans les *Fausses Infidélités*, et de *D. Juan* dans le *Festin de Pierre*.

Grammont avait une première ressemblance avec Lekain : il n'était pas d'une belle figure. Quant à son talent, nous en laisserons l'appréciation à un critique célèbre, qui jugeait bien toutes les fois que la passion ne dictait pas ses arrêts. « Grammont Rozelli a occupé le théâtre » où il a débuté avec succès dans le premier » emploi. Il doit ce succès bien moins aux qua- » lités qu'il a, qu'aux défauts qu'il n'a pas. Il a » un débit ferme, un maintien raisonnable, et » même quelque noblesse. On ne peut lui repro- » cher ni les convulsions forcenées, ni la profu- » sion des mouvements et des gestes, ni la fa- » miliarité triviale, ni les bégayements à la mode, » ni cette insuportable manie de briser les vers, » et d'en faire absolument disparaître le rhythme » et la tournure. Le public lui a su si bon gré » de n'avoir aucun de ces défauts choquants, » qu'il lui a pardonné la sécheresse de son jeu,

» le défaut de sensibilité, et souvent même d'in-
» telligence. »

Les gentilshommes de la chambre pensèrent
comme le public : ils reçurent Grammont aux
grands appointements de 3000 livres avec feux et
jettons, après qu'il eut terminé son début le 20
mars, jour de la clôture.

Cet acteur ne conserva pas longtemps la faveur
publique dont il avait été environné pendant ses
débuts. Le samedi 19 janvier 1782, il se présenta
pour jouer *Orosmane* dans *Zaïre*; aussitôt le
mécontentement se fit appercevoir, les murmures éclatèrent de tous côtés; on demanda Larive,
et les clameurs durèrent si long-temps que Grammont crut devoir quitter la scène, et n'y reparaître qu'après que Florence eut prié les spectateurs de vouloir bien l'entendre. Cette harangue
fut inutile : Grammont fut hué de nouveau, et
forcé de se retirer une seconde fois. Les comédiens firent demander au public quelle autre pièce
il voulait que l'on jouât. *Le roi de Cocagne* fut
désigné; l'impossibilité de réunir sur le champ
tous les acteurs nécessaires à la représentation de
cette pièce mettait la Comédie dans le plus grand
embarras : Dorival l'en tira, comme nous l'avons
dit à son article.

Après une scène aussi cruelle pour Grammont,
on ne devinerait jamais celle qui la suivit, si

l'on ne connaissait la versatilité du parterre. Le samedi 23 fevrier, Grammont qui était resté plus d'un mois dans une inaction forcée, reparut par le rôle de *D. Pédre* dans *Pierre le cruel.* A peine était-il sorti de la coulisse, qu'il fut accueilli par de vifs applaudissements destinés sans doute à lui faire oublier la réception désagréable du 19 janvier précédent. Il s'avança au bord du théatre, et, après s'être incliné respectueusement, il prononça le petit discours suivant qui ne signifie pas grand chose, et fut couvert d'applaudissements. « Messieurs, permettez-moi de vous exprimer » tout ce que mon cœur sent en ce moment de » reconnaissance : permettez-moi encore d'espé- » rer qu'il viendra un jour où j'aurai le bonheur » de vous prouver qu'elle est aussi pure et aussi » désintéressée que votre indulgence. »

Il paraît que cette indulgence ne fut pas de durée ; du moins Grammont se retira-t-il vers la fin de 1782. Il ne revint à la Comédie qu'en 1786, et commença un deuxième début le 30 août par le rôle de *Mahomet.* Il joua les mêmes rôles qu'en 1779, en y ajoutant celui de *Néron*, et fut reçu en 1787.

Lorsqu'une portion de la Comédie française jugea convenable de se fixer au théâtre de la rue de Richelieu, Grammont prit un parti mitoyen entre l'ancien théâtre et le nouveau. Il alla se réunir à Mlle Sainval l'ainée qui avait accepté un engagement dans la troupe de Mlle Montansier, mais il n'y resta pas long-temps. En 1793 Grammont, abandonnant entierement l'état de comédien, devint un des généraux de l'armée révolutionnaire ; et victime de cette révolution terrible qui, comme Saturne, dévorait tous ses enfants ; cruellement puni de l'éxagération de ses principes, il termina ses jours sur l'échafaud, ainsi que son fils dont il avait fait son aide de camp, le 24 germinal de l'an 2. Grammont père avait alors quarante-deux ans.

HAUTEROCHE.

(*Noël Lebreton , sieur de*)

S'IL se fût conformé au choix de ses parents, Hauteroche eût jugé ses concitoyens dans un tribunal ; s'il eût suivi son inclination, il les eût défendus sur le champ de bataille. Forcé par les circonstances de n'exécuter ni le projet de ses parents ni le sien, il égaya le public, comme acteur et comme auteur, sur le théâtre de Paris.

Il naquit dans cette ville en 1617. Son père était huissier au parlement, et jouissait d'une fortune considérable ; il lui dut le bienfait inappréciable d'une bonne éducation dont il ne pro-

fita guères. Sa mère, découvrant en lui des incli-
nations toutes militaires, n'attendit pas qu'il eût
achevé sa rhétorique pour lui procurer un autre
emploi que celui des armes, qu'elle trouvait trop
périlleux pour un fils chéri. Dans la crainte qu'il
ne lui échappât, elle traita, sans le consulter,
d'une charge de Conseiller au Châtelet, qu'elle
voulait lui voir remplir, et arrêta en même temps
son mariage avec la fille d'une de ses intimes
amies.

Lorsque tous ses arrangemens furent pris,
d'accord avec son mari, qui n'avait jamais
d'autre volonté que celle de sa femme, elle signi-
fia ses intentions au jeune Hauteroche. Il en fut
extrêmement surpris : la robe et le mariage n'é-
taient pas plus de son goût l'un que l'autre; il
mit tout en usage pour obtenir de ses parents
qu'ils changeassent de dessein : n'ayant pu y
réussir, il imita la conduite que tient *Dorante*
dans *le Menteur*, emporta tout l'argent dont il
put se saisir, et passa en Espagne. Son voyage
ne fut pas heureux; il ne trouva point d'emploi
dans les armées du Roi Catholique, et s'étant imaginé que le jeu lui fournirait des ressources, il
eut le malheur assez ordinaire de rencontrer des
gens qui en savaient plus que lui. Valladolid fut
le tombeau du trésor qu'il avait emporté de la
maison paternelle, de manière qu'en peu de

temps il se vit sans ressources. La nécessité lui
fit prendre un parti auquel sans doute il n'eût
jamais songé sans elle. Informé que Valence
possédait une troupe de comédiens français qui
y avaient été mandés par le gouverneur de la
province, il s'y enrôla avec autant de confiance
que s'il avait été sûr de devenir un excellent acteur. Le hasard développa effectivement en lui
des talents qu'il ne se soupçonnait pas lui-même ;
ils firent tant de bruit que six mois après il fut
choisi pour directeur d'une troupe en Allemagne.
Il paraît qu'il fit assez bien ses affaires avec les
Germains : cependant il les quitta dès que cela
lui fut possible, et vint débuter à Paris. On
ignore l'époque de son retour dans cette ville,
mais on est sûr qu'il était au théâtre du Marais
dès 1654. Il passa ensuite dans la troupe de l'hôtel de Bourgogne, fut conservé à la réunion de
1680, et se retira sur la fin de 1682 avec la pension de 1000 livres.

A la retraite de Floridor, il fut chargé de l'emploi d'orateur, dans lequel Lagrange le remplaça
lors de la réunion.

Hauteroche était d'une haute taille, d'une
maigreur étonnante, et cependant d'une forte
santé. Il jouait avec beaucoup de succès les grands
confidents tragiques ; on prétend même qu'il y
était fort supérieur à Guérin, qui fut ensuite

chargé de cet emploi : cela n'est guères vraisemblable.

Il joua, sous son nom, un rôle dans la *Comédie sans comédie*, de Quinault, et voici comment cet auteur le fit parler :

Je suis né, grâce au ciel, d'assez nobles parents ;
J'ai reçu dans la cour mille honneurs différents ;
La France à m'admirer souvent s'est occupée :
Le favori du roi m'a donné cette épée.
J'ai reçu des faveurs des gens du plus haut rang ;
Ce diamant de prix vient d'un prince du sang.
J'ai l'heur d'être connu du plus grand des monarques,
Et j'ai de son estime en d'éclatantes marques ;
Il m'écoute par fois mieux que ses courtisans,
Et l'habit que je porte est un de ses présents.

Hauteroche ne se bornait point à jouer les pièces des auteurs qui travaillaient alors pour le théâtre : il en composait lui-même. Ses comédies n'offrent pas une grande profondeur d'intentions ; elles ne sont pas toutes bien conduites, et celles qu'il a versifiées, le sont d'une manière lâche et incorrecte. En revanche on y trouve beaucoup de gaîté, de plaisanteries réjouissantes, et si l'on y peut reprendre quelques licences un peu fortes, du moins sont-elles plus rares que dans les théâtres de ses camarades, R. Poisson et Brécourt. Ses meilleures pièces sont : 1° *le Deuil*, comédie en un acte et en vers, 1672 : elle est tirée des contes d'Eutrapel ; 2° *Crispin méde-cin*, comédie en trois actes et en prose, 1673 ; 3° *le Cocher supposé*, comédie en un acte et en prose, 1684. L'idée de cette pièce est prise de la comédie espagnole de D. Diego de Mendoça, intitulée : *Los riezgos que tiene un coche* ; 4° *L'Esprit follet*, ou *la Dame invisible*, comédie en cinq actes et en vers, 1684. C'est une imita-tion de *la Dama duenda*, l'une des meilleures pièces de Caldéron. Le Metel-d'Ouville avait traité ce sujet quarante-deux ans avant Haute-roche.

Ces quatre pièces sont restées au théâtre. On trouve des scènes plaisantes dans *Crispin musi-cien*, comédie en cinq actes, en vers, jouée en 1674, et qui, suivant Hauteroche, eut quarante représentations de suite dans l'été ; mais en général l'intrigue, s'il y en a, languit continuelle-ment, et ce n'est qu'une répétition de ce que Hauteroche avait déjà mis dans *Crispin médecin*, l'embarras d'un valet envoyé par son maître dans la maison du père de celle qu'il aime, et les stra-tagèmes que le valet imagine pour cacher sa mission. Cette pièce resta long-temps au théâtre, et fut même reprise en mai 1735 par François-Arnoult Poisson.

Les autres ouvrages de Hauteroche sont :

1° *L'amant qui ne flatte point*, comédie en cinq

actes et en vers, 1668; 2° *le Souper mal apprêté*,
comédie en un acte et en vers 1669 (cette
petite pièce est assez plaisante); 3° *les Apparences
trompeuses*, ou *les Maris infidèles*, comédie en
trois actes et en vers, 1673 (elle ne fut pas jouée);
4° *les Nobles de province*, comédie en cinq actes
et en vers, 1678 (elle n'eut aucun succès); 5° *la
Bassette*, comédie non imprimée, 1680; 6° *les
Bourgeoises de qualité*, comédie en cinq actes
et en vers, 1690 (Dancourt en a fait une qui
porte le même titre, qui est calquée sur celle-
ci, et qui l'a tuée); 7° *le Feint Polonais*, ou *la
Veuve impertinente*, comédie en trois actes, en
prose, jouée en province.

La meilleure édition des œuvres de Hauteroche est celle qui fut publiée à Paris, en 1772,
5 volumes in-12, par la compagnie des libraires.

Hauteroche retiré, comme nous l'avons dit,
en 1682, puis qu'il se trouve porté sur la liste
des pensionnaires de l'année 1683, mourut le
14 juillet 1707, à 90 ans.

HUBERT.

(André)

Molière, qui reconnut des dispositions dans cet acteur, se donna la peine de le former lui-même, en fit un excellent comédien, et lui confia plusieurs rôles dans ses pièces à mesure qu'il les donnait au public.

Après la mort de ce grand homme, Hubert passa dans la troupe de Guénégaud, fut conservé à la réunion, se retira le 14 avril 1685, par permission du roi du 24 février précédent, avec une pension de 1000 livres, et mourut le vendredi 19 novembre 1700.

Hubert jouait avec succès les rôles de *médecin*, de *marquis*, et ceux de femme, tels que *Mme Jourdain*, la *comtesse d'Escarbagnas*, *Bélise* des *Femmes savantes*, *Mme Pernelle*, *Mme Jobin* de la *Devineresse*, etc. Après sa mort ils furent donnés à Beauval. On ne doit pas oublier qu'il s'acquitta fort bien du rôle de *Vicomte* dans *l'Inconnu*. Hubert jouait aussi quelques confidents de tragédie.

~~~~~~~~~~~~

JODELET.

(*Julien Geoffrin* , dit)

Quoique cet acteur ait commencé par être le camarade des farceurs du Marais et de l'hôtel de Bourgogne, comme il fut aussi celui de Bellerose et de Floridor, et qu'après avoir joué dans la farce improvisée avec Gros-Guillaume, il fut chargé de rôles importants dans beaucoup de comédies, dont quelques-unes sont encore au théâtre, nous avons cru devoir lui assigner une place plus honorable que celles que nous avons données à Turlupin et à ses compagnons.

Julien Geoffrin entra au théâtre du Marais en 1610, et prit le nom de Jodelet. La naïveté de son jeu, la vérité de son débit lui acquirent une grande réputation dans le genre comique, et par ordre de Louis XIII il passa, au mois de décembre 1634, dans la troupe de l'hôtel de Bourgogne. Son talent, déjà célèbre, s'augmenta encore à ce théâtre. Plusieurs auteurs composèrent des rôles, des pièces même pour cet acteur; mais ce fut à Scarron qu'il dut son plus grand éclat. Il joua d'original dans *Jodelet Maître et valet,* en 1645, et dans *Jodelet Duelliste* (ou *soufflété*) en 1646; il établit aussi les trois rôles de *Cliton* dans *le Menteur*, en 1642, *la Suite du Menteur*, (de P. Corneille), en 1643, et l'*Amour à la mode* (de Thomas Corneille), en 1651. (Bellerose remplissait le rôle de *Dorante* dans *le Menteur* et sa *Suite* : Floridor celui d'*Oronte* dans l'*Amour à la mode*.) Jodelet contribua beaucoup au succès du *Geolier de soi-même*, autre comédie de Thomas Corneille, jouée en 1655, qui resta très long-temps au répertoire sous le titre de *Jodelet prince ;* on pense bien qu'il y était chargé du rôle principal. Enfin cet acteur fit tant de plaisir sous le costume de *D. Bertrand de Cigarral*, principal personnage d'une comédie fort originale du même auteur, donnée en 1650, qu'elle fut jouée plus de vingt fois à la cour sous la minorité de Louis XIV.

Jodelet avait une figure fort plaisante. Les traits de son visage étaient si marqués et si comiques, qu'il n'avait qu'à se montrer pour exciter les éclats de rire ; il savait les augmenter encore par la surprise qu'il témoignait en voyant rire les spectateurs. Il parlait du nez, et ce défaut rendait son débit beaucoup plus burlesque qu'on ne peut se l'imaginer. Il paraît que le public le regardait alors comme une grâce de plus pour les rôles que jouait Jodelet. Les auteurs du temps y font de fréquentes allusions qu'ils ne se seraient

point permises, si le parler nazillard de Jodelet
n'eût été regardé comme faisant partie de ses
moyens comiques.

On ne manqua pas de graver le portrait d'un
comédien aussi fameux ; il y paraît avec une
barbe de quinze jours, des moustaches noires,
et le reste du visage couvert de farine. Mais on
le trouve mieux dépeint encore dans les passages
suivants, tirés de quelques-unes des pièces que
nous avons citées.

P. Corneille a placé le portrait de Jodelet et
quelques traits de celui de Bellerose à la 3ᵉ scène
du 1ᵉʳ acte de *la Suite du Menteur. Cliton*,
après avoir dit à *Dorante* que son nom est décrié
à Paris comme la fausse monnaie, et que l'on y
représente ses aventures en plein théâtre, ajoute :

On y voit un Dorante avec votre visage ;
On le prendrait pour vous ; il a votre air, votre âge,
Vos yeux, votre action, *votre maigre embonpoint*,
Et paraît, comme vous, adroit au dernier point.

Il continue par son propre portrait.

Comme à l'évènement, j'ai part à la peinture :
Le héros de la farce, un certain Jodelet,
Fait marcher après vous votre digne valet.
Il a jusqu'à mon nez, et jusqu'à ma parole,
Et nous avons tous deux appris en même école.
C'est l'original même ; il vaut ce que je vaux ;
Si quelqu'autre s'en mêle, il peut s'inscrire en faux,

Et tout autre que lui, dans cette comédie,
N'en fera jamais voir qu'une fausse copie.

On trouve encore d'autres traits épars, qui, ras-
semblés, complettent la peinture. Dans *l'Amour
à la mode*, scène 7° du 4° acte :

LISETTE A CLITON.

Tu m'abandonnerais toi que met hors de mise
Ton poil déjà grison et ta *nazillardise* !

Dans *D. Bertrand de Cigarral*, scène 2° du
1er acte :

GUSMAN (*parlant de D. Bertrand son maître.*)

Mais quant à la parole, il a grand agrément,
Et débite son fait fort nazillardement.

Dans *Jodelet Maître et valet*, acte 1er, scène 1re :

D. JUAN.

Eh ! qu'aura-t-elle dit de ta face cornue,
Chien ! qu'aura-t-elle dit de ton nez de blaireau,
Infâme !

JODELET.

Elle aura dit que vous n'êtes pas beau.

Pour achever ce portrait, il faut recourir encore
à la *Suite du Menteur*, scène 2° du 1er acte.
Ce fragment est précieux par les détails qu'il

renferme sur Jodelet, et c'est d'ailleurs un modèle de dialogue.

C L I T O N.

Dirons-nous cependant deux mots de guerre ensemble?

L I S E.

Disons.

C L I T O N.

Contemple-moi.

L I S E.

Toi?

C L I T O N.

Oui, moi, que t'en semble?

L I S E.

Je dis que verd et rouge, ainsi qu'un perroquet,
Tu n'es que bien en cage, et n'as que du caquet.

C L I T O N.

Tu ris! cette action, qu'est-elle?

L I S E.

Ridicule.

C L I T O N.

Et cette main?

L I S E.

De taille à bien ferrer la mule.

CLITON.

Cette jambe, ce pied ?

LISE.

Si tu sors des prisons,
Dignes de t'installer aux Petites-Maisons.

CLITON.

Ce front ?

LISE.

Est un peu creux.

CLITON.

Cette tête ?

LISE.

Un peu folle.

CLITON.

Ce ton de voix enfin, avec cette parole ?

LISE.

Ah ! c'est-là que mes sens demeurent étonnés !
Le ton de voix est rare, aussi bien que le nez.

Jodelet avait des talents naturels et supérieurs ; mais l'âge en affaiblit la vivacité, et ne fit qu'augmenter une humeur inquiète et quinteuse qui le faisait haïr de ses camarades.

Ainsi lorsqu'il mourut vers la fin de mars 1660, après avoir passé cinquante années sur la scène, il ne fut regretté que du public ; à la vérité c'est le point capital pour un comédien.

Nous rapporterons son épitaphe faite par Loret, l'un des plus pitoyables rimailleurs du dix-septième siècle : elle est digne de lui : c'est tout dire.

> Ici gît qui de Jodelet
> Joua cinquante ans le rolet,
> Et qui fut de même farine,
> Que Gros Guillaume et Jean Farine,
> Hormis qu'il parlait mieux du nez
> Que les dits deux enfarinés.
> Il fut un comique agréable,
> Et pour parler suivant la fable,
> Paravant que Cloton, pour nous pleine de fiel,
> Eût ravi d'entre nous cet homme de théâtre,
> Cet homme archi-plaisant, cet homme archi-folâtre,
> La terre avait son Mome, aussi bien que le ciel.

Jodelet avait été marié : il eut un fils nommé Claude Geoffrin qui entra fort jeune dans l'ordre des Feuillants, et fut un célèbre prédicateur sous le nom de D. Jérôme.

L A F L E U R.

(N... Juvénon de)

M. Delafleur (1) avait été cuisinier. Se trouvant apparemment plus de talent pour le théâtre que pour les ragoûts, il entra dans la troupe de l'hôtel de Bourgogne. On ne sait point en quelle année il y parut pour la première fois. À la mort de Montfleury, en 1667, il lui succéda dans les rôles de rois et de paysans, toujours joués alors par le même acteur, suivant un usage qui se conserva pendant plus de cent ans. Lafleur les remplissait supérieurement : il excellait encore dans ceux de Gascons et de Capitans. Il joua d'original *Lélius* dans la *Sophonisbe* de Corneille, *Burrhus* dans *Britannicus*, et *Acomat* dans *Bajazet* ; il y soutint toute sa réputation.

Quelques auteurs prétendent que Lafleur est le premier comédien qui ait eu ce que l'on appe-

(1) C'est ainsi qu'on nommait cet acteur lorsqu'il était au théâtre : on disait toujours aussi M. de Hauteroche, M. de Brécourt, M. de Floridor. C'est le style des auteurs de ce temps, et par une inconséquence assez singulière, en parlant des actrices, ils disaient La Bellerose, La Beauchâteau, etc.

lait alors des entrailles, ce que nous nommons aujourd'hui de la sensibilité véritable et communicative; ils ajoutent que Floridor n'en avait pas autant que lui. Ils oublient deux choses : la première, que Floridor fut le premier acteur de son temps, et qu'on ne lui trouvait point de défauts; or, s'il eût manqué d'*entrailles*, ç'en eût été un bien grand : la seconde, que Mondory était renommé surtout pour cette partie essentielle du talent d'un acteur.

Lafleur était d'une taille élevée, d'une belle figure, et fort bien fait. Il épousa la fille de Gros-Guillaume, dont il eut un fils connu au théâtre sous le nom de Lathuillerie. On ignore en quelle année mourut Lafleur. Chappuzeau le met au nombre des acteurs vivants de l'hôtel de Bourgogne en 1674, et l'on est sûr qu'il n'était plus vivant en 1680.

~~~~~~~~~~

LAGRANGE.

(*Charles Varlet, sieur de*)

Né à Amiens, comédien dans une troupe de province, et ensuite dans celle de Molière, il débuta en 1658 au théâtre du Petit-Bourbon, avec cet homme illustre qui avait pris plaisir à le former ; ses soins ne furent pas inutiles ; Lagrange devint un fort bon acteur. On trouve dans la première scène de l'*Impromptu de Versailles*, une preuve non équivoque du talent de Lagrange. Après avoir donné des avis à plusieurs de ses camarades, Molière n'adresse à Lagrange que cette phrase : *Pour vous, je n'ai rien à vous dire.* Elle fait sentir, suivant la judicieuse remarque de M. Bret, quel cas Molière faisait des talents de ce comédien, puisqu'il était le seul qui ne lui parût pas avoir besoin de ses conseils. En 1673 il passa sur le théâtre de Guénégaud, et fut conservé à la réunion de 1680.

Lagrange jouait dans les deux genres ; à cette époque il quitta la tragédie, et s'en tint aux rôles du haut comique dans lesquels il ne cessa de plaire au public. Quoique parvenu à un certain âge, il jouait encore les Amoureux d'une manière noble et aisée ; la fin de sa carrière ne lui offrit aucuns désagréments. Lagrange joua d'original les rôles de *Lycaste* dans le *Mariage forcé*, d'*Euriale* dans *la Princesse d'Elide*, d'*Alexandre* dans la tragédie de Racine, jouée en même-temps sur les deux théâtres, d'*Adraste* dans le *Sicilien*, de *Valère* dans *Tartuffe*, de *Cléonte* dans le *Bourgeois Gentilhomme*, d'*Agénor* dans *Psyché*, de *Cléante* dans la *Comtesse d'Escarbagnas* et dans le *Malade Imaginaire*, de *Damis* dans la *Coquette* de Baron, et du *Baron d'Ortigny* dans le *Muet* en 1691. Ce rôle fut probablement le dernier que Lagrange établit dans une pièce nouvelle.

Molière lui avait cédé l'emploi d'orateur de la troupe du palais royal : il l'exerça aussi sur le théâtre de la rue Mazarine ; et lorsqu'il fut admis dans celle de l'hôtel de Bourgogne à la réunion générale, on pria Hauteroche, qui avançait en âge, de permettre que Lagrange lui succédât dans le même emploi. Il n'y fit regretter aucun de ses prédécesseurs ; Chappuzeau lui rend, à cet égard, le témoignage le plus flatteur dans son *Théâtre français*, pages 282-284. Nous allons transcrire ce passage ; le style en est vieux, mais il ne manque pas d'agrément dans sa simplicité.

« La troupe du palais royal a eu pour son pre-
» mier orateur l'illustre Molière, qui, six ans
» avant sa mort, fut bien aise de se décharger de
» cet emploi, et pria Lagrange de le remplir à
» sa place. Celui-ci s'en est toujours acquitté di-
» gnement jusqu'à la rupture entière de la troupe
» du palais royal, et il continue de l'exercer avec
» grande satisfaction des auditeurs dans la nou-
» velle troupe du roi. Quoique sa taille ne passe
» guères la médiocre, c'est une taille bien prise,
» un air libre et dégagé ; et sans l'ouïr parler, sa
» personne plaît beaucoup. Il passe avec justice

» pour très-bon acteur, soit pour le sérieux,
» soit pour le comique, et il n'y a point de rôle
» qu'il n'exécute très-bien. Comme il a beaucoup
» de feu et de cette honnête hardiesse si néces-
» saire à l'orateur, il y a du plaisir à l'écouter quand
» il vient faire le compliment; et celui dont il sut
» régaler l'assemblée à l'ouverture de la troupe
» du roi, était de la dernière justesse. Ce qu'il
» avait imaginé fut prononcé avec une merveil-
» leuse grâce; et je ne puis enfin dire de lui que
» ce que j'entends dire à tout le monde, qu'il est
» très-poli et dans ses discours, et dans toutes ses
» actions; mais il n'a pas seulement succédé à
» Molière dans la fonction d'orateur; il lui a
» succédé aussi dans le soin et le zèle qu'il
» avait pour les intérêts communs, et pour toutes
» les affaires de la troupe, ayant tout ensemble de
» l'intelligence et du crédit. »

Lagrange avait épousé Marie Ragueneau, comédienne du même théâtre : il n'en eut qu'une
fille qu'il aimait beaucoup; et l'ayant mariée à
un homme qui la rendit malheureuse, il mourut
de chagrin le samedi 1er mars 1692.

Vinot ami de Molière, et Lagrange son camarade, donnèrent un édition de ses OEuvres,
publiée chez Thierry en 1682. La préface est de
leur composition.

~~~~~~~~~~~~~~~

LANOUE.

(*Jean-Baptiste Sauvé de*)

La nature n'avait point destiné Lanoue au théâtre ; et s'il parvint à s'y faire une réputation assez grande et justement méritée, c'est une nouvelle preuve de la supériorité des qualités de l'âme, et surtout d'une intelligence profonde, telle que celle de Lanoue, sur les dons physiques les plus avantageux.

Il naquit à Meaux en 1701, et y fit une partie de ses études sous la protection du cardinal de Bissy ; ensuite il vint les achever à Paris, au collège d'Harcourt. A peine étaient-elles terminées, qu'entraîné par son goût pour le théâtre, il résolut de se faire comédien, et débuta à Lyon dans les premiers rôles, n'étant encore âgé que de vingt ans. Il y fut parfaitement bien accueilli, ainsi qu'à Strasbourg où il se rendit en quittant Lyon. Ce fut dans cette capitale de l'Alsace, que Lanoue s'essaya, pour la première fois, comme auteur dramatique ; son début fut une petite bagatelle, intitulée : *Les Deux Bals*, où l'on trouve de l'esprit et de la gaîté. Dès-lors plusieurs personnes distinguées l'engagèrent à venir à Paris ;

Il suivit leurs conseils, et s'y fit connaître avantageusement, en 1735, par *le Retour de Mars*, comédie en un acte et en vers libres, suivie d'un divertissement, qui fut jouée le 20 décembre au théâtre italien. C'est une de nos plus jolies pièces épisodiques : elle fit désirer aux comédiens italiens que son auteur entrât dans leur société ; le duc de la Trimouille l'en pressait ; mais Lanoue avait d'autres vues. Associé avec Mlle Gautier, qui avait le privilége du spectacle de Rouen, il formait une troupe de comédiens pour cette ville, où ils restèrent pendant cinq années. Les soins de la direction ne l'empêchèrent pas de faire jouer au théâtre français, le 23 février 1739, la tragédie de *Mahomet II*, qu'il avait composée à Strasbourg. Elle eut un succès distingué, et resta au théâtre où cependant elle n'a point paru depuis long-temps.

Ce succès fit de nouveau penser à Lanoue que l'on désirait à la comédie française : il ne voulut cependant point se rendre aux vœux qui lui furent exprimés. Sollicité, au nom du roi de Prusse, de conduire une troupe française à Berlin, et déterminé par des avantages considérables qui lui étaient offerts, il engagea une troupe complète. Ce projet causa sa ruine : la guerre de 1741 en empêcha l'exécution ; Lanoue fut obligé de congédier et de payer les acteurs

qui devaient le suivre. Dégoûté désormais des
directions, il revint à Paris, débuta le lundi
14 mai 1742, à Fontainebleau, par le rôle du
Comte d'Essex, et satisfit tellement la reine
qu'il fut reçu le lendemain. Le public de Paris
ne se croyait pas toujours obligé de souscrire aux
décisions de la cour : en cette occasion cependant la cour et le public furent d'accord.

Lanoue eut bientôt l'occasion de se rendre
agréable à la cour d'une manière différente ; il
composa pour les fêtes du mariage du dauphin,
fils de Louis XV, la comédie-ballet de *Zélisca*,
en trois actes et en prose, qui fut jouée le 3 mars
1746. C'était entrer en concurrence avec Voltaire, qui, dans le même temps et pour le même
sujet, composait *la Princesse de Navarre*. Ce
dernier ouvrage rendit à Voltaire moins d'honneur que de profit. Le contraire arriva pour
celui de Lanoue ; le fond en est ingénieux, les
détails en sont agréables ; cette pièce était d'ailleurs très-favorable au développement d'un spectacle pompeux, et c'était le point capital : elle fit
généralement plaisir, et Louis XV assura lui-
même son auteur de la satisfaction qu'elle lui
avait donnée.

Sa récompense fut la place de répétiteur des
spectacles des petits appartements, avec une

pension de 1000 livres; il en fut particulièrement redevable au dernier maréchal de Luxembourg, qui l'aimait et le protégeait. Le duc d'Orléans, dont il avait aussi la confiance et l'estime,
lui remit la direction de son théâtre de Saint-
Cloud.

En 1756 Lanoue accrut encore sa réputation
d'auteur dramatique par le succès de sa *Coquette
Corrigée*, donnée pour la première fois le lundi
23 février. Cette pièce, restée au répertoire, a
joui peut-être d'une réputation supérieure à son
mérite. On a trop répété qu'elle peignait parfaitement les mœurs du grand monde, tandis qu'il
est certain que Lanoue, très-peu répandu dans
les cercles distingués, n'a pu peindre et n'a peint
que les travers de quelques sociétés du mauvais
ton, qu'il a même exagérés. On sait parfaitement
aujourd'hui que Lanoue, ainsi que Crébillon
fils, prenait pour le meilleur ton possible celui
de quelques roués subalternes qui n'eussent pas
été soufferts dans la bonne compagnie; mais on
ne peut disconvenir que sa pièce, froide en elle-
même quand elle n'est pas soutenue par d'excellents acteurs, ne soit conduite d'une manière raisonnable, et assez bien versifiée. Ce mérite, un
peu rare aujourd'hui, commençait à le devenir
dès 1756. On doit donc regarder la *Coquette
Corrigée* comme une des meilleures pièces du

Tome I. 20

second ordre. Plusieurs vers de cet ouvrage sont devenus proverbes, entr'autres ceux-ci :

Le bruit est pour le fat, la plainte est pour le sot ;
L'honnête homme trompé s'éloigne, et ne dit mot.

Ils ont un grand sens, malgré leur concision. Examinés d'ailleurs sous le rapport du mécanisme de la versification, on ne peut s'empêcher d'en trouver la coupe très-heureuse.

Lanoue se chargea du rôle principal de sa pièce, celui de *Clitandre*, et le rendit fort bien. Sa situation était sans doute bien pénible : il avait de justes craintes et comme acteur, et surtout comme auteur. Il sut les peindre lui-même au public avec une éloquence modeste dans une courte harangue qui précéda la représentation : elle intéressa vivement en sa faveur, et reçut une approbation unanime.

Après le succès de cet ouvrage, Lanoue pensa à la retraite. Sa santé, qui n'avait jamais été robuste, alors extrêmement affaiblie, en fut la principale cause. Il l'effectua le samedi 26 mars 1757, jour auquel il joua, pour la première fois, le rôle de *Polyeucte*, qu'il avait toujours fort bien rendu. Chargé du compliment de clôture, il annonça, de la manière suivante, au public, le parti qu'il venait de prendre.

« Je cesse aujourd'hui d'en être. (Il venait de faire

» l'éloge de la Comédie française). Une santé
» affaiblie et peu capable des efforts qu'exige
» l'art que j'exerçais sous vos yeux, me réduit
» à une retraite précipitée, mais nécessaire. Je
» sens tout ce que je perds, Messieurs; accou-
» tumé, depuis quinze ans, à toutes les preuves
» de votre bienveillance, j'en reçois aujour-
» d'hui les derniers témoignages. Permettez-moi
» de les regretter; permettez-moi de vous en
» marquer ma reconnaissance la plus vive et la
» plus sincère; mon cœur en est pénétré.....
» Mais ce serait abuser de cette bienveillance
» généreuse, que de vous entretenir plus long-
» temps d'une perte qui ne doit être sensible que
» pour moi. »

On ne peut mettre dans de pareils adieux
plus de modestie, et un sentiment plus délicat
des convenances; aussi furent-ils accueillis par
des applaudissements universels.

Lanoue, ainsi que nous l'avons dit en commençant cet article, n'avait aucun des moyens
physiques nécessaires pour un comédien. Sa
figure était ingrate, sa voix rauque et sans tim-
bre, son air ignoble, et sa chaleur presque nulle;
mais il possédait une intelligence supérieure, et
jouait avec tant d'esprit et de vérité, qu'il se faisait pardonner tous ses défauts. Les rôles froids
et sensés, tels que ceux du *Distrait*, d'*Ariste*

dans la *Pupille*, du *Philosophe marié*, lui convenaient parfaitement; il excella surtout dans
celui d'*Ésope à la Cour*..

Lorsqu'il disait dans l'*Époux par supercherie*,
comédie de Boissy, où il jouait le rôle du *Marquis
d'Orville*,

> Mon visage est ingrat pour exprimer la joie.

il excitait toujours les plus vifs applaudissements,
parce qu'il affectait d'appliquer ce vers à sa figure,
qui, en effet, n'annonçait rien moins que la gaîté,
quoi qu'il sût d'ailleurs rendre très-bien tous les
autres sentiments de l'âme.

Collé, dans ses mémoires, pousse l'hyperbole
jusqu'à dire que Lanoue avait une vilaine effigie
de *martyr* ou de *roué* : c'était peut-être à cause de
cela même qu'on le trouvait si bien placé dans le
rôle de *Polyeucte*. Il ajoute cependant qu'auprès
de Lekain, Lanoue paraissait un Adonis.

Quoi qu'il en soit, la retraite de cet acteur fut
une perte pour le théâtre, mais non une précaution inutile pour lui. Il ne jouit pas long-temps
de la pension de 1000 livres qui lui avait été
accordée, et mourut le 15 novembre 1761 (ou
1760, suivant l'*Almanach des Spectacles* de
Duchesne).

Voltaire lui adressa les vers suivants, lorsqu'il
fut question de représenter *Mahomet*. On n'a

pas oublié que Lanoue avait mis en scène un
autre conquérant du même nom, qui, par la prise
de Constantinople, consomma la ruine de l'em-
pire d'Orient et de la famille des Paléologues.

> Mon cher Lanoue, illustre père
> De l'invincible Mahomet,
> Soyez le parrain d'un cadet
> Qui sans vous n'est point fait pour plaire.
> Votre fils fut un conquérant :
> Le mien a l'honneur d'être apôtre,
> Prêtre, filou, dévot, brigand :
> Faites-en l'aumonier du vôtre.

LAROCHELLE.

Le théâtre français, si riche en talents de tous
les genres, a possédé sans doute, dans l'emploi
des *premiers comiques*, quelques sujets supérieurs à celui dont nous allons parler, quoique
son mérite fût des plus distingués; le second
Lathorillière, Armand, Préville surtout, occupèrent une place plus élevée que celle qui doit
être assignée à Larochelle; mais parmi quelques
acteurs, aussi recommandables par leur bonne
conduite et leur probité que par leurs talents,
il n'en fut point de plus honnête, de plus estimable que lui.

La retraite d'Auger, qui eut lieu à la clôture de 1782, laissait une place vacante à la Comédie. Larochelle était alors dans la troupe de Versailles ; il vint débuter à Paris, le jeudi 12 décembre 1782, par les rôles de *Dave* dans l'*Andrienne*, et de *Labranche* dans *Crispin rival de son maître*. Son essai fut couronné d'un plein succès, surtout dans la première de ces deux pièces ; un vers où *Dave* demande s'il n'a pas réussi dans son rôle, fut accueilli par des applaudissements unanimes. Larochelle continua son début par ceux de *Gros-René* dans le *Dépit Amoureux*, de l'*Intimé* des *Plaideurs*, de *Charlot* du *Mari Retrouvé*, de *Frontin* dans l'*Impromptu de campagne*, d'*Hector* dans le *Joueur*, de *Merlin* dans les *Trois Frères rivaux*, de *Crispin* des *Folies Amoureuses*, et de *la Fleur* dans l'*Époux par supercherie*.

Il fut admis au nombre des pensionnaires, y resta près de cinq années, parce que la Comédie exigeait alors de longues épreuves, surtout quand on n'avait, comme Larochelle, que de la modestie sans intrigues, et fut reçu définitivement en 1787.

Depuis cette époque il passa vingt années au théâtre, où, développant successivement un talent très-recommandable, un grand attachement à ses devoirs, et toutes les qualités sociales qui commandent l'estime, il parvint bientôt à se rendre aussi cher au public qu'à ses camarades.

Larochelle était d'une taille ordinaire, mais bien prise et dégagée. Son masque était extrêmement convenable à son emploi. Jamais on n'eut mieux l'air d'un fripon hardi et consommé ; sa physionomie au théâtre était bien celle d'un valet audacieux et fourbe, et c'était un contraste parfait que celui que ses rôles habituels formaient avec son caractère. Son œil était vif, perçant et spirituel, sa démarche et tous ces mouvements lestes et décidés ; au total sa ressemblance avec Auger qu'il remplaçait était frappante.

Ce qu'il avait de talents, il les tenait uniquement de la nature ; l'usage et l'habitude du théâtre avaient fait le reste ; l'étude n'y entrait pour rien. Comme nous n'écrivons point des éloges, nous ne dissimulerons pas que Larochelle mérita plusieurs reproches assez graves. Sa mémoire était infidèle, parce qu'il ne l'avait point cultivée suffisamment : la paresse avait du moins autant de charmes pour lui que pour *Figaro*, qui se vantait ou s'accusait d'*être paresseux avec délice* ; enfin on ne pouvait lui pardonner de s'abandonner trop souvent à des charges déplacées.

Mais en revanche par combien de qualités précieuses cet acteur ne compensait-il pas ces défauts que nous n'avons pu cacher ! Quel feu !

quelle intelligence de la scène et de ses rôles ! quel débit mordant ! que d'a-plomb, de sang-froid, d'imperturbabilité !

Dans l'ancien répertoire, les valets audacieux et fripons, tels que *Pasquin* du *Glorieux*, et *Drink* d'*Eugénie* ; beaucoup d'autres rôles parmi lesquels on remarque *la Fleur* de l'*Homme singulier*, l'*Épine* dans *le Legs*, *Frontin* dans l'*Épreuve*, *M. Potdevin* de l'*École des Bourgeois*, l'*Avocat Patelin*, *Mamurra* du *Grondeur*, *M. Purgon*, *Maître-Jacques*, *M. Desmazures*, *Ergaste* dans l'*École des maris*, rentraient particulièrement dans le domaine de Larochelle ; il n'y fit regretter aucun de ses prédécesseurs, et pourra long-temps y être cité comme un bon modèle.

C'est surtout dans plusieurs rôles qu'il joua d'original, que cet acteur a laissé de profonds souvenirs ; il les a marqués d'un cachet dont nous croyons l'empreinte durable. Lorsqu'il se présentait tout seul sur la scène dans les *Deux Frères*, sous le nom de *M. Rafle*, sans prononcer une parole, la manière dont il se promenait sur le théâtre, ses regards inquiets, les rides profondes qui sillonnaient son front, le mécontentement répandu dans tous ses traits, tout annonçait et préparait ces mots fort simples et qu'il savait rendre énergiques : *Ça va mal.......*

ça va mal. Que de fois on les a répétés après lui !

On n'oubliera point avec quel naturel il représentait le *Procureur* du *Philinte* ; et comme en appuyant fortement tous les traits de ce caractère d'un fripon endurci, Larochelle, par un contraste heureux, savait relever celui de l'Avocat honnête homme, que Fabre lui a opposé.

Il se signalait encore dans le rôle de l'hypocrite *Pirlon* de la *Maison de Molière*, et c'est ce qui rend plus étonnante à nos yeux la manière faible dont il jouait *Tartuffe*. Nous devons convenir qu'il n'eut jamais de succès dans ce rôle où ses prédécesseurs Deschamps, Auger et Feulie, s'étaient illustrés ; aussi le jouait-il très-rarement.

Nous ne pouvons entrer dans un détail pareil sur tous les rôles nouveaux établis par Larochelle ; nous nous bornerons donc à citer seulement ceux d'*Ambroise* dans *le Vieux Célibataire*, de *Robertot* dans l'*Avocat*, et de *Jacques Splin* dans *le Conteur*. Larochelle imitait fort bien l'accent anglais ; il contribua beaucoup au succès de cette dernière pièce. On a pu juger aux reprises de *M. de Crac dans son petit castel*, du talent qu'il avait aussi pour les *Gascons*.

Au reste, quelque rôle que jouât la Larochelle, il le soignait jusques dans ses moindres détails, et n'y épargnait rien de ce qui pouvait augmenter l'illusion et l'ensemble. On a pu s'en convaincre quand il a joué le *Notaire* dans l'*École des Femmes*; ce rôle n'a qu'une scène.

Quoique Larochelle fût au théâtre depuis vingt-sept ans, il s'y occupait si peu de ses intérêts, qu'il ne parvint à la part entière que le 1er avril 1807; il n'était pas destiné à en jouir long-temps. Depuis quelques mois sa santé paraissait assez mauvaise; cependant on ne le croyait point en danger, et lui-même n'avait aucunes craintes. Ses camarades se trouvèrent donc aussi surpris que le public, en apprenant qu'il était mort presque subitement le 9 du même mois d'avril, n'ayant pas plus de cinquante-cinq ans, et paraissant destiné à fournir encore une longue carrière.

On croit qu'un anévrisme, contre lequel les secours de la médecine sont impuissants, fut la cause de sa mort.

Ses obsèques furent célébrées avec beaucoup de solennité. L'honnêteté de ses mœurs, la douceur de son caractère étranger aux intrigues, aux passions trop fréquentes dans les coulisses, son intacte probité, lui avaient concilié tous les suffrages. Cet homme de bien emporta au tombeau l'affection et les regrets de ses camarades. Sa perte fut sensible au public, qui l'aimait et lui passait

volontiers les défauts dont, en qualité d'historien, nous n'avons pu nous dispenser de faire
mention, mais qu'il rachetait par beaucoup de
qualités très-rares.

— — — — — — — —

LAROQUE.

(Regnault Petit-jean, sieur de)

Ce fut moins par son talent, comme acteur,
que par sa bravoure, son éloquence, et surtout
par son intelligence dans l'administration d'un
théâtre, que Laroque fut utile à ses camarades pendant plus de trente-trois années qu'il
resta dans les troupes du Marais et de Guénégaud. On ne sait pas précisément en quelle année
il embrassa la profession de comédien; mais il
passe pour constant que, lorsque Floridor quitta
le théâtre du Marais en 1643, pour celui de
l'hôtel de Bourgogne, Laroque le remplaça dans
l'emploi d'orateur, qu'il exerça pendant vingt-
sept ans à la satisfaction du public et de ses camarades. Comme il s'en écoula trente depuis cette
époque jusqu'à la réunion des troupes du Marais
et du Palais royal en 1673, quelques personnes
prétendent que Laroque ne commença les fonc-

tions d'orateur qu'en 1646; il est actuellement impossible et inutile d'éclaircir ce fait.

Ce qu'il y a de sûr, c'est que dans cet emploi Laroque ne se montra point au-dessous de ses illustres prédécesseurs Mondory, d'Orgemont et Floridor. Il avait bonne mine, parlait bien, et s'acquittait de l'annonce à la satisfaction des auditeurs. On ne peut pas dire qu'il s'acquittât aussi bien de ses rôles. Il paraît que Laroque ne fut qu'un acteur très-médiocre, mais il n'en était pas moins utile à sa société. Avant que Lous XIV eût fait les plus expresses défenses d'entrer à la comédie sans payer, le théâtre du Marais avait vu se renouveller plusieurs fois les scènes sanglantes dont celui de Molière ne fit qu'une épreuve. Il y avait souvent des querelles aux portes et jusques dans le parterre. L'entrée de la comédie fut même forcée à deux reprises différentes; des portiers furent tués après avoir, de leur côté, couché par terre quelques-uns des assaillants. Au milieu de ce tumulte effroyable, tandis que les actrices s'évanouissaient, et que la plupart des acteurs essayaient de se sauver, on vit Laroque se précipiter, l'épée à la main, dans le plus fort de la mêlée, s'opposant avec courage aux séditieux; et les défiant nominativement, sans craindre la suite des querelles particulières qu'il se faisait ainsi.

Unissant à propos l'adresse et l'esprit au courage, il vint à bout d'appaiser ces espèces de révoltes, se fit craindre des rodomonts, et estimer par les vrais braves. Sa conduite, dans ces occasions difficiles, lui attira l'approbation générale et les bontés du monarque. Il n'en profita que pour l'avantage de sa société qui lui remit le soin de toutes ses affaires, et s'en trouva toujours bien ; aussi lorsque, par ordre de Louis XIV, le théâtre du Marais se joignit en 1673 à celui de Molière, Laroque, qui avait été le plus ferme appui de la première de ces troupes, fut-il incorporé dans la seconde, malgré son âge avancé.

Laroque pouvait d'ailleurs prétendre à plus juste titre que Dubreuil à la réputation d'excellent juge des pièces de théâtre. Personne de son temps n'appréciait mieux le mérite d'un ouvrage, et ne prévoyait avec plus de certitude quel en serait le succès. Avant de donner *Polyeucte*, Corneille alla le lire à l'hôtel de Rambouillet, tribunal où l'on jugeait sans appel les plus fameux auteurs. Cette belle tragédie y fut généralement condamnée : Corneille, absolument découragé, allait en priver le public. Il fut rassuré par Laroque qui, jugeant mieux que tout l'hôtel de Rambouillet, l'assura que *Polyeucte* était un chef-d'œuvre, lui en garantit le succès, et le détermina bientôt à le faire jouer.

Il donna de bons avis à Mad. Champmeslé lorsqu'elle vint débuter au théâtre du Marais, et peut-être ne lui fut-il pas moins utile que Racine.

Laroque était trop avancé en âge lorsqu'il entra dans la troupe de Guénégaud, pour y rester long-temps. Il obtint sa retraite avant Pâques 1676, et mourut le dernier jour de juillet de la même année. Les comédiens lui avaient accordé une pension de 1000 livres : comme il n'en avait pas joui, ils eurent la générosité de la continuer à sa veuve.

L A V O Y.

(Guillaume-Georges Dumont de)

On sait peu de chose de cet acteur qui eut de la réputation dans les rôles à manteau, et jouait aussi les paysans, quelques valets et les grands confidents. Il débuta le mardi 16 mars 1694 par le rôle d'*Harpagon*. Ayant été jugé trop inférieur à Guérin, Lavoy se retira momentanément, fit de nouvelles études sur son emploi, et reparut avec plus de succès le samedi 30 avril 1695, par le rôle du valet dans la *Fille capitaine*. Il fut reçu par ordre du 23 décembre de la même année, et mourut le lundi 2 décembre 1726, âgé de 66 ans.

Ce fut, dit le chevalier de Laroque auteur du Mercure, une perte considérable.

Il avait épousé Anne-Françoise d'Orvay Dauvilliers qui débuta trois fois sans pouvoir être reçue; 1° le 30 juin 1705, par *Camille* dans les *Horaces*; 2° le 1er mai 1708, par *Clytemnestre* dans *Iphigénie en Aulide*; 3° le 7 juin 1709, par *Agrippine* dans *Britannicus*. Elle mourut le jeudi 12 mars 1722, âgée de trente-cinq ans.

~~~~~~~~~~

LECOMTE.

(*Jean Guyot.*)

Ce comédien fut le dernier orateur (ou menteur) en titre d'office du Théâtre Français. A la mort de Lagrange, il lui succéda dans cet emploi, ce qui prouve au moins qu'il parlait avec facilité, et qu'il ne manquait pas d'assurance.

Ces fonctions d'orateur des comédiens sentaient un peu le charlatanisme dont une partie des premiers acteurs qui montèrent sur une scène régulière faisaient profession avant que d'adopter un plus noble emploi. Mondor, Tabarin et les autres fameux opérateurs de Paris et des province, prenaient ordinairement à leurs gages un homme chargé de vanter leurs drogues, et tâchaient qu'il

fût beau diseur et prompt à la répartie. Les comédiens de l'hôtel de Bourgogne et du Marais,
dont la plupart avaient paru sur les tréteaux avant
de jouer des pièces plus honnêtes, trouvèrent
qu'il leur serait utile de faire l'éloge de leurs
pièces par l'organe d'un de leurs camarades, spécialement chargé en outre de porter la parole
dans toutes les occasions où ils auraient quelque
chose à démêler avec les spectateurs. Ces occasions étaient alors beaucoup plus communes
qu'elles ne le sont aujourd'hui ; il fallait que l'o-
rateur fût très-disert, qu'il ne se démontât jamais,
qu'il eût réponse à tout : aussi ses fonctions étaient-
elles regardées comme très-importantes. Peu-à-
peu l'ordre s'établit dans la comédie ; il devint
moins nécessaire de dialoguer avec les spectateurs ; on reconnut qu'il était ridicule de vanter
les ouvrages que l'on devait jouer, puisque le
public pouvait répondre, *Nous verrons bien* ; et
les fonctions de l'orateur se trouvant par le fait
réduites à l'annonce du spectacle, qui se faisait
entre les deux pièces, on jugea qu'il n'était pas
nécessaire qu'elles fussent en titre d'office ; le
dernier acteur reçu s'en trouva chargé, comme
des compliments de clôture et de rentrée, dont
l'usage subsista très-long-temps encore, et ne fut
abandonné qu'en 1793.

Lecomte remplissait assez bien sa place d'orateur : il sut aussi se rendre utile à sa société comme trésorier; ce ne fut qu'en qualité de comédien qu'il put être regardé comme nul, ou du moins assez indifférent. C'était un fort honnête homme, qui n'avait pas la mémoire heureuse, et ne songeait pas toujours à ce qu'il faisait : ses distractions étaient continuelles. M. *de la Paraphardière* dans les *Vacances*, le *Commissaire* dans les *Bourgeoises à la mode*, *Dorante* dans le *Joueur*, quelques autres rôles de *conseiller*, *notaire*, *greffier*, *gentilhomme campagnard*; tel était son emploi dans la comédie. Il y était assez passable : en revanche il jouait très-faiblement les confidents tragiques.

Il avait débuté à la rentrée de Pâques 1680, fut reçu par ordre de la cour le 28 août suivant, se retira le 9 mars 1704, avec la pension de 1000 livres, et mourut le 8 février 1707. Il épousa Françoise Cordon, connue au théâtre sous le nom de Mlle Belonde.

LEGRAND, père,

(*Marc-Antoine*)

PLUS connu par les pièces qu'il fit jouer que par celles qu'il joua, Legrand naquit le même jour que Molière mourut, comme s'il eût été

destiné à consoler la France de la perte de ce
grand homme. Il était fils d'un chirurgien-major
des Invalides, qui probablement eût voulu lui
faire embrasser sa profession; elle ne fut pas du
goût de Legrand, homme d'esprit et de plaisir.
Abandonnant pour quelques années la capitale,
et même la France, il passa en Pologne dans une
troupe française qui était au service du roi Auguste, et quoique fort jeune il y fut chargé des
rôles de rois.

On prétend qu'il débuta pour la première fois
à Paris le vendredi 13 mars 1694, (ou 1695) par
le rôle de *Tartuffe*. A cette époque, Legrand,
né le 17 février 1673, n'avait que vingt-un ou
vingt-deux ans; on ne débute guère à cet âge par
le rôle de *Tartuffe*, et nous regardons ce premier
début comme très-douteux.

Ce qui ne l'est point, c'est qu'après la mort
de Champmeslé, suivie presqu'immédiatement
de la retraite de Rosélis, Legrand se présenta
pour remplir leur emploi. Appuyé de la faveur
du dauphin, fils de Louis XIV, qui l'avait fait
venir de Pologne, il débuta le mardi 21 mars
1702, dans *Andromaque* et le *Florentin*; et son
début ayant été interrompu sans que nous sachions
actuellement par quelle cause, il le reprit le mercredi 27 juin de la même année, dans *Iphigénie
en Aulide* et *Colin Maillard*. Il paraît qu'il

éprouva des contrariétés dans ses premiers essais, et qu'il eut de la peine à vaincre la prévention défavorable que sa figure et sa taille faisaient naître contre lui. Il faut convenir que le physique de Legrand n'était pas avantageux pour la tragédie. Il était gros et court, avait le visage large et la physionomie comique. Rien n'était moins majestueux et moins imposant que le premier aspect de cet acteur : aussi le public eut-il beaucoup de peine à s'y accoutumer.

Legrand voyait sa réception fort douteuse : pour la décider, il adressa les vers suivants au dauphin de qui elle dépendait.

Ma taille, par malheur, n'est ni haute ni belle ;
Mes rivaux sont ravis qu'on me la trouve telle.
Mais, grand prince, après tout, ce n'est pas là le fait :
Recevoir le meilleur est, dit-on, votre envie ;
Et je ne serais pas parti de Varsovie,
Si vous aviez parlé de prendre le mieux fait.

Malheureusement il était incontestable que de tous les concurrents à l'emploi vacant, Legrand était le plus mal fait, et fort problématique qu'il fût le meilleur. Cependant le dauphin ne voulut pas qu'il eût fait en vain le voyage de Varsovie à Paris, et il le reçut le mercredi 18 octobre 1702 pour doubler Ponteuil dans les rôles de rois et de paysans. Ce dernier acteur avait beaucoup de talent : son double n'en parut que plus mauvais. Aussi fut-il souvent en butte à la mauvaise humeur du parterre ; mais Legrand n'était pas homme à s'effrayer ni à se déconcerter facilement. Quand il était mal reçu du public, il entrait en conversation réglée avec lui, et se tirait d'affaire par quelque plaisanterie. Un jour entr'autres, après avoir joué un rôle tragique très-important dans lequel il avait été sifflé à plusieurs reprises, il harangua le parterre, et termina son discours ainsi : « D'ailleurs, Messieurs, il vous est plus aisé de » vous faire à ma figure qu'à moi d'en changer. »

Le conseil fut trouvé bon, suivant toutes les apparences, et l'on s'accoutuma bientôt à souffrir Legrand. Il n'était pas absolument dépourvu de toutes les qualités nécessaires à son emploi ; il avait de l'esprit, de l'intelligence, une grande habitude de la scène, un organe fort beau et très-sonore. D'ailleurs il jouait passablement ses rôles de paysans : pour ceux de rois, à peine y était-il souffert, comme nous venons de le dire : sa déclamation monotone et son jeu ridicule excitaient souvent les éclats de rire de toute la salle ; mais il ne s'en fâchait jamais, d'autant plus que le public, qui prit bientôt de l'affection pour lui lorsqu'il eut donné ses premières pièces, ne se permit plus de le siffler. Il sut même en obtenir quelquefois de l'indulgence pour ceux de ses camarades qui n'étaient pas meilleurs que lui, comme dans l'occasion suivante.

On donnait *Phèdre*; le parterre reçut fort mal tous les acteurs qui jouaient dans les deux premiers actes de cette tragédie. Legrand était dans le foyer; il entendit le tumulte sans en être épouvanté. S'armant au contraire de toute sa hardiesse, il s'avança sur le bord du théâtre, et parla ainsi aux mécontents. « Messieurs, j'ai entendu vos » plaintes; je suis fâché que mes camarades les » excitent; mais que direz-vous donc quand vous » saurez que moi, moi qui ai l'honneur de vous » parler, je dois remplir le rôle de Thésée? » Le public fut charmé de cette saillie, s'appaisa sur-le-champ, et laissa jouer tranquillement Legrand et ses camarades.

On raconte cette anecdote d'une autre manière. Suivant cette seconde version, les comédiens donnèrent *Mithridate* à Paris, un jour où les meilleurs d'entr'eux avaient été obligés d'aller jouer à Versailles. Les acteurs qui parurent dans le premier acte avaient été hués et sifflés au point qu'ils n'osaient plus reparaître en scène; et comme ils n'avaient rien qu'ils pussent donner à la place de *Mithridate*, ils opinaient tous à rendre l'argent. Ce parti déplaisait mortellement à Legrand : il les arrêta et leur dit: « Non, non, mes amis; la » recette est considérable aujourd'hui; ne la per-

» dons pas. Je m'en vais leur parler, moi. Laissez-
» moi faire. » En effet, il se présente humblement,
et dans son habit de théâtre, jusqu'au bord de la
rampe, et s'adressant au parterre, d'un air mor-
tifié : « Messieurs, dit-il, Mlle Duclos, MM. Beau-
» bourg, Ponteuil et Baron ont été obligés d'aller
» jouer à la cour ; nous sommes au désespoir de
» n'avoir pas leurs talents, et de ne pouvoir les
» remplacer. Nous n'avons pu, pour ne pas fermer
» le théâtre aujourd'hui, vous donner que *Mi-*
» *thridate*. Nous vous avouons qu'il est, et sera
» joué par les plus mauvais acteurs ; vous ne les
» avez même pas encore tous vus, car je ne vous
» cache point que c'est moi qui joue le rôle de
» *Mithridate*. » Cette chute inattendue excita de
grands éclats de rire suivis d'applaudissements ;
la représentation fut soufferte.

Legrand était intarissable pour ces sortes de
saillies, et elles lui réussissaient toujours. Il ne
faut pas oublier, en lisant ces anecdotes, que la
composition du parterre était alors presque toujours entièrement la même, qu'une infinité de
personnes peu instruites ou mal élevées qui vont
aujourd'hui au Théâtre Français, ne fréquentaient
au commencement du dix-huitième siècle que
les spectacles de la foire, et qu'enfin les acteurs
et les spectateurs étaient presque des connaissances intimes les uns pour les autres.

Le samedi 20 juillet 1715, on donnait *Andronic*, tragédie de Campistron, et la première représentation de la *Fausse Veuve*, ou le *Jaloux sans jalousie*, comédie en un acte et en prose, de Destouches. La tragédie, livrée toute entière aux *doubles*, si l'on excepte le rôle d'*Andronic*, joué par Quinault l'aîné, fit rire tous les spectateurs à gorge déployée ; Legrand qui remplissait celui de l'*Empereur Paléologue*, contribua surtout à entretenir la bonne humeur du parterre. Loin de s'en formaliser, il prit la chose en homme d'esprit, et ayant été demandé pour faire l'annonce, il s'exprima ainsi :

« Messieurs, nous aurons l'honneur de vous
» donner demain le *Joueur* et le *Grondeur*. Je
» souhaite que la petite pièce que vous allez voir,
» vous fasse rire autant que vous avez ri à la
» grande. »

Cette plaisanterie fut couverte d'applaudissements. On fut plus content de Legrand que s'il eût parfaitement joué son rôle ; mais son vœu ne fut pas exaucé : la petite pièce n'eut pas de succès.

Après avoir rapporté ces traits qui font honneur à l'esprit de Legrand, nous ne pouvons nous dispenser d'y joindre deux anecdotes dont la première prouve bien que les railleurs de profession se trouvent quelquefois sévèrement raillés eux-mêmes.

Cet acteur jouait *Néoptolème* dans la tragédie de *Pyrrhus*, de Crébillon, représentée en 1726. Voyant un jour arriver cet auteur au foyer de la comédie, il s'avisa de parodier ainsi le monologue qui commence la pièce :

> Il est temps que j'apprenne aux murs de ce logis,
> Ce que c'est que Pierrot qui passe pour mon fils.

la critique était juste : il est assez singulier que Glaucias s'adresse aux murs de son palais pour les entretenir de ses intérêts et de ceux de son fils ; mais elle ne plut point à Crébillon qui riposta vivement au comédien par l'impromptu suivant :

> Mauvais auteur de parodies,
> Legrand, laisse mes vers en paix ;
> C'est bien assez masquer mes tragédies,
> Que d'y jouer comme tu fais.

A la première représentation de sa comédie des *Amazones modernes*, donnée le 29 octobre 1727, qui n'obtint qu'un faible succès, Legrand jouait le rôle de *Maître Robert*. Ce personnage s'écrie dans un monologue : « Eh! bien, Maître » Robert, vous voyez bien que vous êtes un sot » avec toutes vos idées saugrenues. » Comme la pièce ennuyait le public, il appliqua cette phrase à l'auteur-acteur par de perfides applaudissements qui ne durent pas lui être très-agréables.

Il s'en fallait cependant beaucoup que Legrand fût un sot. Mais quand le parterre est de mauvaise humeur, il ne réfléchit guères à ce qu'il fait. Legrand a composé beaucoup de petites pièces qui, presque toutes, obtinrent du succès, et restèrent au répertoire. Il s'attachait à saisir les anecdotes du temps, et le vaudeville du jour pour les mettre en scène : sa connaissance du théâtre le servait bien dans les sujets frivoles auxquels il crut devoir se borner. Ses pièces sont en général assez bien dialoguées ; elles ont une marche régulière, et les personnages qu'il emploie se trouvent presque toujours dans des situations plaisantes. Malheureusement son comique dégénère quelquefois en bouffonnerie ; c'est son défaut le plus commun ; il donne un air de farce à presque toutes ses pièces.

Les divertissements et les vaudevilles qu'il y a placés y sont en général amenés naturellement, et y répandent de la gaîté. On peut regretter que la facilité de cet auteur l'ait engagé à travailler trop vite : aussi manque-t-il de cette correction, fruit du temps et de la patience.

Les ouvrages donnés par Legrand au théâtre français étant assez nombreux, nous ne citerons que ceux qui sont au courant du répertoire, ou qui pourraient s'y trouver encore, puisqu'ils y restèrent long-temps.

1º. *L'Amour diable*, en un acte, et en vers. 30 janvier 1708.

2º. *La Famille extravagante*, en un acte, et en vers. 7 juin 1709.

3º. *La Métamorphose amoureuse*, en un acte, en prose. 6 juillet 1712.

4º. *L'Usurier gentilhomme*, en un acte, en prose. 11 septembre 1713.

5º. *L'Aveugle clairvoyant*, en un acte, en vers. 18 septembre 1716.

6º. *Le roi de Cocagne*, en trois actes, en vers. 31 décembre 1718.

7º. *Le Galant coureur*, en un acte, et en prose. 11 août 1722.

8º. *La Nouveauté*, en un acte, et en prose. 19 janvier 1727.

9º. *Les Amazones modernes*, en trois actes, et en prose. 29 octobre 1727.

Legrand travailla aussi pour le théâtre italien. Il y fit jouer quatre pièces qu'il composa seul, et quatre qu'il fit en société avec Dominique: au nombre de celles-ci se trouvent *Agnès de Chaillot*, parodie en un acte et en vers, d'*Inès de Castro*, 24 juillet 1723, et *Le mauvais Ménage*, parodie en un acte et en vers d'*Hérode et Mariamne*, 25 avril 1725. Il donna aussi en société avec Riccoboni père *Polyphème*, comédie en cinq actes, et en prose, avec des divertissements, jouée le 30 avril 1722, qui n'eut point de succès, et ne fut pas imprimée, quoiqu'elle fût fort plaisante. Enfin il composa pour l'opéra-comique, avec Fuzelier, *Les animaux raison-nables*, pièce en un acte, jouée en 1718.

La gaîté de Legrand ne se bornait point à ses pièces de théâtre, et à ses rôles de paysan; il lui en restait encore pour la société. Un jour qu'il se promenait avec un de ses amis, un pauvre lui demanda l'aumône. Legrand jetta quelque mo-naie dans le chapeau qui lui était présenté : le mendiant, par reconnaissance se mit à réciter un *De profundis*. « Parle donc, hé, l'ami, lui dit » l'acteur, est-ce que tu me prends pour un tré-» passé ? Au lieu d'entonner ton *De profundis*, » chante-moi plutôt le *Domine salvum fac re-* » *gem*, car je fais les rois. »

Legrand mourut dans sa cinquante-cinquième année, le 7 janvier 1728. Il eut un fils dont nous allons parler.

LEGRAND, fils.

(*Marc-Antoine*)

Le père de ce comédien était, comme on vient de le voir, un assez mauvais acteur. Son fils ne voulut pas dégénérer, et fut encore plus faible que lui. Il hérita de l'organe sonore que son père avait possédé ; il excella dans les récits dont les confidents sont ordinairement chargés ; c'est à ces deux phrases que nous sommes forcés de borner son éloge.

Laissons parler un de ses plus illustres camarades qui le traite avec plus de sévérité que nous ne ferions sans doute : si elle est exagérée, c'est à lui d'en répondre.

« Il (Legrand) fut chargé du rôle d'*Omar*
» dans *Mérope*. Cet acteur avait la plus belle
» voix du monde, et le don des larmes ; mais
» d'ailleurs il n'avait ni esprit, ni intelligence ;
» du moins n'en donna-t-il aucun signe à la ré-
» pétition générale de cette tragédie. Au second
» acte, *Omar* doit exprimer l'effet terrible que
» la présence de *Mahomet* produit sur le sénat,
» et sur le peuple de la Mecque, et sa harangue
» finit par ces deux vers :

Mahomet marche en maître et l'olive à la main ;
La trève est publiée, et le voici lui-même.

» Le ton pusillanime et plat de Legrand, en
» prononçant ces vers, irrita tellement Voltaire,
» qu'il dit à Legrand : Oui, oui, Mahomet arrive ;
» c'est comme si l'on disait : Rangez-vous, voici
» la vache.

» Si le pauvre Legrand avait pu être corrigé,

» cette comparaison piquante eût produit un
» effet si difficile ; mais son peu de génie, sa
» balourdise, et sa profonde ignorance ne le
» lui permettaient pas. » (Mémoires de Lekain.)

Legrand avait débuté le vendredi 10 mars 1719
par le rôle de *Pyrrhus* dans *Andromaque* ; il fut
reçu, à demi-part, le lundi 15 mars 1720, et se
retira en mars 1758 avec la pension de 1500 livres.
A l'époque de sa retraite, il était le doyen de la
comédie, et jouissait depuis long-temps d'une
part entière. Il mourut le 20 janvier 1769.

L E K A I N.

(Henri-Louis)

Trente ans écoulés depuis la mort de cet
homme célèbre nous mettent à couvert du reproche d'enthousiasme : nous pouvons donc le
dire avec assurance, il fut l'acteur le plus tragique
qui eût encore paru sur la scène française à l'é-
poque où il se présenta. Nous ne partageons cependant pas entièrement l'opinion que Voltaire
énonçait en ces termes, sur les grands acteurs
qu'il avait été à portée d'observer. « Baron, di-
» sait-il, était plein de noblesse, de grâces et
» de finesse ; Beaubourg était un énergumène ;
» Dufresne n'avait qu'une belle voix, et un beau

» visage ; Lekain seul a été véritablement tra-
» gique. » Qu'il l'ait été plus que ces trois acteurs
fameux, c'est ce que nous venons de dire impli-
citement. Mais que Baron n'ait pas su toucher
les spectateurs ; que Beaubourg, qui mérita quelquefois, en effet, le nom d'énergumène, n'ait
pas, par bonheur ou par hasard, rencontré souvent de grands effets tragiques ; que Dufresne
enfin, qui contribua si puissament au succès de
Zaïre, n'ait eu que le faible mérite d'*une belle
voix*, *et d'un beau visage* ; c'est ce que le témoignage unanime de leurs contemporains ne
nous permet pas de croire, et nous sommes forcés de ne voir dans ce jugement, un peu trop
tranchant, qu'une preuve nouvelle de l'attachement de Voltaire pour un acteur qui contribua
si long-temps au succès de ses ouvrages.

Henri-Louis Lekain naquit à Paris le 14 avril
1729, année remarquable dans les fastes du théâtre
par la mort de Baron. Son père était un orfèvre
qui demeurait auprès de la pointe Saint-Eustache.
Destiné à lui succéder dans son commerce, Lekain reçut une éducation soignée, et surtout on
ne négligea rien pour lui procurer de bons maîtres de dessin. Il y fit des progrès assez rapides,
et cette étude lui fut utile par la suite, lorsqu'il
eut entrepris la reforme du costume ridicule que
l'on suivait au théâtre depuis son établissement.

Dès sa première jeunesse, Lekain se sentit une vocation marquée pour le théâtre. Il chercha bientôt à exercer ses dispositions naissantes dans les sociétés particulières qui se faisaient un amusement de jouer la comédie, et les circonstances favorisèrent ses desseins. La paix de 1748, en rappelant à Paris les plaisirs de tout genre, fut l'époque de l'institution de plusieurs sociétés bourgeoises. La première fut établie à l'hôtel de Soyecourt, rue Saint-Honoré ; la seconde à l'hôtel de Clermont-Tonnerre, au Marais ; la troisième, fondée par Lekain, à l'hôtel Jaback, rue Saint-Merry.

Il ne lui fut pas possible d'y continuer long-temps ses premiers essais. Forcé de faire quelques réparations dans sa salle de spectacle, le propriétaire de l'hôtel Jaback mit les acteurs qui l'occupaient dans la nécessité de demander à ceux de l'hôtel de Clermont-Tonnerre la permission d'alterner avec eux sur leur théâtre : ils y débutèrent par *Sydney* et *Georges-Dandin*.

Quoique ces sociétés particulières ne fussent pas composées d'acteurs distingués, et que par un effet assez plaisant de la bizarrerie du hasard, Lekain fût enrôlé dans la plus mauvaise, leur existence alarma les comédiens français. Les jeunes gens qui jouaient à l'hôtel de Clermont-Tonnerre reçurent ordre de fermer leur théâtre ;

dont la clôture eût peut-être été définitive sans la protection d'un prêtre janséniste. Ce fut à M. de Chauvelin, conseiller-clerc au parlement de Paris, qu'ils durent la liberté de reparaître sur les planches. Il s'intéressa pour les élèves contre leurs maîtres, et leur fit jouer, en février 1750, une mauvaise comédie, en cinq actes et en vers, de d'Arnaud Baculard, qui avait pour titre : *Le mauvais Riche.*

Il était dans l'ordre que l'auteur assistât à cette représentation. Il vit Lekain, et sortit étonné de lui comme d'un prodige. Voltaire, informé par d'Arnaud de ce phénomène effectivement remarquable, qui plaçait parmi de mauvais comédiens de société un homme fait pour s'illustrer sur la scène française; Voltaire, prévenu sans doute contre les talents de société, ne put résister à l'envie de juger par lui-même celui de Lekain, quoiqu'il ne se promît pas un grand plaisir de la comédie de d'Arnaud. Il parut satisfait, et s'informa scrupuleusement quel était l'acteur qui avait joué le rôle de l'amoureux. On lui répondit que c'était le fils d'un orfèvre de Paris, et qu'il jouait la comédie pour son plaisir, mais avec le dessein d'en faire un jour son état. Voltaire désira le connaître, et chargea d'Arnaud d'engager le jeune Lekain à l'aller voir le surlendemain.

La scène qui se passa chez Voltaire par suite de cette invitation, ayant été décrite par Lekain lui-même dans ses mémoires, nous allons le laisser parler.

« Le plaisir que me causa cette invitation fut » encore plus grand que ma surprise ; mais ce » que je ne pourrai jamais peindre, c'est ce qui » se passa dans mon âme à la vue de cet homme » dont les yeux étincelaient de feu, d'esprit et » d'imagination. En lui adressant la parole, je » me sentis pénétré de respect, d'enthousiasme » et de crainte. J'éprouvais à la fois toutes ces » sensations, lorsque M. de Voltaire eut la bonté » de mettre fin à mon embarras, en m'ouvrant » ses deux bras paternels, et en remerciant Dieu » d'avoir créé un être qui l'avait ému et attendri, » en proférant d'assez mauvais vers. Il me fit » ensuite plusieurs questions sur mon état, sur » celui de mon père, sur la manière dont j'avais » été élevé, et sur mes idées de fortune. Après » l'avoir satisfait sur tous ces points, et après » avoir pris ma part d'une douzaine de tasses » de chocolat, mélangées avec du café, je lui » répondis, avec une fermeté intrépide, que je » ne connaissais d'autre bonheur sur la terre que » celui de jouer la comédie ; qu'un hasard cruel » et douloureux me laissant maître de mes ac- » tions, et jouissant d'un petit patrimoine de

» 75o livres de rente, j'avais lieu d'espérer qu'en
» abandonnant le commerce, et le talent de mon
» père, je ne perdrais rien au change, si je pou-
» vais être un jour admis dans la troupe des
» comédiens du roi.

« Ah ! mon ami, s'écria M. de Voltaire, ne
» prenez jamais ce parti-là ! croyez-moi, jouez
» la comédie pour votre plaisir ; mais n'en faites
» jamais votre état. C'est le plus beau, le plus
» rare et le plus difficile des talents ; mais il est
» avili par des barbares, et proscrit par des
» hypocrites. Un jour à venir la France esti-
» mera votre art ; mais alors il n'y aura plus de
» Baron, plus de Lecouvreur, plus de Dange-
» ville. Si vous voulez renoncer à votre projet, je
» vous prêterai dix mille francs pour commencer
» votre établissement, et vous me les rendrez
» quand vous pourrez. Allez, mon ami, reve-
» nez me voir à la fin de la semaine ; faites bien
» vos réflexions, et donnez-moi une réponse
» positive.

» Étourdi, confus, et pénétré jusqu'aux larmes
» des bontés et des offres généreuses de ce grand
» homme que l'on disait avare, dur et sans pitié,
» je voulus m'épancher en remerciements. Je
» commençai quatre phrases sans en pouvoir
» terminer une seule ; enfin je pris le parti de lui
» faire ma révérence en balbutiant, et j'allais me

» retirer, lorsqu'il me rappela pour me prier
» de lui réciter quelques lambeaux des rôles que
» j'avais déjà joués.

» Sans trop examiner la question, je lui pro-
» posai assez mal-adroitement de lui déclamer
» le grand couplet de *Gustave*, au second acte.
» Point, point de Piron, me dit-il avec une
» voix tonnante et terrible; je n'aime pas les
» mauvais vers; dites-moi tout ce que vous savez
» de Racine.

» Je me souvins heureusement qu'étant au
» collége Mazarin, j'avais appris toute la tragé-
» die d'*Athalie*, après avoir entendu répéter
» nombre de fois cette pièce aux écoliers qui
» devaient la jouer.

» Je commençai donc la première scène, en
» jouant alternativement le rôle d'*Abner* et celui
» de *Joad*, mais je n'avais pas encore tout-à-fait
» rempli ma tâche que M. de Voltaire s'écria
» avec un enthousiasme divin : Ah ! mon Dieu,
» les beaux vers ! Et ce qu'il y a de bien éton-
» nant, c'est que toute la pièce est écrite avec
» la même chaleur, la même pureté, depuis la
» première scène jusqu'à la dernière : c'est que
» la poésie est inimitable ! Adieu, mon enfant ;
» ajouta-t-il en m'embrassant; c'est moi qui vous
» prédis que vous aurez la voix déchirante, que
» vous ferez un jour tous les plaisirs de Paris,

» mais, pour Dieu, ne montez jamais sur un
» théâtre public.

» Voilà le précis le plus vrai de ma première
» entrevue avec M. de Voltaire. La seconde fut
» plus décisive, puisqu'il consentit, après les
» plus vives instances de ma part, à me recueil-
» lir chez lui comme son pensionnaire, et à
» faire bâtir au-dessus de son logement un petit
» théâtre où il eut la bonté de me faire jouer
» avec ses nièces et toute sa société. Il ne voyait
» qu'avec un déplaisir horrible qu'il nous en
» avait coûté jusqu'alors beaucoup d'argent
» pour divertir le public et nos amis. La dé-
» pense que cet établissement momentané occa-
» sionna à M. de Voltaire, et l'offre désinté-
» ressée qu'il m'avait faite quelques jours aupa-
» ravant, me prouvèrent d'une manière bien
» sensible qu'il était aussi généreux et aussi
» noble dans ses procédés que ses ennemis étaient
» injustes en lui prêtant le vice d'une sordide
» économie. »

La conduite de Voltaire avec Lekain était en
effet bien propre à démentir une inculpation
aussi odieuse. Non content de l'aider de ses conseils pendant plus de six mois qu'il resta chez
lui, il voulut le défrayer de tout ; et pour le
mettre en état de tirer parti de ses talents, il

sollicita pour lui un ordre de début qu'il obtint du duc d'Aumont en septembre 1750.

En attendant que Lekain pût paraître sur la scène française, Voltaire le fit jouer sur le théâtre de la duchesse du Maine à Sceaux. Il y parut dans *Rome sauvée* en août 1750; ses brillantes dispositions frappèrent la duchesse; elle demanda à Voltaire quel était l'acteur qui venait de jouer *Lentulus Sura*. Madame, répondit-il, c'est le meilleur de tous. C'était Lekain.

Le jour que Lekain desirait avec tant d'ardeur arriva enfin, et le lundi 14 septembre 1750, il débuta pour la première fois au Théâtre Français par le rôle de *Titus* dans la tragédie de *Brutus*. Jamais les sentiments ne furent plus partagés sur un débutant: les uns, uniquement frappés des défauts naturels de Lekain, encore pleins du souvenir de Baron et de Dufresne, les deux plus beaux acteurs qui eussent paru sur la scène, et convaincus qu'on ne pouvait jouer les premiers rôles tragiques sans avoir tout l'extérieur d'un héros de roman, prétendaient que Lekain, auquel d'ailleurs ils refusaient la voix, la chaleur et même l'intelligence, ne ferait jamais qu'un très-mauvais comédien; les autres, sans être rebutés par un physique désagréable qu'il ne pouvait changer, ni par quelques défauts qui tenaient à l'inexpérience, et qu'il réforma dans la suite,

reconnaissant en lui une âme profondément tragique, le jugeaient fait pour devenir le plus grand
acteur du Théâtre Français, et l'appuyaient de
tout leur pouvoir. Dans le premier parti se trouvaient les talons rouges, toutes les femmes du
bel air, en un mot, le théâtre, les balcons et les
loges; le second se composait uniquement des
habitués du parterre qui, dès le premier jour de
son début, prirent Lekain sous leur protection.

Pour juger si les premiers avaient tort d'être
révoltés de la figure de cet acteur, il faut se rappeler son portrait tracé par un auteur contemporain très-impartial, puisque malgré ces torts trop
réels de la nature, il ne laissa pas de lui accorder son suffrage. Lekain, nous dit-il, était d'une
taille médiocre; il avait la jambe grosse, courte
et arquée, la peau du visage rouge et tannée,
les lèvres épaisses, la bouche large, l'œil vif à
la vérité, mais c'était tout ce qu'il avait de beau;
en tout son visage offrait un ensemble désagréable; sa voix était dure et sans modulations; tel
était Lekain en débutant.

Aussi fut-il bientôt du bon ton de se récrier
sur sa laideur; les femmes surtout avaient conçu
pour lui une antipathie marquée. Elles ne ces-
saient de s'étonner qu'il prétendît succéder à
Dufresne qui, à la plus belle physionomie, réunissait une taille riche et élégante, beaucoup de

grâces et de noblesse, une voix majestueuse, également douce, sonore et tendre. Lekain était loin de posséder tant d'avantages. Il trouvait d'ailleurs en possession de la scène, des premiers rôles et des suffrages du public, le célèbre Grandval, acteur plein de noblesse et de grâces. Enfin, comme si le hasard eût voulu réunir contre lui tout ce qui pouvait lui nuire, un autre acteur, d'une figure charmante et d'une belle taille, débutait en même temps, sans avoir, il est vrai, de talent pour la tragédie, mais appuyé par une foule d'amis et de protecteurs puissants. C'était Bellecourt, que la cabale ennemie de Lekain avait fait venir exprès de Bordeaux pour le lui opposer.

Les débuts de Bellecourt étaient peu suivis : son succès était médiocre ; mais on cabalait pour qu'il fût reçu. Lekain, au contraire, attirait la foule, il arrachait les applaudissements de l'envie même, et l'on cabalait pour l'éconduire.

Uniquement soutenu par son talent déjà supérieur, et par les véritables connaisseurs dont la place alors était dans le parterre, Lekain, après une lutte aussi longue que pénible, triompha enfin de tous les obstacles accumulés sur ses pas, et força son rival lui-même à l'admirer.

Le début de Lekain dura quinze mois et plus, ou plutôt il en fit deux. Pendant le cours du premier, il fut reçu à l'essai, et aux appointements de 1200 livres par an le 4 janvier 1751, et dès le 27 février suivant, le public se prononça hautement en faveur de sa récèption définitive. Il jouait *OEdipe :* il y fut applaudi avec enthousiasme, et lorsqu'il vint annoncer, après avoir été demandé à grands cris, il dit : *Messieurs, on aura l'honneur...* Tout le parterre l'interrompit en lui criant : *Dites, nous aurons l'honneur* (c'était la formule dont se servaient les acteurs reçus : l'autre était réservée pour les pensionnaires). Il reprit : *On aura l'honneur....* Seconde interruption pour lui faire dire : *Nous aurons l'honneur....* Vaincu enfin par cette obstination du parterre, il s'avança sur le bord de la scène, et dit : « Comme » je ne suis point reçu, Messieurs, je ne peux » pas encore me servir de ce terme; mais, par » pure obéissance, je dirai donc, Messieurs, » que demain nous aurons l'honneur de vous » donner, etc. »

Là-dessus, grands applaudissements, et vœu unanime pour sa réception. Elle n'était pas encore si prochaine : désespérant au contraire de l'obtenir, il pensait à quitter la France; il allait accepter un engagement pour la Prusse; et peut-être s'y serait-il fixé pour toujours. Ce fut la princesse de Robecq qui le détourna de ce projet. Elle aimait les arts, et protégeait vivement

Lekain, dont elle pressentait tout le mérite. C'était, avec Voltaire, presque la seule protection qu'il eût. Elle trouva moyen de surmonter les intrigues et de détruire l'effet des cabales de coulisses. Lekain reparut donc le 25 avril 1751 ; il retrouva dans le parterre le même enthousiasme, dans ses ennemis la même obstination, et dans son chef d'emploi Grandval le même aveuglement qui lui cachait toujours les qualités sublimes de Lekain, pour ne lui laisser voir que ses défauts naturels.

Il végétait depuis seize mois au rang des pensionnaires, en butte aux traits de la plus cruelle envie, constamment applaudi par le parterre, toujours vu avec défaveur par tout le reste du public. Fatigué de cette situation pénible, l'impétueux Lekain va trouver le fier Grandval, et sans être intimidé de l'accueil peu civil qu'il en reçoit : Je viens, Monsieur, dit-il, vous prier de me laisser jouer *Orosmane* devant le roi. — Vous, Monsieur, *Orosmane* à la cour ! vous n'y pensez pas ; vous voulez donc vous perdre ? — J'ai tout prévu, Monsieur ; j'en courrai les risques ; il est temps que mon sort se décide. — Eh bien, Monsieur, j'y consens ; mais si cette entreprise ne tourne pas au gré de vos desirs, souvenez-vous bien que c'est vous qui l'avez voulu.

Lekain se retire, et va méditer avec une attention digne du projet qu'il avait conçu, le rôle
qu'il devait jouer. Il ne se dissimula pas les obstacles qu'il avait à vaincre ; mais préparé à tout
événement, son imagination ardente ne voyait
que la gloire, sans s'effrayer du danger.

Le jour arrive : Lekain paraît sur la scène. Sa
figure et sa taille causent d'abord quelque surprise : les femmes, accoutumées à la grâce et à
la beauté de Grandval, laissèrent échapper un
léger murmure. Plusieurs d'entr'elles s'écrièrent
à demi-voix : *Ah! qu'il est laid!* Lekain l'avait
prévu : il n'en fut point étonné ; mais le dépit
qu'il en conçut donna une nouvelle force à ses
moyens, et le succès qu'il eut dans le premier
acte prépara le triomphe qu'il obtint dans les derniers. A mesure que l'intérêt de la scène se dé-
veloppait, son âme se répandait sur ses traits ;
bientôt tous les yeux offusqués par les larmes ne
distinguèrent plus si l'acteur était beau ou laid,
et il ne laissa dans l'âme des spectateurs que
l'impression profonde des sentiments qui l'avaient
animé. On assure même qu'à cette représentation
on entendit plusieurs dames qui, une heure auparavant, avaient paru choquées de sa figure,
s'écrier dans un accès d'enthousiasme bien naturel : *Ah! qu'il est beau!* du moins est-il sûr que
cette expression naïve du plaisir extrême que

causait cet homme étonnant échappa depuis aux spectateurs les plus prévenus contre lui.

Après la représentation, le premier gentilhomme de la chambre alla demander l'avis du roi. Louis XV avait un jugement sain ; il se montra dans cette occasion plus juste que Mme de Pompadour et que le maréchal de Richelieu, protecteurs déclarés de Bellecourt, et conséquemment ennemis de Lekain. Il m'a fait pleurer, dit-il, moi qui ne pleure guères ; je le reçois.

Une admission d'un genre aussi nouveau étonna quelques-uns de ses camarades ; mais il fallait bien s'y soumettre. Grandval lui-même ne tarda pas à reconnaître son erreur, et à mettre Lekain en possession des premiers rôles tragiques.

Au reste il se trouvait, même dans la comédie, des personnes ou plus éclairées, ou moins prévenues, qui n'avaient pas attendu le jugement de Louis XV pour se déterminer en faveur de Lekain. Dans le moment où son admission éprouvait le plus de difficultés, un de ses camarades, ennuyé des obstacles qui se reproduisaient à chaque instant pour la réception d'un homme tel que Lekain, s'écria en plein comité : *Si vous ne voulez pas le recevoir comme votre égal, recevez-le comme votre maître.*

Il fut donc admis enfin le 24 février 1752. On a vu plusieurs comédiens, après leur réception,

vieillir dans l'indolence et l'inertie. Lekain était
bien loin de leur ressembler. A peine fut-il reçu
qu'il s'appliqua sérieusement à corriger ses défauts. Lekain n'était pas né, comme Démosthène,
avec un défaut de prononciation ; la sienne, au
contraire, était une des plus belles et des plus
nettes qu'on ait entendues au théâtre ; aussi par-
lait-il sa langue avec la plus grande pureté ; mais
il avait, comme nous l'avons dit, la voix désagréable, et cet inconvénient, joint aux disgrâces
de sa figure, fournissait des moyens toujours re-
naissants à ceux qui s'obstinaient à le décrier.
En peu de temps il eut l'art de les réduire au
silence, et trouva le secret, par un travail in-
concevable sur lui-même, de surmonter et de
faire disparaître tout ce qu'il y avait en lui de
vicieux.

Bientôt il obtint toute la réputation à laquelle
il avait droit de prétendre, et fut universellement
reconnu pour le plus grand *tragédien* (cette
expression est ici d'absolue nécessité) qui eût
paru sur la scène française. Nous voudrions pouvoir donner ici le détail de toutes les parties
constitutives du talent de Lekain. Mais il n'y a
qu'un petit nombre d'expressions consacrées par
l'usage à l'appréciation de ce talent du comédien ;
et dans l'examen d'un rôle où Lekain prodiguait
les beautés de tout genre, il s'en trouvera telle

que l'écrivain ne pourra bien faire sentir que par une discussion de plusieurs pages.

Dans le rôle d'*Orosmane*, par exemple, le temps prolongé que Lekain marquait entre ces mots :

Pour Zaïre..... crois-moi, sans que ton cœur s'offense ; etc.

en portant d'abord ses yeux, avec toute l'ivresse de l'amour, sur cet objet chéri, et les ramenant ensuite avec hauteur sur *Nérestan :* l'expression effrayante et profonde qu'il donnait au second hémistiche de ce vers :

Je ne suis point jaloux.... si je l'étais jamais !

dans lequel il faisait entrevoir tout le caractère d'*Orosmane*, toute la tragédie ; ces beautés, disons-nous, gravées dans la mémoire de tous ceux qui ont vu Lekain, feraient parfaitement connaître la nature du talent sublime qu'il posséda, s'il était possible, à l'aide de la tradition, de le suivre ainsi dans tous ses rôles. Malheureusement rien de plus fugitif que les succès de l'acteur même le plus célèbre. Obtenus à l'aide de la voix et du geste, ils ne se fixent pas sur le papier comme les vers du poète, ou les sons du musicien. Au reste si le biographe d'un acteur célèbre a réussi, tous les traits caractéristiques du portrait desiré par le lecteur, doivent se trouver dans l'ensemble de sa notice ; c'est au public à juger si nous devons prétendre à ce succès.

Après avoir perfectionné son talent, Lekain voulut aussi perfectionner son art ; et si, dans cette seconde tentative, il ne réussit pas aussi bien que dans la première, c'est que les réformes ne peuvent se faire tout d'un coup dans un établissement qui en offre une multitude d'indispensables. Justement choqué de l'inconvenance des costumes et des décorations, ainsi que de l'usage absurde de charger le théâtre de spectateurs, il entreprit de faire disparaître tous ces abus qui nous semblent révoltants aujourd'hui, mais auxquels une longue habitude avait accoutumé nos ancêtres au point de les leur rendre insensibles.

Lorsque Lekain débuta, ce qu'on appelle aujourd'hui costume était une chose à peu près inconnue. Les habits tragiques et ceux employés dans la comédie, étaient presque les mêmes ; on avait bien une espèce de cuirasse pour jouer les rôles de guerrier ; mais excepté dans ce cas, un seul habit suffisait pour toutes les tragédies, et c'était l'habit français, tel qu'on le portait sous Louis XIV. *Auguste* et *César* avaient la tête chargée d'une perruque énorme : les spectateurs auraient ri au nez de *Cornélie*, si elle était venue

présenter l'urne du grand *Pompée* sans de beaux
gants blancs, et sans être ensevelie dans le plus
vaste des paniers possibles. On voyait *Agamemnon* dans le camp des Grecs, enveloppé d'une
espèce de *baril* à franges, ôtant poliment son
chapeau aux dames, et conduisant au bûcher sa
fille *Iphigénie* en robe de cour.

On a peine à concevoir comment des masca-
rades aussi ridicules ne détruisaient pas toute
l'illusion. Les acteurs devaient avoir mille fois
plus de peine à la produire qu'aujourd'hui où
tout les seconde et contribue à l'entretenir. Il
est étonnant que Baron, que Dufresne, qui tous
les deux, indépendamment de leurs talents
comme acteurs, n'étaient point des hommes
ordinaires, ne se soient jamais apperçus de l'inconvenance de leurs costumes, de leurs décorations et des banquettes dont le théâtre même
était chargé. Dès 1661 Molière, dans sa première
scène des *Fâcheux*, avait fait sentir tous les inconvénients de cet usage qui confondait les spectateurs avec des acteurs : il ne fut supprimé qu'à
la clôture de 1759. Lekain en sollicitait depuis
long-temps la réforme ; mais quoiqu'il pût donner mille raisons excellentes contre cette coutume, en faveur de laquelle on n'en pouvait
trouver que deux, son ancienneté et l'habitude,
peut-être eût-elle subsisté encore sans la géné-

rosité du comte de Lauraguais, qui fit tous les
frais du changement. Nous ne concevons pas aujourd'hui comment il fallut une somme considérable pour obtenir que des banquettes, qui défigu-
raient et obstruaient la scène, en fussent retirées;
le fait est constant, et cela nous suffit. On ne vit
plus alors *Auguste* délibérer au milieu d'une
foule de petits-maîtres, obligés de se ranger pour
donner passage à l'ombre de *Ninus*, et Dorat put
dire, avec autant de raison que de gaîté, en parlant de la scène :

Le public n'y voit plus, borné dans ses regards,
Nos Marquis y briller sur de triples remparts.
Ils cessent d'embellir la cour de *Pharasmane*:
Zaïre sans témoins entretient *Orosmane*.
On n'y voit plus l'ennui de nos jeunes seigneurs
Nonchalamment sourire à l'héroïne en pleurs.
On ne les entend plus, du fond de la coulisse,
Par leur caquet bruyant interrompre l'actrice,
Persiffler *Mithridate*, et sans respect du nom,
Apostropher *César*, ou tutoyer *Néron*.

Lekain et Mlle Clairon, qui le seconda toujours
dans toutes ces réformes, eurent la gloire de
contribuer beaucoup à la suppression des banquettes contre lesquelles ils s'élevaient depuis
long-temps. Ils ne s'en tinrent pas-là, et firent
une infinité de changements avantageux aux costumes, aux décorations et à la pompe théâtrale;

tous objets également négligés, ou, pour mieux dire, méconnus. La garde des rois, dans les tragédies, était formée de cinq ou six danseurs et de deux ou trois valets de théâtre, ou moucheurs de chandelles, ce qui formait un tableau grotesque et comique ; les décorations n'étaient pas moins abandonnées ; des coulisses, grossièrement barbouillées, représentaient le palais d'un roi, d'un empereur, où était censée régner la plus grande magnificence.

Lekain vit combien tous ces objets avaient besoin d'améliorations ; mais il n'était pas facile de les obtenir toutes à la fois. Il eut besoin d'appui pour engager ses camarades à se prêter à des changements qui allaient augmenter prodigieusement leurs dépenses ; il le trouva dans Mlle Clairon. Ces réformes firent la fortune des comédiens ; leurs frais devinrent sans doute plus considérables ; mais leurs recettes s'élevèrent aussi bien au-delà de ce qu'elles produisaient ordinairement ; et si Lekain a mérité du public le titre de *Restaurateur du Costume*, il n'a pas moins mérité des comédiens celui de *Bienfaiteur de la Comédie*.

Cependant il n'éprouva point sur la fin de sa carrière cette reconnaissance à laquelle il eût dû s'attendre. Vingt ans de travaux pénibles avaient altéré sa santé. Dans les dernières années de sa vie, elle ne lui permettait plus de faire un service aussi soutenu. D'ailleurs il savait que les meilleures choses perdent de leur prix quand elles sont trop prodiguées ; et ne voulant pas user son talent comme ses camarades et leurs prédécesseurs avaient usé les comédies de Molière, il se restreignit d'abord à ne jouer que deux fois par semaine. Bientôt il se réduisit à une seule représentation dans cet espace de temps ; enfin il se permit souvent des absences de plusieurs mois. On les attribuait généralement à un relâchement dans son zèle : on l'accusait de paresse et de mauvaise volonté. Les comédiens n'étaient point les seuls qui murmurassent ; le public formait aussi ses plaintes : les uns disaient que Lekain était sans doute un sujet recommandable, mais plus à charge au théâtre qu'il ne lui était utile ; d'autres qu'il usurpait sa part ; les plus inconsidérés voulaient qu'on lui donnât son congé. Fort de son talent, et sûr de trouver toujours dans la masse des spectateurs l'enthousiasme et les applaudissements auxquels il était accoutumé, Lekain méprisait ces murmures partiels.

On pourra juger de leur force par la citation suivante extraite d'un ouvrage fameux. Nous n'avons pas besoin d'avertir qu'elle renferme beaucoup d'opinions fausses ou exagérées que nous n'adoptons nullement ; mais il est bon de savoir jusqu'à quel point l'injustice se porta contre Lekain, même du vivant de cet acteur illustre.

« Il (le Censeur) intimiderait la paresse,
» rappellerait au théâtre qui le paie, le comédien
» avide qui s'en éloigne la moitié de l'année, et
» qui ose ensuite toucher un argent qui ne lui est
» pas dû. Il donnerait en même-temps de justes
» louanges à l'acteur zélé et assidu, et surtout à
» celui qui se prêterait le plus aux nouveautés théâ-
» trales, tandis qu'il ferait sentir que, si tel autre
» s'y refuse, c'est autant par l'incapacité de saisir
» un rôle qu'il n'a pas joué trente fois, que par
» l'indifférence la plus coupable pour son art;
» tel était Lekain. Uniquement voué aux produc-
» tions de M. de Voltaire, il avait fait le vœu
» secret d'étouffer tout ce qui ne venait pas de
» Ferney. Je l'ai vu effrontément se dire malade,
» lorsqu'il avait joué sept ou huit fois dans un
» hiver; il abandonnait la capitale, montait en
» chaise de poste, et allait essayer s'il ne se por-
» terait pas mieux en province, en représentant
» deux fois par jour : alors il bravait les plus
» grandes chaleurs de l'été. S'il daignait encore
» jouer à Paris, c'était pour ne pas perdre la mé-
» moire de huit à dix rôles à peu près sembla-
» bles, qu'il promenait ensuite de tous côtés dès
» que les beaux jours étaient venus. On le payait
» à Paris, tandis qu'il déclamait à Bruxelles.

» Avec trois habits et un turban, cet acteur em-
» portait avec lui toute la tragédie française. »

Il est sûr que Lekain donnait lui-même quelque
fondement à ces reproches exagérés. S'il est vrai
que sa santé se soit affaiblie par la multitude de
ses travaux, il est incontestable aussi que quelques-uns des plus pénibles furent perdus pour
le public de Paris, ainsi que pour ses camarades.
C'est lui qui a introduit, chez les comédiens
de la capitale, l'usage lucratif des courses dans
la province. Aucun acteur n'avait plus que Lekain de reproches à se faire à cet égard ; il avait
pris l'habitude d'aller, tous les ans, chez le Pa-
triarche de Ferney : il donnait en passant quelques représentations dans les villes où il trouvait
des théâtres. Communément il jouait ainsi huit
jours de suite ; quelquefois même, comme le dit
l'auteur que nous venons de citer, on le vit
donner deux représentations le même jour. Cet
exercice violent dut, plus que tout autre, altérer
son tempérament ; ainsi, quand Lekain rejetait
sur le dépérissement de sa santé le refus que
souvent il faisait de jouer, cette excuse était
peu recevable, puisqu'il était notoire que ses
forces n'étaient épuisées que pour la capitale,
et qu'il savait en retrouver pour la province.

Ces courses réitérées dans les différentes
villes de la France, contribuaient à étendre sa

réputation. Elle fit naître au roi de Prusse le désir d'entendre cet acteur fameux. Frédéric avait d'autant plus de droit à voir sa curiosité satisfaite, que, comme nous l'avons dit plus haut, Lekain avait eu le projet de se fixer dans ses états ; mais alors les gentilshommes de la chambre sentaient l'inconvénient de laisser aux comédiens la liberté de courir ainsi de ville en ville ; et par un réglement nouveau, mal exécuté depuis, ils venaient d'arrêter qu'il ne serait plus accordé aucun congé demandé dans cette intention. En conséquence Lekain ne put d'abord obtenir celui dont il avait besoin pour se rendre à Berlin : il fallut que le Grand Frédéric traitât cette importante affaire par le ministère de son ambassadeur, et demandât lui-même le congé. On sent bien qu'il ne le sollicita pas vainement. Lekain partit donc pour la Prusse ; ce voyage lui valut dix mille écus, et d'ailleurs il trouva dans cette cour la considération et les succès qu'il était sûr de rencontrer partout.

Voici ce que Frédéric écrivait à Voltaire sur les représentations données devant lui par Lekain.

» Lekain a joué les rôles d'*OEdipe*, de *Ma-*
» *homet* et d'*Orosmane* : pour l'*OEdipe* nous
» l'avons entendu deux fois. Ce comédien est
» très-habile : il a un bel organe, il se présente
» avec dignité ; il a le geste noble, et il est im-

» possible d'avoir plus d'attention pour la pan-
» tomime qu'il n'en a. Mais vous dirai-je naïve-
» ment l'impression qu'il a faite sur moi? Je le
» voudrais un peu moins outré, et alors je le
» croirais parfait. »

Voltaire ne partageait pas cette opinion : il
trouvait Lekain parfait; c'était son *grand acteur,*
son *Garrick,* son *enfant chéri.* On ne peut disconvenir que Lekain ne méritât ces épithètes flat-
teuses, et d'ailleurs il est certain que le talent de
cet acteur entra pour beaucoup dans le succès de
plusieurs pièces de Voltaire.

Ce ne fut pas lui qui joua d'original le rôle de
Ninias dans *Sémiramis*; mais il le rendit depuis
d'une manière bien supérieure à celle de Grandval qui probablement en fut chargé dans la nouveauté. La pantomime qu'il imagina pour sa sortie
du tombeau de *Ninus,* a fait tradition, et Dorat
l'a célébrée dans les vers suivants.

Je crois toujours le voir échevelé, tremblant,
Du tombeau de Ninus sortir pâle et sanglant,
Pousser du désespoir les cris sourds et funèbres,
S'agiter, se débattre au milieu des ténèbres,
Plus terrible cent fois que le spectre, la nuit,
Et les pâles éclairs dont l'horreur le poursuit.

Voltaire dut se trouver heureux d'avoir un acteur tel que Lekain pour le rôle de *Gengis,* le plus

ingrat et le plus difficile peut-être qu'il y ait au théâtre. Cependant il ne fut pas content de la manière dont Lekain le rendait dans les commencements, et Lekain lui-même, se jugeant plus rigoureusement que le public qui l'avait fort applaudi, ne crut point avoir fait tout ce qu'il pouvait dans ce rôle. Il fut près de dix ans avant de pouvoir en tirer tout le parti dont il le jugeait susceptible; il eut le courage de refondre entièrement son jeu, et le joua enfin avec une perfection dont on ne saurait donner l'idée. On dit que dans un de ses voyages à Ferney, il reçut des instructions de Voltaire pour ce rôle; que lorsqu'il revint à Paris, il y parut tout autre, et qu'une de ses camarades (Mme Drouin) à qui sa première erreur n'avait pas échappé, ne put dissimuler son étonnement, et dit à quelques personnes : *On voit bien qu'il revient de Ferney.* Voltaire n'était pas un très-bon professeur de déclamation : cela nous fait douter de cette anecdote.

Quant au rôle d'*Orosmane*, il y fut supérieur dès son début, et c'est celui qui lui fit constamment le plus d'honneur. Il sut si bien y captiver les suffrages du public que quelques mois après son début, Grandval lui-même, en possession du rôle depuis la retraite de Dufresne, annonçant *Zaïre* pour le lendemain, on lui cria du parterre, non point comme à........ *n'y jouez pas*, mais

laissez jouer Lekain. Il le fit. Grandval cependant
était un acteur chéri du public.

Nous nous garderons bien de discuter l'opinion
ridicule de quelques personnes qui prétendaient
que Lekain ne jouait bien que dans les pièces de
Voltaire, et que dans toutes les autres c'était un acteur médiocre : elle ne mérite point de réponse. Il
est vrai que Lekain était incomparable dans *Ven-*
dôme, Mahomet, Zamore, Tancrède, OEdipe,
les trois rôles que nous venons de citer, et plusieurs autres des pièces de Voltaire ; mais on ne
l'admirait pas moins dans *Néron, Ladislas,*
Cinna, Manlius, Oreste d'*Andromaque, Ro-*
drigue, le Comte d'Essex, Rhadamiste, etc., et
parmi les pièces des littérateurs ses contemporains, *Oreste* dans *Iphigénie en Tauride, An-*
tenor dans *Zelmire, Warwick, Guiscard,*
Édouard III dans le *Siége de Calais, Édouard*
dans *Pierre le Cruel, Bayard, Guillaume Tell,*
ne lui firent pas moins d'honneur. Nous croyons
fort inutile de parler des rôles qu'il joua dans
beaucoup de tragédies actuellement oubliées
après un succès éphémère, ou qui tombèrent
malgré ses efforts pour les soutenir, telles qu'*A-*
ménophis, Paros, Zaruckma, Irène (de Boistel),
Cromwel, Cosroës, Pharamond (de Laharpe),
les Illinois, Lorédan. Peu de personnes sans
doute s'intéressent aujourd'hui à ces ouvrages ;
celles qui voudraient savoir quel rôle Lekain y

jouait pourront recourir aux journaux du temps,
et aux dictionnaires dramatiques.

Quoique destiné spécialement par la nature
aux grands rôles de la tragédie, et pouvant se
renfermer dans cet emploi brillant, mais pénible,
Lekain ne dédaigna point de se rendre utile dans
de petits rôles comiques dont sa personne et son
talent auraient pu se trouver dégradés, si le grand
acteur pouvait jamais être déplacé. Nous citerons
entr'autres celui de *Desparville fils* qu'il joua
dans *le Philosophe sans le savoir*, aux premières
représentations de ce drame. Au reste une diction
qui convient parfaitement à la tragédie, peut paraître trop pesante dans la comédie : cette observation fut vérifiée par Lekain qui devait cette
diction à son naturel profond et réfléchi. D'ailleurs il n'avait aucun goût pour la comédie, et
ne la joua que par devoir.

Cet acteur sublime éprouva les critiques les
plus injustes : en les réfutant nous craindrions
que l'on nous accusât d'y mettre une importance
qu'elles sont loin d'avoir. Que dire en effet à des
censeurs qui prétendaient que ses gestes étaient
toujours les mêmes ; apprêtés, compassés et me-
surés géométriquement ; que sur chacun de ses
rôles, il les avait scrupuleusement notés en
marge ; qu'il passait la matinée à les étudier devant une glace, et que quiconque lui avait vu

jouer un rôle, pouvait annoncer, scène par scène, tous les gestes dont il y ferait constamment usage? Le comédien qui suivrait une pareille marche, serait sans aucun doute un très-mauvais acteur hors du cabinet d'étude, et l'on sait si Lekain fut un mauvais acteur! Des critiques aussi pitoyables ne méritent pas une réponse plus sérieuse.

Après les avoir accréditées autant qu'ils le pouvaient, ses ennemis cherchèrent à pénétrer dans les plus petits détails de sa vie privée, pour lui trouver des ridicules ou des vices. Un des plus odieux de tous, c'est l'avarice; Lekain était économe, et comme il avait toujours su mettre de l'ordre dans ses affaires, on dit bientôt qu'il était avare. Depuis trente ans qu'il est mort, il importe fort peu sans doute de savoir s'il était avare, économe ou prodigue; mais on sait que souvent il aida ses amis de sa bourse; qu'il secourait plusieurs familles indigentes; qu'il avait une bibliothèque assez nombreuse, bien choisie, et un mobilier honnête; qu'il réunissait souvent ses amis tant à Paris qu'à sa maison de campagne à Fontenay-sous-Bois où il fit beaucoup de dépense en améliorations et embellissements; que dans ce même village il fut pleuré des ouvriers qui le regrettaient comme un bon maître auprès duquel on trouvait toujours du travail et de l'argent; enfin qu'aucun acteur ne fit plus de frais que lui en habits de théâtre. Il n'y eut jamais d'avare de qui on en pût dire autant.

Si d'ailleurs Lekain portait un peu loin la négligence dans ses habits de ville, elle était plus pardonnable que le luxe indécent de quelques acteurs du même temps qui se montraient en public aussi magnifiquement vêtus qu'au théâtre.

Enfin s'il est vrai qu'à sa mort on ait trouvé chez lui plus de cent mille écus en or, outre quantité de bijoux, cela fut heureux pour ses héritiers; mais nous avons peine à croire cela sur la parole de Bachaumont, auteur ou rédacteur des mémoires secrets.

Lekain avait fait un mariage d'inclination qui ne fut pas heureux; cependant il eut deux enfants de sa femme, actrice du même théâtre. Il était d'une complexion très-ardente; il sentait les passions avec autant de force qu'il savait les peindre au théâtre. Au moment de sa mort il pensait à se remarier avec une femme qu'il aimait passionnément. Il joua, pour la dernière fois, le rôle de *Vendôme* le 24 janvier 1778. Il se sentait indisposé depuis quelques jours, et ce fut par complaisance pour sa maîtresse qu'il donna cette représentation. Soit qu'il fût déjà tourmenté par la fièvre, soit que le motif qui l'excitait à jouer, quoique malade, développât les ressorts de son âme d'une manière plus brûlante que le simple désir de plaire au public, il fut généralement trouvé supérieur à lui-même. A la suite de cette représentation, il passa la nuit dans un exercice agréable, et trop pénible peut-être pour sa situation ; cette double fatigue lui causa une fièvre qui fut suivie d'une inflammation d'entrailles, et bientôt de la gangrène, sans que tout l'art de Tronchin pût y porter remède. Il mourut le dimanche 8 février, sur les deux heures. Le soir même le parterre demanda de ses nouvelles à l'acteur qui annonçait, et qui ne répondit que par ces mots : *Il est mort.* Ces mots furent répétés par toute la salle avec un cri de douleur auquel succéda la consternation. Cette perte mit le théâtre et la littérature en deuil, et fut long-temps regardée comme irréparable.

On prétend que Lekain avait écrit beaucoup de réflexions sur son art, mais qu'il brûla tous ses papiers quelque temps avant que de mourir. C'est une perte sans doute : personne ne pouvait donner de meilleures leçons que lui. Lorsque Marmontel se fut avisé de refaire (retoucher ne serait pas le mot) le *Venceslas* de Rotrou qui valait beaucoup mieux avant ses corrections qu'après, Lekain seul de toute la comédie eut le courage de s'opposer à cette entreprise inutile du protégé de mad. de Pompadour. C'était donner une preuve de goût ; mais Marmontel lui en sut très-mauvais gré. Il est vrai que Lekain s'y prit de la manière la plus propre à désespérer Marmontel qui ne manquait nullement d'orgueil. On devait jouer à Versailles la pièce telle qu'il l'avait retouchée. Lekain, sans le prévenir, rétablit à la représentation dans son rôle de *Ladislas* tout ce que Marmontel en avait supprimé, et ne dit pas un mot des vers nouveaux qu'il y avait placés. La cour ne s'en apperçut pas : le rôle parut admirable, et admirablement joué. De toutes parts on vint féliciter Marmontel du succès de ses corrections, tandis qu'il crevait de rage s'étant seul apperçu du tour que Lekain lui avait joué. Cette espiéglerie brouilla Lekain avec Marmontel ; mais elle ne lui fera pas de tort aux yeux des amateurs du théâtre pour qui nos anciens chefs-d'œuvres sont sacrés.

Lekain était instruit ; sa conversation était sensée, grave sans affectation, solide et intéressante. Naturellement mélancolique et rêveur, il se livrait volontiers à la gaîté, pourvu qu'on le mît à son aise ; mais d'ailleurs il n'avait rien de brillant. Voici cependant deux réponses de lui qu'on a conservées. Il se plaignait dans le foyer de la modicité de sa part qui, disait-il, ne montait au plus qu'à 10 ou 12000 livres. Comment! morbleu, s'écria un chevalier de Saint-Louis qui l'écoutait, un vil histrion n'est pas content de 12000 livres de rente, et moi qui suis au service du roi, qui prodigue mon sang pour ma patrie, je suis trop heureux d'obtenir mille livres de pension! — Eh! comptez-vous pour rien la liberté de me parler ainsi? répliqua sur-le-champ l'acteur avec une juste indignation. Le propos du militaire était grossier et tenait aux préjugés du temps; Lekain et ses pareils ne furent jamais des *histrions*, et leur profession n'eut rien de *vil* que dans les siècles d'ignorance. Confondre nos comédiens avec les saltimbanques et les farceurs proscrits à juste titre par les empereurs, les pères de l'église et les conciles, c'est montrer à la fois de l'ignorance et de la mauvaise foi.

L'autre répartie est plus gaie. La reine avait assisté à la première représentation d'un mauvais drame que le public n'avait cessé de siffler : Lekain, suivant l'usage, tenait un flambeau devant elle sur l'escalier. *M. Lekain*, lui dit cette princesse, *comment pouvez-vous recevoir des pièces aussi mauvaises? Madame*, lui répondit-il, *c'est le secret de la comédie*.

Lekain pensait à se retirer à la clôture de Pâques 1779, devant avoir alors cinquante ans accomplis. Ainsi, quand la mort ne l'eût point enlevé, il eût toujours été perdu pour le théâtre; mais du moins ses amis eussent joui plus longtemps de sa société qui leur fut toujours précieuse.

Nous terminerons cette notice en rapportant un passage des Mémoires de Mlle Clairon, qui concerne Lekain. Il semble contrarier en quelques points ce que nous avons avancé sur cet acteur d'après les meilleures autorités ; nous ne pouvons répondre que de notre exactitude et de notre impartialité. Le lecteur est le maître d'adopter les sentiments de Mlle Clairon s'il les trouve plus plausibles que les nôtres. Mais nous nous permettrons de lui faire observer qu'en général les comédiens ne sont pas des guides sûrs pour juger les comédiens.

» Lekain, simple artisan (*un orfèvre n'est point » un artisan*) n'ayant qu'une figure déplaisante » et sale, une taille mal prise, un organe sourd, » un tempérament faible, s'élance de l'atelier au » théâtre ; et sans autre guide que le génie, sans » autres secours que l'art (*et les leçons de Voltaire*), » se montre le plus grand acteur, le plus beau, » le plus imposant, le plus intéressant des hommes. » Je ne compte ni ses premiers essais, ni ses der- » niers efforts : dans les uns il doutait, tentait, » se trompait souvent et cela devait être ; dans » les autres, ses forces ne secondaient pas ses » intentions ; faute de moyens, il était souvent » lent et déclamateur ». (*Voilà précisément ce que disait un folliculaire, nommé Lefuel de Méricourt qui avait imaginé, en citant quel-*

ques passages des rôles de Lekain, d'en séparer tous les mots par des points..........)« Mais
» son bon temps est ce qu'on a jamais vu de
» plus approchant de la perfection. Sans préven-
» tion pour ou contre, je dois pourtant avouer
» qu'il ne jouait pas également bien tous les au-
» teurs. Il ne savait pas débiter Corneille ; les
» rôles de Racine étaient trop simples pour lui. Il
» ne jouait bien de l'un et de l'autre que quelques
» scènes qui permettaient à son âme les grands
» élans dont elle avait besoin. Sa perfection n'é-
» tait complète que dans les seules tragédies de
» Voltaire. »(*Les ennemis de Lekain ne disaient*
*pas mieux. Au reste je ne compte point M*lle
Clairon dans le nombre des ennemis de ce grand
acteur; il s'en faut. Je vois seulement dans cette
série de jugements sur la manière dont Lekain
jouait Corneille, Racine et Voltaire, l'aveu
*implicite de la prééminence de M*lle *Clairon*
qui jouait également bien les ouvrages de ces
trois grands hommes, clairement exprimé par
*M*lle *Clairon elle-même, et voilà comment ju-*
gent la plupart des acteurs. Ils conviendront
volontiers qu'un camarade vivant a du talent,
un grand talent même ; ou, s'il est mort, qu'il
l'a eu ; mais n'espérez pas qu'ils lui accordent
jamais la supériorité ; c'est pour eux seuls qu'ils
la réservent ; ce sentiment, à la vérité, se montre

rarement à découvert ; mais il perce quelquefois, comme dans l'article qui nous fournit ces réflexions.) « Ainsi que l'auteur, il se montrait con-
» tinuellement noble, vrai, sensible, profond,
» terrible ou sublime. Les talents de Lekain
» étaient alors si grands qu'on ne s'appercevait
» plus des disgrâces de son physique. Il avait fait
» d'excellentes études ; il savait plusieurs langues,
» lisait beaucoup et jugeait bien : mais sans art,
» il n'eût jamais rien été. »

MOLÉ.

(*François-René*)

DIGNE successeur de Grandval et de Bellecourt dans l'emploi des *Petits-Maîtres*, Molé naquit à Paris le 24 novembre 1734 d'une famille peu fortunée. Son père était graveur, et trouvait à peine dans son travail de quoi faire subsister sa femme et trois garçons dont Molé était le second. Le nom de cet acteur, tel que nous l'ortographions actuellement, n'est pas tout-à-fait celui de sa famille. Pendant les premières années qui suivirent sa réception à la Comédie française, il fut connu sous le nom de *Molet* ; les journaux et les affiches de la Comédie ne lui en donnèrent point d'autre. Il s'apperçut apparemment que ce nom prêtait à la mauvaise plaisanterie ; au moyen d'une petite suppression de la lettre finale et de l'addition d'un accent, il le rendit plus noble, en lui donnant une ressemblance exacte avec celui que portaient des magistrats illustres. Lorsque le premier nom fut oublié, quelques faiseurs d'anecdotes se prévalurent de cette conformité pour assurer que la famille du premier président et celle du graveur avaient une origine commune ; c'est une fable qui n'a pas besoin que nous la réfutions.

Nous passerons légèrement sur les premières années de Molé ; elles offrent peu d'intérêt. Il avait obtenu de M. Blondel de Gagny, intendant des finances, une place dans ses bureaux, après avoir été quelque temps clerc de notaire. Le travail que l'on attendait de lui, était ce qui l'occupait le moins. Séduit par l'exemple de son frère ainé d'Alainville, et devant un jour rendre le sien contagieux pour son jeune frère Auguste qui ne joua qu'en province, Molé, lorsqu'il était à son bureau, ne pensait qu'à la comédie ; et lorsqu'il en sortait, c'était pour aller au spectacle. Quand il pouvait se trouver seul dans cet endroit destiné aux travaux les plus sérieux, il répétait les rôles, étudiait les intonations et les gestes des plus fameux acteurs ; et pour rendre l'imitation plus parfaite, des chaises de l'appartement il s'en faisait des spectateurs, du tapis de la table un manteau tragique, et de la table elle-même un théâtre sur lequel il s'exerçait à loisir. M. Blondel de Gagny, son protecteur, le surprit dans cette occupation. Ce financier n'était pas un *Turcaret;* il aimait les arts, et croyant reconnaître de véritables dispositions dans le jeune Molé, au lieu des reprimandes que celui-ci pouvait craindre, il lui donna des encouragements flatteurs. Il fit plus; il lui procura plus de liberté pour ses études favorites, en l'affranchissant du travail de sa place dont il lui conserva les appointements.

Molé fut bientôt en état de paraître devant d'autres spectateurs que ceux qu'il s'était procurés dans son bureau. Il fut admis dans les sociétés d'amateurs où Lekain faisait ses premières armes, et ses dispositions y parurent avec tant d'avantage que les gentilshommes de la chambre crurent devoir lui accorder un ordre de début, quoiqu'il n'eût pas vingt ans, et qu'il n'eût jamais joué en province.

Molé débuta donc pour la première fois le 7 novembre 1754 par les rôles de *Britannicus* et d'*Olinde* dans *Zénéide;* il joua ensuite ceux de *Séide* et de *Nérestan.* Suivant le *Mercure de France,* alors rédigé par l'abbé Raynal, il donna de grandes espérances dans le rôle de *Séide.* On lui reconnut deux avantages précieux, une jolie

figure et du naturel ; mais sa voix parut faible ,
quoique susceptible d'être fortifiée par l'âge et
par l'exercice, et l'on jugea qu'obligé, pour dissimuler cette faiblesse de l'organe, d'enfler les
sons qu'il en tirait, il était à craindre que sa déclamation ne devînt ampoulée. D'ailleurs on le
trouva trop novice dans la connaissance de la scène ;
et suivant l'usage alors généralement suivi, la Comédie engagea Molé à s'exercer pendant quelques années dans la province avant que de ris-
quer un second début à Paris. Quelques personnes
prétendent qu'il fut reçu à l'essai, et congédié à
la clôture de 1755 ; cela se peut, mais nous n'en
avons personnellement aucune preuve.

Quoi qu'il en soit, Molé, convaincu de la nécessité d'obtenir l'habitude du théâtre autre part
que sur celui de la Comédie française, où l'on ne
doit admettre que des talents faits, s'engagea dans
une troupe de province, et joua successivement
avec succès à Lyon, à Toulouse et à Marseille,
pendant à-peu-près cinq années. Il revint ensuite
à Paris, et débuta pour la seconde fois le 28 janvier 1760 par le rôle d'*Andronic* qu'il fit suivre
de ceux de *D. Pèdre* dans *Inès*, de *Seïde*, de
Titus dans *Brutus*, d'*Egysthe* dans *Mérope* et
de *Darviane*. Ses qualités physiques ne parurent
pas moins agréables qu'en 1754 ; on trouva que
son intelligence s'était développée ; qu'il jouait

d'après lui-même, et que, quoique sa voix fût toujours un peu faible, cependant il se faisait bien entendre. Enfin on lui desira plus de chaleur, en lui reprochant un peu de *manière*, défaut rapporté de la province ; au total on convint qu'il annonçait beaucoup de talent.

Tel était Molé lors de ses débuts, suivant l'opinion des censeurs les plus éclairés à laquelle nous n'avons rien changé. Ses progrès furent bien grands et bien rapides, puisque sept années après, cet acteur, devenu l'idole du public, était regardé comme l'un des plus illustres du théâtre français.

Il fut reçu en 1761 pour les troisièmes rôles tragiques et comiques ; les premiers dans la comédie étaient alors joués par Grandval, et les seconds par Bellecourt. Les jeunes amoureux, connus au théâtre sous le nom d'*Amoureux de Molière*, étaient du domaine de Molé : cet emploi est assez faible : Molé s'y distingua tellement, que la Comédie ayant jugé convenable de remettre au théâtre le *Sage Étourdi*, crut ne pouvoir mieux faire que de lui en confier le rôle principal.

La retraite de Grandval, à la clôture de 1762, mit Bellecourt en possession du premier emploi dans la comédie, et Molé se trouva conséquemment chargé du second. Ses talents, qui se développaient de jour en jour, lui méritèrent la confiance des auteurs dramatiques. Debelloy ne dut pas se repentir de lui avoir donné le rôle d'*Ilus*; mais la première pièce nouvelle dans laquelle Molé ait réellement produit une sensation très-vive, ce fut la petite bluette jouée le 29 novembre 1762 sous le titre d'*Heureusement*. Il y avait déjà quelque temps qu'elle était reçue ; cependant on en différait la représentation, parce qu'elle renfermait un rôle d'officier pour lequel il fallait la réunion si rare de la jeunesse, de la vivacité, des grâces et de la légèreté : Rochon de Chabannes se croyait obligé de le confier à une femme. On prétend que Molé le lui demanda : il l'obtint, le joua si parfaitement, que dès-lors il fut généralement regardé comme supérieur dans l'emploi des amoureux, et put dater de cette époque la haute réputation à laquelle il est parvenu.

Nous ne parlerons pas avec autant de détail de tous les rôles nouveaux établis par Molé pendant une carrière de quarante-deux années ; nous excéderions les bornes que nous sommes forcés de nous prescrire ; en indiquant les principaux, nous remplirons assez notre but, qui est de faire suivre la progression toujours croissante de son talent et de sa renommée.

Il joua en 1763 *Desronais* dans la pièce de Collé ; *Édouard* dans *Warwick* : en 1764 *le Marquis* dans le *Cercle*. Pendant le cours de sa longue et glorieuse carrière, Molé obtint peut-être des succès plus flatteurs pour lui ; mais jamais il n'en eut de plus brillant. Depuis le jour de la première representation du *Cercle*, il ne fut plus obligé d'aller étudier les petits-maîtres de la cour dans leurs sociétés fastueuses : on les vit au contraire accourir au théâtre français pour admirer leur modèle dans le *Marquis* du *Cercle*, et mettre ensuite toute leur gloire à l'imiter.

En 1765 *Harcourt* dans le *Siége de Calais*, et *Vanderk fils*, dans le *Philosophe sans le savoir*, lui donnèrent de nouveaux titres aux suffrages et à l'attachement des spectateurs. Il en reçut des marques si fortes qu'elles en paraissent outrées, lorsqu'au mois d'octobre de l'année suivante 1766, une fluxion de poitrine vint l'arrêter dans le cours de ses triomphes, et menaça de terminer sa vie, ses succès et les jouissances du public qui fut privé, pendant près de cinq mois, de cet acteur chéri.

Dès qu'il fut certain que sa maladie prenait un caractère sérieux, le parterre, à chaque représentation, demanda de ses nouvelles à l'acteur qui venait faire l'annonce. On ne s'entretint à Paris et à Versailles que de la maladie de Molé ; une distribution de bulletins de sa situation rédigés jour par jour avec exactitude, fut établie dans la maison où il demeurait, et beaucoup de personnes distinguées les envoyèrent prendre si régulièrement que sa porte était obstruée par la foule des carosses dans lesquels on attendait avec impatience ces précieuses nouvelles. Le monarque lui-même partagea cet enthousiasme qui, pour être universel, n'en était pas moins exagéré, peut-être même ridicule; il fit remettre à Molé deux gratifications de cinquante louis chacune.

Lorsque le danger fut dissipé, et que les médecins eurent répondu de la vie de cet acteur idolâtré du public en général, et surtout des femmes, on ne s'occupa plus que de l'époque à laquelle on pourrait enfin le revoir sur la scène. Malheureusement elle paraissait éloignée : la Faculté déclara que sa convalescence pourrait être fort longue; dans l'épuisement total où il se trouvait, elle ordonna que son malade, qu'il fallait ranimer, bût à ses repas le meilleur vin que l'on pourrait lui procurer. L'ordonnance fut bientôt publique : on sut que le rétablissement de Molé tenait à d'excellent vin, et quoique, sans doute, il n'en manquât point, les personnes de la première qualité s'empressèrent de lui en envoyer. Paris et Versailles ne furent occupés que de ce soin : on visita toutes les caves; deux cents courriers furent dépêchés presque au même instant; et, dans le même jour, Molé reçut deux mille bouteilles de vins de toutes les espèces.

Ce ne fut pas tout encore. Sa rentrée était an-

noncée pour le 10 février 1767 : huit jours avant
la représentation toutes les loges étaient louées ;
on se battit à la porte pour pénétrer dans la salle,
et la plûpart des spectateurs n'y parvinrent qu'a-
près avoir laissé leurs perruques, leurs chapeaux
et la moitié de leurs habits dans la bagarre.

On pense bien que, dès qu'il parut, un déluge
d'applaudissements fondit de tous côtés sur cette
tête si chère. Ils furent redoublés à plus de vingt
reprises avant que Molé pût prononcer un seul
mot ; il se tira fort bien des remerciements qu'il
devait au public. En bon comédien il parut attendri, pénétré jusqu'aux larmes de tant de preuves
d'attachement ; et après en avoir demandé la permission à la comtesse de la Marche et à la princesse de Lamballe, qui avaient voulu être présentes à sa rentrée, il prononça d'une voix basse
et d'un air touché un petit discours assez insigni-
fiant que très-peu de personnes entendirent, et
qui fut couvert d'applaudissements par tous les
spectateurs.

Nous n'avons pas encore tout dit. Cette
ivresse générale, ces acclamations redoublées
le flattaient beaucoup sans doute, mais ne lui
offraient rien de bien solide. Un triomphe plus
réel lui était réservé. On annonça une représentation à son bénéfice sur le théâtre du baron
d'Esclapont, à la barrière de Vaugirard ; chaque

billet était d'un louis ; ils furent enlevés avec la plus grande rapidité. Comme la salle ne pouvait contenir que six cents personnes, on rechercha, on se disputa les billets avec un empressement que nous n'entreprendrons pas de décrire. Tout ce qu'il y avait de plus grand à la cour et à la ville, les princes et les princesses du sang, les maréchaux de France, les généraux d'armée, les ministres, les dames les plus qualifiées, se hâtèrent de porter leur offrande : on compta même parmi les souscripteurs, des membres du haut clergé, et nous nous croyons, en qualité d'historiens, obligés de consigner ici les noms de ces prélats qui faisaient un si bon usage du bien des pauvres et de l'église en faveur d'un homme que l'église excommuniait. Ce furent le prince Louis de Rohan, l'archevêque de Lyon, l'évêque de Blois et celui de Saint-Brieux.

On donna *Zelmire* et l'*Epoux par supercherie.* Les principaux acteurs du Théâtre Français se firent un devoir de paraître dans ces deux pièces, et Mlle Clairon, quoique retirée du théâtre, consentit à jouer le rôle de *Zelmire.* La représentation fut très-lucrative : son produit, si l'on s'en rapporte aux bruits qui circulèrent dans le temps, fut converti sur-le-champ par Molé en bijoux dont il fit présent à sa maîtresse. Nous ne savons pas si telle était l'intention des fondateurs.

Au reste, il y a toujours des esprits chagrins et bourrus qui se font un plaisir de contrecarrer l'opinion générale. Quelques-uns de ces hommes sévères, trouvant de l'exagération dans ces preuves multipliées de l'attachement du public pour Molé, voulurent modérer l'ivresse qu'il devait ressentir, et se chargèrent du rôle que jouaient les soldats romains en suivant le char du triomphateur. On vit éclore des calembourgs et des chansons. Le marquis de Bièvre s'écria : *Molé est malade; quelle fatalité ! (quel fat alité !*) Le C. de B. composa, ou du moins les malins lui attribuèrent une chanson aussi gaie que piquante qui se trouve toute entière dans le Mémoires de Bachaumont, et dont nous ne citerons que le couplet suivant :

> La digne et sublime Clairon
> De la fille d'Agamemnon
> A changé l'urne en tire-lire,
> Et dans la pitié qu'elle inspire,
> Va partout quêtant pour Molet,
> A la Cour et chez Nicolet.

Enfin on fit courir l'anecdote suivante, qui jetait un vernis de ridicule sur l'acteur illustre qu'elle concernait. Nous ferons usage, pour la citer, des mêmes termes employés par l'auteur qui l'a consignée dans une correspondance particulière. « Molé va mieux : il brûle de remonter sur le théâtre. Ces jours derniers, il pressait vivement son médecin Bouvard de lui désigner le temps où il pourrait reparaître ; et ce dernier lui disait qu'il ne devait pas se presser, qu'il ne reparaîtrait que trop tôt pour sa santé. Oui, Monsieur, repartit Molé, cela peut bien être ; mais ce sera toujours trop tard pour ma gloire. — Monsieur, Monsieur, reprit Bouvard avec son sang-froid ordinaire, prenez garde : on a blâmé plus d'une fois Louis XIV de s'être servi trop souvent de ce terme : *ma gloire*. »

Reprenons le cours des travaux de Molé. En 1768 il joua deux rôles bien différents, *Dormilly* des *Fausses infidélités*, et *Béverley*. Il produisit une impression terrible dans ce drame du genre le plus noir ; elle est constatée par une gravure qui le représente, au moment où *le Joueur*, précipité dans une affreuse prison par ses créanciers, veut terminer sa vie et ses tourments par un suicide. On prétend que Mlle Clairon rendit un témoignage éclatant au talent sublime que Molé déploya dans ce rôle.

Prenant tous les tons avec une égale facilité, il joua vers la fin de la même année le rôle d'un jeune villageois plein de gaîté dans *Hylas et*

Sylvie, pastorale de Rochon de Chabannes. En 1769 il fit le succès de *l'Orphelin anglais*, drame en trois actes, par sa pantomine expressive au troisième acte, et la manière forte et vraie dont il peignit le désespoir courageux d'un jeune époux qui combat pour sa femme et ses enfants qu'on veut lui ravir. En 1770, *Montalban* de *la Veuve du Malabar*; en 1771, *Gaston* de la tragédie de de Belloy, furent établis par cet acteur avec le succès auquel il était accoutumé. Dans la même année *le Persiffleur* dut à son talent l'avantage d'éviter une lourde chute. Nous ne pouvons qu'indiquer *D. Pèdre* dans *Pierre-le-Cruel*, *Roméo* dans la tragédie de Ducis en 1772, *Arcès* dans *Orphanis* en 1773, *Stelheim* dans *les Amants généreux*, *Damis* dans *la Feinte par amour*, *Richard* dans *la Partie de Chasse* en 1774.

Depuis cette époque jusqu'à l'année 1778, où, par la mort de Bellecourt, Molé se trouva en chef dans les premiers rôles de la comédie, ce qui ne le fit pas renoncer à ses prétentions sur une partie de l'héritage de Lekain auquel il avait peu de droits, les rôles nouveaux qu'il joua sont en grand nombre. Il y fut toujours heureux; mais les pièces nouvelles qu'il tenta de soutenir furent en général assez mal reçues. Tout le talent de Molé ne put dissimuler la faiblesse du

Célibataire et du *Malheureux imaginaire* de Dorat. *Mustapha et Zéangir* de Champfort, *l'Impatient* (1) de M. Lantier, et *l'Amant Bourru* de Monvel, furent à-peu-près les seuls ouvrages qui échappèrent à la proscription. Nous croyons inutile de parler de la perfection avec laquelle le rôle de *Charles Morinzer* fut établi par Molé : nos lecteurs ont dû presque tous admirer le talent prodigieux qu'il y déployait : nous nous bornerons à remarquer que ce fut après la première représentation de *l'Amant Bourru* que Monvel et Molé, divisés alors par des raisons qui nous sont inconnues, se réconcilièrent sous les yeux du public, attendri de leur réunion.

À la clôture de 1778, Molé fut chargé par ses camarades du compliment d'usage qui se trouvait plus important et plus difficile qu'à l'ordinaire, en raison de la présence de Voltaire qu'il s'agissait de louer convenablement. Nous allons rapporter ce que Laharpe en écrivait au grand-duc.

« M. de Voltaire est revenu à la comédie le

_____

(1) Jamais le public ne manqua, lorsqu'il jouait *l'Impatient*, de lui faire l'application de ce vers :

Et mon nom doit passer à la postérité.

» jour de la clôture ; il a entendu le compliment
» d'usage. Mais s'il a dû être content des louan-
» ges qu'on lui donnait, il n'a pas dû l'être du
» style. C'était Molé qui prononçait ce compli-
» ment, et qui en était l'auteur. Il n'était pas
» d'un homme sans esprit ; mais il est impos-
» sible de noyer ses idées dans un plus long
» galimatias, et de joindre plus de prétentions
» à plus de verbiage. Une chose encore plus
» honteuse dans un homme accoutumé à répéter
» la prose et les vers de nos meilleurs écrivains,
» c'est l'ignorance totale de la langue et la mul-
» titude de solécismes. En faudrait-il conclure
» qu'une tête chargée des idées d'autrui s'accou-
» tume moins à se rendre compte des siennes,
» et que lorsqu'on a la mémoire chargée de tant
» d'ouvrages, on néglige d'apprendre la langue
» dans laquelle ils ont été faits ? Quoi qu'il en
» soit, ce discours roulait sur trois objets inté-
» ressants, la mort de Lekain, le triomphe de
» Voltaire, et une représentation de Cinna,
» donnée au profit d'un descendant du grand
» Corneille. »

Nous ne parlerons du rôle de *Lisimon* dans le
Bon Ami, petite comédie en un acte et en
prose, qui eut cinq représentations en 1780,
grâce au talent de Molé, que pour rappeler
l'application flatteuse et juste que le public lui

fit de cette phrase qui s'y trouvait : *Vous savez que je sais prendre toutes sortes de caractères.* Dans la même année il joua *Désormes*, l'un des principaux personnages d'un drame de Monvel, qui eut assez de succès.

En 1781 il sauva du naufrage le *Jaloux sans amour*, d'Imbert, dont la première représentation avait été fort orageuse : tant qu'il vécut, la pièce se soutint au répertoire.

Aux reprises de *Nicomède* de Corneille, et de *Pyrrhus* de Crébillon, il joua les rôles principaux qui donnent leur nom à ces deux pièces. Dans la première, il suivit une route différente de celle de Lekain ; nous n'avons pas besoin de dire qu'il lui fut fort inférieur. La seconde, qui avait eu du succès en 1726 lorsque le rôle de *Pyrrhus* était joué par Dufresne, n'en eut point en 1781 malgré tous les efforts de Molé : on fut contraint de l'abandonner après deux représentations.

Pour n'être plus obligé de revenir sur les nombreuses tentatives de Molé dans les premiers rôles de la tragédie, nous dirons qu'elles furent assez infructueuses pour le convaincre lui-même qu'il devait se renfermer dans le genre de la comédie, où il égala Grandval et surpassa Bellecourt. Molé transportait dans le genre sérieux toutes les habitudes, toutes les manières qui lui réussissaient avec raison dans l'autre : elles y étaient complètement déplacées. Ce n'est point en jouant *Nicomède* qu'il faut hésiter, bégayer, ou parler avec volubilité, ce qui est un autre excès. Cependant, à la mort de Lekain, son emploi fut partagé entre Molé, Monvel et Larive : mais bientôt ce dernier acteur, le seul des trois appelé par la nature aux premiers rôles tragiques, demeura en possession de l'emploi.

Passant sous silence une infinité de rôles nouveaux dans des pièces oubliées, nous mentionnerons le *Séducteur* du marquis de Bièvre, comédie assez faible, à laquelle Molé obtint un grand succès par les efforts qu'il fit pour en soutenir le rôle principal. Cet auteur, célèbre pour les calembourgs, lui avait abandonné sa part dans les recettes, et il en tira plus de dix mille livres. Un jour qu'il allait le remercier de ses bontés, et s'excuser d'avoir joué un peu faiblement à la dernière représentation du *Séducteur*, sur ce qu'il était *enroué*, M. de Bièvre, toujours prêt à faire un calembourg, lui répondit qu'il n'avait jamais mieux été dans son rôle.

Le *Jaloux* de Rochon de Chabannes devait incontestablement éprouver une lourde chute, s'il n'eût été soutenu par le talent, nous dirons même par l'obstination de Molé qui ne se décon-

certait pas facilement, et n'abandonnait une
pièce qu'à la dernière extrémité. Ce *Jaloux*,
comme celui d'Imbert, resta au théâtre tant que
Molé y fut lui-même. Il avait succédé à Bellecourt dans le rôle d'*Almaviva* du *Barbier de
Séville* : le même rôle dans le *Mariage de
Figaro* lui était dévolu de droit, et il y fut
digne de sa haute réputation.

Il joua ensuite *Florimond* de l'*Inconstant* de
Colin Harleville, *Bayard* des *Amours de
Bayard*, *M. de Plinville* de l'*Optimiste*, *Dor-
lange* des *Châteaux en Espagne*, *Alceste* du
Philinte de Fabre, et *Dubriage* du *Vieux Célibataire*. Ce rôle fut le dernier que Molé joua
dans une pièce nouvelle, jusqu'à l'époque de la
catastrophe funeste où presque tous les Comédiens Français furent emprisonnés.

Il ne partagea point leur sort, et nous croyons
inutile de rechercher actuellement les causes de
cette exception. Peu de temps après, il fut forcé
d'accepter un engagement dans la troupe formée
par Mlle Montansier, d'y prostituer son talent
aux parades révolutionnaires, et de jouer le
rôle de *Marat* dans une pièce intitulée : *Les
Catilinas modernes*. L'auteur, nommé Féru fils,
échappé d'une maladie grave, et chagrin de ne
pas voir jouer sa pièce aussi souvent qu'il l'eût
désiré, adressa une épître à Molé pour en accé-

lérer les représentations, et la termina par ce vers :

Resauscite Marat, tu me rends à la vie.

Enfin le 9 thermidor arriva. Molé se réunit, au théâtre Feydeau, à la plupart de ses anciens camarades, et se chargea de plusieurs rôles nouveaux. Le dernier de tous, celui du Père dans le *Confident par hasard*, petit acte fort agréable de Faure, joué pour la première fois le 19 thermidor an 9, procura au public la satisfaction d'appliquer à ce grand acteur le vers suivant :

Mon acte de naissance est vieux...., mais non pas moi.

Depuis la réunion opérée le 11 prairial an 7, Molé, qui depuis long-temps était le doyen de la Comédie, redoubla d'efforts et de soins pour conserver la faveur publique qu'il ne devait pas craindre de perdre. Jamais un jeune débutant, qui veut se faire une réputation, ne montra plus de zèle et d'activité que ce grand acteur dont la célébrité était si bien établie. On n'oubliera pas surtout que dans l'été de l'an 8, par suite d'une distribution de congés assez mal entendue, tout le poids du répertoire tomba sur Molé, qui joua sans relâche, souvent même dans les deux pièces, et repassa ainsi tous les rôles de son emploi.

Quoique dans un âge avancé, Molé, s'il n'a-
vait pas eu des cheveux blancs et un embonpoint trop marqué, eût fait autant d'illusion dans
les rôles de jeunes premiers, qu'à l'époque de
ses débuts. Sa vivacité, sa chaleur, sa sensibilité
n'avaient souffert aucune altération : aussi fut-il
toujours applaudi dans le *Dorante* du *Menteur* et
le *Marquis* du *Cercle*. Il ne les joua cependant
que par complaisance pour ses camarades, et
cette complaisance même fut pour lui l'objet de
chagrins bien cruels. Un journaliste célèbre traita
sévérement ce retour de Molé aux rôles que son
âge semblait lui interdire : ce grand acteur fut
péniblement affecté par un jugement qui lui parut aussi dur qu'injuste, et ce souvenir altéra sa
tranquillité jusques dans ses derniers moments.
Nous allons placer l'article en question sous les
yeux de nos lecteurs, sans nous permettre aucune
réflexion. Quand même le journaliste dont il s'a-
git aurait eu quelques torts dans cette occasion,
des talents distingués doivent le mettre à couvert
de nos censures.

« La merveille de cette représentation était un
» petit-maître septuagénaire : cette caricature
» m'a paru tout à la fois triste et plaisante ; c'é-
» tait pour moi une raison de n'en rien dire. Je
» sais que le fameux Baron jouait *Égysthe* à
» quatre-vingts ans ; il n'est que trop ordinaire

» de redevenir enfant à cet âge ; mais ce qu'il
» faut imiter de Baron, ce ne sont pas les sot-
» tises que l'amour-propre lui fit faire. On nous
» annonce incessamment une seconde représen-
» tation de cette mascarade : il semble qu'on
» ne doit pas trop se presser, car un vieillard
» qui s'est avisé de faire le jeune homme, a
» grand besoin de repos, et il est pénible de
» contempler les faiblesses de l'humanité à son
» déclin, etc. »

Peut-être l'auteur de ce paragraphe se l'est-il
quelquefois reproché : nous aimons à croire qu'il
n'en prévoyait pas l'effet vraiment funeste.

Autant qu'il a été en notre pouvoir, nous
avons présenté le tableau fidèle de la vie dramatique de Molé. Sans entrer dans plus de détails
sur la nature de son talent sublime dont les
nuances délicates, presque effacées par la mort
qui nous l'a ravi, ne peuvent être représentées
par le discours, nous dirons que digne émule de
Grandval, il fut comme lui supérieur pour les
grands rôles de la comédie, et surtout sous le
costume brillant des petits-maîtres ; mais, plus
heureux que Grandval, il trouva le public constant dans sa faveur pour lui jusqu'au dernier moment de sa longue carrière, et sut, pendant les
quinze dernières années de sa vie, se faire autant de réputation dans les rôles de vieillards,

qu'il en avait eu précédemment dans ceux de
jeunes gens.

Il nous reste à parler de sa vie privée. Les
personnes qui ont beaucoup fréquenté les coulisses, ne trouveront peut-être pas ici toutes les
anecdotes dont elles peuvent avoir connaissance ;
nous les prions de se rappeler que nous ne nous
sommes pas accordé la liberté de tout dire, et
que nous n'avons pas voulu faire un ouvrage
semblable au *Colporteur* de Chevrier.

Dans la fameuse querelle qui divisa toute la
comédie à l'occasion de Mme Vestris et de
Mlle Sainval l'aînée, Molé, sans être arrêté par
la protection déclarée que le duc de Duras,
premier gentilhomme de la chambre, accordait
à Mme Vestris, se rangea du côté de Mlle Sainval,
victime de l'intrigue et de la cabale. Ce dévoue-
ment à la bonne cause est d'autant plus honorable pour Molé, qu'il ne trouva pas beaucoup
d'imitateurs parmi ses camarades.

Il forma plusieurs élèves pour les différents
théâtres de Paris. La Comédie Française lui
dut Mlle Doligny, Mlle Fanier, et Mlle Candeille.
Il fit débuter au Théâtre Italien Mme Raymond,
sa fille, qui obtint du succès dans les rôles de
soubrettes, et à l'Opéra Mme Cheron, qui fut si
souvent applaudie dans le rôle d'*Antigone*. Ses
travaux comme professeur de déclamation furent

récompensés par une pension de 1000 livres dont il jouissait dès 1766.

On reproche aux comédiens de ne pas témoigner toujours aux gens de lettres les égards et la considération qui leur sont dus. La conduite de Molé envers les littérateurs donna lieu quelquefois à des plaintes légitimes ; Colin-Harleville surtout ne dut pas être flatté de celle qu'il tint avec lui.

Lorsque Colin eut terminé sa comédie de l'*Inconstant*, il se trouva dans l'embarras qu'éprouvent tous les jeunes auteurs qui débutent ; il ne savait comment obtenir une lecture, et cherchait quelqu'un qui pût la lui procurer. Par un hasard fort heureux, un homme de lettres de ses amis se trouvait avoir des liaisons avec Molé; Colin le prend pour son Mécène, le prie de le conduire chez l'acteur célèbre dont la faveur lui était nécessaire, et de recommander son ouvrage. Le jour est choisi ; on se met en route ; on arrive. Molé était alors très-amoureux d'une actrice renommée ; tout entier à sa passion, il négligeait tout ce qui lui était étranger. Au moment où Colin et son ami arrivèrent, Molé était sur le point de monter en voiture ; il apprend qu'il est question d'une pièce ; pour un homme bien épris, la lecture d'un chef-d'œuvre ne vaut pas une minute de rendez-vous ; aussi Molé prit-il lestement congé de ces Messieurs, en les remettant à la huitaine.

Le jeune auteur fut exact, mais Molé avait oublié sa promesse ; il n'était point chez lui. On lui demande une entrevue par dix lettres auxquelles il ne répond pas ; enfin, après plus de six mois, la personne qui s'intéressait à Colin, a le bonheur de rencontrer Molé : celui-ci balbutie quelques excuses ; et voulant réparer ses torts, il invite les deux amis à passer le lendemain chez lui, promettant d'entendre la lecture de la pièce. Cette fois il se trouva au rendez-vous ; mais à peine Colin avait-il son manuscrit à la main, qu'on annonce à Molé un ami qu'il n'avait pas vu depuis long-temps. L'ordre de le faire entrer est aussitôt donné, et le nouveau venu prend séance comme un homme qui n'a pas l'intention de sortir de sitôt.

Qu'on se figure l'impatience du pauvre auteur ; mais ce fut bien pis lorsque Molé dit à son ami : As-tu déjeûné ? — Non, je viens dans l'intention de déjeuner avec toi ? — Holà ! qu'on nous donne sur-le-champ du vin blanc et des huîtres ; *ça vaudra bien la pièce du poète Colin.* Le poète Colin devint pâle de colère. Son ami le poussa fortement pour l'empêcher d'éclater. On se mit à table, et l'on juge bien que ce ne fut pas Colin qui mangea avec le plus d'appétit.

Molé eut cependant la complaisance d'indiquer un autre rendez-vous auquel il fut aussi exact qu'à son ordinaire. L'auteur de l'*Inconstant*, profondément blessé, voulait renoncer à tout. L'amour de la gloire allait s'éteindre dans son âme; son ami l'y ralluma. Il alla voir Molé, lui fit sentir l'inconvenance de son procédé, et lui demanda un dernier rendez-vous sur lequel on pût compter. — Que voulez-vous, répliqua le comédien? je vous en donnerais dix à la même heure, j'y serais aussi peu fidèle. Vous connaissez l'objet divin qui m'occupe; jugez s'il est une pièce qui vaille deux heures passées à la toilette de Mlle C.... Si vous ne me prenez au saut du lit, jamais je n'entendrai l'*Inconstant*. — Qu'à cela ne tienne, dit l'ami de Colin. Effectivement il vint, deux jours après, au lever de l'acteur, *qui entendit la pièce pendant qu'on lui mettait des papillotes*. Il en fut satifait, et mit autant de chaleur à la jouer qu'il avait eu d'indifférence pour l'entendre.

L'acteur habitué à prendre tous les jours, pendant deux heures, le ton et les manières d'un petit-maître, s'en défait difficilement quand il n'est plus sur la scène. Nous sommes loin de croire cependant que tous les comédiens qui jouent ces rôles avec succès au théâtre, méritent dans le monde le reproche de fatuité; mais

il ne fut pas possible de l'épargner toujours à Molé;
au surplus il lui valut quelques bonnes leçons dont
il ne profita guères ; nous n'en citerons qu'une.

Un jeune auteur lui remet un rouleau de papier
lié avec un ruban ; il le prie de lire sa pièce, de
lui en dire franchement son avis, et passe vingt
fois chez lui sans obtenir de réponse; fatigué de
ses visites importunes, Molé veut enfin s'en dé-
livrer. — Ah! vous voilà, Monsieur; je suis bien
aise de vous voir ; j'ai lu votre pièce. (En même-
temps il lui rend le rouleau lié du même ruban).
— Eh bien! comment la trouvez-vous? — Vous
avez exigé que je vous donnasse franchement
mon avis? — Sans doute. — Vous le voulez? —
Absolument. — En ce cas je dois vous dire que
votre pièce annonce du talent, mais qu'elle ne
nous convient pas. — Eh! pourquoi? — Le sujet
en est trop léger ; il n'y a pas d'entente de la
scène. — Mais le dialogue? — Oh! il est beaucoup trop diffus ; des longueurs, des longueurs!
— L'exposition? — Obscure. — Le dénouement?
— Trop brusque. — Enfin l'ouvrage?.... — Annonce des dispositions, mais ne mérite pas les
honneurs de la scène. — Je vous remercie de vos
observations, M. Molé, mais vous me permettrez
de ne pas en profiter. En disant ces mots, le
jeune homme dénoue le ruban qui attachait le
manuscrit prétendu, et fait voir à l'acteur stupéfait

qu'il ne lui avait remis qu'un cahier de papier blanc.

Cette anecdote a fourni le sujet d'un Proverbe en un acte et en prose, imprimé à Paris, par Cailleau, en 1783, sous ce titre : *La Matinée du Comédien de Persépolis* ; Molé y est peint sous le nom de Belval ; c'est une plaisanterie qui ne passe point les bornes convenables ; mais nous ne doutons cependant pas que cet acteur ne l'ait regardée comme un délit très-criminel.

En voici le début. Belval est seul dans un appartement magnifique.

« Comment ! il est dix heures, et ma robe de » chambre n'est point arrivée ! Ce maraud de » tailleur est cause que je me lève une heure » plus tôt qu'à l'ordinaire ; vous verrez que ce » sera inutilement ; cependant il n'a point à se » plaindre ; il est mieux payé qu'aucun de mes » fournisseurs ; je ne lui dois pas mille écus, le » fat ! En vérité cela me met hors de moi. La- » fleur ?..... Oh ! je le quitterai !..... Moi qui le » mets à la mode.... Lafleur ? Je suis plus mal » servi que le dernier des bourgeois. Lafleur, » viendras-tu ? »

Le valet de chambre arrive ; il demande la permission d'introduire un jeune homme qui aspire à débuter et qu'il protège. Belval commence par se fâcher contre lui ; cependant il consent à recevoir le candidat ; réfléchissant même que c'est le plus médiocre de tous ceux qui se présentent pour le doubler, il lui promet son appui, et le congédie bien vite dès que Lafleur lui apporte la robe de chambre désirée. Second monologue :

« Ma foi, de telle manière que je me mette, je » suis toujours bien. C'est une folie pourtant que » cette robe de chambre ; mais il serait si ridi- » cule d'être surpris sans une certaine élégance... » Elle me va très-bien ; mes cheveux, quoique » retroussés, flottent avec grâce ; le col agréable, » du linge fin, parfumé délicieusement, bien » chaussé ; qu'une femme vous surprenne dans » cet état, elle n'y tient pas. Sophie vient déjeû- » ner avec moi ; je veux qu'elle s'en aille *subju-* » *guée* ; c'est une petite écervelée qui ne croit » pas à ces goûts subits et charmants qui ont fait » les délices de nos femmes aimables. Nous ver- » rons..... Ah ! ça, récapitulons ma journée. » Premièrement, Sophie, tout à l'heure, dans » l'instant ; à midi, rendez-vous chez M. le duc de » Volnay ; ensuite dîner chez ce prince étranger ; » à quatre heures et demie je m'évade, et cours » dans ma loge m'écraser la tête de mon rôle » dans cette pièce nouvelle. C'est le déplaisant. » Pourquoi ne pas s'en tenir à ce que nous » avons ? Ce n'est pas ma faute ; je fais tout ce » que je peux pour faire renoncer aux nouveau-

» tés : mais mes camarades se laissent entraîner,
» et moi je suis la victime de ces complaisances
» mal entendues. Ce qu'il y a de plus cruel,
» c'est que, ne pouvant mal jouer, je soutiens
» seul l'ouvrage auquel je donne un mérite dont
» le pauvre auteur ne s'était pas douté..... »

Sophie l'interrompt dans ses réfléxions modes-
tes. Il essaye de la *subjuguer*, et n'y réussit pas.
Leur entretien offre quelques traits bien saisis.

SOPHIE.

Vous partez dans quinze jours pour Bordeaux?

BELVAL.

Oui ; j'ai obtenu trois mois de vacances.

SOPHIE.

Eh bien ! j'ai la même permission.

BELVAL.

O ciel ! Est-il possible ? Ma belle amie, nous
ferons route ensemble. Que de triomphes nous
allons avoir ! Que de joie nous allons répandre !
Que d'argent nous gagnerons ! Vous conviendrez
que le spectacle sera fort ennuyeux pendant votre
absence.

SOPHIE.

Ah ! dites pendant la nôtre, M. Belval ; je suis
juste.

BELVAL.

Julie doit être au désespoir.

SOPHIE.

Elle ne le sait pas encore ; j'aurai le plaisir de le lui dire ce soir.

BELVAL.

Vous jouez sans doute ?

SOPHIE.

Non sûrement. On ne me verra qu'après mon retour ; c'est le seul moyen de se faire desirer.

BELVAL.

C'est une assez bonne méthode : il y a déjà quelque temps que vous vous en servez ; car cette année-ci.....

SOPHIE.

Cette année..... mais j'ai joué dix à douze fois au moins.

BELVAL.

Cela est différent. Anjourd'hui cependant je comptais bien sur vous. Je vous avertis que je serai d'un maussade ; prenez garde avec qui vous me laissez..... Il me vient une idée.

SOPHIE.

Quoi ?

BELVAL.

Vous ne connaissez pas ma petite campagne ?

SOPHIE.

Qui vous coûte tant d'argent ?

BELVAL.

Précisément.

SOPHIE.

Non, je ne la connais pas.

BELVAL.

Eh! bien, allons-y ce soir : c'est un bijou dont vous serez enchantée.

SOPHIE.

Avec vous seul ?

BELVAL.

Oui ; vous me craignez si peu.

SOPHIE.

Soit ; à condition que vous ne vous en vanterez pas.

BELVAL.

Je vous le proteste.

SOPHIE.

Ainsi vous ne jouerez pas non plus. Fierville sera détestable dans votre rôle.

BELVAL.

Je l'imagine bien : mais vous ne sauriez croire comme le pauvre garçon aime à se faire siffler ; il n'en est que plus ferme ; il semble que cela le réjouit ; il sera pour moi d'une reconnaissance....

SOPHIE.

Vous avez vos fantaisies ; j'ai les miennes aussi. J'ai celle d'aller voir comment nos doubles seront reçus, de voir la grosse humeur du public ; cela sera très-réjouissant.

BELVAL.

Mais notre partie ?

SOPHIE.

Bon ! ne croyez-vous pas que je me donne la douleur de voir toute la pièce ? Les trois premières scènes, à la bonne heure, dans le moment de la grande crise ; voilà tout.

BELVAL.

Mais si on nous voyait ?

SOPHIE.

Eh ! n'ai-je pas cette loge grillée qu'on me prête quand je veux ?

Cet entretien est troublé par le comte de Mœurseville. Sous le costume simple d'un auteur, cet homme de qualité qui veut *mystifier* Belval, lui a remis une espèce de manuscrit roulé, attaché soigneusement, qui n'est autre chose qu'un cahier de papier blanc. Il vient savoir si l'acteur a lu sa pièce intitulée : *L'oubli de soi-même*. Belval lui dit qu'elle n'est pas jouable, et le congédie en lui offrant sa voiture *pour retourner*, dit-il ensuite *à son cinquième étage*. Sa surprise est grande lorsque Lafleur, qui a servi de cocher, rapporte que l'auteur prétendu s'est fait conduire dans un hôtel superbe dont il est le maître, et remet à Belval un billet ironique par lequel le comte le remercie des avis qu'il a bien voulu lui donner sur une pièce qui n'existe pas. Comme il faut de la moralité dans les ouvrages dramatiques, même dans un proverbe, Belval humilié de cette aventure dont Sophie a vu tous les détails, lui jure qu'il profitera de cette leçon pour se corriger : nous ne savons si Molé prit la même résolution.

Il donna sous son nom, le 26 octobre 1781, une petite pièce en un acte et en prose, intitulée : *Le quiproquo*, qui eut quelques représentations. On trouva dans la première moitié de cette bagatelle un dialogue facile, et quelques traits heureux : le reste parut froid et entortillé.

Membre du lycée des arts, il y prononça un éloge de Mⁱⁱᵉ Dangeville qui n'est pas mieux écrit que son discours de clôture en 1778, mais où du moins il a consigné des observations assez justes sur l'art du comédien. Sa notice sur Lekain nous a été utile pour l'article de cet acteur célèbre. Il y a relevé avec raison l'inconséquence de Lekain qui rejettait les corrections faites par Marmontel au *Venceslas* de Rotrou, et en proposait pour le *Nicomède* de Pierre Corneille.

La révolution avait dérangé la fortune de Molé; il obtint une représentation à son bénéfice. Elle suivit d'assez près celle que la Comédie accorda aussi à Florence, pour lequel Molé consentit à reparaître dans la tragédie (qu'il n'avait pas jouée depuis très-long-temps) par le rôle d'*Auguste* dans *Cinna* ; ces représentations extraordinaires étaient alors une nouveauté très-piquante ; aussi leur produit était-il considérable. En les prodiguant dans la suite , on parvint à en atténuer les résultats. Celle de Florence lui avait rapporté beaucoup ; Molé devait s'attendre à une récolte encore plus brillante , et son espérance ne fut pas trompée. La Comédie française donna pour ce jour solemnel la reprise des *Trois Sultanes* et l'*Amant bourru* dont le rôle fut rempli par Molé. Cette représentation lui valut au moins trente mille livres; mais elle fut peut-être la cause de sa mort. Nous n'approfondirons point les bruits qui coururent à cette époque : on assura que Molé avait voulu reprendre ses rôles d'amoureux autre part que sur la scène ; ce qu'il y a de

sûr, c'est que peu de temps après la représentation dont nous venons de parler, ayant joué le
Vieux célibataire, dernière pièce dans laquelle
il ait paru, il se trouva mal au milieu de la nuit,
et resta dans un état très-alarmant de langueur et
de faiblesse qui se prolongea long-temps. M. Maloët, son médecin, crut devoir appeler en con-
sultation un de ses collégues. Celui-ci examina le
malade avec une grande attention, et se tournant
enfin vers M. Maloët, il lui dit à voix basse :
*C'en est fait ; Molé est perdu ! il n'a pas six
mois à vivre.*

Cette prédiction affligea M. Maloët sans le
décourager. Connaissant les ressources de son
art et celles de la nature, et se fiant encore à
la constitution robuste de Molé, il conserva quelques espérances qui parurent en effet prêtes à
se réaliser. Molé retrouva un peu de force, et
cet événement inattendu remplit de joie tous
les amateurs de la scène française : une épitre en
vers fut adressée au docteur Maloët ; les journaux annoncèrent le rétablissement de Molé ; la
Comédie préparait une petite pièce pour sa rentrée, lorsque le public apprit que, forcé de quitter sa maison de campagne d'Antony, dont le
séjour lui avait été conseillé comme plus salubre que celui de Paris, pour se rapprocher de
son médecin et des secours nécessaires à son

état, Molé avait été rapporté dans la capitale, et que sa situation était presque désespérée.

La maladie, dont le siège était jusques-là resté inconnu, se déclara dès-lors ouvertement, et avec promptitude. En moins de huit jours, la moitié du corps fut gangrenée ; l'autre résistait aux progrès du mal avec une énergie d'autant plus fatale que, sans pouvoir sauver le malade, elle prolongeait ses souffrances. La tête surtout, quoiqu'un peu exaltée, conservait toute sa liberté. Molé parlait avec feu de la Comédie, demandait des nouvelles de la recette, des pièces reçues, de celles jouées nouvellement, et répétait surtout que le plus beau jour de sa vie serait celui de sa rentrée : quand on l'entretenait de l'intérêt que le public prenait à son état, il souriait avec plaisir ; mais bientôt son visage se rembrunissait, à la seule idée des avis un peu durs qu'il avait reçus d'un journaliste, et de ceux qu'il semblait redouter encore.

Son agonie fut longue ; il succomba enfin aux plus cruelles souffances, et mourut le 20 frimaire an onze (samedi 11 décembre 1802) âgé de soixante-huit ans et dix-sept jours.

La Comédie française, touchée d'une aussi grande perte, assista toute entière aux obsèques de Molé. Une députation de l'institut, dont il était membre, presque tous les acteurs des théâtres de la capitale, et beaucoup de gens de lettres se réunirent aux camarades de cet acteur illustre pour lui rendre les derniers devoirs. Monvel prononça son éloge funèbre ; M. Mahérault, commissaire du gouvernement auprès du théâtre français, jetta aussi quelques fleurs sur sa tombe.

Les comédiens français, dont la générosité est connue et n'a pas besoin d'éloges, décidèrent que la famille de Molé recevrait sa part entière, pendant les six mois qui suivraient son décès ; ils accordèrent à la jeune Evelina sa petite fille 1200 livres de pension, pendant tout le temps que durerait son éducation ; enfin ils arrêtèrent qu'ils solliciteraient du Gouvernement, comme récompense nationale due aux talents de Molé, une place pour son frère.

Plus d'un an après la mort de Molé, Mme Raymond sa fille obtint encore une représentation à bénéfice sur le théâtre de la porte Saint-Martin, pour laquelle deux sociétés différentes se réunirent. Elle eut lieu le 13 prairial an 12. La Comédie française donna la reprise de *Macbeth*, tragédie de Ducis, l'Opéra-comique sa jolie pièce de *Maison à vendre.*

MOLIÈRE.

(Jean-Baptiste Poquelin de)

Nous n'entreprenons point d'écrire la vie de Molière ; cette tâche a été trop bien remplie dans l'édition donnée par M. Bret : nous n'essayerons pas de faire l'éloge de cet auteur immortel ; il se trouve dans ses ouvrages, et dans un mot fameux de Boileau. Louis XIV lui demandait quel était le plus rare des grands écrivains qui avaient honoré la France pendant son règne : *Sire*, répondit-il , *c'est Molière.* — *Je ne le croyais pas*, répliqua le roi , *mais vous vous y connaissez mieux que moi.* Aveu sublime dans un monarque , et qui répare bien le tort d'avoir méconnu la supériorité de Molière. Nous nous bornerons à le considérer comme acteur ; c'est un rapport sous lequel il n'a pas encore été envisagé. Sa haute réputation d'auteur comique a fait oublier celle à laquelle il pouvait prétendre en qualité de comédien; au lieu que, dans son élève Baron , le comédien a fait oublier l'auteur de comédies.

Jean-Baptiste Poquelin , si célèbre sous le nom de Molière , naquit à Paris en 1620. Il y joua la comédie dès 1645 dans une société connue par la dénomination de l'*Illustre Théâtre*. Les jeunes gens qui la composaient, n'ayant pu soutenir la concurrence des troupes de l'hôtel de Bourgogne, et du Marais, Molière les engagea facilement à quitter Paris, et à le suivre en province. Il joua successivement avec eux à Grenoble, à Lyon, devant les États de Languedoc que le prince de Conti tenait à Beziers, et à Rouen. Il revint à Paris en 1658. Le prince de Conti lui donna accès auprès de Monsieur, frère unique de Louis XIV; Monsieur le présenta au roi, et à la reine-mère. Sa troupe représenta devant le jeune monarque la tragédie de *Nicomède* sur un théâtre élevé dans la salle des gardes du vieux Louvre.

Après la représentation, il adressa un discours au roi pour le remercier de son indulgence. Il saisit adroitement cette occasion pour faire l'éloge des comédiens de l'hôtel de Bourgogne, dont il pouvait craindre la jalousie, et qui assistaient à son début. Il finit en demandant la permission de donner une pièce d'un acte qu'il avait jouée en province.

Il paraît que depuis quelque temps on ne jouait plus de petites farces après les grandes pièces, à l'hôtel de Bourgogne; celle que Molière fit exécuter par ses acteurs fut extrêmement goûtée. Le roi lui permit de s'établir à Paris avec sa troupe, et d'alterner, sur le théâtre du Petit-Bourbon, avec les comédiens italiens qui en étaient en possession depuis quelques années. Les jours occupés par Molière étaient les mardis, les jeudis et les samedis. Dès-lors sa troupe prit le titre de *Troupe de Monsieur.*

En 1660 la salle du Petit-Bourbon fut démolie à cause de la construction de la colonnade du Louvre. Le roi accorda à Molière l'usage du théâtre du Palais-Royal, que le cardinal de Richelieu avait fait bâtir pour la représentation de *Mirame*, ainsi que nous l'avons dit dans un autre endroit de cet ouvrage. Molière et sa troupe y restèrent pendant treize années, c'est-à-dire, jusqu'au commencement de 1673.

Du moment où Molière se vit solidement établi dans la capitale, jusqu'à celui de sa mort, il ne cessa de se livrer aux travaux multipliés qu'exigeait de lui sa triple qualité d'auteur, d'acteur et de directeur. La dernière de toutes ne fut pas celle qui lui donna le moins d'embarras ; on en peut juger par cette exclamation énergique qui lui échappa dans *l'Impromptu de Versailles : Ah ! les étranges animaux à conduire que des comédiens !*

Comme acteur, il se chargea des rôles à manteau et de quelques comiques dans lesquels il excella. La tradition et les mémoires du temps ne nous ont fait connaître que les suivants :

1° *Mascarille* dans *les Précieuses ridicules.* Aux premières représentations, il le joua sous le masque, conformément à l'usage que l'on suivait alors. C'est le comédien Devilliers qui nous apprend ce fait dans sa pièce intitulée *la Vengeance des Marquis*, où il fait dire à un de ses personnages *que Molière n'osa d'abord le jouer autrement, mais qu'à la fin il a fait voir qu'il avait un visage assez plaisant pour représenter sans masque un personnage ridicule.* Dans l'intention de Devilliers, cette phrase, que l'on pourrait prendre aujourd'hui pour un éloge, n'était qu'une ironie.

2° *Sganarelle* dans *le Cocu imaginaire.* Il y fit voir une intelligence, une vérité et un comique qui n'avaient pas encore été poussés jusqu'à cette perfection sur les théâtres de Paris.

3° *Arnolphe* de *l'École des Femmes.* Nous n'en avons qu'une preuve tirée de *l'Impromptu de l'hôtel de Condé*, par Montfleury fils ; mais elle est positive. Voyez scène 3 :

LE MARQUIS, *demandant des livres à Alis.*

Voyons son *École des femmes.*
Je l'ai, je m'en souviens, promise à quelques Dames.

(En regardant le premier feuillet de l'École des
femmes où Molière est dépeint.)

N'est-ce pas là Molière ?

A L I S.

Oui.

LE MARQUIS.

Oui, c'est son portrait.

A L I S.

Oui, Monsieur ; comme c'est un sermon qu'il y fait,
De peur qu'on n'en doutât, il s'est fait peindre en chaise.

4° *Sganarelle* dans *l'École des Maris.*

5° Dans *l'Impromptu de Versailles* ; il y paraît
d'abord sous son nom, et joue ensuite le rôle
d'un marquis ridicule.

6° *Lyciscas* dans le prologue de *la Princesse
d'Élide*, et *Moron* dans cette comédie.

7° *Sganarelle* dans *le Mariage forcé.*

8° *Don Pèdre* dans le *Sicilien.*

9° *Harpagon* dans *l'Avare.*

10° *Georges Dandin.*

11° *Argan* dans *le Malade imaginaire.*

Supérieur dans la comédie, Molière était extrêmement déplacé quand il voulait jouer le sérieux, et il le voulut long-temps. Sa poitrine
était faible ; elle le faisait souffrir continuellement, et cette incommodité, qui l'assujétissait

à un grand régime, dégénéra en toux habituelle, à laquelle se joignait un hoquet convulsif qui rendait son débit plus plaisant dans la comédie, et tout-à-fait insupportable dans les rôles sérieux. C'est à la première de ces deux infirmités qu'il fit allusion lui-même dans le second acte de *l'Avare*, en faisant dire à *Frosine* qui veut flatter *Harpagon* : « Cela n'est rien ; votre fluxion ne » vous sied point mal, et vous avez grâce à » tousser ». C'est la seconde que Montfleury lui reprocha dans son *Impromptu de l'hôtel de Condé*, pièce où la platitude des vers égale celle des idées. Nous allons cependant en extraire un passage qui renferme un détail assez curieux sur le jeu de Molière dans les grands rôles tragiques.

ALCIDON.

Te voilà donc, Marquis, protecteur de Molière ?

LE MARQUIS.

Oui, morbleu, je le suis, protecteur déclaré :
Dis ce que tu voudras, il fait fort à mon gré.

ALCIDON.

L'on pourrait faire mieux.

LE MARQUIS.

Cet homme est admirable,
Et dans tout ce qu'il fait il est inimitable.

ALCIDON.

Il est vrai qu'il récite avecque beaucoup d'art,
Témoin dedans Pompée alors qu'il fait César.
Madame, avez-vous vu dans les tapisseries
Ces héros de romans ?

LA MARQUISE.

Oui.

LE MARQUIS.

Belles railleries !

ALCIDON.

Il est fait tout de même ; il vient le nez au vent,
Les pieds en parenthèse, et l'épaule en avant ;
Sa perruque, qui suit le côté qu'il avance,
Plus pleine de lauriers qu'un jambon de Mayence ;
Les mains sur les côtés d'un air peu négligé,
La tête sur le dos comme un mulet chargé,
Les yeux fort égarés ; puis débitant ses rôles,
Un hoquet éternel sépare ses paroles,
Et lorsque l'on lui dit : *Et commandez ici.*
Il répond :
Con-nais-sez-vous-Cé-sar-de-lui-par-ler-ain-si ?

Ce défaut naturel qui fournit à Montfleury de
si mauvaises plaisanteries, aurait dû détourner
Molière de jouer dans les pièces sérieuses,
comme la chute de *Don Garcie de Navarre*,
pièce dans laquelle il ne réussit ni comme acteur
ni comme auteur, le détourna de ce genre, pour

le ramener à la véritable comédie qu'il devait porter au plus haut degré de perfection.

Mᵐᵉ Poisson (Marie - Angélique Gassaud Ducroisy, femme de Paul Poisson) nous a laissé le portrait suivant de Molière :

« Il n'était ni trop gras ni trop maigre ; il avait
» la taille plus grande que petite, le port noble,
» la jambe belle. Il marchait gravement, avait
» l'air très - sérieux, le nez gros, la bouche
» grande, les lèvres épaisses, le teint brun, les
» sourcils noirs et forts, et les divers mouvements
» qu'il leur donnait lui rendaient la physionomie
» extrêmement comique. A l'égard de son carac-
» tère, il était doux, complaisant, généreux ;
» il aimait fort à haranguer, et quand il lisait
» ses pièces aux comédiens, il voulait qu'ils y
» amenassent leurs enfants pour tirer des con-
» jectures de leur mouvement naturel ».

Molière ne fut point de l'Académie française à cause de sa profession (1) qu'il ne voulut ja-

---

(1) Cette profession, qu'il honorait, lui attira plusieurs désagréments qui font tort à l'esprit de son siècle. On sait qu'il avait succédé à son père dans la charge de valet-de-chambre de Louis XIV. Un jour qu'il se présenta en cette qualité pour faire le lit du roi, un de ses confrères, qui devait le faire avec lui, se retira brusquement en disant qu'il n'avait point de service à partager avec un

mais quitter. On prétend cependant que par arrangement fait entre ce grand homme et les principaux membres de cette compagnie quelque temps avant sa mort, tous les obstacles qui jusques-là s'étaient opposés à sa réception, avaient été levés, et que l'on était convenu qu'il ne jouerait plus que dans le haut comique, afin d'éviter le petit inconvénient des coups de bâton que MM. de l'Académie ne pouvaient tolérer. C'était de leur part une petitesse réelle, car on ne voit pas bien quelle différence il y a, pour l'acteur, entre donner des coups de bâton (fictifs) ou les recevoir.

---

comédien. Bellocq, autre valet-de-chambre, homme d'esprit, et qui faisait de jolis vers, s'approcha sur le champ, et lui dit : *M. de Molière, voulez-vous bien que j'aie l'honneur de faire le lit du roi avec vous ?* Cette aventure couvrit de ridicule le premier camarade de Molière, et Louis XIV l'ayant apprise, fut fort irrité que l'on eût témoigné du mépris à un homme aussi rare. On sait aussi qu'il ne fut point placé dans un arbre généalogique de la famille des Poquelins, dressé par l'un de ses parents au commencement du dix-huitième siècle. Si quelque chose cependant pouvait excuser dans cet homme fort obscur la ridicule vanité qui lui fit faire un arbre généalogique de sa famille, c'eût été sans doute le désir d'y comprendre le seul de ses membres qui l'avait illustrée. Sans Molière, en effet, que seraient tous les Poquelins qui ont existé ?

Ce n'était pas pour la vaine satisfaction d'avoir un fauteuil dans une salle du Louvre, que Molière aurait dû renoncer à la profession de comédien, mais plutôt pour conserver sa santé qui ne s'accommodait nullement d'un exercice aussi pénible. Boileau fit, à plusieurs reprises, tout ce qui dépendait de lui pour obtenir que Molière cessât de jouer la comédie. *Votre santé,* lui dit-il, *dépérit, parce que le métier de comédien vous épuise ; que n'y renoncez-vous ? — Hélas !* lui répondit Molière en soupirant, *c'est le point d'honneur qui me retient. — Et quel point d'honneur,* répliqua Boileau? *Quoi ! vous barbouiller le visage d'une moustache de Sganarelle, pour venir, sur un théâtre, recevoir des coups de bâton ? Voilà un beau point d'honneur pour un philosophe comme vous !*

Ce *point d'honneur,* qui nous semble plus estimable qu'il ne le paraissait à Boileau, le desir d'être utile à ses camarades dont il était le père et l'ami, retinrent Molière sur la scène jusqu'au dernier jour de sa vie, et en accélérèrent la fin. Il y avait déjà long-temps qu'il crachait le sang, et qu'il s'était mis au lait pour toute nourriture, lorsqu'il composa *le Malade imaginaire,* dont il se destina le rôle, qu'il ne traça certainement pas d'après lui-même. Il le joua trois fois en faisant les plus pénibles efforts. Le jour de la quatrième représentation, ses amis, le trouvant plus mal qu'à l'ordinaire, voulurent l'empêcher de paraître le soir dans un rôle aussi fatigant. Molière rejeta leur prière. *Si je ne jouais pas,* dit-il, *qui donnerait du pain à tant de pauvres ouvriers dont l'existence dépend de mes travaux ?* Il fallut céder à sa volonté bien déterminée, et, quoique ses souffrances redoublassent sans cesse, il se tira passablement du rôle jusqu'à la cérémonie ; mais, en prononçant *juro* dans le divertissement, il lui prit une convulsion. Ses camarades furent obligés d'interrompre la pièce, qu'ils n'achevèrent pas. On le rapporta mourant dans sa maison rue de Richelieu ; il y fut assisté quelques moments par deux de ces religieuses qui venaient quêter à Paris pendant le carême, et qu'il logeait chez lui. Mais leurs soins charitables furent inutiles ; étouffé par le sang qui lui sortait de la bouche, ce grand homme mourut entre leurs bras à dix heures du soir, le vendredi 17 février 1673, âgé de cinquante-trois ans. Telle fut la fin déplorable de Molière, victime de son amour pour l'art qu'il exerçait, et de son attachement à ses camarades.

La Grèce et Rome lui eussent élevé de son vivant les statues qu'il n'obtint en France que long-temps après sa mort. L'archevêque de Paris,

Harlay de Chanvallon, connu par ses galanteries, et plus *berger* que *pasteur*, voulut lui refuser la sépulture. Si Louis XIV, qui aimait et protégeait Molière, n'eût pas donné des ordres positifs, sa dépouille mortelle en eût été privée. Ces ordres même ne purent engager le curé de Saint-Eustache à la lui accorder; il fallut s'adresser à celui de Saint-Joseph, qui, par grâce, voulut bien consentir que deux prêtres vinssent chercher le corps de Molière, et le conduire au cimetière de sa paroisse. « La populace (dit » Voltaire), qui ne connaissait, dans Molière, » que le comédien, et qui ignorait qu'il avait » été un excellent auteur, un philosophe, un » grand homme dans son genre, s'attroupa en » foule à la porte de sa maison le jour de son » convoi; sa veuve fut obligée de jeter de l'ar- » gent par les fenêtres, et ces misérables, qui » auraient, sans savoir pourquoi, troublé l'en- » terrement, accompagnèrent son corps avec » respect ».

Il avait épousé, en 1661, Armande-Grésinde-Claire-Élisabeth Béjart, fille de l'actrice du même nom, et d'un gentilhomme nommé *Modène*. Ce mariage ne fut pas heureux. Molière n'eut qu'une fille dont l'éducation fut négligée par sa mère; elle se laissa enlever par M. Rachel de Montalant qui l'épousa dans la suite, et passa

Tome I. 27

sa vie avec elle à Argenteuil. Il n'y eut aucun enfant de ce mariage.

Nous rapporterons, en terminant cet article, deux épitaphes qui nous semblent les meilleures de toutes celles que l'on fit pour Molière. La première est de Lafontaine :

> Sous ce tombeau gissent Plaute et Térence,
> Et cependant le seul Molière y gît ;
> Il les faisait revivre en son esprit,
> Par leur bel art réjouissant la France.
> Ils sont partis, et j'ai peu d'espérance
> De les revoir ; malgré tous nos efforts,
> Pour un long-temps, selon toute apparence,
> Plaute et Térence et Molière sont morts.

La seconde est de M. Huet, évêque d'Avranches :

> *Plaudebat, Moleri, tibi plenis aula theatris ;*
> *Nunc eadem mœrens post tua fata gemit.*
> *Si risum nobis movisses parcius olim,*
> *Parcius, heu ! lacrymis tingeret ora dolor.*

Voltaire leur a préféré celle que composa le P. Bouhours. C'est moins une épitaphe qu'une épigramme (1).

---

(1) Nous n'avons pas cru devoir combattre la ridicule opinion de quelques contemporains de Molière, qui le regardaient comme la copie du Scaramouche de la Co-

MOLIGNY.

TOUT ce que nous savons de cet acteur, qui doublait Paul Poisson dans les *Crispins* et les autres rôles de son emploi, c'est qu'il débuta en 1713, et fut congédié vers la fin de 1715. Lefevre, qui composait alors le *Mercure de France*, et qui paraît avoir protégé Moligny, prétend que s'il fut compris dans la réforme ordonnée par la duchesse de Berry, ce ne fut pas pour cause de négligence ou d'incapacité, mais uniquement parce que la Comédie avait deux sujets pour le même emploi, et que Dumirail, qui le jouait aussi, avait de plus que Moligny l'avantage d'être propre aux ballets et autres divertissements dont plusieurs pièces étaient ornées. A mérite égal dans deux comé-

médie Italienne, Tiberio Fiorelli, quoiqu'elle se trouve appuyée par le quatrain suivant placé au bas du portrait de ce farceur.

Cet illustre comédien,
De son art traça la carrière;
Il fut le maître de Molière,
Et la nature fut le sien.

Ce serait perdre du temps que de l'employer à une pareille discussion.

diens, on préférait toujours à cette époque celui qui pouvait danser et chanter, parce que la Comédie n'avait pas la liberté de prendre des sujets qui lui fussent étrangers pour l'exécution de ses ballets. Moligny débuta une seconde fois le 19 juin 1724 par le rôle du *marquis de Lorgnac* dans la *Comtesse d'Orgueil* ; la pension de 500 livres, dont il avait joui précédemment, fut rétablie dans les premiers jours de 1725 ; il quitta définitivement le 26 octobre suivant, et mourut le 18 janvier 1727.

MONDORY.

MALGRÉ la haute réputation dont a joui ce comédien, il ne faut pas croire que ce fût un acteur parfait. Mondory avait au contraire tous les défauts de son siècle : son jeu était forcé, sa déclamation ampoulée ; cependant il remplissait les premiers rôles avec le plus grand succès, parce que l'on ne connaissait encore rien de meilleur, et qu'il avait d'ailleurs beaucoup d'art, au moyen duquel il savait donner de l'éclat à de mauvaises pièces ridiculement versifiées.

Mondory était d'Orléans. On ne sait rien de

sa vie avant le temps où il entra dans la troupe du Marais, dont il devint le chef et l'orateur. On a même très-peu de détails sur sa carrière dramatique ; ce qui paraît le plus constant, c'est que les efforts qu'il fit en jouant le rôle d'*Hérode* dans la *Mariamne* de Tristan-l'Hermite, lui causèrent une attaque de paralysie à la suite de laquelle il demeura perclus d'une partie du corps : sa langue se trouva surtout extrêmement embarrassée. Cependant on doit croire que sa situation s'améliora par la suite, puisque, pour complaire au cardinal de Richelieu, Mondory consentit à remonter sur le théâtre, et à jouer le rôle principal de l'*Aveugle de Smyrne*, tragicomédie des cinq auteurs, qui fut donnée en 1658. Ses forces ne répondirent pas à son zèle ; il ne put soutenir son personnage que pendant deux actes, et fut obligé de quitter la scène. Cette preuve de dévouement satisfit le cardinal, qui, pour reconnaître la bonne volonté qu'il avait montrée, lui accorda une pension de 2000 livres. A son exemple, plusieurs grands seigneurs signalèrent leur libéralité envers Mondory, et, soit pour faire leur cour au premier ministre, soit pour récompenser le mérite de ce fameux comédien, ils lui firent aussi des pensions, de manière que Mondory se trouva possesseur de 8 ou 10,000 livres de revenu, dont il jouit jusqu'à sa mort, arrivée en décembre 1651, dans un âge assez avancé.

Mondory était de taille moyenne, mais bien prise; il avait la mine haute, le visage agréable et expressif. La mode des perruques commençait à s'établir de son temps; il ne voulut point la suivre, et joua tous les rôles de héros *avec de petits cheveux coupés*. Ce sont les propres expressions des auteurs contemporains; elles peuvent nous faire croire que Mondory était au-dessus de son siècle, et appercevait déjà qu'il valait mieux, pour la coiffure de *César*, suivre les médailles et les statues antiques, que la mode nouvelle.

Mondory parlait avec grâce: on le mit au nombre des bons orateurs qui parurent sur les théâtres de Paris.

Au surplus il est assez difficile de concilier les différentes versions que l'on trouve dans les écrivains de ce siècle sur l'époque précise de la mort de Mondory. Saint-Évremont dit positivement que le rôle d'*Hérode* lui causa la mort. Cette cause première n'eut donc que des effets très-éloignés, puisque la *Marianne* de Tristan fut jouée en 1636, et que Mondory ne mourut qu'en 1651. On peut expliquer cela d'une manière assez naturelle, en disant que la fatigue de ce rôle ayant altéré considérablement sa santé, il fut forcé de renoncer au théâtre, et que depuis cette époque jusqu'à celle de sa mort, il fut toujours dans un état de souffrance occasionné par les efforts surnaturels qu'il avait faits pour le rôle d'*Hérode*.

Scarron, dans son Roman comique, fait dire à la Rancune que Bellerose était trop affecté, Floridor trop froid, et Mondory trop rude. Il est visible que cette censure ne doit pas être prise sérieusement; et que Scarron ne l'a placée dans la bouche de ce vieil histrion de campagne, que pour soutenir le caractère de la Rancune, qui ne trouvait rien de bon, et se fût démenti, s'il eût loué même les plus fameux comédiens.

Le prince de Guémené disait, à la retraite de Mondory: *Homo non periit, sed periit artifex.* (L'homme existe encore, mais l'artiste n'est plus.)

Mondory faisait des vers qui n'étaient pas plus mauvais que ceux de Claveret, de Colletet, de Beys, etc. Comme acteur, il fut très-regretté; le public s'en souvint long-temps, et tous ceux qui l'avaient vu dans son éclat ne s'accommodèrent qu'avec peine des comédiens qui prirent son emploi. On ne risquait rien en les appelant *Laudatores temporis acti* (à la lettre *Louangeurs du temps passé*); car il est sûr que Floridor surpassa de beaucoup Mondory.

MONTFLEURY.

(*Zacharie Jacob*, dit)

Si l'on s'en rapporte à des autorités qui paraissent suffisantes, Montfleury était gentilhomme, et naquit en Anjou, vers la fin du seizième siècle, ou au commencement du dix-septième. Ses parents lui firent faire de bonnes études, l'envoyèrent à l'Académie pour y apprendre les divers exercices convenables à sa qualité, et le placèrent ensuite chez le duc de Guise, qui le reçut au nombre de ses pages. Le goût que le jeune Jacob avait pour la comédie, l'attirait souvent au spectacle ; il lui inspira bientôt le désir de la jouer, qui prévalut sur d'autres raisons capables de l'en détourner. Il quitta le duc sans lui déclarer son projet, et se joignit à une troupe qui parcourait les provinces. Ce fut alors que, pour se déguiser, il prit le nom de Montfleury. La troupe de l'hôtel de Bourgogne fut bientôt instruite des talents et des succès du nouvel acteur ; elle l'attira à Paris, où il fut reçu avec applaudissement. Ce fut sans doute avant l'année 1637.

Il joua d'original dans le *Cid* et dans les *Ho-*

races ; Chappuzeau , qui nous indique ces faits ,
le cite comme un comédien parfait dès ce temps-
là. Voici ses propres termes , livre 5 de son
Théâtre Français, pages 177 et 178 : « Les co-
» médiens ne commencèrent à entrer en répu-
» tation que sous le règne de Louis XIII , lorsque
» le grand cardinal de Richelieu , protecteur
» des Muses , témoigna qu'il aimait la comédie,
» et qu'un Pierre Corneille mit ses vers pom-
» peux et tendres dans la bouche d'un Mont-
» fleury et d'un Bellerose , qui étaient des co-
» médiens achevés. »

En 1638 il épousa Jeanne de la Chalpe , veuve
de Pierre Rousseau , écuyer , sieur Duclos , comédien du roi. Son mariage fut remarquable par
deux circonstances assez singulières : l'une , que
le cardinal de Richelieu voulut que la noce se
fît dans sa maison de campagne à Ruel ; l'autre ,
que Montfleury était si fort entêté de la comédie,
qu'il exigea que l'on joignît dans le contrat le
nom de Montfleury à celui de sa famille , et
qu'on ne lui donnât pas d'autre qualité que celle
de comédien du roi.

Montfleury fit représenter en 1647 une tragédie intitulée *La Mort d'Asdrubal* , qui parut
imprimée à Paris , in-4° , chez Antoine Som-
maville et Toussaint Quinet , avec une dédi-
cace adressée au duc d'Épernon. Le portrait de

Montfleury se trouve au commencement de cette pièce.

Il mourut au mois de décembre 1667, pendant le cours des représentations d'*Andromaque*. Il y eut deux opinions sur la cause de sa mort. Suivant la première, Montfleury se serait rompu une veine par les efforts qu'il fit en jouant le rôle d'*Oreste* dans cette tragédie. D'après la seconde, accréditée par des personnes trop promptes à saisir les choses singulières, un cercle de fer qu'il était obligé de porter, suivant elles, pour soutenir le poids énorme de son ventre, ne put empêcher qu'il ne s'ouvrît, par suite des mêmes efforts. Ces deux versions ne sont que des contes populaires. Mlle Desmares, arrière-petite-fille de Montfleury, en prouva la fausseté dans une lettre du 17 février 1739, adressée aux auteurs de l'*Histoire du Théâtre Français*. Il est vrai qu'elle orna son récit de circonstances qui ne sont guère plus croyables, mais aussi le lecteur n'est-il pas forcé de les adopter, d'autant plus que Mlle Desmares n'en apporte pas d'autres preuves que le témoignage de Mme d'Ennebaut, sa grand'mère, fille de Montfleury, à laquelle elle les avait entendu raconter. Voici les termes de cette lettre :

« A l'égard de Montfleury père, il est faux » que le rôle d'*Oreste* ait été la cause de sa

» mort par une veine qu'il s'était cassée : ma
» grand'mère m'a conté cette mort plus d'une
» fois, mais les particularités paraîtraient des
» fables, si on les exposait au jour. Il est seu-
» lement certain que Montfleury étant chez un
» marchand de galons, un inconnu qui s'y
» trouva, l'avertit de songer à lui, parce qu'il
» était bien malade. Montfleury ne fit pas grande
» attention au discours d'un homme qu'il regar-
» dait comme un fou; mais de retour chez lui,
» ayant appris que la même personne était venue
» dire à ses domestiques que leur maître était en
» grand danger, il se sentit ému, frappé, alla
» le soir jouer *Oreste*, revint avec la fièvre, et
» mourut en peu de jours. »

Dans une autre lettre du 23 du même mois,
Mlle Desmares ajoute : « Je ne puis vous en don-
» ner d'autres preuves que de l'avoir entendu
» dire à sa fille, Mme d'Ennebaut, ma grand'-
» mère. Elle m'a dit aussi que comme son père
» était à l'article de la mort, plusieurs de ses
» camarades, les médecins et le confesseur
» étant dans la chambre, le même homme revint,
» et dit à Montfleury qui le reconnut : Allons,
» Monsieur, cela ne sera rien, que l'on me
» donne du vin et un verre. Les médecins
» avaient condamné le malade, et soutinrent à
» sa femme que c'était un charlatan, le confes-

» seur dit que c'était un sorcier : le malade criait
» en vain qu'on donnât à cet homme ce qu'il
» demandait : on fut sur le point de l'arrêter ;
» c'était sur les neuf heures du soir ; il s'en alla,
» et étant sur le pas de la porte, il dit : J'en suis
» fâché ; j'aurais tiré ce pauvre Montfleury d'af-
» faire, mais il ne passera pas minuit, ce qui
» arriva. »

Nous n'ajouterons aucunes réflexions à ce
détail. Ce qui doit passer pour certain, c'est
que, sans veine rompue, ni ventre ouvert,
Montfleury, après avoir joué le rôle d'*Oreste*,
revint chez lui avec une fièvre qui le mit au
tombeau en peu de jours.

Il faut cependant que les opinions que nous
venons de refuter, ayent eu du crédit dans le
temps, puisqu'on les trouve adoptées par Gué-
ret, auteur du *Parnasse reformé*, dans le passage suivant.

« Montfleury s'étant roulé au pied de la mon-
» tagne : Je crois, dit-il d'un ton à faire trem-
» bler tout le Parnasse, que l'on parle ici de
» comédie. Et alors ayant découvert Tristan :
» Ah! poursuivit-il en lui adressant la parole,
» je trouve admirable que vous vous emportiez
» si fort contre les plaisanteries du théâtre. Vous
» voudriez, je pense, qu'on ne jouât jamais
» qu'une *Mariamne*, et qu'il mourût toutes les

» semaines un Mondory à votre service. Plût à
» Dieu qu'on n'eût jamais fait de tragédies ! Je
» serais encore en état de paraître sur le théâtre
» de l'hôtel . . . . . Qui voudra donc savoir de
» quoi je suis mort, qu'il ne demande point si
» c'est de la fièvre, de l'hydropisie ou de la
» goutte ; mais qu'il sache que c'est d'*Andro-*
» *maque.* Nous sommes bien fous de nous
» mettre si avant dans le cœur des passions qui
» n'ont été qu'au bout de la plume de messieurs
» les poètes. Il vaudrait bien mieux bouffonner
» toujours, et crever de rire en divertissant le
» bourgeois, que de crever d'orgueil et d'es-
» prit pour satisfaire les auteurs. Mais ce qui
» me fait plus de dépit, c'est qu'*Andromaque*
» va devenir plus célèbre par la circonstance de
» ma mort, et que désormais il n'y aura plus
» de poète qui ne veuille avoir l'honneur de
» crever un comédien en sa vie. »

La mort de Montfleury fut une perte pour le
public, pour ses camarades, et même pour
Racine, si l'on s'en rapportait à Saint-Evremont
dont l'autorité, très-forte alors, n'a pas beaucoup
de poids aujourd'hui. Il écrivait à M. de Lyonne
en 1669 : « Vous avez raison de dire que cette
» pièce (*Andromaque*) est déchue par la mort
» de Montfleury, car elle avait besoin de grands
» comédiens pour remplir par l'action ce qui lui

» manque. Attila, au contraire, a dû gagner quel-
» que chose à la mort de cet acteur; un grand co-
» médien eût trop poussé un rôle assez plein de
» lui-même, et eût fait faire trop d'impression à
» sa férocité sur les âmes tendres. » Il n'est pas
question de discuter ici l'opinion de Saint-Évremont; quoique fortifié de celle de M. de Lyonne,
il aurait eu sans doute bien de la peine à dire ce
qui manque à *Andromaque*. Au reste nous ne
rapportons ce passage que parce qu'il prouve en
quelle estime était Montfleury, et par la même
raison nous citerons le suivant dans lequel Chappuzeau exprime à sa manière ce qu'il pensait de
cet acteur.

» Il est rare de voir un acteur exceller dans le
» tragique et dans le comique; et le théâtre n'a
» guères eu qu'un Montfleury qui s'est rendu
» illustre en toutes manières. Aussi avait-il de
» l'esprit infiniment, et il s'en est fait une large
» effusion dans sa famille. »

Indépendamment de la trivialité de cette dernière expression, s'il ne s'agissait que d'avoir *de*
l'esprit infiniment pour exceller dans le tragique
et dans le comique, quoique l'esprit ne soit pas
aussi commun qu'on le croit, cependant, comme
il n'est pas aussi rare que le talent d'acteur, nous
verrions plus de comédiens exceller dans les deux
genres. Voltaire, auquel on ne refusera pas l'avan-

tage d'avoir eu *de l'esprit infiniment*, n'aurait pas joué si mal dans ses propres ouvrages, tout en croyant être un grand comédien ; au reste, nous croyons devoir répéter que nous n'envisageons dans ces différentes citations que les témoignages qu'elles rendent au talent de Montfleury.

La réputation de grand acteur que Montfleury s'était acquise, aurait passé jusqu'à nous sans altération, si Molière n'y eût porté atteinte dans son *Impromptu de Versailles*. On ignorait alors au théâtre l'art de parler en récitant des vers tragiques : le spectateur était séduit par une déclamation cadencée qui tenait plus du chant que de la déclamation ; l'acteur ne savait émouvoir qu'en outrant les sentiments ; la simple nature, ornée uniquement des grâces nécessaires pour l'embellir sans la défigurer, eût paru froide : l'art n'était pas encore parvenu à ce dégré de perfection d'imiter exactement la nature ; et le goût des spectateurs n'était pas assez pur, assez éclairé, pour ne se plaire qu'à cette imitation exacte. Enfin quoique l'on doive de grands éloges à Molière pour avoir senti que cette déclamation outrée était un défaut, peut-être ne doit-on pas faire des reproches très-vifs à Montfleury d'être tombé dans ce défaut, puisqu'il n'est donné qu'à un petit nombre d'hommes supérieurs de s'élever au-dessus de leur siècle. D'ailleurs, Molière peut avoir chargé la peinture qu'il fait de Montfleury et de ses autres camarades qu'il ne ménage pas plus. Indépendamment de l'intérêt qu'il avait, comme chef de troupe, à diminuer le mérite des principaux comédiens de l'hôtel de Bourgogne, il était vivement piqué contr'eux, parce qu'ils avaient représenté sur leur théâtre *le Portrait du Peintre*, comédie satirique, dirigée contre lui et contre son *École des Femmes*. On voit qu'il tire avantage de tout, et qu'il cherche même à tourner en ridicule la taille de Montfleury. Voyez dans la scène première de l'*Impromptu de Versailles*. « Et qui fait les rois » parmi vous ? Voilà un acteur qui s'en démêle » par fois. Qui ? Ce jeune homme bien fait ? Vous » moquez-vous ? Il faut un roi qui soit gros et gras » comme quatre ; un roi, morbleu, qui soit entri- » paillé comme il faut ; un roi d'une vaste circon- » férence, et qui puisse remplir un trône de la » belle manière. La belle chose qu'un roi d'une » taille galante ! »

En effet, Montfleury était fort gros, et sa taille était en quelque façon regardée comme indispensable pour son emploi, malgré les plaisanteries de Molière ; du moins est-il sûr que ses successeurs Champmeslé et Rosélis se distinguaient aussi par une vaste *circonférence*.

Cyrano de Bergerac, dont l'humeur querelleuse et spadassine fut célèbre de son temps, ayant eu dispute avec Montfleury, lui défendit, de sa propre autorité, de monter sur le théâtre. Je t'interdis, lui dit-il, pour un mois. A deux jours de là, Bergerac se trouvant à la comédie, Montfleury parut dans une mauvaise pièce de Balthasar Baro ; Bergerac, du milieu du parterre, lui cria de se retirer, en le menaçant de sa colère : il fallut que Montfleury se retirât. Bergerac disait de cet acteur : « A cause que ce coquin est si gros qu'on ne » peut le bâtonner tout entier en un jour, il fait » le fier ».

Montfleury eut quatre enfants, un fils et trois filles. Le fils, Antoine Jacob, qui prit aussi le surnom de Montfleury, suivit la carrière du théâtre comme auteur. Ses pièces, parmi lesquelles on distingue la *Femme Juge et Partie* et la *Fille Capitaine*, sont plaisantes, mais licencieuses ; personne ne s'est mis plus à l'aise avec les spectateurs que Montfleury fils (1).

---

(1) On peut en juger par l'épitre dédicatoire de sa comédie intitulée : l'*École des jaloux*, ou le *Cocu volontaire*. Elle est adressée aux cocus, et l'on y trouve cette phrase : « En vous dédiant ce livre, je suis assuré, » quant aux exemplaires, que si chacun de vous en » achète un, le libraire sera riche à jamais, et que si » le quart de ce que vous êtes me fait des remercîments, » j'ai des compliments à recevoir pour plus de six mois ».

Des trois filles, la première épousa M. de Bois-franc, établi à Montrond en Périgord; la seconde, Françoise Jacob, épousa M. d'Ennebaut; la troisième, Louise Jacob, fut mariée à Joseph du Landas, sieur Dupin; toutes deux furent actrices et se distinguèrent au théâtre.

MONTMÉNIL.

(*Louis-André Lesage*, dit)

Si le talent se transmettait de père en fils comme un héritage, on ne devrait pas être surpris que Montménil en ait eu beaucoup. Le fils de l'auteur de *Turcaret* avait vu pratiquer à un grand maître l'art de peindre les ridicules des hommes; mais, de toutes les manières de l'exercer, celle qu'il choisit eut le malheur de déplaire à Lesage, qui voulait bien composer des comédies, et ne prétendait pas que son fils en jouât.

Emporté par un ascendant plus fort que la volonté paternelle, Montménil débuta le 8 mai 1726, par le rôle de *Mascarille* dans l'*Étourdi*; et quoiqu'il y eût été fort applaudi, ainsi que dans plusieurs autres qu'il joua successivement, les comédiens français, plus difficiles alors qu'ils ne l'ont été dans la suite, jugèrent qu'il avait besoin de s'exercer encore dans la province, et Montménil jugea qu'il ferait bien de suivre leur conseil.

Fortifié par deux années de travail, il reparut le 18 mai 1728 par le rôle d'*Hector* dans le *Joueur*; le 24 il joua *Dave* dans l'*Andrienne*; et le 4 juin, *Labranche* dans *Crispin Rival*. Son succès ne fut pas douteux à cette deuxième épreuve; il fut reçu à demi-part, et devint bientôt un des meilleurs acteurs de la comédie française.

Montménil jouait admirablement l'*Avocat Patelin*, *Turcaret*, le *Valet* dans les *Bourgeoises à là mode*, M. *Delorme* dans les *Trois Cousines*, et en général tous les paysans. Lorsqu'après trente-cinq ans d'oubli, *le Distrait* fut remis au théâtre, il tira un parti considérable du rôle de *Léandre*, qui n'avait pas été heureux pour Beaubourg; et cette comédie, dont on n'avait pu donner que quatre représentations en 1696, eut tant de succès en 1731, qu'elle mérita de rester au répertoire.

Cependant il y avait quelques rôles du haut comique où Montménil, sans y être déplacé, ne produisait pas tout l'effet que l'on pouvait attendre de son talent; il jouait surtout médiocrement celui du *Philosophe marié*. Cepen-

dant, parce qu'il était toujours vrai et naturel,
il était applaudi par la multitude dans ce rôle
comme dans les autres; et peut-être l'aurait-il
été moins, si, en forçant son jeu pour jouer
avec plus de finesse, il se fût exposé à jouer
avec moins de vérité. Quinault l'aîné, qui le
joua d'original, y était bien supérieur à Montménil; Lanoue, chargé ensuite de ce rôle, non-
seulement y mit beaucoup d'esprit et de finesse;
mais fit valoir extrêmement dans *Mélanide* le
rôle de *Théodon*, qui, joué par Montménil,
n'avait pas obtenu les applaudissements qu'il
mérite.

Lesage, n'approuvant point le choix que son
fils avait fait de la profession de comédien, avait
cessé de le voir. Lorsque Montménil eut acquis
de la réputation, des amis communs, qui voulaient réconcilier le père avec le fils, l'entraî-
nèrent à la comédie française: il vit Montménil
dans *Turcaret*, joignit son suffrage à ceux du
public, versa des larmes de joie, embrassa son
fils, et lui rendit toute sa tendresse.

Montménil n'eut pas la satisfaction de jouir
long-temps de la réputation qu'il s'était acquise:
il mourut subitement à la Villette, auprès de
Paris, le dimanche 8 septembre 1743.

ORGEMONT (d').

COMÉDIEN de la troupe du Marais, et camarade de Mondory, d'Orgemont lui succéda en 1636 dans l'emploi d'orateur, et sans doute aussi dans les premiers rôles. Cet acteur était bien fait, parlait bien et de bonne grâce ; il passa pour un des meilleurs comédiens de sa troupe. Floridor le remplaça en 1640 dans ses fonctions d'orateur : on ignore si ce fut par le consentement de d'Orgemont, ou par sa mort. Ce qu'il y a de certain, c'est que Chappuzeau, en 1674, parlait de lui comme d'un homme mort depuis plusieurs années.

PAULIN.

(*Louis*)

IL était fils d'un maître maçon de Paris. Comme il se sentit peu de disposition pour le métier de son père, qui voulait cependant le contraindre à l'exercer, il s'engagea, à l'âge de dix-sept ans, dans un régiment de dragons, où il servit quelques années, et dans lequel il obtint même le grade de bas-officier. Le loisir dont on jouit dans

les garnisons lui permit de se livrer au goût qu'il
avait pour l'état de comédien ; et aussitôt qu'il se
crut assez habile pour en faire son unique occupation, il chercha les moyens de se retirer du
service. Étant parvenu à y réussir, il s'engagea
à Lyon pour les *utilités*. Bientôt il passa aux
seconds et premiers *Amoureux*, et aux grands
rôles tragiques. Les applaudissements qu'il y
reçut l'engagèrent à venir à Paris, et il débuta,
le 5 août 1741, dans *Rhadamiste*, par le rôle de
Pharasmane ; son début fit concevoir assez d'espérances pour lui mériter sa réception le 20 mai
1742 : il est vrai que l'ordre des gentilshommes de
la chambre ne le destinait qu'aux rôles où il serait
jugé nécessaire. Sa place à la comédie française
était donc fort subalterne dans les commencemens.

Ce fut à Voltaire qu'il dut l'avantage d'en
occuper une plus brillante. L'auteur de *Zaïre*
songeait alors à faire jouer *Mérope* ; il jeta les
yeux sur Paulin pour le rôle de *Polifonte.* Une
voix forte, des sourcils noirs et prononcés, semblaient plus convenables pour ce rôle que le ton
paternel de Sarrazin. Cependant comme Paulin
avait alors fort peu de réputation, quelques
personnes reprochèrent ce choix à Voltaire ;
il s'excusa en leur disant : *C'est un tyran que
j'élève à la brochette.*

A la troisième représentation de cette tragédie, Voltaire fut frappé d'un défaut de dialogue dans les rôles de *Polifonte* et d'*Érox*. De retour de la maison de Mme Duchâtelet, chez laquelle il avait soupé, il rectifia ce qui lui avait paru vicieux, fit un paquet de ses corrections, et donna ordre à son domestique de les porter chez Paulin. Le domestique fit observer à son maître qu'il était minuit sonné, et qu'à cette heure on ne pourrait réveiller M. Paulin. Vas toujours, vas, répondit Voltaire; les tyrans ne dorment jamais.

Paulin eut du succès dans le rôle de *Polifonte*; ç'en fut assez pour le faire charger de tous ceux du même genre qui se trouvèrent dans les pièces nouvelles; malheureusement pour lui, et plus encore pour le public, il ne s'en rencontra pas beaucoup qui fussent de la force de celui de *Polifonte*.

En général, Paulin fut fort mauvais dans ses rôles de rois et de tyrans. Son geste favori était de porter le poing sous le nez de sa princesse; d'ailleurs, sans être mal de figure, il avait l'air rustre, et quoique sa voix fût belle et suffisamment forte, il avait trouvé le secret de la rendre désagréable, à force de la grossir.

Très-déplacé dans la tragédie, Paulin prenait du moins sa revanche dans les pièces comiques, et n'imita pas certains acteurs qui n'étaient bons dans aucun genre. La mort de Montménil, arri-

vée en 1743, laissa vacant l'emploi des paysans ;
Paulin s'en chargea, et sans avoir jamais égalé
son prédécesseur, il eut jusqu'à sa mort l'avantage de plaire toujours au public. Son débit
cependant, était un peu dur; le jeu de sa physionomie n'était pas assez facile et assez varié : cependant il ne nuisit jamais à l'effet des excellents
rôles de paysans tracés par Dancourt et Dufresny.

Nous ne conseillons point de juger Paulin par
ce quatrain qu'on trouve dans un ancien almanach
des théâtres.

Quand je te vois d'un roi faire le personnage,
    Paulin, je crois être à la Cour:
    Quand je te vois un autre jour
Faire le paysan, je crois être au village.

Il n'est pas mal tourné, mais la première moitié
en est fausse.

Paulin fut toujours regardé comme un honnête homme et un bon camarade. Il vécut garçon,
son humeur misantropique ne lui ayant pas permis de songer au mariage. Il paraît que Paulin
la poussait fort loin; nous le jugeons surtout par
l'anecdote suivante. Armand s'était amusé à appliquer à ses camarades les titres de quelques
pièces de théâtre, et par allusion au caractère
sauvage et solitaire de Paulin, il l'avait nommé
le *Geolier de soi-même*. (C'est le titre d'une
comédie de Thomas Corneille.)

Le mémoire de Lekain que nous avons déjà cité aux articles de Blainville et de Dubois, confirme tout ce que nous venons de dire sur Paulin.

« Il est possible de remontrer.... au sieur Pau-
» lin qu'un paysan doit être fin ou pataud, selon
» le besoin, mais surtout gai, naturel, et moins
» bien peigné (1), sans quoi il ne peut faire au-
» cune illusion; et que dans le tragique, un roi
» dont le caractère est la férocité et la barbarie,
» doit avoir moins de roideur, plus de mouve-
» ment, plus de chaleur, car le froid au théâtre
» est le plus grand de tous les vices. »

Paulin mourut le 19 janvier 1770, et fut enterré à St.-Sulpice, sa maladie lui ayant laissé le temps de prendre avec l'église les arrangements convenables.

POISSON.

(Raymond)

Suivant ce que cet acteur nous apprend lui-même, il ne naquit pas au sein de l'opulence. Son père était mathématicien, et logeait auprès du

---

(1) *Note de Lekain.* » J'en demande pardon au plus
» honnête homme de la terre; mais un vrai paysan ne
» porte point de manchettes, ni de catogan à des che-
» veux bien poudrés ».

Palais à un cinquième étage. Poisson étudia la chirurgie dans sa jeunesse, quoiqu'il n'eût aucun goût pour cette profession : aussi, dès que par la mort de son père il se vit libre d'en choisir une autre, il s'attacha au duc de Créquy, premier gentilhomme de la chambre, et gouverneur de Paris ; mais quoique ce seigneur le traitât avec beaucoup de bonté, entraîné par une vocation marquée pour la comédie, il ne tarda point à le quitter, sans être retenu par la considération des avantages qu'il pouvait attendre d'une telle protection, et s'engagea dans une troupe de province. Ce fut probablement vers 1650 ou 1651 que Poisson prit le parti du théâtre, car nous le trouvons au nombre des acteurs de l'hôtel de Bourgogne dès 1653.

Il y fit paraître pendant trente-deux années un talent supérieur pour les rôles comiques, et principalement pour celui de *Crispin* dont il fut l'inventeur, et qu'il adopta spécialement.

Nous ne connaissons aucun auteur qui ait recherché quels furent les originaux d'après lesquels Poisson imagina le personnage de *Crispin* qui joue un si grand rôle dans plusieurs des meilleures pièces de notre théâtre. Nous croyons qu'il en conçut l'idée en voyant dans les provinces méridionales de la France des déserteurs espagnols dans le costume national ; las d'un ser-

vice pénible, après avoir fait long-temps une vie
de Miquelet, ils se mettaient, pour subsister,
au service des personnes riches qui voulaient
avoir des hommes de main pour domestiques.
Nous ne donnons cette opinion que comme une
conjecture : cependant elle semble assez bien
appuyée par le caractère uniforme de la plupart
des *Crispins* qui se vantent ordinairement d'a-
voir vu le feu, et payé de leur personne. Le costume affecté à ce rôle vient à l'appui de notre
idée : le chapeau rond, la fraise, le justaucorps
noir, à basques courtes, la ceinture de cuir
jaune avec une grande boucle de cuivre, et le
manteau noir sont évidemment de l'ancien costume espagnol ; les moustaches, l'épée et les
bottines ou guêtres, tiennent à l'équipement
d'un soldat de cette nation. On n'eût point cos-
tumé de la sorte un valet ordinaire ; et toutes ces
considérations réunies nous portent à regarder
cette conjecture comme très-vraisemblable.

Une seule partie de l'habillement des *Crispins*
a été expliquée par d'autres raisons que celle-ci.
On prétend que, dans la jeunesse de Poisson,
l'usage des bottines semblables à celles qu'il portait au théâtre, était général dans Paris, à cause
de la boue dont les rues étaient remplies, et que
ce fut par cette raison qu'il les adopta pour le
rôle d'un valet obligé de faire beaucoup de courses

dans son service journalier ; d'autres ont cru que Poisson n'ayant point de gras de jambe, s'était servi de bottines pour cacher cette difformité : l'une ou l'autre de ces opinions pourrait être vraie, sans que la nôtre fût fausse.

Quoi qu'il en soit d'ailleurs, Poisson se fit une grande réputation par ce rôle et par beaucoup d'autres aussi plaisants. On le regarda généralement comme l'un des meilleurs comédiens qui eussent paru sur le Théâtre Français ; et l'on convint surtout que pour le naturel il avait eu peu de rivaux. Il avait le défaut de bredouiller : ce défaut devint une grâce de plus dans ses rôles, et le public s'y habitua si bien, qu'il vit avec plaisir le bredouillement de Raymond Poisson passer à son fils Paul, et à son petit-fils François-Arnould, qui se succédèrent dans son emploi, et s'y firent tous deux beaucoup de réputation. C'était un homme d'une taille assez élevée, bien *facé*, ayant la bouche fort grande, mais garnie de belles dents. On trouve quelques plaisanteries relatives à cette grande bouche qui rendait la figure de Poisson encore plus comique, dans les pièces où il joua d'original. En lui confiant le rôle de *Bernadille* de la *Femme juge et partie*, Montfleury ne manqua pas d'y faire allusion par les vers suivants :

Pour mon visage, il a, sans être trop farouche,
Quelque chose de grand.

GUZMAN.

Oui, monsieur, c'est la bouche.

Dans le *Deuil*, *Timante* veut savoir si *Crispin* son valet a le talent de pleurer; Crispin lui repart :

Je vous réponds, Monsieur, d'une bouche aussi large...

Poisson n'était pas borné au seul talent de comédien ; il était aussi plaisant dans la société qu'au théâtre. Son esprit agréable et rempli de saillies piquantes le fit connaître de toute la cour, et particulièrement de Louis XIV, qui lui donna des marques fréquentes de sa liberalité. Les stances suivantes qu'il adressa à ce monarque furent récompensées d'une pension de 400 livres ; elles prouvent qu'il en faisait une de mille francs à la veuve de l'acteur Bellerose ; nous n'avons pu découvrir pour quelle raison.

AU ROI,

A ceux qui se mêlent d'écrire,
On dit que vous donnez de quoi ;
Cependant je m'en mêle, Sire,
Et vous ne pensez pas à moi.
Me ferez-vous passer pour buse ?
Souvent les enfants de ma Muse,
Par d'heureux cas fortuits vous ont désennuyé.
Ah ! Sire, que votre suffrage
De ma veine tremblante eût enflé le courage,
Si vous ne m'eussiez oublié !

Vous divertir est une chose
Qui me doit rendre assez content :
Plût à Dieu que la Bellerose
Prît cela pour argent comptant !
Mais mille francs, ce mot m'assomme,
Sire, c'est la fâcheuse somme
Que d'année en année elle tire de moi :
J'en ai le cœur gros, l'âme triste :
Jugez si j'ai besoin d'être mis sur la liste :
Je vous en fais juge, grand roi.

Oui, Sire, donner tous les ans
Mille francs à la Bellerose,
C'est trop pour moi, j'ai six enfans ;
Grand roi, donnez-en quelque chose.
Je ne sai pas, comment ma main
Mit mon nom sur ce parchemin.
Je ne pourrai jamais plus chèrement écrire :
Mille livres par an ! j'avais perdu l'esprit.
Ah ! n'était que mes vers vous ont diverti, Sire,
Je souhaiterais bien n'avoir jamais écrit.

Quand je mis la main à la plume
Pour griffonner ces maudits traits,
La Bellerose avait un rhume
Qu'elle avait fait venir exprès.
Qui l'aurait cru, Sire, je *signe*
Sur la bonne foi de sa *mine*,
Qui dans sept ou huit jours promettait son trépas ;
C'était ma flatteuse espérance :
Mais, Sire, elle et le rhume étaient d'intelligence ;
La traîtresse n'en mourut pas.

Oui, Sire, j'en fus affronté ;
Ses douleurs n'étaient pas mortelles ;
Elle est en parfaite santé,
J'en ai de trop sûres nouvelles.
De trois mois en trois mois, je vois un paysan,
   Qui me croit quelque partisan,
M'apporter un reçu de l'argent que je donne ;
Et notre hôtel étant de si peu de rapport,
   C'est bien, Sire, Dieu me pardonne,
De trois mois en trois mois lui souhaiter la mort.

   Le moyen de ne pas pécher
   Dans une si fâcheuse affaire !
   Vous seul pouvez m'en empêcher,
   Dieu vous oblige de le faire.
   Pourtant, Sire, je ne vais pas
   Jusqu'à souhaiter son trépas ;
   Ce serait trop, à Dieu ne plaise !
   Mais lorsque la mort la prendra,
   Qu'on en dise ce qu'on voudra,
   Je crois que j'en serai fort aise.

   Pourtant, si vous vouliez, grand roi,
   Comme elle n'est point ma parente,
Que sa vie ou sa mort me fût indifférente,
   Vous n'auriez qu'à payer pour moi.
   Je n'attendrais plus d'heure en heure
   Celle où j'aspire qu'elle meure ;
   Vous changeriez mon triste sort :
   Oui triste, je le puis bien dire ;
   Car si je n'espère en vous, Sire,
   Je n'espérerai qu'en la mort.

Il y a du naturel et de la facilité dans cette pièce qui fut assez bien payée à Poisson. Nous ne savons pas s'il fut aussi heureux en adressant la suivante au duc de Créquy, avant la première représentation de la *Mère coquette* de Quinault, jouée au mois d'octobre 1665.

> Les Amants brouillés de Quinault
> Vont sous peu de jours faire rage ;
> J'y joue un marquis, et je gage
> De faire rire comme il faut.
> C'est un marquis de conséquence,
> Obligé de faire dépense
> Pour soutenir sa qualité.
> Mais s'il manque un peu d'industrie,
> Il faudra, malgré sa fierté,
> Qu'il s'habille à la friperie.
> Vous, des ducs le plus magnifique,
> Et le plus généreux aussi,
> Je voudrais bien pouvoir ici
> Faire votre panégyrique.
> Je n'irais point chercher vos illustres aïeux
> Qu'on place dans l'histoire au rang des demi-dieux,
> Je trouve assez en vous de quoi me satisfaire :
> Toutes vos actions passent sans contredit.....
> Ma foi, je ne sais comment faire
> Pour vous demander un habit.

Les grands seigneurs de ce siècle fournissaient aux comédiens la majeure partie de leur garde-robe ; et cette pièce prouve que le duc de Créquy conservait ses bontés à Poisson, quoique ce dernier eût abandonné son service auprès du duc pour se faire comédien.

Un homme plus considérable encore dans l'État accordait également à Poisson une protection particulière. M. Colbert avait bien voulu être le parrain de l'un des enfants de cet acteur, et cet honneur lui avait donné entrée chez ce grand ministre, auquel il portait quelquefois des vers à sa louange. Après plusieurs tentatives inutiles auprès de M. Colbert, pour obtenir de lui un emploi pour son filleul, Poisson se présenta un jour à l'hôtel du ministre, le salua et lui dit qu'il désirerait prendre la liberté de lui présenter quelques vers. Le ministre, rassasié d'hommages semblables, lui coupa la parole, et le pria fortement de ne lui rien lire. *Vous n'êtes faits vous autres,* ajouta-t-il, *que pour nous incommoder par la fumée de votre encens. — Monseigneur,* lui dit Poisson, *je vous assure que celui-ci ne vous fera point de mal à la tête ; il n'y a rien qui approche de la louange.* Toute la compagnie, impatiente de voir les vers de Poisson, pria M. Colbert de les lui laisser lire, et il y consentit enfin, sous la condition qu'il n'y aurait point de louanges. Poisson commença ainsi :

> Ce grand ministre de la paix,
> Colbert, que la France révère,
> Dont le nom ne mourra jamais....

Poisson, dit M. Colbert, vous ne tenez pas votre parole ; ainsi finissez, je ne veux point de louanges. Monseigneur, répliqua le comédien, je vous jure que voilà tout ce qu'il y en a dans cette pièce. N'importe, reprit le ministre, n'en lisez pas davantage. Cependant la compagnie redoubla tellement ses instances, qu'il permit à Poisson d'achever, ce qu'il fit en recommençant les trois premiers vers.

> Ce grand Ministre de la paix,
> Colbert, que la France révère,
> Dont le nom ne mourra jamais,
> Eh ! bien, tenez, c'est mon compère.
>
> Fier d'un honneur si peu commun,
> Est-on surpris si je m'étonne,
> Que de deux mille emplois qu'il donne,
> Mon fils n'en puisse obtenir un ?

Son placet fut trouvé agréable et bien tourné. M. Colbert lui accorda sur-le-champ ce qu'il lui demandait.

On voit par les différentes pièces que nous venons de rapporter, que Poisson avait quelque talent pour la fugitive ; comme auteur dramatique, il ne mérite pas les mêmes éloges. Ses pièces de théâtre, au nombre de onze, sont versifiées avec beaucoup de négligence, et le comique en est trivial et grossier. Nous allons en indiquer les

titres : 1° *Lubin*, ou *le Sot vengé*, en un acte
et en vers de huit syllabes , 1652. 2° *le Baron
de la Crasse*, en un acte , dédié au duc de
Créquy , 1662 (le *Zig-Zag* s'y trouve inséré).
3° *le Fou raisonnable*, en un acte, dédié à
l'Angely, fou de Louis XIV, 1664. 4° l'*Après-
Souper des Auberges*, en un acte, dédié au
prince de Rohan. 5° *le Poète Basque*, en
un acte, dédié à M. Franchin, conseiller au
parlement de Toulouse, 1668 (la petite comédie de la *Mégère Amoureuse* en fait partie).
6° *les Faux Moscovites*, en un acte, 1668.
7° *les Femmes Coquettes*, ou *les Pipeurs*, ou
Fructus belli, en cinq actes et en vers, dédiée
au duc de Longueville, 1670. 8° *la Hollande
malade*, en un acte, 1672; 9° *le Cocu battu
et content*, non imprimée, 1672. 10° *les Foux
divertissants*, comédie en trois actes et en vers,
1680. 11° *le Bon Soldat*, en un acte et en vers,
1691 (C'est la précédente réduite à un acte).

Le *Baron de la Crasse*, l'*Après-Souper des
Auberges*, et *le Bon Soldat*, restèrent long-
temps au théâtre. Aucune de ces pièces ne méritait cet honneur; mais cela s'explique quand on
réfléchit que, pendant un siècle, il y eut toujours un comédien du nom de Poisson au nombre
des premiers sujets de la Comédie française.

Un échantillon du dialogue comique de Poisson

ne sera point déplacé ici. Nous le tirons de son chef-d'œuvre, *les Femmes Coquettes.*

FLAVIO.

Quand ont-ils quitté jeu ?

(*Il parle des pipeurs.*)

COLIN.

Plutôt qu'à l'ordinaire,
A cause que ce soir Madame avait affaire.

FLAVIO.

Sont-ils tous deux sortis !

COLIN.

Oui, Monsieur, tristement,
Car Madame s'est fait donner un lavement,
Et tous deux ils voulaient lui voir donner, je pense ;
A n'a jamais voulu le prendre en leur présence.

CRISPIN.

Elle a tort.

COLIN.

Ils voulaient lui donner tout de bon,
Car par force ils avaient déjà pris le canon.

CRISPIN.

La peste !

COLIN.

A s'est levée, a s'est contr'eux fâchée,
A les a fait sortir, après a s'est couchée.

FLAVIO.

L'a-t-elle pris enfin ?

COLIN.

Oui, Monsieur, et fort bien,
Jusqu'à la moindre goutte, on n'a répandu rien.

CRISPIN.

Le voyais-tu donner ?

COLIN.

Oui, j'étais tout contre elle.

FLAVIO.

Oui ?

COLIN.

J'étais à genoux, je tenais la chandelle.

FLAVIO.

Pourquoi ce lavement ? Se trouve-t-elle mal ?

COLIN.

Non, Dieu merci, Monsieur, c'est pour aller au bal.

CRISPIN.

Afin de n'avoir pas le teint brouillé.

FLAVIO.

La folle !

COLIN.

Ses cousines le font.

FLAVIO.

Elle est en bonne école !

CRISPIN.

La courante à présent ne se danse pas mal
Si chaque dame porte un lavement au bal.

En transcrivant ce fragment, nous ne nous dissimulons pas qu'il paraîtra bien ignoble à la délicatesse de notre siècle ; c'est justement pour cela que nous le rapportons, afin que l'on puisse juger, en connaissance de cause, ce siècle peut-être trop vanté qui souffrait de pareilles pièces et abandonnait le *Misantrope*.

Pour achever de faire apprécier Poisson comme auteur, nous terminerons ces citations par un passage de son *Épitre dédicatoire* du *Poète Basque*. On y verra que sa prose est d'un meilleur goût de plaisanterie que ses vers.

« Cette pièce est trop peu considérable pour
» vous l'offrir. Je vous dirais bien que la grande
» réussite et l'empressement des libraires, qui,
» pour la mettre sous la presse, m'ont accablé de
» prières et d'argent, méritaient bien un nom
» aussi fameux que le vôtre ; mais je ne saurais
» mentir, elle a eu un destin tout contraire. La
» vérité est que je croyais faire une pièce admi-

» rable; que je vous l'avais destinée avant que
» d'en avoir fait un vers, et que je ne puis en-
» core m'empêcher de l'enrichir de votre nom.
» Excusez, je vous en prie, et mon audace,
» et mon obstination, et ne vous en chagrinez
» pas davantage. Oui, j'espérais qu'elle irait de
» pair avec le *Menteur;* que sa réussite passerait
» celle du *Cid*, mais je me suis trompé. Cepen-
» dant jamais pièce ne m'a plus coûté, non pas
» pour l'impression, car le libraire est fort géné-
» reux, et est assurément le meilleur de mes amis.
» Il a voulu l'imprimer à ses dépens de la meil-
» leuregrâce du monde. Quoique je ne sois qu'une
» cinquième partie d'auteur, j'ai plus d'amis
» libraires qu'un auteur tout entier. Ils sont tous
» infatués de ce que je fais; ils me disent sans
» cesse que mes pièces ne se peuvent payer, et
» je vois bien qu'ils ont raison, car personne
» n'en achète; si eux et moi n'en faisions des
» présents, nul n'en aurait que nous; et si ce
» n'est pas faute qu'ils ne crient de toute leur
» tête quand je suis à la boutique : *J'ai les comé-*
» *dies de M. Poisson, Messieurs, voyez ici.* Et
» c'est-là que la joie secrète d'un petit auteur de
» rien ne se peut exprimer. J'avoue aussi qu'en-
» tendre son nom éclater dans le palais par la
» bouche d'un libraire, est quelque chose de
» bien glorieux. J'ai, grâce à mon génie, reçu

» cet honneur, et goûté la joie de me voir im-
» primé, mais je crois que celle de se voir vendre
» est toute autre ; et c'est celle-là que je n'ai point
» encore sentie, quoique j'aie été exprès quatre
» ans de suite fort souvent au palais. Je me sou-
» viens pourtant qu'un matin je pensai bien avoir
» entière satisfaction là-dessus ; il ne s'en fallut
» presque rien. Un honnête homme voulut donner
» trois sols du *Baron de la Crasse*, et le libraire,
» en me montrant, lui dit : Tenez, voilà l'auteur
» qui sait bien que je ne les puis donner à moins
» de cinq ; la reliure m'en coûte deux. Aussitôt
» cet homme, quoique mal vêtu, ne manqua ni
» de civilité, ni d'esprit. Il m'aborda, me traita
» d'illustre et d'admirable, me dit qu'il avait
» mille fois remarqué dans mes ouvrages le plus
» beau génie du monde ; enfin il m'accabla de
» tant de louanges, que je ne pus m'empêcher de
» lui faire présent de la pièce qu'il voulait acheter.
» Il me parla de la comédie et des poètes avec
» tant d'esprit, qu'il me fut aisé de le prendre
» pour un homme de lettres ; aussi se trouva-t-il
» un des plus fameux secrétaires de Saint-Inno-
» cent. Il me fit offre de son service ; et me mon-
» trant sa tombe ou sa place sous les Charniers,
» car nous revînmes du palais ensemble, nous
» nous séparâmes-là, et je m'applaudis d'en avoir
» si bien jugé. »

Poisson était homme à bons mots : il y en a un de lui dans le *Faretériana*, édition de 1696, page 205, que nous ne pouvons rapporter ici, parce qu'il est trop grivois.

Il fut conservé à la réunion de 1680, se retira du théâtre avant Pâques 1685, et mourut en 1690 sur la paroisse de Saint-Sauveur, où il fut enterré.

Louis XIV en faisait beaucoup de cas. Quelques jours après sa mort, on parlait de lui au lever du monarque. *C'est une perte*, dit le roi ; *il était bon comédien..... Oui*, répartit Boileau, *pour faire un D. Japhet : il ne brillait que dans ces misérables pièces de Scarron*. Cette brusque réplique ne plut pas à Louis XIV, qui estimait Poisson, et portait, comme l'on sait, quelque intérêt à la veuve de Scarron. Racine, témoin de cette étourderie de son ami, en fut affligé, et lui dit ensuite : *Je ne puis donc paraître avec vous à la cour, si vous êtes toujours si imprudent. J'en suis honteux*, répondit Boileau ; *mais quel est l'homme à qui il n'échappe pas une sottise ?*

Poisson avait épousé une comédienne, nommée Victoire Guerin : il en eut six enfants ; l'un d'eux, Paul Poisson, lui succéda dans tous ses rôles. Marie Poisson, sa fille, épousa Étienne Cuvillier, valet de chambre du roi ; et son contrat de mariage, en date du 4 septembre 1676, fut passé en présence du roi, de la reine et de toute la famille royale, ce qui rappelle l'union de Montfleury et de Jeanne de la Chalpe, contractée dans la maison du cardinal de Richelieu.

―――――――――

POISSON.

(*Paul.*)

Né en 1658, Paul Poisson, d'abord pourvu d'une charge de porte-manteau de Monsieur, frère de Louis XIV, débuta dans les rôles de son père, au mois de mars 1686, un an après la retraite de ce chef d'une famille illustre au théâtre. Il hérita de son brédouillement; ce fait est constaté par tous les auteurs contemporains, et notamment par Regnard, dans sa *Critique du Légataire.* Ses succès ne furent pas moins éclatants, ni moins durables que ceux de Raymond Poisson; enfin, pour que rien ne manquât à la conformité de leurs destinées, il fut également remplacé au théâtre par un fils digne de lui succéder, et qui soutint honorablement le nom qu'il portait.

Parmi beaucoup de rôles joués d'original par Paul Poisson, pendant trente-quatre ans qu'il fut au théâtre, on remarque surtout ceux du *Marquis* dans le *Joueur,* de *Crispin* dans le *Légataire* et dans les *Folies amoureuses,* et du *Roi de Cocagne.*

La Comédie ayant conçu probablement le projet de s'amuser, afficha le 9 décembre 1718, la tragédie d'*Iphigénie en Aulide*, et confia le rôle d'*Achille* à Poisson. Ce n'était point alors la coutume de mettre les noms des acteurs sur l'affiche : aussi le public, quoique prévenu par l'avis suivant qui se trouvait imprimé en gros caractères après le titre de la tragédie (*avec quelque chose d'extraordinaire que l'on n'a jamais vu, et que l'on ne verra jamais*), fut-il extrêmement surpris de voir *Crispin* métamorphosé en *Achille*. Cette mascarade eut peu de succès : cependant comme la représentation avait produit une forte recette, les comédiens en donnèrent une seconde le surlendemain ; mais le public, honteux d'avoir été la dupe du charlatanisme de l'affiche, ne s'y laissa pas reprendre ; et Poisson eut si peu de témoins de son essai tragique, qu'il ne se soucia pas de le pousser plus loin.

Cet acteur s'était retiré, pour la première fois, en décembre 1711. Dumirail et Moligny, qui devaient le remplacer, ayant paru trop faibles, et le public ayant témoigné hautement qu'il regrettait Poisson, la duchesse de Berry, chargée à cette époque des fonctions que remplirent ensuite les gentilshommes de la chambre, rappela ce grand comédien au mois d'octobre 1715. Quoiqu'il fût âgé de cinquante-sept ans, il crut devoir céder à

des ordres aussi flatteurs, et reprit son emploi qu'il
garda pendant neuf années. Il se retira définitivement le samedi 1er avril 1724, jour de la clôture,
avec la pension ordinaire de mille livres.

Sa réputation était si grande, et les regrets que
sa perte occasionna furent si vifs, que Louis XV
ne put résister au desir de le revoir encore une
fois sur la scène. Il y remonta donc, par ordre du
roi, le 23 mars 1729, et joua *M. Jourdain* dans
le *Bourgeois Gentilhomme*. Poisson avait excellé
dans ce rôle; et malgré la timidité que lui causait
sa répugnance à reparaître sur le théâtre après
plusieurs années de retraite, il y prouva encore
que sa grande réputation n'était point usurpée.

Paul Poisson avait alors plus de soixante et onze
ans. Après cette dernière représentation, il n'aspira plus qu'au repos dont il avait besoin, vécut
encore six années auprès de sa femme Marie-
Angélique Gassaud Ducroisy à Saint-Germain-en-
Laye, où il s'était retiré, et y mourut le lundi
29 décembre 1735, âgé de soixante-dix-sept ans.

Il eut cinq enfants, Philippe Poisson, François-
Arnould Poisson, et trois filles dont l'aînée, Madeleine Poisson, épousa un gentilhomme espagnol,
nommé D. Gabriel de Gomez; cette dame se fit
une réputation par ses ouvrages, dans le nombre
desquels on remarque trois tragédies jouées au
théâtre français, *Habis* en 1714, *Sémiramis*

en 1716, et *Cléarque Tyran d'Héraclée* en 1717.

Poisson de Grandville, frère cadet de Paul, débuta le lundi 8 février 1694 par le rôle de *Scapin* dans l'*Esprit follet*, ne fut pas reçu, et passa dans la troupe française entretenue par l'électeur de Saxe, roi de Pologne, où il mourut sans avoir atteint la réputation de son père Raymond, ni celle de son frère.

POISSON.

(*Philippe*)

AINSI que son aïeul Raymond , Philippe Poisson, né à Paris, au mois de février 1682, fut acteur et auteur. Il débuta pour la première fois en août 1700 ; nous ignorons quels furent ses rôles de début. On peut croire qu'il n'obtint pas de succès à cette époque ; mais il fut mieux reçu en reparaissant le samedi 20 décembre 1704 par le rôle de *Sévère* dans *Polyeucte*. On l'admit pour les seconds rôles dans les deux genres : cependant il ne resta pas long-temps au théâtre ; quoiqu'il eût une belle figure, un talent assez distingué, et que le public le vît avec plaisir, le peu de goût qu'il avait pour son état lui fit demander sa retraite à l'époque où son père, Paul Poisson, prit la sienne pour la première fois, et il quitta le théâtre ainsi que lui le mercredi 16 décembre 1711.

Tous deux, à la vérité, y rentrèrent le dimanche 20 octobre 1715, mais nous croyons que les talents du père servirent en cette occasion de passeport à son fils. Il avait déjà passé sept ans au théâtre; les suffrages du public, qui l'accueillit toujours favorablement, l'encouragèrent à y rester encore pendant le même espace de temps au bout duquel étant toujours aussi dégoûté de sa profession que lorsqu'il s'était retiré en 1711, il sollicita son congé définitif, et l'obtint le lundi 14 avril 1722, avec une pension de 1000 livres accordée autant à son nom qu'à ses services.

Il joua d'original les rôles d'*Arsame* dans *Rhadamiste*, de *Joas* dans *Absalon*, d'*Abner* dans *Athalie*, de *Dorante* dans *la Réconciliation normande*, d'*Eraste* dans *l'École des Amans*, d'*Apollon* dans *Momus Fabuliste*, d'*Antiochus* dans les *Machabées*, de *Proculus* dans *Romulus*; et quelques autres qui tenaient à des pièces actuellement oubliées.

Sans être misantrope, Philippe Poisson avait plus de goût pour la vie privée que pour l'existence bruyante d'un comédien. Il passait la plus grande partie de son temps à Saint-Germain-en-Laye, et y mourut à soixante-un ans le 4 août 1743.

Ses comédies, rassemblées en deux volumes in-12, sont au nombre de sept. 1° *Le Procureur Arbitre*, en un acte et en vers, 25 février 1728. 2° *la Boëte de Pandore*, en un acte et en vers, avec un prologue, 20 mars 1729; elle ne fut jouée que trois fois. 3° *Alcibiade*, en trois actes et en vers, 23 février 1731. 4° l'*Impromptu de Campagne*, en un acte et en vers, décembre 1733. 5° *le Réveil d'Épiménide*, en trois actes et en vers, avec un prologue, 7 janvier 1735. 6° *le Mariage par Lettre de Change*, en un acte et en vers, 13 juillet 1735. 7° *les Ruses* d'*Amour*, en trois actes et en vers, 30 avril 1736.

Il a composé encore une comédie intitulée : l'*Actrice nouvelle*, dont il se trouve deux éditions, l'une de 1729 et l'autre de 1761 (1), et deux petites pièces, l'*Amour secret* et l'*Amour Musicien*.

Philippe Poisson avait de l'esprit et de la gaîté; ses pièces sont assez agréables : cependant elles ne peuvent le placer que sur la ligne de Fagan, de Lafont et d'Autreau ses contemporains, c'est-à-dire, au troisième rang des auteurs comiques.

---

(1) Elle a été regardée comme une satire contre Mlle Lecouvreur; en lisant cette pièce, qui est très-faible, nous n'avons remarqué aucun trait qui s'appliquât directement à cette actrice.

POISSON.

(*François-Arnould*)

Il naquit au mois de mars 1696. Paul Poisson, retiré du théâtre pour la première fois, lorsqu'il fut question de faire prendre un état à ce fils auquel il ne trouvait ni talent, ni esprit, ne voulut point qu'il imitât son frère ainé Philippe, en montant sur le théâtre ; il en fit un lieutenant d'infanterie. Poisson se dégoûta bientôt du service, le quitta malgré sa famille, passa dans une troupe de comédiens de province, et s'attacha aux rôles de son père et de son aïeul. Quand il se crut en état de les remplir, il vint incognito à Paris, et sollicita sous main un ordre de début. Toute sa crainte était que ses démarches ne parvinssent à la connaissance de son père avant leur réussite. Malgré toutes les précautions qu'il prit pour les cacher, Paul Poisson en fut instruit, et se rendit chez le duc d'Aumont, premier gentilhomme de la chambre, pour le prier de refuser à son fils l'ordre de début qu'il sollicitait. Ce fut en vain que le duc d'Aumont lui offrit de le faire recevoir sans début : Paul Poisson fut inflexible, assurant que son fils deshonorerait un nom illustre au théâtre, et jurant qu'il n'y consentirait jamais. Le duc fut obligé de lui promettre qu'il n'en serait plus question.

Le jeune acteur ne perdit point courage. Il alla trouver un ami de son père, et demanda pour toute grâce que ce père si prévenu contre lui, voulût bien l'entendre dans tel rôle de l'emploi qu'il jugerait à propos de désigner. Paul Poisson ne put se refuser à cette prière : il indiqua le rôle de *Sosie* dans *Amphytrion*, et fut si content de la manière dont son fils le rendit, qu'il se jeta dans ses bras, le serra contre son sein avec des larmes de joie, et sollicita lui-même le début et la réception d'un fils si digne de son père et de son aïeul.

F. A. Poisson débuta le jeudi 21 mai 1722 par ce rôle de *Sosie* qui lui avait mérité les suffrages de son père ; ils furent confirmés par les applaudissements universels du public. On lui trouva de la vivacité, du feu, et beaucoup de l'heureux naturel et des grâces que possédaient son père et son grand-père. Il fut reçu le 5 mars 1725 (ou le 1er). Quelques annalistes des théâtres placent sa réception au mois de juillet 1723 : ils se trompent certainement ; si Poisson eût été reçu à cette époque, il n'eût pas présenté deux ans après les vers suivants à une princesse du sang qui s'intéressait à son sort.

Vous m'avez, auguste princesse,
   Donné votre protection.
Cet honneur dont me comble aujourd'hui votre altesse,
Peut changer d'un seul mot ma situation.

Que je tienne par vous la fortune en ma manche :
Il ne s'agit que d'un ordre nouveau.
Faut-il que Crispin soit un oiseau sur la branche,
Lorsqu'on devait le voir comme un Poisson dans l'eau?

Poisson avait hérité de tout le talent de Paul et de Raymond, et même de leur bredouillement. Il était d'une taille au-dessous de la médiocre, fort laid et assez mal tourné; mais sa physionomie était si comique, qu'il ne manquait jamais d'exciter de longs éclats de rire dès qu'il paraissait sur la scène, et sans même avoir prononcé un seul mot. Il aimait les plaisirs de la table; et quand il les avait poussés un peu loin, ce qui lui arrivait souvent, il bredouillait encore plus qu'à son ordinaire; aussi les spectateurs qui n'étaient pas accoutumés à sa voix, et ne connaissaient pas bien les pièces qu'il jouait, perdaient-ils les trois quarts de ce qu'il disait. D'ailleurs, sa mémoire devint extrêmement infidèle sur la fin de sa vie; et trop familier avec le public par sa longue habitude du théâtre pour le respecter beaucoup, il se présenta souvent en scène dans un état très-voisin de l'ivresse. Cependant il n'éprouva jamais de désagréments : son jeu était si naturel, si vrai, et d'une naïveté tellement inimitable, que le public, accoutumé à ses habitudes, ne songea point à lui en faire un crime. On a peu vu de comédiens célèbres qui fussent mieux remplacés : Préville lui succéda immédiatement ; nous devons dire cependant, d'après le témoignage de tous les auteurs contemporains, que Poisson marqua plusieurs rôles d'un cachet si original, qu'il y fut toujours regretté par tous ceux qui avaient suivi le spectacle de son temps.

Béjart avait fait boiter tous les comiques de la province : Poisson fit bredouiller tous les *Crispins*. C'est ainsi que le troupeau servile des imitateurs copie bien plutôt les défauts d'un modèle que ses bonnes qualités ; semblables à ce jeune peintre italien qui, copiant les fresques de Michel-Ange, imitait scrupuleusement sur la toile toutes les crevasses et les fentes de la muraille.

Poisson n'était pas borné aux *Crispins* ; il jouait différentes sortes d'emplois et tous avec succès. Il avait surtout le talent singulier de rendre vraisemblables des caractères qui ne le sont point, ou du moins qui ne le paraissent plus aujourd'hui, tels que *Pourceaugnac*, *D. Japhet d'Arménie*, le *Marquis* de la *Mère coquette*, et *Bernadille* de *la Femme Juge et Partie*. Les rôles où il se distingua le plus furent ceux de *Jodelet Maître et Valet*, et de *Jodelet Prince*, du *Roi de Cocagne*, de *Turcaret*, et les *Crispins du Légataire*, des *Folies amoureuses*, de *Crispin musicien*, de *Crispin bel-esprit*, de *Crispin médecin* et de *Crispin rival*. Il remit avec succès plusieurs anciennes pièces du répertoire de Raymond et de Paul Poisson, entr'autres le *Mari sans Femme*, de Montfleury, où il jouait **D. Brusquin d'Alvarade**, **D. Bertrand de Cigarral** dont il rendit supérieurement le rôle établi par Jodelet, et *la Sœur ridicule*, donnée par Montfleury sous le titre du *Comédien poète*; il y était chargé du personnage de *Pascal*. Poisson avait d'autant plus de mérite à bien jouer ces rôles, qu'il n'y avait pas vu son père, et encore moins son aïeul, mort six ans avant que F. A. Poisson ne reçût la naissance.

Les pièces nouvelles jouées pendant les trente-une années que Poisson passa au théâtre, renfermant peu de rôles convenables au talent de cet acteur qui ne brillait de tout son éclat que dans l'ancien répertoire, nous ne citerons aucun de ceux dont il y fut chargé, si ce n'est celui de *Lafleur* dans le *Glorieux*, qu'il jouait avec une naïveté réellement surprenante. Ce rôle est actuellement dédaigné par les premiers sujets, et classé au nombre des *utilités*; un grand comédien, tel que Poisson, ne jugea point cependant qu'il fût au-dessous de lui de le jouer.

Ainsi que nous l'avons dit en commençant cet article, Poisson, sur la fin de sa carrière, ne se piquait pas d'une grande sobriété. Il nuisit sans le vouloir au succès de *la Colonie*, comédie de Sainte-Foix, jouée en 1749. S'étant enivré le jour de la première représentation, il ne s'en présenta pas moins pour jouer son rôle, et comme il en avait oublié la meilleure partie, il improvisa presque continuellement sans trop s'embarrasser du choix de ses plaisanteries qui parurent indécentes. Comme il était en train de bien faire, il les assaisonna de gestes convenables ; le tout fut mis sur le compte de l'auteur. La police envoya chercher le manuscrit des comédiens, d'après l'opinion publique qui était que la pièce fourmillait d'expressions fort lestes ; le censeur fut étonné de n'y trouver rien de répréhensible, et la rendit avec permission d'en continuer les représentations ; mais Sainte-Foix, sensible à un désagrément aussi marqué, la retira sur-le-champ.

Poisson mourut le samedi 25 août 1743, âgé de 57 ans. Sa femme était comédienne du même théâtre.

PONTEUIL.

(*Nicolas-Étienne Lefranc, sieur de*)

CE comédien était fils d'un notaire de Paris, dont la fortune considérable ne permettait pas de croire qu'il destinât jamais son fils au théâtre. Aussi n'y pensait-il nullement; mais la nature, en donnant au jeune Lefranc autant de goût que de dispositions pour la scène, contrecarra toutes les vues de son père.

Sa jeunesse pourrait fournir un chapitre important aux ouvrages des auteurs qui ont écrit sur le pouvoir de l'imagination chez les femmes quand elles sont enceintes. On prétend que sa mère, qui logeait sur le quai de la Mégisserie, passait pendant sa grossesse des journées entières à sa fenêtre pour observer les charlatans du Pont-Neuf. Avant de débiter leurs drogues, et pour en faciliter la vente, ils jouaient des parades sur leurs tréteaux ; cette dame en fut si vivement frappée, à ce que l'on assure, que les impressions qu'elle reçut se communiquèrent à son enfant, et se développant avec l'âge, déterminèrent en lui une vocation décidée pour le théâtre.

Nous n'avons garde de donner ce fait pour

constant; ce qui est plus sûr, c'est que dans ses premières années, le jeune Lefranc ne s'occupait, pour ainsi dire, que de marionnettes. Ce fait est attesté par Beauchamp dans ses Recherches sur les théâtres de France : voici ses propres expressions : « Mon témoignage peut être » cru, dit-il, car ayant été son camarade de » collége, j'ai souvent assisté à ses farces. Je » n'en oublierai jamais une qui pensa nous être » funeste. Dans une pièce de sa façon, Polichi- » nelle ayant reçu une malle des nouvelles de » Flandres, s'asseyait dessus pour parler au » courrier. Comme c'était un tour qu'on jouait à » Polichinelle, et qu'au lieu de lettres, il y avait » de l'artifice dans la malle, le feu qu'on y mit » prit aux décorations de carton et de papier, » brûla les meubles du jeune comédien, et la » fumée pensa nous étouffer. »

Ce passage prouve que Lefranc reçut une bonne éducation. Au sortir du collége, il joua la comédie dans quelques sociétés; mais comme elles n'étaient pas encore aussi communes et aussi zélées pour cet exercice qu'elles le devinrent par la suite, Ponteuil, qui voulait se livrer tout entier au théâtre, s'engagea dans une troupe qui partait pour la Pologne, y resta quelque temps et s'y maria. Il revint à Paris au commencement du 18e siècle, et débuta le lundi 5 septembre

1701, par le rôle d'*OEdipe* dans la tragédie de Corneille. Il fut reçu le 25 novembre suivant pour doubler Sallé dans les rôles de rois, et resta quelques années au théâtre sans y exciter une sensation bien vive; son mérite ne fut bien connu qu'à la mort de Sallé : se trouvant alors en chef dans l'emploi des rois et des paysans, il s'y acquit rapidement une grande réputation qu'il méritait sous tous les rapports.

Dans un temps où, par la retraite de Baron, le théâtre était livré à la déclamation chantante de Mlle Duclos, imitée trop exactement par Beaubourg et M^ll Desmares, Ponteuil eut le mérite très-rare de résister seul au torrent du mauvais goût, et de conserver sur la scène le débit naturel et simple dont Floridor et Baron avaient donné les premiers exemples. Aussi fut-il le seul que Lesage loua sans restriction dans son *Gilblas*, où il a critiqué les premiers acteurs de la comédie: la citation ne sera pas longue.

« Je suis surtout assez content de ce gros » comédien qui a joué le rôle du premier mi- » nistre de *Didon*. Il récite très-naturellement. »

Nous n'avons pas eu de mérite à reconnaître Ponteuil dans ce passage. Lefèvre, auteur du Mercure de France en 1715, nous en avait donné la clef.

Ponteuil était effectivement fort gros, assez

grand, et d'une belle figure, quoiqu'il louchât un peu d'un œil. Il fut généralement regardé comme un excellent acteur, et le public regretta qu'il n'eût pu fournir une carrière plus longue.

Ponteuil était ennemi déclaré de Dancourt, et décriait continuellement les pièces de cet acteur. Madame Dancourt lui fit à ce sujet une sortie vigoureuse en pleine assemblée : elle l'appelait traître à sa compagnie, lui donnait les noms les plus odieux, et le peignait sous les couleurs les plus noires. Après qu'elle eut fini le torrent d'injures qu'elle lui adressait, et où rien n'était oublié, Ponteuil, qui l'avait écoutée fort tranquillement, lui dit avec un grand sang-froid : *Eh! bien, Madame, est-ce là tout? Vous avez beau chercher à me dire toutes les horreurs du monde, vous avez beau faire, vous ne m'appellerez jamais p.....*

Il joua d'original les rôles de *Pharasmane*, de *David* dans *Absalon*, de *Belus* dans *la Sémiramis* de *Crébillon*, et termina sa carrière dramatique par celui d'*Arsace* dans l'*Artaxare* de l'abbé Pellegrin, tragédie jouée six fois en 1718, et interrompue par la mort de Ponteuil, arrivée à Dreux le lundi 15 août 1718. Ponteuil n'avait que quarante-quatre ans lorsqu'il mourut.

~~~~~~~~~~

PONTEUIL.

Cet acteur et le précédent n'eurent rien de commun que le nom. Autant le premier fut naturel dans les rôles de rois, autant le second fut exagéré dans le premier emploi tragique.

Il était fils d'un boulanger de Paris, et débuta le samedi 7 septembre 1771 par le rôle de *Rhadamisthe*. Préville, qui l'avouait pour son élève, vint avant la représentation capter les suffrages des spectateurs par un discours fort adroit qui fut applaudi avec transport; mais l'essai de l'élève ne fut pas tout-à-fait aussi heureux que les phrases du maître. Toutefois Ponteuil continua ses débuts par les rôles de *Vendôme*, d'*Achille*, et de *Ninias*, et fut reçu à l'essai le jeudi 10 octobre, après avoir joué *Vendôme* à la cour. Il resta pensionnaire de la Comédie pendant les années 1772, 1773, 1774 et 1775: Larive ayant été reçu pour doubler Lekain, Ponteuil, qui se trouvait en troisième ligne, fut remercié, ou se retira volontairement, et s'engagea pour Lyon, où il était en 1776. Après la mort de Lekain, arrivée en 1778, Ponteuil se proposa de débuter une seconde fois au Théâtre Français; cependant il n'effectua ce dessein que le samedi 19 juin

1779. Il joua *Oreste* d'*Iphigénie en Tauride*
avec tant de succès qu'il fut demandé après la
représentation, et parut, présenté par Fleury. Un
mois après, le lundi 19 juillet, il remit à l'assemblée son ordre de réception à quart de part.
Il ne jugea pas convenable d'en profiter long-
temps, s'étant retiré définitivement le premier
juillet 1780 pour se rendre à Marseille, où, suivant l'expression équivoque et maligne de Char-
nois, il était desiré depuis long-temps.

Ponteuil avait vingt ou vingt-un ans à l'époque
de ses premiers débuts. Il était grand, bien fait,
avait de beaux yeux, des sourcils noirs et très-
marqués. Le caractère de sa figure n'était pas
très-noble : un nez épaté et une grosse lèvre
gâtaient le bas de son visage.

Il se trouva en concurrence pour les premiers
rôles tragiques avec Molé, Monvel et Larive,
qui se disputaient la succession de Lekain. Larive triompha dans cette lutte ; Molé quitta le
genre tragique ; Monvel abandonna la France,
et Ponteuil, quoique très-bel acteur, ne se sentit pas la force de lutter long-temps contre l'opinion des femmes de la cour, que les grâces brillantes de Larive avaient généralement séduites.

Ponteuil fut vivement critiqué pendant le peu
d'années qu'il resta au théâtre. On s'accordait à
lui trouver une belle représentation, un organe

ferme et imposant, de la noblesse dans le maintien et dans la diction, et même beaucoup de connaissances dans son art; mais il était froid, difficile à émouvoir; et ce n'était qu'en se battant péniblement les flancs qu'il parvenait à s'échauffer. Son jeu pour lors devenait désordonné; plus de nuances, plus de diction; c'était une exagération continuelle, un fracas qui assourdissait les oreilles sans parler au cœur. Toutes les fois qu'il ne réussissait point à s'animer par le moyen que nous venons d'indiquer, son débit était haché, saccadé, monotone et sec; il avait d'ailleurs des transitions brusques qui étonnaient sans séduire; des élans rapides et inattendus succédant à un débit vague et brisé; enfin, des cris aigus et discordants. Plusieurs personnes pensaient que Ponteuil avait une âme ardente : il ne prouva cependant jamais qu'une sensibilité factice.

Notre opinion sur Ponteuil se trouve appuyée par celle de Laharpe qui s'exprime ainsi dans sa correspondance avec le grand-duc.

« Le plus mauvais acteur se fait applaudir » comme Lekain, et l'on crie : *Bravo, Ponteuil.* » Or ce Ponteuil qui heureusement vient de s'en » aller, n'avait pour tout talent qu'un beugle- » ment monotone qui me mit en fuite la première » fois que je le vis, avec un beau serment de ne

» l'entendre jamais, et j'ai tenu mon serment. »

Nous ignorons à quelle époque cet acteur abandonna le théâtre. Lorsque la loterie fut rétablie par la loi du 9 vendémiaire an 6, Ponteuil fut nommé secrétaire-général de l'administration chargée de la régie de cet impôt indirect; il y fut fort considéré de ses supérieurs, et mourut dans les premiers jours de janvier 1806.

PRÉVILLE.

(*Pierre-Louis Dubus*)

Poisson, qui si long-temps amusa tout Paris,
Descendait dans la tombe escorté par les Ris.
Préville vient, paraît; il ranime la Scène,
Et Momus aisément fait oublier Silène.
Préville!... Ennuis, fuyez! fuyez, Soucis affreux!
Son nom est un signal pour rallier les Jeux.
Il reçut le grelot des mains de la Folie,
Et bégayant encore, il vola vers Thalie.

DORAT.

PRÉVILLE naquit à Paris le 17 septembre 1721, rue des Mauvais-Garçons, faubourg St.-Germain, derrière la salle des comédiens français, et reçut sa première éducation dans l'abbaye Saint-Antoine. Pierre Dubus, son père, était intendant de madame de Bourbon, abbesse de ce monastère; il avait cinq enfants qui, fatigués de l'économie et de la sévérité de leur père, n'entrevoyant d'ailleurs que dans un avenir très-éloigné les profits de l'intendance et les places de l'abbaye, voulurent être libres, et se sauvèrent de la maison paternelle aussitôt qu'ils furent sortis de l'enfance.

Le jeune Préville n'avait calculé que les avantages de la liberté : il en éprouva bientôt les désagrements. Ses petites ressources pécuniaires ne furent pas long-temps à s'épuiser; il fut contraint pour vivre de s'offrir en qualité de manœuvre à des maçons. Ils acceptèrent son service : tout en le remplissant, le jeune homme qui ne tarda pas à le trouver pénible, réfléchit qu'il y avait d'autres moyens de gagner sa vie que celui qu'il venait de choisir, et qu'ayant une assez belle écriture, il pourrait trouver de l'emploi dans la pratique. Effectivement il fut reçu chez un notaire en qualité de cinquième clerc, et passa quelque temps à grossoyer des expéditions. Son père voulut alors essayer de le ramener à l'intendance; il ne put y réussir. Préville commençait à ressentir une vocation secrette pour la profession de comédien, et quitta l'étude de son notaire pour s'y livrer entièrement. Les premières leçons qu'il reçut lui furent données par Dehesse, l'un des meilleurs acteurs de la

Comédie italienne. Dehesse jouait les valets et plusieurs autres rôles avec talent; mais il avait de la manière : il ne la communiqua point à Préville.

Ses premiers essais dans quelques petites villes furent marqués par des succès. Bientôt on le distingua de la foule des comédiens ambulants, et les directeurs de Dijon, de Rouen et de Strasbourg se disputèrent ce jeune acteur. Les Dijonnais l'habituèrent à rechercher le suffrage de la multitude, à jouer pour le peuple, à donner dans la charge. Heureusement il quitta cette ville, vint à Rouen, et fut averti du danger qu'il courait, par un petit bossu, homme de sens et d'esprit, partisan fidèle et admirateur éclairé de la bonne comédie.

Dans le temps même où les spectateurs de Rouen paraissaient le plus contents de Préville, il remarqua ce petit bossu qui ne manquait pas un jour de spectacle, et se plaçait constamment dans la même loge ; son geste habituel lui parut bizarre ; la main droite appuyée sur la gauche, il ne cessait de donner avec l'index des signes réitérés d'improbation, lorsque Préville était en scène. Cette pantomime continuelle inquiéta l'acteur : il en voulut connaître les motifs. Un jour que le petit bossu se trouvait sur le théâtre après le spectacle, et qu'il félicitait tous les acteurs, Préville excepté, celui-ci s'adressant directement à l'homme dont il craignait d'avoir mérité la censure : *Et moi, Monsieur,* lui dit-il ? — *Quant à vous,* répondit le connaisseur, *vous avez d'heureuses dispositions ; mais* (en baissant la voix) *vous ne ferez jamais rien. Voulez-vous de plus grands détails ? Venez déjeuner demain avec moi.*

Préville ne manqua pas au rendez-vous : la conversation fut longue ; il sortit convaincu qu'il avait pris une fausse route, et bien déterminé à en changer. La première fois qu'il reparut, le public fut étonné, mais resta froid : le petit bossu retiré dans sa loge, et jouissant de son triomphe, applaudissait seul avec toutes les marques de la plus vive satisfaction.

Comme Préville, pendant le temps qu'il devait encore passer à Rouen, ne pouvait pas jouer pour une seule personne, il fut obligé de reprendre son ancienne manière, et le public se remit à l'applaudir. Mais il avoua que dans le reste de sa carrière dramatique il avait profité souvent des avis du bossu, et s'en était toujours bien trouvé.

Il quitta Rouen pour être directeur du théâtre de Lyon, où son succès ne fut pas moins grand que dans la capitale de la Normandie. Paris manquait à sa gloire ; la mort de Poisson lui facilita les moyens d'y arriver. A peine un mois s'était-il écoulé depuis la perte de cet acteur, lorsque Préville débuta le 20 septembre 1753 par le rôle de *Crispin* dans le *Légataire*, et celui de *Saint-Germain* dans la *Famille extravagante*.

Poisson qu'il devait remplacer, était en général plus bouffon que comique; son jeu vrai, quoique grotesque et quelquefois chargé, amusait beaucoup le parterre accoutumé d'ailleurs depuis un siècle à voir les rôles de cet emploi joués dans le même esprit par trois acteurs du même nom.

Le talent de Préville différait autant de celui de Poisson, que sa figure et sa taille de celles de cet acteur. Préville était d'une jolie figure, avait infiniment de propreté, d'aisance et de grâces; on peut voir dans l'article de Poisson, qu'il ne se piquait pas beaucoup d'avoir ces différentes qualités. La première exclamation des critiques fut celle-ci: *Ah! la jolie poupée!* mais bientôt la vérité du jeu de Préville leur imposa silence, et les applaudissements furent universels.

Il continua ses débuts par les rôles du *Marquis* du *Joueur*, de *Crispin* des *Folies amoureuses*, de *Crispin médecin*, du *Ménechme bourru*, de *Strabon* dans *Démocrite*, de *Sganarelle* dans le *Médecin malgré lui*, et de *Lubin* dans la *Surprise de l'Amour*.

Tome I. 3ı

Les trois *Crispins*, le *Ménechme*, *Strabon* et *Sganarelle* lui valurent le succès le plus éclatant ; il fut trouvé médiocre dans *le marquis* du *Joueur*, ainsi que dans les *valets* de la *Famille extravagante*, et de la *Surprise de l'Amour*.

Cet échec, léger en lui-même, fut d'ailleurs bientôt réparé. Le *Mercure galant*, qui n'avait pas été joué depuis long-temps, fut remis le dimanche 8 octobre pour les débuts de Préville, eut beaucoup de représentations et un succès d'affluence égal à celui des nouveautés les plus piquantes. Il y remplissait six rôles ; *Boniface Chrétien*, *M. de la Motte*, *Larissole*, *le Marquis*, *Maitre Sangsue*, et *l'abbé Beaugénie* ; et les ayant joués le 20 octobre à la cour avec celui de *Sosie* dans *Amphytrion*, il satisfit tellement Louis XV que ce prince, après la représentation, dit au maréchal de Richelieu, premier gentilhomme de la chambre en exercice : *Je reçois Préville au nombre de mes comédiens ; vous pouvez le lui annoncer.*

A dater de ce jour jusqu'à celui de sa retraite, c'est-à-dire pendant un espace de trente-trois ans, Préville se montra constamment le comédien le plus parfait qui eût encore paru sur la scène française, et en même temps l'acteur le plus universel qui ait jamais existé. Garrick seul peut être mis sur la même ligne que Préville.

Il joua tout l'emploi de Poisson, si l'on en excepte les rôles que la délicatesse exagérée de notre siècle a bannis du théâtre ; son talent prodigieux y soutint même plusieurs caractères qu'il devient plus difficile de jour en jour de faire tolérer à des spectateurs dont le goût a été faussé par Lachaussée et ses nombreux imitateurs. Nous pouvons citer entr'autres *Jodelet Maître et Valet*, que Préville jouait avec une perfection réellement inimitable. Sans parler des grâces de la figure, qu'il possédait et qui ne sont pas nécessaires pour ce rôle, il y mettait, dans son jeu, une finesse qui avait été inconnue à Poisson.

Quant aux rôles nouveaux établis par Préville, ils appartiennent à tant d'emplois différents, et sont en si grand nombre que l'on ne peut les citer tous, et qu'il est difficile de concevoir comment il s'est trouvé un acteur d'un talent assez varié, et assez flexible pour les rendre tous avec une vérité parfaite, et un succès qui ne pouvait être ni plus grand ni plus durable. Nous en allons offrir le tableau fort abrégé, en suivant l'ordre chronologique.

1758. Le Fermier, dans le *Faux Généreux*, de Bret.

1760. Crispin, dans les *Philosophes*, de Palissot.

1760. Fréeport, dans l'*Écossaise*, de Voltaire.

1761. Alcimon, dans le *Financier*, de St.-Foix.

1761. Crispin, dans les *Fausses Apparences*, de Bellecourt.

1761. Géronte, dans les *Mœurs du jour*, de Saurin.

1762. Le Bailli, dans l'*Écueil du Sage*, de Voltaire.

1762. M. Pincé, dans le *Tambour nocturne*, de Destouches.

1762. M. Lisban, dans *Heureusement*, de Rochon.

1763. Sudmer, dans l'*Anglais à Bordeaux*, de Favart.

1763. Orgon, dans le *Négociant*, de Dampierre.

1764. Mowbray, dans la *Jeune Indienne*, de Champfort.

1764. Le Médecin, dans le *Cercle*, de Poinsinet.

1765. Le Valet, dans le *Tuteur dupé*, de Cailhava.

1765. Éraste, dans l'*Orpheline léguée*, de Saurin.

1765. Antoine, dans le *Philosophe sans le Savoir*, de Sedaine.

1765. Germain, dans la *Bergère des Alpes*, de Desfontaines.

1767. Le baron Hartley, dans *Eugénie*, de Beaumarchais.

1768. Mondor, dans les *Fausses Infidélités*, de Barthe.

1768. Stukély, dans *Béverley*, de Saurin.

1768. M. de Clainville, dans la *Gageure*, de Sedaine.

1769. L'Abbé, dans les *Étrennes de l'Amour*, de Cailhava.

1771. Géronte, dans le *Bourru bienfaisant*, de Goldoni.

1774. Saint-Alban, dans le *Vindicatif*, de Dudoyer.

1774. Paul Verner, dans les *Amans généreux*, de Rochon.

1774. Michau, dans la *Partie de chasse*, de Collé.

1775. Figaro, dans le *Barbier de Séville*, de Beaumarchais.

1775. Saint-Géran, dans le *Célibataire*, de Dorat.

1776. Saint-Brice, dans le *Malheureux imaginaire*, de Dorat.

1777. St.-Germain dans l'*Amant bourru*, de Monvel.

1778. Borchamp, dans l'*Impatient*, de Lantier.

1779. Momus, dans les *Muses rivales*, de Laharpe.

1782. Molière, dans *Molière à la nouvelle Salle*, de Laharpe.

1784. Brid'oison, dans le *Mariage de Figaro*, de Beaumarchais.

Cette liste offre tous les caractères de la comédie, premiers et seconds comiques, manteaux, financiers, pères nobles ; il n'en est aucun dans lequel Préville n'ait été supérieur.

Le rôle de *Larissole* nous rappelle deux anecdotes qui prouvent avec quelle perfection il le jouait, et quelle étonnante illusion il savait y produire. Un cavalier du régiment de Conti, en sémestre à Paris, lui vit jouer celui de *Maugrebleu* dans les *Vacances des Procureurs* ; Préville lui fit tant de plaisir, qu'il vint après le spectacle le féliciter, l'embrasser, lui témoigner l'ivresse de sa joie. *Ah ! Monsieur Préville*, lui dit-il avec transport, *si quelque mâtin s'avisait de vous faire du mal, que j'aurais de plaisir à le r'moucher !* Préville se mit à rire, et lui dit : *C'est me vouloir du bien d'une étrange manière ; mais je vous remercie.* Quelques jours après, l'affiche avertit Jolibois (c'était le nom du cavalier) que son ami jouerait, dans le *Mercure Galant*, cinq rôles différents : il accourt au spectacle ; il voit entrer Préville, mêle ses applaudissements à ceux de tous les spectateurs, et semble transporté de plaisir ; mais au moment où Préville paraît sous l'uniforme de *Larissole*, le désespoir s'empare du cavalier qui s'écrie : *Ah ! le chien, il a quitté la cavalerie !*

Ce même rôle lui valut à Fontainebleau l'éloge le plus flatteur. Un factionnaire le voyant en uniforme, dans l'attitude d'un homme ivre, et la pipe à la bouche, s'obstinait à l'empêcher d'entrer sur le théâtre. *Camarade*, lui disait-il, *au nom de Dieu, ne passez pas, vous me ferez mettre au cachot*. Préville s'échappe, arrive sur la scène, est couvert d'applaudissements, et le factionnaire reste stupéfait.

La nature et l'art semblaient s'être réunis pour faire de Préville un acteur parfait ; c'était à la lettre un nouveau Protée. La perfection de son jeu fut toujours telle qu'il était impossible de lui faire raisonnablement la moindre observation (1).

_____

(1) L'anecdote suivante nous a paru tellement douteuse et invraisemblable, que nous avons pensé la passer sous silence; nous ne la rapportons que pour ne pas être accusés d'inexactitude.

Préville, à ce que prétend l'auteur qui nous l'a transmise, disait dans les foyers devant cent personnes : Je voudrais pour tout au monde que l'on n'eût pas enlevé au parterre le droit de siffler. Je l'ai vu applaudir au jeu

Jamais il ne cessa d'être aux yeux du spectateur le personnage qu'il représentait. Amoureux et timide dans le *Legs*, chacun se sentait disposé à l'encourager ; joli, poudré, plein de petites manières à prétentions dans le rôle de *Beaugénie*, nul abbé bel-esprit ne se crut plus que lui sur la route d'un évêché ; pesant, sot, brusque et vil, il était bien le financier de Lesage, le vrai *Turcaret* ; plein de feu, d'originalité, de grâces sémillantes dans le rôle de *Figaro*, c'était le vrai modèle de l'intrigant que rien n'étonne, et qui ne se déferre jamais ; roide, froid et compassé dans ses mouvements, quand il jouait celui de *Paul Verner*, c'était alors le portrait tout opposé, mais aussi exact, d'un soldat prussien, fidèle à ses devoirs. Jouait-il le rôle du père dans *Eugénie ?* Noble, sensible et touchant, il y faisait couler de douces larmes. Se chargeait-il de celui de *Stukely* dans Béverley ? On pouvait suivre tous les calculs de la profonde hypocrisie qui trame

---

forcé de quelques-uns de mes camarades ; j'ai chargé mes rôles pour recevoir les mêmes applaudissements. Si la première fois que cela m'arriva, un connaisseur m'eût lâché deux bons coups de sifflet, il m'aurait fait rentrer en moi-même, et je serais meilleur.

Comment donc voulait-il être ? Ou l'anecdote est fausse, ou Préville ne s'est exprimé ainsi que par excès de modestie.

la perte d'un ami trop confiant. Assis devant son échiquier dans *le Bourru bienfaisant*, l'instant où il combinait, et méditait de nouveau le coup de la veille, présentait aux spectateurs un rival de Philidor.

Pour donner une idée parfaitement exacte du talent prodigieux de Préville, nous n'aurions qu'à récapituler toutes les qualités nécessaires à l'acteur qui veut devenir célèbre, toutes les parties si rarement réunies dans un seul homme, dont l'assemblage constitue le comédien parfait, et terminer cette énumération, en disant de Préville : il les posséda toutes ; mais nous ne ferons pas à nos lecteurs l'injustice de croire qu'ils ayent besoin d'un pareil détail pour se rappeler ces éléments constitutifs, et nous invitons seulement ceux qui n'ont pas vu Préville, à se les représenter exactement, et à les appliquer à cet acteur inimitable.

Préville ne refusait jamais ses conseils aux jeunes acteurs qu'il croyait susceptibles d'en profiter. Dazincourt nous a conservé une preuve de cette condescendance d'un si grand maître; et comme elle honore également Préville et Dazincourt, nous allons la rapporter dans les mêmes termes employés par ce dernier.

« Prenez garde, me dit-il un jour (on venait de » m'applaudir); savez-vous ce que vous venez

» de faire ? Ma réponse fut : je viens de jouer
» *Fierenfat* le moins mal que j'ai pu. — Vous
» venez, me dit-il, d'écrire sur du sable ; c'est
» sur l'airain qu'il faut graver son nom. Pourquoi
» ces airs outrés qui plaisent à la multitude ?
» pourquoi ce ton de fausset ? pourquoi ce desir
» de faire rire les gens qui mangent des pois
» chiches, comme dit Térence ? Faites rire
» l'honnête homme, et vous serez digne alors
» du Théâtre français, du premier théâtre du
» monde. Soyez demain chez moi de très-bonne
» heure ; vous verrez un autre *Fierenfat*.

» Je fus exact ; je n'oublierai jamais sa com-
» plaisance et sa leçon. »

On prétend que Préville disait de Dazincourt :
c'est un excellent comique, *plaisanterie à part*.
L'authenticité de ce mot piquant, qui n'eût pas
été juste, nous semble un peu douteuse.

Lekain n'était pas aussi communicatif que
Préville. Plus avare de ses avis qui eussent été
précieux, plus économe surtout que Préville,
il l'exhortait un jour à le devenir. — Garde-toi,
lui disait-il, de compter sur le public ; il fut toujours ingrat. Le parterre, qui semble t'adorer,
te crie à chaque instant, même au milieu de ses
transports : *Amuse-moi, et crève*. Songe à ta
retraite quand ta fortune le permettra.

Préville convenait de la solidité de cet avertissement; mais par suite de son naturel confiant et bon, il ne cessait de se ruiner en négligences. Jamais il ne changea sa manière de vivre, ses habitudes, cette bizarre incurie dans ses dépenses, appanage ordinaire des grands talents. Il aima tour-à-tour le rabot, la truelle, et les tableaux, et ces différentes manies lui coutèrent beaucoup d'argent.

Son domestique le servit trente ans, sans convention de gages, sans autre arrangement que celui de dire à son maître: *Monsieur, donnez-moi de l'argent.* Ce domestique était honnête homme, et singulier. *Nous n'en pourrons plus demain,* disait-il; *y a-t-il du bon sens à cela? Nous jouons le Barbier de Séville, et le Mercure galant: Monsieur n'y pense pas!*

Préville était grand travailleur: il embellissait le plus petit rôle, et *Germon* dans *Nanine*, jadis négligé, reçut de lui l'honneur d'être applaudi du public, désiré et joué par les premiers comiques.

Il avait beaucoup d'esprit et de connaissances: chargé du rôle de *Fréeport* dans l'*Écossaise*, il adresa d'utiles observations à l'auteur, et signa sa lettre *Fréeport*. Voltaire les adopta sans peine, et le succès les justifia toutes.

Recherché, fêté partout, Préville ne descendit jamais à de serviles complaisances; il ne prostituait point son talent ; jamais on ne le vit se constituer bouffon de société. Deux parvenus l'invitent à souper ; il accepte sur l'assurance que son ami Bellecourt sera de la partie. A la sortie du spectacle, il reconnaît un des amphytrions qui disait à son voisin, en lui promettant une soirée charmante : *Vous verrez, vous verrez comme ils sont drôles.* Préville, outré, dit à Bellecourt : *Ces Messieurs nous ont invités pour les faire rire ; il faudra nous rendre chez eux, manger de tout, ne parler de rien, et venir nous coucher de très-bonne heure.* Ils arrivent ; la société riait d'avance aux éclats, se promettait un plaisir délicieux de leurs bouffonneries, et fut confondue de trouver de prétendus plaisants si tristes, des convives d'un si grand appétit, et des comédiens si rangés. Ils sortirent au dessert, laissant toute la compagnie fort désappointée.

Préville était d'un bon caractère ; son âme était sensible et son cœur obligeant ; faible dans son intérieur, il n'avait d'humeur que par boutades. La moindre contradiction le fatiguait ; il s'emportait même assez souvent, et l'instant d'après il riait de sa colère. Il ne se tenait point en garde contre les parasites, aussi en fut-il long-temps assailli. L'un d'eux, familier dans sa maison, se disant ensuite son ami, trouva commode de venir le soir le complimenter sur ses succès, plus commode ensuite d'y souper, encore plus commode d'y coucher ; il poussa l'attention jusqu'à y loger pendant quinze ans. Préville s'apperçut enfin que ce qui était si commode pour ce tendre ami, l'était beaucoup moins pour lui-même ; sa femme le pressait de donner un terme à cette habitude ; il ne put s'y résoudre que lorsqu'il quitta le théâtre.

Dès 1784, Préville pensait à la retraite. Ses camarades l'engagèrent à la retarder encore, et réussirent à l'y déterminer. Le succès de leurs démarches fut annoncé en ces termes par Saint-Fal, qui prononçait le compliment de clôture :

« Le Théâtre français était menacé de perdre
» un de ses plus beaux ornements, un sujet dont
» la carrière dramatique est marquée par plus
» de trente années de succès, un comédien que,
» par un privilége rare, on peut toujours louer
» avec enthousiasme, sans jamais exagérer la
» louange. Ses longs travaux l'autorisaient à la
» retraite ; elle était fixée à l'époque où nous
» sommes. Alarmée de cette résolution, la Co-
» médie française a pensé, je dirai mieux, elle
» a senti que si M. Préville avait assez fait pour
» sa renommée, il se devait à vous, Messieurs,
» pour vos plaisirs, et à la Comédie comme un
» de ses modèles. Les comédiens en corps lui
» ont fait part de leur vœu et de leurs réflexions ;

» sa modestie lui a fait rejeter les unes, et le
» souvenir de vos suffrages lui a fait adopter
» l'autre. C'est vous, Messieurs, c'est vous
» seuls qui le retenez parmi nous. Le bonheur
» de vous avoir été cher et de vous l'être encore
» l'a seul décidé à vous consacrer quelques-uns
» des instants qu'il avait consacrés d'avance à
» la retraite et au repos ».

Ce que l'orateur disait, dans ce discours,
de l'attachement du public pour Préville, n'était
point exagéré. Plus de vingt ans avant cette
époque, le 14 avril 1760, Blainville, en prononçant le discours de rentrée, s'était servi
d'une expression encore plus forte ; il avait annoncé ainsi le rétablissement de Préville, dont
la vie avait été en danger : « Une maladie cruelle
» vous a privés long-temps d'un acteur comique
» que vous aimez, j'oserais dire que vous ado-
» rez, et que vous reverrez bientôt avec trans-
» port » ; et les applaudissements universels qui
l'interrompirent, lui prouvèrent que le mot dont
il s'était servi n'était pas de trop dans cette occasion.

Mais enfin, l'époque fatale de la retraite de
ce grand comédien arriva, sans qu'il fût désormais possible de la retarder. Elle eut lieu le samedi 1ᵉʳ avril 1786, jour de la clôture qui se
fit par *les Horaces* et *la Partie de Chasse*

d'Henri IV. A l'article de Brizard, nous avons décrit la scène attendrissante qu'offrit la réunion de Brizard, de Préville, de Mad. Préville et de Mlle Fanier, à la table du meunier *Michau* dans *la Partie de Chasse*. Nous avons rapporté les expressions dans lesquelles l'acteur chargé du discours ordinaire déplorait la perte de Brizard. Il n'en employa pas de moins touchantes pour Préville, et les larmes qui roulèrent dans tous les yeux sont le plus bel éloge que l'on ait jamais fait de cet illustre acteur.

Préville, parvenu à sa soixante-cinquième année, avait besoin du repos si bien mérité par des travaux aussi longs et aussi glorieux. Il se retira dans la petite ville de Senlis avec 2475 livres de pension accordée par la comédie, et 2500 livres par Louis XVI, savoir : 500 livres en 1764 (comme professeur de déclamation), 1000 livres en 1767, et 1000 livres en 1782, et probablement il ne comptait jamais remonter sur la scène.

Les circonstances pénibles où se trouva le théâtre français dans les premières années de la révolution, firent tenter aux sociétaires qui étaient demeurés au faubourg Saint-Germain, tous les moyens possibles pour se conserver la faveur publique. Au nombre des plus efficaces ils comptaient à juste titre la rentrée de Préville ; aussi mirent-ils tout en usage pour le déterminer à quitter sa retraite, et à venir au secours de ses anciens camarades. Il entendit leur voix, et au risque de compromettre sa réputation, malgré son âge avancé (il était dans sa soixante-onzième année), il se dévoua aux intérêts d'un théâtre dont il avait si long-temps fait la gloire.

Le jour où il devait paraître sur la scène était fixé depuis long-temps, et attendu avec une grande impatience ; aussi l'affluence fut-elle prodigieuse au théâtre de la nation (tel était alors le nom du théâtre français du faubourg Saint-Germain), le 26 novembre 1791, pour y voir la rentrée de Préville par le rôle de *Michau* dans *la Partie de Chasse.* Il fut reçu avec les plus vifs transports, repassa successivement presque tous les rôles dans lesquels il avait été inimitable, et procura constamment de fortes recettes à son théâtre.

Les événements désastreux de l'année 1792 le forcèrent de nouveau à rentrer dans sa retraite, et peut-être ne dut-il qu'à son âge le bienfait inappréciable, dans ces temps malheureux, d'une tranquillité parfaite.

Quelques personnes ont prétendu que Préville avait eu tort de céder aux instances de ses camarades, et de reparaître en 1791 ; elles ont trouvé son talent affaibli, et ont jugé qu'il avait, par sa rentrée, fait un tort considérable à sa réputation. Leur manière de penser ayant eu quelque crédit, il est de notre devoir de la combattre pour l'honneur de notre théâtre et de Préville lui-même. Nous n'emploierons, pour les réfuter, que l'autorité de Laharpe, que l'on n'accusera pas d'avoir été trop indulgent, et qui d'ailleurs à cette époque favorisait les établissements rivaux du Théâtre français.

« Les comédiens français, pour réchauffer » leur théâtre, qui commençait à être abandonné, se sont avisés d'un bon moyen. Ils ont » fait revenir Préville qui était retiré depuis cinq » ans ; et comme, dans cet intervalle, il ne » s'était rien présenté qui pût soutenir la comparaison, et que la plus grande partie du public des spectacles, qui se renouvelle d'année » en année, ne connaissait Préville que par sa » grande réputation, son talent a paru tout » nouveau, et il est vrai de dire qu'à l'âge de » soixante-quatorze ans (*il en avait trois de* » *moins*), il n'a réellement rien perdu. Son » retour a été un évènement pour la capitale ; » l'affluence est prodigieuse toutes les fois qu'il » joue, et il joue deux ou trois fois la semaine, et » jouera probablement tout l'hiver. Les comédiens, qui étaient ruinés, avaient grand besoin » de cette bonne fortune ».

Des revers encore plus cruels que la stagnation

de leurs recettes en 1791, devaient éprouver leur courage pendant les années 1793 et 1794. Nous ne répèterons pas ce que nous avons déjà dit en plusieurs endroits de cet ouvrage. Lorsqu'ils furent sortis de prison, après le 9 thermidor, ils se réunirent dans leur salle du faubourg Saint-Germain, et Préville, accoutumé à ne jamais séparer son sort de celui de ses camarades, vint encore contribuer à l'ensemble de cette belle réunion, et reparut, le 3 fructidor an 2, par le rôle du *Bourru bienfaisant.* Il établit même un rôle nouveau, très-peu important à la vérité, mais que nous devons mentionner cependant à cause de la singularité du fait.

Il paraît qu'à cette époque une troupe de jeunes élèves, sous le titre de *Société républicaine des jeunes Français*, jouait sur le théâtre de la Comédie française. Ils donnèrent, le cinquième jour complémentaire de l'an 2, la première représentation d'une pièce intitulée *l'Éducation de l'ancien et du nouveau régime*, sans-culottide en trois actes et en prose. Nous prions nos lecteurs de ne pas nous demander ce que c'était qu'une *sans-culottide*, car nous n'en savons rien, et probablement l'auteur qui la composait ne le savait pas plus que nous. Au reste, Préville, que les affiches nommaient alors *Dubus-*

Préville, joua un rôle de portier dans le premier acte de cette admirable composition.

Il continua de seconder ses camarades pendant les premiers mois de l'an 5 ; mais, à cette époque, sa tête, jusqu'alors si bien organisée, commença graduellement à s'affaiblir, et Champville, son neveu, qui ne le quittait presque pas, ne tarda point à s'en appercevoir.

Pendant la représentation du *Mercure galant*, le 25 pluviôse an 5, lorsque la salle retentissait encore des applaudissements, Préville dit, dans la coulisse, à son neveu : *Il est tard ; nous voici dans la forêt ; vois-tu comme elle est noire ? Nous aurons de la peine à nous en tirer. —* Eh ! non *, mon oncle*, lui répondit Champville, *c'est une toile peinte qui vous trompe. Vous venez de jouer Larissole ; vous traversez le théâtre pour aller vous habiller en procureur et en abbé.* Préville, serrant la main de son neveu, et revenant à lui-même, lui dit : *Tu as raison, ne me quitte pas.* Le génie qui présidait à ses heureuses conceptions, lui prêta de nouvelles forces. Champville vit continuer cette dernière représentation avec inquiétude, et entendit avec plaisir son oncle lui dire : *C'en est fait, mon ami, je ne jouerai plus la comédie.* Il tint parole.

Préville avait épousé Madeleine-Angelique-Michelle Drouin, qui fut une des meilleures

actrices du théâtre français; il en eut un fils et deux
filles. Ayant eu le malheur de la perdre, ainsi
que son fils et l'une de ses filles quelques années
avant que la mort l'enlevât lui-même, l'affliction
qu'il ressentit de ces pertes successives contribua
sans doute à l'affaiblissement de ses organes.
Il ne lui restait plus que son aînée, Madame
Guesdon, épouse du payeur-général du départe-
ment de l'Oise, qui lui prodigua constamment
tous les soins de la piété filiale. Il se retira chez
elle à Beauvais, et y mourut le 27 frimaire an 8,
âgé de soixante-dix-neuf ans.

Préville était membre de l'Institut. Dazincourt,
bien digne, par son talent, de payer un juste
tribut d'éloges à la mémoire de cet illustre acteur,
écrivit une notice historique de sa vie, qu'il lut
au Lycée de Paris, le 19 nivose an 8 (9 janvier
1800); elle nous a été fort utile pour la ré-
daction de cet article. Dès le 11 août 1793, Molé
avait prononcé l'éloge de Préville à une séance
publique du Lycée des arts; nous n'avons pu
nous le procurer.

M. de Cambry, préfet de l'Oise, lui fit élever
un monument à Beauvais, et MM. Chazet et
Dupaty composèrent une petite pièce intitulée
le Buste de Préville, jouée peu de temps après
sa mort, dans laquelle les spectateurs applau-
dirent l'intention de rendre un hommage éclatant

et mérité à cet acteur si long-temps et si justement en possession de leurs suffrages.

Il existe beaucoup de portraits de Préville. Un des meilleurs est celui qui a été dessiné et gravé par Romanet. On lit au bas ces vers de Boileau, que l'on a appliqués à Préville en substituant son nom à celui de Molière :

Préville avec utilité
Dit plaisamment la vérité ;
Chacun profite à son école :
Tout en est beau, tout en est bon ;
Et sa plus burlesque parole
Est souvent un docte sermon.

QUINAULT père.

QUELQUES recherches que nous ayons faites relativement à cet acteur, il nous est impossible de rien affirmer positivement sur son sort au théâtre français. Les uns prétendent qu'il débuta le 6 mars 1694 ; les autres reculent son début à pareil jour de l'an 1695. On s'accorde cependant à dire que ce fut par le rôle d'*Harpagon*. Quelques auteurs disent qu'après avoir été reçu à l'essai pour un an, il fut renvoyé au bout de ce terme ; d'autres qu'il fut reçu, et ne se retira qu'en 1717, ce qui est bien différent. Les registres de la Comédie française pourraient seuls éclaircir de pareils doutes ; mais nous n'en avons pas demandé la communication dans la crainte que ce qui fut accordé aux frères Parfait , et plus récemment au chevalier de Mouhy , n'éprouvât actuellement quelques difficultés.

A l'époque où débuta Quinault père , Poisson de Grandville et Lavoy se présentaient pour le même emploi ; le second de ces acteurs fut reçu ; c'est une présomption contre Quinault.

Quoi qu'il en soit, comme cet acteur fut père de Jean-Baptiste-Maurice Quinault, d'Abraham-Alexis Quinault-Dufresne, de Françoise Quinault de Nesle , de Marie-Anne Quinault, et de Jeanne-Françoise Quinault , qui se rendirent célèbres au théâtre français , nous n'avons pas cru devoir l'exclure de la place qu'il occupe ici , quoiqu'il soit fort incertain qu'il ait été reçu.

Quinault père avait la figure comique , de grands traits , des sourcils épais et très-bruns ; mais son jeu était bas et trop bouffon. On prétend qu'il mourut le 19 août 1736 : nous ne pouvons encore garantir cette date.

~~~~~~~~~~~~~~~

QUINAULT l'aîné.

(*Jean-Baptiste Maurice*)

On ne connaît pas aussi bien actuellement ce comédien que son frère Dufresne, peut-être parce qu'avec autant de talent, il n'avait pas les mêmes ridicules, et que des ridicules bien prononcés dans un homme dont la vie est aussi publique que celle d'un acteur, sont une excellente chose pour le graver dans la mémoire de la postérité.

Quinault l'aîné débuta le vendredi 6 mai 1712 par le rôle d'*Hyppolite* dans *Phèdre*, et fut reçu le 27 juin suivant. Tant que Beaubourg fut au théâtre, il ne joua que les seconds rôles tragiques et comiques; à sa retraite eu 1718, il entra en possession des premiers rôles du haut comique, et s'y distingua beaucoup. Quinault l'aîné fut regardé comme un excellent acteur pour la comédie; jamais personne ne mit plus de finesse et d'esprit dans son jeu; quelquefois même il se donnait tant de peine pour paraître fin et spirituel, qu'il en devenait forcé.

Il joua d'original beaucoup de rôles importants; nous mentionnerons entr'autres le *Cheva-*

lier dans la *Réconciliation normande*, et *Momus Fabuliste*, en 1719; le *Faux Damis* dans le *Mariage fait et rompu*, en 1721; *Léandre* dans le *Babillard*, et *Damis* dans l'*Indiscret*, en 1725; *Ariste* dans le *Philosophe marié*, et le *Chevalier* dans la *Surprise de l'Amour*, en 1727; *Ariste* dans le *Procureur Arbitre*, et le *Marquis* dans l'*École des Bourgeois*, en 1728; *Socrate* dans l'*Alcibiade* de Poisson, et *Bayard* dans la pièce *d'Autreau*, en 1731. Il termina sa carrière dramatique, en établissant le rôle du *Complaisant*, vers la fin de 1732.

Quinault l'aîné tirait parti de plusieurs pièces assez faibles, telles que le *Flatteur* de Rousseau, et l'*Important de Cour* de l'abbé Brueys, où il remplaça Devilliers, qui avait joué ces rôles d'original. Ce dernier acteur avait beaucoup de talent; en jouant après lui le rôle difficile du *Chevalier à la mode*, Quinault l'aîné ne le fit point regretter. Il excellait aussi dans les deux *Ésopes*.

Dans la tragédie il s'en tint constamment aux seconds rôles qu'il jouait sagement et faiblement. Voltaire le chargea de ceux de *Philoctète* dans *Œdipe*, de *Philotas* dans *Artemire*, et de *Varus* dans *Mariamne*. Il dut à Lamotte celui de *D. Rodrigue* dans *Inès*, à Crébillon celui d'*Illirus* dans *Pyrrhus*.

Quinault l'aîné était bon musicien, et chantait avec beaucoup de goût. Il composa la musique des divertissements adaptés à la plûpart des petites pièces jouées à la comédie française pendant le temps qu'il y resta. Un duo qu'il exécutait avec Mlle Legrand, dans la *Nouveauté*, contribua beaucoup au succès de cette pièce. Il eut très-souvent la satisfaction d'être applaudi comme acteur, comme chanteur, et comme auteur de la musique des pièces dans lesquelles il jouait.

Cette réunion de talents ne semble plus nécessaire aujourd'hui, et nos acteurs ne daigneraient peut-être pas répondre à quelqu'un qui leur proposerait l'exemple de Quinault l'aîné. Cependant il semble que l'emploi qu'il en faisait variait fort agréablement les plaisirs du public, et rompait un peu la monotonie des représentations ordinaires dénuées aujourd'hui de tous ces accessoires.

Quinault l'aîné était un homme de beaucoup d'esprit : il avait dans la société de la finesse et de la gaîté. Se trouvant un jour à dîner chez M. de Crébillon, avec les pères Brumoy, de Tournemine et Bougeant, jésuites fameux, la conversation tomba sur le genre du mot *amour*. Quinault soutenait qu'il était féminin ; les révérends pères soutenaient par beaucoup d'exemples tirés de nos meilleurs auteurs qu'il était masculin. Crébillon prétendait qu'il était des deux genres. Quinault s'appuyait surtout de ces vers de *Mithridate* :

> Je ne souffrirai point que ce fils odieux
> Que je viens pour jamais de bannir de mes yeux,
> Profitant *d'une amour* qui me fut *déniée*,
> Vous fasse des Romains devenir l'alliée.

Les pères rapportaient d'autres passages de Racine, où *amour* était du genre masculin. Excédé de toutes ces citations, Quinault termina la discussion, en disant aux convives, avec un sourire malin : *Eh! Messieurs, un peu de complaisance ; passons l'amour masculin en faveur de la Société.*

Cet acteur se retira du théâtre le dimanche 22 mars 1733, avec la pension de mille livres, reparut le mardi 22 mars 1734 par le rôle du *Complaisant* qu'il avait établi, et qu'il joua trois fois, et quitta définivement le samedi 10 avril de la même année, jour de la clôture. Il mourut à Gien en 1744 ou 1745.

QUINAULT-DUFRESNE.

(Abraham-Alexis)

FRÈRE de l'acteur précédent, Dufresne était extrêmement jeune, quand il parut pour la première fois sur la scène française. Il y débuta le vendredi 7 octobre 1712 par le rôle d'*Oreste* dans l'*Electre* de Crébillon, et obtint beaucoup de succès. Une taille élevée et noble, des yeux éloquents, un organe enchanteur, n'étaient pas les seuls avantages qui le lui méritèrent; une grande intelligence, secondée par les leçons de Ponteuil, frappa le public accoutumé depuis quelque-temps à l'exagération de Beaubourg.

Depuis la retraite de Baron, le vrai goût de la déclamation s'était absolument perdu; ce comédien, homme de génie, avait frayé une route qui fut abandonnée de ses successeurs, soit qu'ils désespérassent d'imiter la noble et touchante simplicité de son jeu, soit qu'il y ait, dans presque tous les arts, des hommes insensibles aux beautés de la nature. C'était à ces beautés que Beaubourg et quelques autres avaient substitué une déclamation boursoufflée, emphatique, et des convulsions d'énergumène qu'ils prenaient pour de la chaleur. Baron s'était contenté de faire gémir Melpomène: ils s'attachaient à la faire hurler. Ponteuil, qui sentit le ridicule d'une déclamation si peu naturelle, résistait seul au torrent du mauvais goût, et sut garantir le jeune Dufresne de la contagion de l'exemple.

Cependant il ne faut pas croire que le public, gâté par l'exagération de Beaubourg, se soit accoutumé sur-le-champ et sans peine au jeu tout différent de Dufresne. Il paraît au contraire que tant qu'il fut le *double* de Beaubourg, il eut beaucoup à souffrir des rigueurs du parterre, qui cependant l'avait accueilli favorablement à ses premiers débuts. Lorsque Mlle Gautier, depuis carmélite, parut pour la première fois le 3 août 1716 par le rôle de *Pauline* dans *Polyeucte*, Dufresne, qui jouait *Sévère*, se vit, suivant l'expression de Lefévre, alors auteur du *Mercure*, chagriné, vexé, excédé par le parterre. On ne lui pardonnait pas de vouloir être vrai quand son chef était outré, et cet exemple prouve que le public s'accoutume facilement aux défauts des acteurs, au point de les applaudir comme des beautés, et qu'il ne distingue pas toujours le vrai talent.

Lorsque Beaubourg eut pris sa retraite en 1718, Dufresne se trouva en chef dans les premiers rôles tragiques, et partagea avec son frère ceux de la comédie. Il fut chargé par Voltaire du rôle d'*OEdipe;* et pendant les vingt-quatre années qu'il resta au théâtre, à dater de la retraite de Beaubourg, il joua d'original beaucoup de rôles nouveaux qui consolidèrent sa réputation. Suivant notre coutume, nous ne citerons que les plus marquants. Nos lecteurs ont peu d'intérêt à connaître ceux qu'il joua dans des pièces entièrement oubliées.

En 1719 Dufresne établit le rôle de *Mars* dans *Momus fabuliste*; en 1720 *Pallante* dans *Artémire*; en 1721 *Valère* du *Mariage fait et rompu*, et *Aman* dans *Esther*; en 1722 *Romulus* de la tragédie de Lamotte; en 1723 *D. Quichotte* dans *Bazile et Quitterie*, et *D. Pèdre* d'*Inès de Castro*; en 1726 *Pyrrhus* dans la tragédie de Crébillon; en 1730 *Titus* dans *Brutus*; en 1732 le *Glorieux*, *Alcméon* de l'*Eriphile* de Voltaire, et *Orosmane*; en 1733 *Gustave*; en 1734 *Vendôme* d'*Adélaïde du Guesclin* et *Enée* de *Didon*; en 1736 *Zamore* et *Euphémon fils*, de l'*Enfant prodigue*; en 1738 *Damis* de la *Métromanie*; en 1739 *Mahomet II* de la Noue; en 1740 enfin le *Baron des Dehors trompeurs*, et *Ramire* dans *Zulime*.

Voltaire a immortalisé le talent supérieur de Dufresne par les vers suivants :

Quand Dufresne ou Gaussin, d'une voix attendrie,
Font parler Orosmane, Alzire, Zénobie,
Le spectateur charmé, qu'un beau trait vient saisir,
Laisse couler des pleurs, enfants de son plaisir.

Depuis il a immolé Dufresne sur les autels de Lekain, mais nous croyons pouvoir nous en tenir à son premier jugement.

Dufresne obtint les plus grands succès. C'était un excellent acteur et un très-bel homme. Ce dernier mérite influe beaucoup sur les suffrages de la plus belle moitié du public ; aussi les femmes l'accueillirent toujours avec une faveur remarquable. Avant de le considérer dans sa vie privée, nous allons rapporter quelques traits qui le concernent comme acteur.

Dans le tableau des proscriptions, au premier acte de *Cinna*, Dufresne employa un jour une petite adresse qui produisit un grand effet. En commençant ce récit, il cacha derrière lui une de ses mains dans laquelle il tenait son casque surmonté d'un panache rouge ; et lorsqu'il fut arrivé à ces vers :

> Ici le fils baigné dans le sang de son père,
> Et, sa tête à la main, demandant son salaire.

il montra subitement le casque et le panache rouge ; et les agitant vivement, il sembla présenter aux spectateurs la tête et la chevelure sanglante dont il est question dans les vers de Corneille. Les spectateurs furent saisis de terreur ; Dufresne avait réussi ; mais ces sortes de jeux de théâtre, fruits de la combinaison et du calcul, ne peuvent être répétés. Ils effrayent la première fois qu'on les emploie ; ils feraient rire si l'on en était prévenu.

Le tragique le plus élevé est quelquefois très-bien rendu par le ton le plus simple et le plus naïf. Dufrêne en donna un exemple dangereux pour quiconque voudrait l'imiter, sans avoir tous les avantages naturels qu'il réunissait. En jouant *Pyrrhus*, et rapportant les paroles qu'*Andromaque* adresse à son fils *Astianax*, il imitait la voix d'une femme dans ces vers :

C'est Hector, disait-elle en l'embrassant toujours,
Voilà ses yeux, sa bouche, et déjà son audace;
C'est toi-même, c'est toi, cher époux, que j'embrasse.

Reprenant aussitôt la voix la plus mâle, il continuait avec fierté :

Et quelle est sa pensée? attend-elle en ce jour
Que je lui laisse un fils pour nourrir son amour?

Ce contraste hardi, mais naturel, et soutenu du talent de l'acteur, produisait le plus grand effet.

Dufresne était plein de vanité. Il déclamait un jour d'un ton si bas, que le public ne pouvait l'entendre. On lui cria : *Plus haut.* Sans doute que, dans ce moment, il se croyait le héros qu'il représentait; aussi se contenta-t-il de regarder dédaigneusement ceux qui lui donnaient cet avis, et continua-t-il sur le même ton. Le même conseil lui fut répété : *Plus haut.* Et vous *plus bas*, répliqua Dufresne avec un ton impératif. Cette saillie ne lui réussit pas; elle révolta tous les spectateurs, et le lendemain il fut obligé de demander pardon de la liberté excessive qu'il avait prise la veille. (On assure même qu'elle lui valut un petit séjour au For-l'Évêque, et que cette mortification fut une des causes qui le déterminèrent à quitter le théâtre). Ce qu'il y eut de singulier dans cette excuse, qui commençait ainsi : *Messieurs, je n'ai jamais mieux senti la bassesse de mon état que par la démarche que je fais aujourd'hui*; c'est que le parterre, prenant le change sur cette phrase, interrompit l'acteur par ses applaudissements, et ne voulut pas le laisser continuer. Il s'apperçut ensuite de sa méprise et prit le parti d'en rire.

Dufresne dédaignait de parler à ses domestiques; et lorsqu'il était question de payer un fiacre ou un porteur de chaise, il se contentait de faire un signe, ou de dire d'un air méprisant : *Allons, qu'on paie ce malheureux.*

Il disait un jour en plein café, en parlant de lui-même : « On me croit heureux; erreur » populaire ; je préférerais à mon état celui » d'un gentilhomme qui mange tranquillement » douze mille livres de rente dans son vieux » château. Oui, en vérité, j'aimerais mieux » être à sa place que d'être ce que je suis. ».

On sait qu'il garda pendant trois ans sur le ciel de son lit la comédie du *Glorieux*, qu'il abandonnait aux rats et à la poussière; peut-être en fut-il fâché par la suite, quand il eut vu le succès de cet excellent ouvrage. Il le joua d'autant mieux qu'il pouvait s'en regarder comme l'original.

Voltaire était sur le point de voir représenter une de ses tragédies dans laquelle Dufresne avait un rôle. La pièce était sue et répétée, mais il ne se lassait point d'y faire des corrections, et les acteurs, Dufresne surtout, se lassaient fort de les apprendre. Celui-ci, pour couper court à tous ces changements qui le fatiguaient, prit le parti de se faire céler : avec toutes ses précautions, il ne put cependant éviter de recevoir de nouvelles variantes. Voltaire sut qu'il donnait un grand dîner; il lui adressa, sous un nom inconnu, un beau pâté de perdrix rouges qui fut porté chez l'acteur au moment où sa société allait se mettre à table. On pense bien que ce cadeau ne fut pas rejeté; mais quelle fut la surprise de Dufresne, lorsqu'en ouvrant le pâté il s'apperçut que chaque perdrix portait à son bec un petit papier qui contenait les changements exigés par Voltaire! Il ne put résister à cette manière neuve de les lui faire parvenir, et consentit à les apprendre.

Dufresne avait un domestique avec lequel il jouait souvent le *Glorieux* sans sortir de son appartement. Ce domestique était bavard, et rapportait fidèlement dans les foyers les propos de son maître, ce qui divertissait beaucoup les autres comédiens. Un jour entr'autres qu'il ne voulait pas sortir, il l'appela et lui dit : » Champagne, » allez dire à ces gens que je ne jouerai pas » aujourd'hui. »

Dufresne avait été gratifié par le roi en 1736 d'une pension de mille livres. Il se retira en 1741. quoique dans la fleur de l'âge, avec une pension semblable de la Comédie dont il était le doyen, et mourut en 1767.

Mlle Clairon parle de cet acteur dans ses mémoires. Nous rapporterons les expressions dont elle s'est servie, sans discuter son opinion qui ne peut être d'un grand poids, puisqu'elle n'avait que dix-sept ans lorsque Dufresne abandonna le théâtre.

« Dufresne, plus éblouissant que profond ; no-
» ble, mais jamais terrible ; mais sans ordre, sans
» principes, sans aucun de ces grands traits qui
» caractérisent le génie, n'a pu devoir ses succès
» qu'aux suprêmes beautés de toute sa personne
» et de son organe ; et l'on ne peut disconvenir
» que le public de ce temps-là n'exigeait pas ce
» qu'on exige aujourd'hui. »

Il est certain que Dufresne avait cette beauté mâle convenable à l'acteur chargé de représenter les héros, et qu'il réunissait toutes les autres qualités physiques dont l'assemblage est si rare ; mais il avait mieux que cela encore, et nous ne pouvons voir dans ce jugement de Mlle Clairon que le desir de déprimer tous les anciens acteurs.

~~~~~~~~

RAISIN l'aîné.

(*Jacques.*)

On trouve des contes assez puérils sur l'enfance de cet acteur et sur celle de son frère, dans la vie de Molière par Grimarest : nous croyons que nos lecteurs nous sauront gré de ne pas les reproduire ici, d'autant plus que cet ouvrage de Grimarest se trouve à la tête de toutes les anciennes éditions de Molière.

Jacques Raisin était fils d'un organiste et naquit à Troyes en Champagne. Dans sa jeunesse il fut de la troupe du Dauphin, joua ensuite pendant assez long-temps dans la province, et vint débuter à Paris en 1684. Il fut reçu pour les seconds et les troisièmes rôles tragiques, et les amoureux de la comédie, emploi qu'il remplit avec assez de succès jusqu'au 31 octobre 1694. A cette époque, il se retira du théâtre, obtint le 20 novembre 1695 la pension ordinaire de mille livres, et mourut d'une pleurésie en 1698.

Cet acteur était grand et fort maigre. Suivant le témoignage de quelques contemporains, *il jouait de très-bon sens, mais il n'avait pas tous les talents requis pour faire un grand comédien.* C'était du reste un homme très-sage et qui vivait fort retiré. Il savait la musique, et composa celle des divertissements de plusieurs petites comédies jouées de son temps. Lui-même fut l'auteur des quatre petites pièces suivantes, toutes en un acte, représentées au théâtre français, mais qu'il ne fit pas imprimer; 1° *le Niais de Sologne*, 1686; 2° *le Petit Homme de la Foire*, 1687; 3° *le Faux Gascon*, 1688; 4° *Merlin Gascon*, 1690.

R A I S I N le cadet.

(Jean-Baptiste Siret.)

Ce comédien surpassa beaucoup son frère dont nous venons de parler, et fut regardé comme l'un des plus grands acteurs que le théâtre français eût encore possédés; l'enthousiasme alla même si loin qu'on le surnomma le *Petit Molière.*

Il naquit à Troyes en 1656, fut dans sa première jeunesse de la troupe des petits comédiens du dauphin, avec laquelle il passa en province vers 1666, et revint débuter à l'hôtel de Bourgogne au mois d'avril 1679, avec sa femme et Devilliers. Ils furent reçus tous les trois et conservés à la réunion de l'année suivante.

Raisin le cadet excellait dans presque tous les emplois de la comédie. Personne ne joua plus parfaitement que lui les rôles à manteau, ceux de valets brillants, de petits-maîtres, d'ivrognes, et autres rôles de caractère. Dans les rôles à manteau, tels qu'*Arnolphe*, *M. Grichard*, etc., il avait un air sévère et maussade; dans les valets, la physionomie hardie et maligne : dans les petits-maîtres, un air tendre, galant et libertin. Enfin c'était un vrai Protée, non seulement dans chaque rôle, mais dans chaque situation de ses rôles.

A ces talents supérieurs Raisin joignait beaucoup d'esprit et de gaîté : personne ne récitait mieux une historiette ou un conte : il jouait son récit, et y mettait des grâces qui lui donnaient un nouveau mérite. Aussi était-il répandu dans les meilleures compagnies de la cour et de la ville. Le duc de Vendôme, son frère le grand prieur, le marquis de la Farê, l'abbé de Chaulieu, l'admettaient dans leur intimité, dans toutes leurs parties; et cependant, tout dissipé qu'il était par les plaisirs, et surtout par ceux de la table qu'il aimait un peu trop, jamais acteur n'étudia plus son art. Il y rapportait tout; et lorsqu'il avait saisi dans le monde quelque chose qui avait trait à ses rôles, il savait en faire un bon usage au théâtre. Il donna des sujets de comédie aux auteurs de son temps, et contribua beaucoup par ses rares

talents au succès de plusieurs ouvrages joués
pendant le court espace de temps qu'il passa sur
la scène.

Baron lui confia les deux *Pasquins* de *l'Homme
à bonnes fortunes* et de la *Coquette* ; Bruéys le
rôle du *Grondeur*, et celui de *Frontin* dans le
Muet ; Boursault enfin le chargea de la commission hasardeuse de faire applaudir une pièce à
tiroirs en cinq actes, dans laquelle il avait osé
refaire plusieurs fables de la Fontaine. C'était
Esope à la Ville, comédie représentée pour la
première fois le 18 janvier 1690 ; Raisin y jouait
le rôle d'*Ésope*, et sans la présence d'esprit et la
noble hardiesse de cet excellent acteur, cette pièce
serait probablement tombée à sa première représentation. Le parterre écouta tranquillement la
première fable ; il laissa passer la seconde ; mais
à la troisième il murmura hautement, et donna des
signes d'improbation marqués. Raisin, quittant
alors son rôle, s'avança sur le bord du théâtre,
et dit au public :

» Permettez-moi, Messieurs, d'oser avoir
» l'honneur de vous représenter que cette comé-
» die-ci est dans un genre singulier et tout-à-fait
» neuf. L'auteur, en risquant de mettre *Ésope* au
» théâtre, aurait cru manquer à l'essence de son
» caractère, s'il ne l'eût pas fait parler par apo-
» logues le plus souvent qu'il le pouvait. Si la

» répétition des fables vous fatigue et vous en-
» nuie, il est inutile que nous continuions la
» représentation de cette pièce. Donnez-nous vos
» ordres, Messieurs, pour la cesser dès ce même
» moment; car j'ai l'honneur de vous prévenir
» que, dans le courant de la pièce, j'ai onze ou
» douze fables à vous débiter encore. »

Raisin fut applaudi de toute la Salle : on lui
cria de continuer; il le fit, et la pièce eut quarante-
trois représentations.

Il paraît que cet acteur ne ressemblait pas à
quelque-uns de ses camarades qui ne pouvaient
écrire un billet de quatre lignes, sans y mettre
quatre fautes d'orthographe. Boursault nous a
conservé une lettre qu'il lui écrivit : le style en est
agréable et naturel. Raisin y avance un paradoxe
qu'il avait entrepris de faire adopter, et l'on y voit
qu'il avait beaucoup d'estime et d'attachement
pour Boursault.

» Je dois ce soir, moi indigne, souper avec MM.
» de Vendôme, de la Fare, l'abbé de Chaulieu,
» et quelques autres de ce mérite, ou approchant,
» à qui j'ai dit que le vôtre ne paraissait petit qu'à
» ceux qui ne le connaissaient pas. Je leur ai sou-
» tenu que Molière, dont les ouvrages ont tant
» de réputation et si justement, ne faisait pas
» mieux des vers que vous; et je me suis offert à
» les en faire convenir, s'ils voulaient avoir au-

» tant d'équité qu'ils ont d'esprit. A vous dire vrai,
» je crois m'être un peu trop avancé, mais cela
» vous regarde plus que moi; et si je ne sors pas
» de cette affaire à mon honneur, ce sera encore
» moins au vôtre. Aidez-moi, je vous prie, à me
» faire tenir la parole qui m'est échappée,
» et ne manquez pas, toute chose cessante, de
» m'envoyer la scène que *Momus et Phaéton*
» font ensemble, où j'ai trouvé d'aussi beaux vers
» qu'on en puisse faire, sans en excepter qui que
» ce soit. Je l'étudierai avec tant de soin, et la
» réciterai avec tant de feu, que je me trompe
» fort si je ne la leur fais trouver bonne. Surtout,
» un peu plus de diligence que vous n'avez cou-
» tume d'en avoir. Je n'ai pas trop de temps pour
» la besogne que j'ai à faire; et pour peu que nous
» fuyions, je vous laisse à penser de qui l'on se
» moquera le plus. Ne perdez pas un moment à
» me donner la satisfaction que j'attends de vous,
» et j'espère que vous en recevrez de moi une
» entière. Je vous donne le bonjour. » RAISIN.

Raisin avait épousé une actrice, nommée Françoise Pitel de Longchamp, dont il eut quatre enfants, deux garçons et deux filles. Quoiqu'il
l'aimât beaucoup, il semble qu'il aimait encore
plus le bon vin, puisque, suivant l'expresion
plaisante de M. de Tralage, il y avait des
moments où il aurait donné sa femme pour

une bouteille de vin de Champagne. Le sacrifice eût été grand, car elle était fort belle.

Pour lui, il était d'une taille médiocre, mais bien prise, d'une belle figure, aux traits de laquelle il savait donner une expression réellement admirable.

Estimé personnellement à la cour et à la ville, recherché de tout le monde, admiré généralement pour son talent supérieur, Raisin voyait devant lui la carrière la plus brillante, lorsqu'après un grand souper où il avait un peu trop sacrifié à Bacchus, et mangé beaucoup de cerneaux, il s'avisa d'aller se baigner. On ne pouvait choisir plus mal son temps : aussi ce bain lui causa-t-il une indigestion si violente qu'il en mourut à deux heures du matin le samedi 5 septembre 1693, à l'âge de trente-sept ou trente-huit ans.

Il fut extrêmement regretté du public. La Comédie mit son emploi au concours, et plusieurs comédiens de province se présentèrent pour le remplacer ; mais leurs essais infructueux ne servirent qu'à prouver davantage combien cette perte était grande. Raisin avait succédé à Rosimont, et avait su consoler le public de la mort de cet acteur : aucun des débutants ne paraissant capable d'en faire autant après celle de Raisin, on fut obligé de donner une partie de ses rôles à Guérin, et l'autre à Lathorillière, qui parvinrent bientôt à satisfaire les spectateurs, sans faire oublier Raisin, dont la grande réputation est parvenue intacte jusqu'à nous.

Le vin ayant manqué dans l'année où il mourut, on fit l'épigramme suivante, qui ne vaut pas grand chose, et que nous croyons cependant devoir conserver pour les amateurs de calembourgs.

> Quel astre pervers et malin,
> Par une maudite influence,
> Empêche désormais qu'en France
> On puisse recueillir du vin ?
> C'est avec raison que l'on crie
> Contre la rigueur du destin,
> Qui nous ôte jusqu'au *raisin*
> De notre pauvre Comédie.

RIBOU.

Ce comédien n'a pas laissé un souvenir honorable au théâtre français, et nous serons fort laconiques sur son compte. Fils d'un libraire de Paris, il débuta le lundi 6 novembre 1747 par le rôle d'*Oreste* dans *Electre*, joua successivement le *Comte d'Essex*, *OEdipe* et *Gustave*, et fut reçu le lundi 15 janvier 1748 pour doubler Grandval, et jouer les seconds rôles tragiques.

Au refus de Grandval, Marmontel fut obligé

de lui confier le rôle de *Denis* le père dans sa première tragédie jouée le 5 février 1748, et voici ce qu'il en dit dans ses mémoires. « Ribou était » beau et bien fait, et dans son action il ne man- » quait pas de noblesse; mais il manquait d'intel- » ligence et d'instruction, au point qu'il fallut lui » expliquer son rôle en langue vulgaire et le lui » montrer mot-à-mot comme à un enfant. Cepen- » dant à force de peines et de leçons, je le mis en » état de le jouer assez passablement; et avec » quelque déguisement dans le costume, il en prit » assez bien le caractère, pour ne pas nuire par sa » jeunesse à l'illusion théâtrale. » Marmontel se donne ici pour un habile professeur de déclama- tion; rien de mieux sans doute. Cependant il ne fera pas croire aux personnes qui connaissent les coulisses, qu'un auteur de vingt-cinq ans (1) ait eu assez d'influence sur les comédiens, pour que Ribou même, qui certainement avait grand besoin de leçons, consentît à en recevoir de lui.

Au reste Ribou ne fut pas long-temps à la Co- médie sans y jeter le trouble. Envieux à l'excès de la faveur que la reine, épouse de Louis XV, accordait à son camarade Roselly; furieux que cette princesse le lui eût préféré pour le rôle de *Télémaque* dans *Pénélope*, il chercha querelle

---

(1) Marmontel était né en 1723.

à cet acteur estimable, lui donna un soufflet, en reçut un cartel, se battit avec lui, et le perça de deux coups d'épée dont le malheureux Roselly mourut quelques jours après.

Ribou fut obligé de s'enfuir, et la Comédie se consola plutôt de son départ que de la mort de Roselly. Suivant un auteur contemporain, sauf quelques rôles de comédie, tels que celui du *marquis* dans *Turcaret*, où Ribou n'était pas absolument mauvais, c'était un pitoyable acteur : quant à sa moralité, cet auteur ne balance point à lui donner les épithètes de *spadassin* et de *misérable*.

Cet événement arriva en décembre 1750. Ribou fut depuis comédien à Vienne en Autriche, et mourut en 1773.

Suivant d'autres renseignements, Ribou serait mort le 10 mai 1759, et aurait joui depuis sa retraite d'une pension de 500 livres, accordée volontairement par la Comédie. Ce dernier fait nous paraît absolument invraisemblable.

ROSELLY.

(*Raisouche Montet.*)

EN peu de mots, Mlle Clairon a fait un beau portrait de ce jeune acteur : elle en parle dans ses

Mémoires comme d'un *jeune homme bien né*, *plein d'esprit et de talents*, et son témoignagne se trouve confirmé par tous les historiens du théâtre.

Roselly était de Paris et d'une bonne famille. Il était encore très-jeune quand il perdit ses parents, et le tuteur auquel la gestion de son bien fut confiée, le dissipa entièrement après avoir commencé par en faire autant du sien. Resté sans ressource, Roselly se détermina à prendre le parti du théâtre; mais, avant d'en venir à cette extrémité, il pressa plusieurs fois les parents qui lui restaient, ou de l'aider à vivre, ou de lui faire obtenir un emploi. N'ayant pu les y décider, il débuta le mercredi 24 octobre 1742, par le rôle d'*Andronic*, et fut rêçu avant la clôture de 1743 qui eut lieu le 30 mars, puisqu'il y prononça le discours d'usage, étant alors le dernier reçu et le plus jeune de tous ses camarades.

Roselly devint bientôt précieux à ses camarades et au public, quoique la nature ne lui eût pas accordé des dehors avantageux. Nous trouvons dans les Mémoires de Marmontel un passage qui le concerne; en le rapportant, nous croyons que nos lecteurs pourront facilement apprécier cet intéressant jeune homme trop tôt ravi au théâtre qu'il honorait par ses talents et par ses mœurs. Il s'agit d'*Aristomène*, seconde tragédie de Mar-

montel jouée le 3o avril 1749. « Un accident in-
» terrompit mon succès, et troubla ma joie. Ro-
» selly jouait le rôle d'*Arcire*, ami d'*Aristomène*,
» et le jouait avec autant de chaleur que d'intel-
» ligence. Il n'était ni beau, ni bien fait ; il avait
» même dans sa prononciation un grassèyement
» très-sensible. Mais il faisait oublier ses défauts
» par la décence de son action, et par une ex-
» pression pleine d'esprit et d'âme. Je lui attribuais
» le succès du dénouement de ma tragédie, et
» en effet voici comment il l'avait décidé. Lors-
» que, dans la dernière scène, en parlant du dé-
» cret par lequel le sénat avait mis le comble à
» ses atrocités, il dit :

Théonis le défend, et s'en nomme l'auteur.

» il s'apperçut que le public se soulevait d'indi-
» gnation, et aussitôt s'avançant au bord du théâtre
» avec l'action la plus vive, il cria au parterre,
» comme pour l'appaiser :

Je m'élance, et lui plonge un poignard dans le cœur.

» à l'attitude, au geste qui accompagna ces mots,
» on crut voir Théonis frappé ; et ce fut dans
» toute la salle un transport de joie éclatant.
» Or, après la sixième représentation de ma
» pièce, on vint m'annoncer que Roselly était
» attaqué d'une fluxion de poitrine, etc. »

Voltaire lui confia le rôle de *Cimber* dans la *Mort de César*, et celui de *Pilade* dans *Oreste*; il jouait dans *Cénie* un personnage de fourbe dont il s'acquittait fort bien; mais le rôle qui lui fit le plus d'honneur fut celui de *Télémaque* dans *Pénélope*, à la reprise de cette tragédie de l'abbé Genest qui eut lieu vers la fin de 1745.

Marie Leczinska, épouse de Louis XV, aimait à le lui voir jouer : cette préférence lui attira la jalousie et la haine de son camarade Ribou qui remplissait le même emploi que Roselly avec un succès bien différent. Il ne pouvait entendre, sans entrer en fureur, les applaudissements que recevait Roselly, et pour les lui enlever, il lui disputait continuellement tous les rôles dans lesquels il espérait réussir. A un voyage de Fontainebleau, la reine ayant demandé que *Pénélope* fût placée sur le répertoire, et ayant déclaré positivement qu'elle voulait que Roselly jouât *Télémaque*, Ribou fut tellement outré de ce choix qu'il insulta Roselly dans l'intention de l'obliger à se battre avec lui. Sa conduite était d'autant plus odieuse que l'issue d'un pareil combat ne pouvait être incertaine, Roselly n'ayant jamais manié l'épée, et Ribou au contraire étant connu pour un spadassin dans toutes les salles d'armes. C'était donc un assassinat qu'il projettait; aussi les camarades de ces deux acteurs employèrent-ils tous les moyens qui étaient en leur pouvoir pour les réconcilier : Mlle Gautier fut la seule à qui l'on put reprocher d'avoir animé la querelle au lieu de l'assoupir.

Ce duel se termina, comme on devait s'y attendre, par deux blessures mortelles que reçut Roselly. Cependant il ne mourut pas sur le champ de bataille ; ayant été transporté chez lui, il vécut encore quelques jours, et fidèle à son caractère connu d'honnêteté, jamais il ne voulut accuser Ribou, même lorsque son état fut entièrement désespéré.

Roselly vit la mort avec courage. On peut en juger par la plaisanterie qu'il se permit avec son confesseur qui l'exhortait à renoncer au théâtre. Il lui répondit par ce vers connu du *Catilina* de Crébillon :

N'abusez point, Probus, de l'état où je suis.

Il n'eut pas le temps d'en faire d'autres, et mourut le mardi 22 décembre 1750, regretté de tous ceux qui le connaissaient, et pouvant avoir à peu près vingt-huit ans.

Roselly avait de bonnes mœurs, beaucoup de douceur et de politesse ; il travaillait continuellement, et quoique Collé prétende qu'il n'eût jamais été loin, parce que la nature l'avait mal partagé du côté des qualités physiques, nous nous croyons fondés à préférer le sentiment de Marmontel, et surtout celui de Mlle Clairon, au sien, et à penser qu'avec autant d'âme et d'intelligence qu'en avait Roselly, ses talents et sa réputation ne pouvaient qu'augmenter progressivement.

Ce jeune acteur était extrêmement rangé ; ne voulant pas contracter de dettes, il logeait dans un appartement très-modeste, et n'avait point de laquais. Son perruquier l'accompagnait dans sa loge, et l'y aidait à s'habiller. Cette économie de Roselly était prescrite par la médiocrité de sa fortune : quoique reçu depuis huit ans lorsqu'il mourut, il n'avait encore que demi-part.

Si ces derniers détails n'offrent pas un grand intérêt, du moins ils présentent un exemple utile, et trop rarement suivi.

Nous ne pouvons oublier un quatrain sur cet acteur, qui se trouve dans un almanach des spectacles, imprimé en 1748. Il est d'un ridicule si rare qu'il mérite d'être conservé.

Le public connaisseur convient que Roselly
Est un comédien extrêmement joli :
En vain on chercherait dans toutes les provinces
Quelqu'un qui *puisse* mieux représenter les princes.

Ce qu'il y a de plaisant c'est que ce *comédien extrêmement joli* était, suivant Collé, qui ajoute encore aux détails donnés par Marmontel, *mal fait, cagneux,* avait *l'air ignoble, peu de voix,* et *une prononciation difficile*. A la vérité nous reconnaissons dans ce portrait l'esprit d'exagération qui conduisait toujours la plume de Collé quand il fallait dire du mal de quelqu'un.

~~~~~~~~~~

ROSÉLIS.

(*Barthélemy Gourlin*, sieur de)

On se rappelle les qualités que Molière, dans *l'Impromptu de Versailles* exige ironiquement d'un roi de théâtre : Rosélis les possédait presque toutes. Il était grand, presqu'aussi gros que Montfleury, et d'une belle figure.

Il parut pour la première fois à Versailles le 1er mars 1688 par le rôle de *Mithridate*, à Paris le 30 du même mois dans le *Stilicon* de Thomas Corneille, et fut reçu pour remplacer Lathuillerie dans les rôles de rois et de paysans. C'était un acteur passable quoiqu'il grassèyât et fût un peu froid. Il joua d'original les rôles de *Mitrane* dans *Tiridate* en 1691, et du *Capitaine* dans le *Muet*.

Frappé de terreur par la mort subite de Champmeslé, dont il fut témoin, Rosélis se retira en 1701. Pendant sa retraite, il joua quelquefois chez la duchesse du Maine à Clagny ; on sait qu'il fut chargé du rôle d'un vieil hébreu dans le *Joseph* de l'abbé Genest, représenté chez cette princesse en février 1706. Il mourut en 1711.

~~~~~~~~~~~

ROSIMONT.

(*Claude Larose*, *sieur de*)

APRÈS la mort de Molière, les comédiens de son théâtre, obligés de le remplacer, crurent que Rosimont, le meilleur acteur de la troupe du Marais, où il était entré en 1670, pouvait seul prétendre à cet honneur, et s'empressèrent de l'engager. Flatté de leurs avances, il consentit à passer dans leur société, et parut pour la première fois le 3 mars 1673 par le rôle d'*Argan* dans le *Malade imaginaire* qu'il remplit avec beaucoup de succès. Il n'en eut pas moins dans les autres rôles de l'emploi de Molière qu'il joua sur le théâtre de la rue Mazarine, et auxquels il joignit encore plusieurs rôles de valets.

Rosimont fut conservé à la réunion de 1680, et mourut subitement le premier novembre 1686. C'était un homme instruit et spirituel; mais il eût fait sagement de se borner à jouer des comédies sans perdre son temps à en composer. Celles qu'il fit représenter sous son nom sont quelquefois plaisantes, et plus souvent encore d'un comique bas, forcé, digne en un mot de la scène italienne telle qu'elle existait de son temps. Elles sont au nombre de sept. 1° *Le Duel fantasque*, ou *les Valets ridicules*, en un acte et en vers de huit syllabes, 1668. 2° *Le Nouveau Festin de Pierre*, ou l'*Athée foudroyé*, en cinq actes et en vers, 1669. 3° *L'Avocat sans étude*, en un acte et en vers, 1670. Cette pièce se conserva longtemps sur les théâtres de province, où on la jouait sous le titre de l'*Avocat Savetier* : elle se trouve imprimée avec ce titre. 4° *La Dupe amoureuse* en un acte et en vers, 1670. 5° *Les Trompeurs trompés*, ou *les Femmes vertueuses*, en un acte et en vers, 1670. 6° *Le Quiproquo*, ou *le Valet étourdi*, en trois actes et en vers, 1671. 7° *Le Volontaire*, en un acte et en vers, 1676.

Rosimont passsa de cette occupation profane à un travail plus sérieux, et que l'on n'aurait pas attendu d'un homme de sa profession. Sous le nom de Jean-Baptiste Dumesnil, il publia en 1680, un ouvrage intitulé : *Vies des Saints pour tous les jours de l'année*, Paris, Guillaume Desprez, un volume in-4°. Ce fut M. Baillet qui découvrit ce fait, et s'en rendit garant.

D'après ce détail qui prouve que Rosimont s'appliquait à l'étude, nous avons peine à croire sur la foi d'une note manuscrite d'un M. de Tralage qui paraît s'être consacré à écrire la chronique scandaleuse des acteurs, que Rosimont fût un ivrogne, qu'à force de boire il fût devenu extrêmement gros, encore moins que le cabaretier chez lequel il se fournissait, ait dit en pleurant, le jour de la mort de Rosimont, qu'il y perdait huit cents livres de rente. Quoique ce M. de Tralage ait été contemporain de Rosimont, il nous semble qu'on peut regarder son récit comme très-douteux. Mlle Desmares assurait que Rosimont n'avait jamais passé pour un ivrogne, et qu'au contraire on lui avait toujours dit que c'était un homme très-rangé. D'ailleurs son goût pour la littérature, et surtout le genre de son dernier ouvrage, n'annoncent pas un débauché tel que M. de Tralage nous le représente. Il avait formé la plus belle collection de pièces de théâtre imprimées qui existât à Paris, mais après sa mort elle fut entièrement dispersée.

Comme Rosimont n'avait point eu le temps de demander les secours de l'église, il n'en obtint pas les cérémonies qu'elle accorde aux fidèles qui meurent dans son sein. Le père Lebrun nous apprend dans son traité des spectacles qu'il fut enterré sans clergé, sans luminaire et sans prière, dans un endroit du cimetière de Saint-Sulpice où l'on mettait les enfants morts sans baptême. Peut-être qu'on l'eût traité plus favorablement s'il avait eu la précaution d'avertir qu'il avait composé la *Vie des Saints*.

‑‑‑‑‑‑‑‑‑‑‑‑‑‑‑‑

S A L L E.

(Jean-Baptiste-Louis-Nicolas)

La carrière de cet acteur fut bien courte, puisqu'il ne passa qu'environ cinq années au Théâtre français : cependant il s'y fit une grande réputation, et laissa un nom honorable.

Il était fils d'un avocat de Troyes en Champagne, dont il ne voulut point suivre la profession. Se croyant au contraire de la vocation pour l'état monastique, après avoir balancé quelque temps entre les ordres religieux, celui des Capucins lui parut mériter la préférence ; et pour ne pas perdre de temps, il alla de suite se présenter dans un couvent de cet ordre où il offrit ses services au gardien, qui le reçut en qualité de frère lai. Cet état ne fut pas long-temps de son goût ; obligé de mener une vie assez dure, il changea de résolution, quitta le froc et le couvent, revint dans sa famille, et comme il savait fort bien la musique, se remit à l'enseigner ainsi qu'il le faisait avant son escapade capucinale.

On ignore par quel hasard et en quelle année Sallé devint acteur chantant dans les troupes d'opéra des villes de province; tout ce qu'on sait de positif, c'est qu'en 1697 il remplissait avec un grand succès les rôles de basse-taille à l'opéra de Rouen. L'année suivante il vint à Paris pour entrer dans une troupe de comédiens français qu'Auguste, roi de Pologne et électeur de Saxe, faisait former pour Varsovie. Jaloux d'essayer ses talents sur le Théâtre français, il sollicita et obtint un ordre de début au moyen duquel il parut, le 23 août 1698, dans *Manlius* et le *Deuil*. Il fut goûté, mais comme son engagement ne pouvait se rompre, il partit sur-le-champ pour la Pologne, y fit un séjour de près de trois années, et revint à Paris à Pâques 1701. Destiné, à ce qu'il semble, à faire ses essais dans la canicule, Sallé débuta pour la seconde fois, au mois d'août suivant, d'une manière si brillante que tout Paris courut le voir, malgré la chaleur d'un été des plus brûlants. Il réussit autant dans la tragédie que dans la comédie, et sembla destiné à remplacer de Villiers que l'on regrettait encore, et que plusieurs personnes regardaient comme un acteur universel.

Non seulement Sallé excellait dans l'emploi des rois, mais il jouait encore parfaitement les gascons, les ivrognes, les petits-maîtres (ce dernier emploi dans un autre genre que de Villiers, et avec moins de finesse), et même les amoureux du haut comique. Il avait la voix d'une grande étendue, plus belle et plus nette que celle de Thévenard si admirée au commencement du dix-huitième siècle : aussi quittait-on souvent l'opéra lorsque Sallé chantait dans les pièces à divertissements, pour aller l'entendre au Théâtre français.

En 1704, Sallé joua le rôle de *Saül* dans la tragédie de ce nom, dont l'abbé Nadal était l'auteur : celui de la *Pythonisse* était rempli par mademoiselle *Desmares*. Dans la scène où elle évoque l'ombre de *Samuel*, l'altération des traits de Sallé et sa terreur furent si frappantes qu'elles effrayèrent l'actrice elle-même, et produisirent un coup de théâtre très-remarquable, et qui a fait tradition.

Sallé avait épousé Françoise Thoury, qui fut actrice du même théâtre. Il mourut à Paris au mois de mars 1706, âgé d'environ trente-cinq ans, et fut remplacé, dans l'emploi des rois, par Ponteuil dont nous avons parlé.

SARRAZIN.

(*Pierre*)

Nos lecteurs ont vu, à l'article de Rosimont, qu'il termina sa carrière par la composition d'une *Vie des Saints*; à celui de Sallé, qu'il commença la sienne sous le froc d'un capucin : l'acteur dont nous allons nous occuper porta le petit collet dans sa jeunesse.

Il était né à Dijon d'une famille très-honnête. Son goût pour le théâtre l'engagea dans plusieurs sociétés qui s'amusaient à jouer la comédie. La plus remarquable de toutes ces réunions où Sarrazin primait, jouait assez fréquemment au château de St.-Ouen, appartenant alors au duc de Gesvres. C'est de cette société, et sans avoir joué dans les provinces, ni sur aucun théâtre public, que Sarrazin passa au Théâtre français. Il y débuta, le 3 mars 1729, par le rôle d'*OEdipe*, dans la tragédie de ce nom de P. Corneille, que l'on n'avait pas jouée depuis fort long-temps, et qui fut reprise pour la dernière fois à l'occasion de son début. Sarrazin obtint un succès si marqué que, dès le 22 du même mois, il fut reçu pour doubler Baron. Après la mort de ce grand acteur, arrivée le 22 décembre 1729, Sarrazin fut confirmé dans son emploi, préférablement à Drouin de Bercy, par un ordre du mois de janvier 1730.

Sarrazin resta trente ans au théâtre; il jouait les rôles de rois et de pères nobles dans la tragédie et le haut comique, se fit une réputation très-honorable, et se retira sans qu'elle eût éprouvé d'altération.

Parmi beaucoup de rôles importants dont il fut chargé par les auteurs de pièces nouvelles, on distingue surtout ceux de *Brutus*, de *Lusignan*, d'*Alvarès*, de *Narbas* et de *Zopyre* : il joua aussi d'original *Hermotime* dans *Eriphile*, *Christierne* dans *Gustave*, *Atrée* dans *Pélopée*, *Achate* dans *Didon*, *Théodore* dans *Mahomet II*, *Benassar* dans *Zulime*, *le marquis d'Orvigny* dans *Mélanide*, et *Baliveau* dans *la Métromanie*.

Sarrazin était plein d'âme et de sensibilité, il eut au plus haut degré le sentiment de la paternité dans tous les rôles qui l'exigeaient; mais il n'avait point de force, point d'énergie, et cet acteur, parfait dans toutes les situations pathétiques, jouait très-faiblement les guerriers, tels que *Pharasmane*, *Agamemnon*, *Mithridate*, et encore moins bien les rôles de tyrans.

Lorsque Voltaire donna *Brutus* en 1730, il chargea Sarrazin du rôle de ce Romain farouche.

Aux répétitions, la mollesse que cet acteur mettait dans son invocation au dieu Mars, son peu de fermeté, de grandeur et de majesté dans tout le premier acte, impatientèrent à tel point l'irascible Voltaire qu'il interrompit Sarrazin pour lui dire avec une ironie sanglante : *Morbleu, Monsieur, souvenez-vous donc que vous êtes Brutus, le plus ferme de tous les Consuls de Rome, et qu'il ne faut point parler au dieu Mars comme si vous disiez : Ah! bonne vierge, faites-moi gagner un lot de cent francs à la loterie!*

Il résulta de ce nouveau genre de donner des leçons, ajoute Lekain qui nous a transmis cette anecdote, que Sarrazin n'en fut ni plus mâle, ni plus vigoureux, parce qu'il ne trouvait en lui-même ni énergie, ni vigueur, et qu'il ne fut vraiment bon acteur que dans les scènes pathétiques. Il ignorait l'art de peindre les passions avec force : on ne lui vit jamais ni l'âme de *Mithridate*, ni la noblesse d'*Auguste*.

Piron ne le traitait pas avec plus d'égards. Mécontent de son jeu dans *Gustave*, et sachant qu'il avait été abbé dans sa jeunesse, il cria du milieu de l'amphithéâtre : *Cet homme, qui n'a pas mérité d'être sacré à vingt-quatre ans, n'est pas digne d'être excommunié à soixante.*

Il paraît que, quoique mené assez durement par Voltaire, Sarrazin ne lui garda point rancune.

Il rencontra un jour ce poète illustre pour lequel tous les acteurs avaient beaucoup de respect par des motifs que l'on devine sans peine ; c'était vers la fin de la quinzaine de Pâques. *Eh! bien*, lui dit Voltaire, *nous préparez-vous quelque chose de bon pour l'ouverture ? Avez-vous des nouveautés ? Hélas!* non, répondit le comédien, d'un air affligé ; *nous n'avons rien. C'est peu de chose*, répliqua Voltaire : *cependant il vous en faudrait, et je prierai Dieu pour qu'il vous en envoie. Des nouveautés ?* interrompit vivement et naïvement l'acteur. *Ah! Monsieur, pour ce qui est de cela, nous espérons bien plus en vous qu'en Dieu!*

Sarrazin était zélé pour la recette. Un jour que l'on faisait le répertoire de la semaine, et que l'on avait proposé en vain plusieurs pièces qui auraient fait entrer beaucoup d'argent dans la caisse, parce que les premières actrices, sous différents prétextes, refusaient de jouer leurs rôles, Sarrazin leur dit avec colère : *Eh! bien, Mesdames, il faudra donc fermer boutique et mourir de faim !..... Eh! quoi, Monsieur*, répondirent-elles, *serez-vous plus à plaindre que nous ? Quand vous manquez une recette, ne la manquons-nous pas comme vous ? Oui*, répliqua Sarrazin, *oui, Mesdames; mais je n'ai point d'autres ressources, moi!*

Sur la fin de sa carrière, Sarrazin perdit la plus grande partie de ses moyens physiques ; l'organe surtout lui manqua presqu'entièrement. Il cessa de jouer en 1757 : cependant, comme il essayait de faire passer cette perte irréparable causée par son âge avancé, pour une extinction de voix qui pouvait cesser, il ne reçut sa retraite qu'à la clôture de 1759, avec une pension de quinze cents livres sur la Comédie, conformément à l'arrêt du conseil du 18 juin 1757.

A la mort de Duchemin en 1754, il avait eu la pension de mille livres, dont jouissait cet acteur qui fut célèbre dans les rôles à manteau. Sarrazin la conserva jusqu'au 15 novembre 1762, époque à laquelle il mourut lui-même : elle fut alors la récompense des travaux et des talents d'Armand.

SÉVIGNY.

(François de la Traverse, sieur de)

Mme POISSON (Angélique Ducroisy) prétendait que cet auteur était cousin-germain de Baron ; il n'en fut pas meilleur pour cela. Après la mort de Lathuillerie, Sévigny, aspirant à le remplacer, débuta le mercredi 31 mars 1688 par le rôle d'Oreste dans *Andromaque*, fut reçu par ordre de la cour pour jouer en double les rôles de rois dans la tragédie, et quelques *rôles rompus* dans le comique, et se retira vers la fin de 1695 pour se dérober aux poursuites de ses créanciers. Vingt-sept ans après, le vendredi 10 juin 1712, Sévigny débuta une seconde fois par *Mithridate*, et ne fut pas reçu. Il mourut dans une troupe de province. Sévigny était fort grand et n'avait aucun talent.

THORILLIÈRE.

(N...... *Lenoir, sieur de la*)

Quoique gentilhomme et capitaine de cavalerie, Lathorillière se sentit un goût si décidé pour l'état de comédien, qu'il demanda à Louis XIV la permission d'entrer dans la troupe de Molière. Le roi, surpris de cette demande, lui donna quelque temps pour faire ses réflexions, et Lathorillière ayant persisté dans son dessein, il y consentit.

On ne sait pas positivement en quelle année Lathorillière entra au théâtre du Palais royal; mais il y était certainement en 1664, puisqu'il y joua en cette même année les rôles de *Géronimo* dans le *Mariage forcé*, de *Créon* dans la *Thébaïde*, et d'*Arbate* dans la *Princesse d'Élide*. En 1665 il fut chargé de celui de *Porus* dans *Alexandre;*

en 1667 il joua *Hali* dans le *Sicilien*, et *Attila* dans la tragédie de Corneille; en 1668 *Lubin* dans *George Dandin*; en 1669 *Cléante* dans *Tartuffe*; en 1670 *Titus* dans *Tite et Bérénice* de Corneille; en 1671 le roi dans *Psyché*; en 1672 *Trissotin*. On ne connaît pas ceux qu'il put établir à l'hôtel de Bourgogne, où il passa immédiatement après la mort de Molière pour remplacer Lafleur.

Il joua jusqu'en 1679. On conjecture qu'il mourut en cette année du chagrin que lui causa le mariage de sa fille Thérèse Lenoir avec Dancourt, qui l'avait enlevée. Ce qu'il y a de certain, c'est que son nom ne se trouve ni sur la liste des acteurs sociétaires réunis en 1680, ni sur l'état des pensionnaires des deux troupes.

Lathorillière était un grand et bel homme, et avait surtout de beaux yeux. Il jouait parfaitement les rois et les paysans : cependant il pouvait prendre pour lui une partie du reproche que Molière, dans l'*Impromptu de Campagne*, adressait à Mme Beauchâteau. Dans les plus tristes situations, dans l'emportement le plus terrible, on lui voyait un visage riant qui s'accordait mal avec les sentiments dont il semblait animé.

Il composa et fit jouer sur le théâtre du Palais-Royal, le 10 décembre 1667, une tragédie intitulée : *Cléopâtre*.

Il eut trois enfants : Charlotte Lenoir, femme

de Baron ; Thérèse Lenoir, femme de Dancourt ; Pierre Lenoir ; tous trois suivirent le parti du théâtre.

~~~~~~~~~

THORILLIÈRE.

●

(*Pierre Lenoir, sieur de la*).

LA scène française, si féconde en grands acteurs, n'en a guères possédé de plus parfait que celui dont nous allons parler. Son père avait été justement estimé, mais il le surpassa de beaucoup ; et ce qu'il y a de plus étonnant encore, c'est que, pendant quarante-sept années qu'il passa au théâtre, son rare talent n'éprouva aucune altération sensible.

Ce fut de Molière qu'il reçut les premières leçons de l'art difficile qu'il exerça depuis avec tant de succès ; et dès 1671, il parut dans *Psyché* par le rôle d'un *Amour* : il avait alors quinze ans, étant né en 1656. Depuis 1671 jusqu'en 1684, on ignore ce qu'il fit ; mais on peut croire qu'il joua sur les théâtres de province pour se rendre digne de celui de Paris, où il débuta au commencement de 1684 ; il fut reçu le 14 juin de la même année.

Jusqu'à la mort de Raisin le cadet, arrivée en 1693, Lathorillière joua des seconds rôles de tragédie, et des amoureux comiques qui ne convenaient point à son talent ; lorsque la comédie eut perdu ce grand acteur, dont Molière avait également cultivé les heureuses dispositions, Lathorillière hérita de la plus grande partie de son emploi, et se montra digne de lui succéder.

Lathorillière était d'une taille médiocre, mais bien prise ; il avait le visage ouvert et gracieux, de beaux yeux, le regard agréable, vif et expressif, la voix pleine et sonore. Son jeu était rempli d'action, et d'un badinage toujours aimable et gai, sans être jamais trivial ; un mouvement, une attitude, un geste, un sourire, un léger clin-d'œil, tout parlait en lui ; il savait animer tout, sans s'écarter de l'esprit de son rôle, ni sortir de son vrai caractère.

Ses dispositions naturelles et une longue pratique lui avaient acquis cette rare perfection ; aussi jouissait-il d'une réputation si grande, qu'il est peu d'acteurs qui ayent pu se flatter d'avoir été autant et aussi constamment chéris du public.

Dans sa jeunesse Lathorillière avait eu du penchant pour la charge ; il outrait un peu le caractère de ses rôles ; mais il se corrigea bientôt de ce défaut qui a gâté de très-bons acteurs : et pendant une longue suite d'années, rien ne fut comparable à la délicatesse et à la finesse de son jeu dans la haute livrée.

Nous en trouvons un exemple remarquable dans un bon ouvrage de d'Hannetaire *sur l'Art du Comedien*. En jouant *Champagne* dans la *Mère Coquette*, et recevant la bague qu'*Ismène* lui donne pour certifier la mort de son mari, Lathorillière disait : *Puisque vous le voulez, Madame* ; ensuite il s'arrêtait, marquait un temps de silence assez long, et ne laissait échapper ces mots, *il est donc mort*, qu'après avoir considéré le diamant à plusieurs reprises. On lisait ainsi d'avance, dans son action, cette déclaration que *Champagne* fait quelque temps après.

Au moins, s'il n'est pas fin, le défunt n'est pas mort.

À cette finesse, Lathorillière en joignait une autre. Il n'examinait la bague qu'à la dérobée ; au moyen de cette attention, il évitait de marquer à la veuve une défiance trop injurieuse, et il était comique sans paraître incivil.

On pense bien que, pendant une carrière aussi longue que celle de Lathorillière, il dut établir une très-grande quantité de rôles nouveaux. Nous nous garderons bien de les mentionner tous ; cette liste, quoique honorable pour lui, pourrait être ennuyeuse pour nos lecteurs. Nous indiquerons seulement ceux d'*Hector* dans le *Joueur*, de *Curlin* dans le *Distrait*, de *Strabon* dans *Démocrite*, de *Dave* dans l'*Andrienne*, de *Falaise* dans la *Réconciliation normande*, et de *Pasquin* dans l'*École des Pères*, ou les *Fils ingrats*, de Piron. Nous croyons que ce rôle, qu'il joua en 1728, fut le dernier dont il se chargea dans une piece nouvelle : il avait alors soixante-douze ans.

Après la retraite de Dancourt, il consentit à prendre celui d'*Ésope à la Cour*, dans lequel cet acteur avait succédé à Raisin ; il y fut presque l'égal de ce dernier acteur, et y fit oublier Dancourt.

Lathorillière dansait avec beaucoup de grâce, et chantait fort agréablement : il était bon convive, et poussait même quelquefois trop loin son amour pour les plaisirs de la table.

Il jouissait, depuis dix ans, d'une pension de douze cents livres, accordée par le roi, en récompense de ses longs et brillants services, lorsqu'il mourut à Paris, le mardi 18 septembre 1731, dans la soixante-quinzième année de son âge, justement et universellement regretté. Le dernier rôle qu'il joua fut celui de *Frontin* dans le *Muet*, le 7 août 1731. Il était depuis longtemps doyen de la Comédie.

Lathorillière avait épousé Catherine Biancolelli fille du fameux Dominique, arlequin de l'ancienne comédie italienne, et sœur de Dominique qui entra au nouveau théâtre italien rétabli en 1716. Avant la suppression de ce spectacle en 1697, Mme de Lathorillière y jouait les rôles de soubrette sous le nom de *Colombine*.

Plein du souvenir des rares talents de son beau-père, Lathorillière ne voulut point se charger du rôle d'*Arlequin* dans une pièce où Dancourt, son camarade, voulait placer la plûpart des personnages de la Comédie italienne ; il lui offrit seulement de remplir celui de *Mezzétin*, étant probablement moins effrayé de la réputation d'Angelo Constantini, qui cependant n'était pas un acteur médiocre. Armand fut plus audacieux ; voyez son article.

~~~~~~~~~

THORILLIÈRE.

(*Anne-Maurice Lenoir, sieur de la*)

La réputation de son père et celle de son aïeul, obtinrent à cet acteur une faveur qui n'était pas commune ; il fut reçu le 9 avril 1722 sans avoir débuté. Cependant il s'en fallait beaucoup qu'il les valût ; pendant plus de quinze ans au contraire le public se montra si constant à le siffler dans les rôles de confidents tragiques et d'amoureux de comédie, que son père fut un jour contraint de demander grâce au parterre pour lui.

Lathorillière n'ayant point de succès dans cet emploi, entreprit de doubler Duchemin, et y réussit assez bien pour qu'à la retraite de cet acteur célèbre, en 1741, on le chargeât en chef de l'emploi des manteaux. Il s'y fit de la réputation : quoique sa prononciation fût difficile et embarrassée, il avait du feu, beaucoup de comique, mais il était toujours outré, et avait, suivant l'expression d'un auteur contemporain, la rage de faire rire le parterre à force de charger.

Le public qui s'accoutume à tout, comme nous l'avons remarqué plusieurs fois, s'accoutuma si bien aux charges outrées de Lathorillière, qu'il le regretta beaucoup lorsque cet acteur reçut sa retraite à la clôture de 1759. Il y avait cependant trente-sept années qu'il était au théâtre, où il avait paru pour la premiere fois le lundi 29 juin 1722 par le rôle de *Xipharès*. En se retirant il obtint la pension de quinze cents livres qu'il ne conserva pas long-temps, puisqu'il mourut à Paris le 23 octobre 1759, âgé de soixante-trois ans. Quelques auteurs reculent sa mort jusqu'à l'année 1769, nous croyons être sûrs qu'ils se trompent, n'ayant point trouvé son nom sur les listes des pensionnaires de la Comédie en 1760 et années suivantes.

THUILLERIE.

(*Jean-François Juvénon, sieur de la*)

LATHUILLERIE était fils de Lasleur et de N...
Guérin, fille de Gros-Guillaume. Il débuta sur
le théâtre de l'hôtel de Bourgogne, au mois d'octobre 1672, dan les premiers rôles tragiques,
et fut reçu pour ceux de rois. Conservé à la réunion, il mourut d'une fièvre chaude, à Paris, le
13 février 1688, âgé de trente-quatre ou trente-
cinq ans.

Lathuillerie était grand et très-bien fait; il faisait bien des armes, montait parfaitement à cheval, et était d'une très-grande force à la paume.
Il aimait beaucoup les femmes, et les excès auxquels il se livra furent la cause de sa mort. Ces
renseignements, dus à un auteur contemporain
de Lathuillerie, ne nous apprennent point s'il
avait du talent comme acteur, et toutes nos recherches à cet égard ont été infructueuses.

Lathuillerie fit jouer et imprimer sous son
nom les tragédies d'*Hercule* et de *Soliman* ;
mais ceux qui le connaissaient particulièrement,
et qui savaient qu'il n'était point instruit, furent
toujours persuadés qu'il ne faisait que prêter son

nom à l'abbé Abeille. Aussi, quand Lathuillerie mourut, on lui composa l'épitaphe suivante :

Ici gît qui se nommait Jean ;
Il croyait avoir fait Hercule et Soliman.

Il ne reste donc à Lathuillerie, pour soutenir son titre d'auteur, que les petites comédies de *Crispin précepteur*, et de *Crispin bel-esprit*, toutes deux en un acte et en vers. La première fut jouée en 1679, la seconde en 1681. Elles sont assez plaisantes, mais le comique en est bas, et d'ailleurs il n'y a point d'invention.

VANHOVE.

Né à Lille, Vanhove remplissait l'emploi des pères nobles à Bruxelles, lorsqu'il conçut le dessein de se présenter à la comédie française pour y doubler Brizard. Il parut pour la première fois, le mercredi 2 juillet 1777, par le rôle d'*Auguste* dans *Cinna*, joua successivement ceux de *Baliveau*, d'*Euphemon père*, de *M. d'Orbesson* dans *le père de Famille*, de *Danaüs* dans *Hypermnestre*, de *Licandre* dans *le Glorieux*, et de *Zopire*, et fut reçu à la clôture de 1779.

Vanhove tenait de la nature un extérieur fort

convenable à son emploi. Sa taille était un peu
au-dessus de la moyenne ; il n'avait pas, même
sur la fin de sa vie, trop de cet embonpoint que
l'on regardait anciennement comme une qualité
très-précieuse pour un roi de théâtre, mais qui
ne réussirait pas de même actuellement. La probité se peignait sur son front avec des traits vé-
nérables ; malheureusement son ensemble n'offrait pas la noblesse que l'on peut désirer à la
scène ; son organe était empâté ; sa diction généralement lourde, traînante et monotone. Ce
furent ces défauts de Vanhove, exagérés par un
auteur satirique que nous ne nommerons point,
parce qu'il paraît avoir renoncé au dangereux
métier de médire, qui dictèrent ces quatre vers
retenus de trop de personnes pour qu'il soit indiscret de les citer :

Vanhove, plus heureux, psalmodie à mon gré.
Quel succès l'attendait, s'il eût été curé !
Sa petite paroisse, au sermon réunie,
Eût souvent de Jésus partagé l'agonie.

On ne peut nier qu'ils ne soient bien tournés ;
peut-être cependant M...... eût-il dû se les refuser, en considérant qu'ils affligeraient un acteur
honnête qui n'était plus dans l'âge où l'on peut
profiter de la critique, et qui d'ailleurs avait un
talent très-réel.

C'est ce talent que nous allons essayer d'apprécier, après avoir fait, en commençant cet article, la part inévitable de la critique, et nous remplirons cette obligation avec plus de plaisir que la première.

Il était entièrement dû à la nature. Vanhove n'avait en général étudié ses rôles que pour les apprendre ; mais, possédant beaucoup d'âme et de sensibilité, ayant souvent une chaleur communicative et vraie, débitant toujours très-naturellement, et joignant à ces avantages une longue habitude de la scène, s'il n'effrayait pas souvent dans les rôles vigoureux de rois et de tyrans, pour lesquels il avait peu d'aptitude, du moins il attendrissait presque toujours dans ceux de pères, dont il trouvait le sentiment dans son cœur.

Vanhove était surtout pathétique et touchant dans celui de *Don Diègue*, et nous croyons pouvoir rapporter une anecdote relative à ce rôle joué par lui, qui prouve combien la jeunesse irréfléchie dont nos théâtres sont peuplés aujourd'hui, apprécie mal le talent des acteurs, et surtout combien elle a été injuste envers ce bon Vanhove. Un jour qu'il y déployait toute son âme d'une manière si touchante, que des larmes coulaient de tous les yeux, un jeune étourdi, placé au parterre, demanda fort sérieusement à son voisin comment on pouvait pleurer en écoutant Vanhove ? — « Monsieur, répondit celui-ci, » comme on pleurait jadis à la passion prêchée » par un capucin ».

La comparaison n'était pas exactement juste. Vanhove méritait un éloge plus étendu ; et, quand il n'aurait en sa faveur que le rôle de *Courval* dans *l'École des Pères*, qu'il joua d'original en 1787, et où il excella, on ne pourrait sans injustice lui refuser une place après Brizard et à côté de Sarrazin. Vanhove avait beaucoup de ressemblance avec cet ancien acteur, et nous pourrions lui appliquer plusieurs traits qui nous ont servi à peindre Sarrazin.

Vanhove jouait très-bien dans le drame et la haute comédie ; il exprimait supérieurement la noble indignation dont *Géronte* est pénétré dans *le Menteur*, et la douleur paternelle du *baron Hartley* dans *Eugénie*. Nous pourrions citer plusieurs autres rôles qui lui firent honneur ; rien ne serait même plus facile, car Vanhove fut l'acteur le plus infatigable et le plus zélé que la scène française ait jamais possédé. Il ne connaissait point la distinction des bons et des mauvais rôles ; il suffisait qu'il fût utile à sa société de l'en charger, pour qu'il les acceptât sans répugnance. Ses devoirs lui furent toujours sacrés ; jamais il ne leur préféra ses plaisirs ; on le trouvait toujours prêt à paraître, et dans aucune circonstance le répertoire ne fut arrêté par sa faute. Une pareille conduite est trop estimable et trop rare, pour que nous lui refusions les justes éloges qu'elle mérite.

Dans les dernières années que Vanhove passa au théâtre, il n'éprouva point les égards auxquels il avait droit de prétendre, et fut quelquefois traité bien cruellement par les juges imberbes qui venaient s'asseoir au spectacle au lieu d'aller à l'école. On ne sentit ce qu'il valait que lorsqu'on l'eut perdu.

La reprise de *Polyeucte*, qui eut lieu le 13 floréal de l'an 11, fut long-temps retardée par la maladie grave de cet acteur, qui devait jouer le rôle de *Félix*. On ne croyait pas qu'elle dût être mortelle, et lorsque la première représentation de cette tragédie fut donnée à l'époque que nous venons d'indiquer, on annonça que l'acteur chargé du rôle de *Félix*, ne le jouait que par indisposition de Vanhove, ce qui prouve que l'on espérait sa guérison. Cette attente fut trompée ; Vanhove succomba quelque temps après, et commença dès-lors, comme nous venons de le dire, à être regretté du public.

Dans sa vie privée, cet acteur fut un modèle de probité. Son épouse débuta dans les premiers rôles tragiques, le lundi 14 août 1780, et sa fille, depuis M⁰ Petit, et actuellement M⁰ Talma, parut pour la première fois, le 8 octobre 1785, dans les rôles de jeunes princesses, par celui d'*Iphigénie*. Le plan de cet ouvrage, où nous nous sommes interdit le droit de parler des acteurs vivants, ne nous permet pas d'en dire davantage.

VERNEUIL.

(*Achille Varlet, sieur de*)

CE comédien était fils d'un procureur d'Amiens, et frère de Lagrange, l'un des meilleurs acteurs du théâtre de Molière. L'infidélité de son tuteur le força, ainsi que son frère, à prendre le parti du théâtre; mais il ne s'y fit pas la même réputation que Lagrange.

Après avoir joué pendant quelques années en province, il entra dans la troupe du Marais, passa, en 1673, dans celle de Guénégaud, fut conservé à la réunion de 1680, et se retira le lundi 19 juin 1684, avec une pension de 1000 livres. Il alla finir ses jours à Amiens sa patrie, et y mourut vers la fin de 1706, ou au commencement de 1707. On le trouve encore sur l'état des pensionnaires du 12 avril 1706; mais c'est le dernier où il soit porté.

Par le rôle d'*Arbate*, qu'il joua en 1681, dans l'*Oreste* de Boyer et Leclerc, on peut juger qu'il ne remplissait que ceux de confidents tragiques, et les utilités dans la comédie.

~~~~~~~~~~~

VELLÈNE.

(*Joseph-Marie-François*)

MOISSONNÉ dans son printemps, ce jeune acteur, qvi donnait beaucoup d'espérances, n'eut pas le loisir de les réaliser; et sa carrière fut si courte, qu'il est peu de personnes aujourd'hui qui se souviennent de son existence au théâtre français.

Il débuta le mercredi 4 septembre 1765 par les rôles de *Darviane* dans *Mélanide* et d'*Olinde* dans *Zénéide*, resta pensionnaire pendant les années 1766, 1767 et 1768, fut reçu au nombre des comédiens français le 1er avril 1769, et mourut au Bourg-la-Reine vingt jours après, c'est-à-dire, le 21 avril.

Pendant la maladie de Molé, Vellène avait joué tous les rôles de son emploi de manière à faire croire qu'il suivrait de près les traces de ce grand maître; il avait de l'intelligence et du feu; son seul défaut était d'avoir l'organe un peu faible. Il joua d'original les rôles de *Walter Furst* dans *Guillaume Tell*, et de *Sir Charles* dans *Eugénie*.

VILLIERS.

(*N.... de*)

Si Molière n'eût pas joint le nom de de Villiers à celui des acteurs de l'hôtel de Bourgogne, qu'il critique dans l'*Impromptu de Versailles*, il est probable qu'il serait actuellement fort ignoré, quoique de Villiers ait été acteur et auteur. Il jouait les comiques nobles et les troisièmes rôles tragiques et ne débitait pas plus naturellement que ses camarades, puisque Molière se moque de la manière emphatique avec laquelle il faisait le récit de la mort de *Polibe*. (Voyez l'*Œdipe* de Corneille).

Quant aux pièces que de Villiers composa, elles mériteraient beaucoup mieux le nom de farces que celui de comédies. En voici les titres : 1° *Le Festin de Pierre*, ou *le Fils Criminel*, tragi-comédie en cinq actes et en vers, 1659 ; 2° l'*Apothicaire dévalisé*, comédie en un acte et en vers, 1660 ; 3° *les Ramonneurs*, comédie en un acte et en vers, 1662 ; 4° *la Vengeance des Marquis*, ou *Réponse à l'Impromptu de Versailles*, comédie en un acte et en prose, 1664 ; 5° *les Côteaux*, ou *les Marquis friands*, comédie en un acte et en vers, 1665.

On lui attribue encore les *Trois Visages*, comédie en un acte et en vers, 1665.

De Villiers se retira du théâtre vers l'année 1670. Comme on le trouve porté sur l'état des pensionnaires fait en 1680, après la réunion, et qu'il ne paraît plus sur celui qui fut dressé après Pâques 1686, on peut conjecturer qu'il mourut avant cette dernière époque. Il eut un fils qui fera le sujet de l'article suivant.

VILLIERS.

(*Jean de*)

QUOIQUE cet acteur ait joui d'une très-grande réputation, et que son talent ait été regardé comme supérieur, il y a bien peu de renseignements sur son compte.

Dans sa première jeunesse, il fit partie de la troupe des comédiens du dauphin, passa ensuite plusieurs années dans la province, vint débuter, avec Raisin le cadet et sa femme, à l'hôtel de Bourgogne, en 1679, fut reçu ainsi qu'eux et conservé à la réunion.

De Villiers jouait faiblement les seconds rôles tragiques ; dans la comédie, au contraire, il réunissait plusieurs emplois, et les jouait tous avec un talent du premier ordre. Il excellait surtout dans ceux de petits-maîtres, de gascons, d'ivrognes et de marquis ridicules, et joua d'original ceux du *Chevalier à la mode*, de l'*Important*, du *Flatteur*.

De Villiers était de taille moyenne ; quoique fort maigre, il était assez bel homme, et poussait la coquetterie jusqu'à porter habituellement une mouche sur le nez. Cette circonstance est sans doute fort peu intéressante aujourd'hui ; nous ne la rapportons aussi qu'à cause de la singularité que présente cette adoption faite par un homme, d'une mode que l'on a toujours cru réservée exclusivement aux femmes.

Il avait épousé N.... Raisin, sœur des acteurs qui portèrent ce nom ; il en eut deux enfants, un fils et une fille. Le premier débuta le samedi 21 novembre 1693 par le rôle de *Pasquin* dans la *Coquette* de Baron. Il aspirait à remplacer son oncle Raisin le cadet, mort dans la même année. Ce projet était hardi, mais peu sensé ; de Villiers fils grasséyait, n'avait point de talent marqué pour le théâtre, et d'ailleurs sa taille était au-dessous de la médiocre. Cependant le crédit de Mme Raisin, sa tante, lui fit obtenir, le 20 novembre 1694, un ordre par lequel la jouissance d'un quart de part vacant par la mort de Mme Guérin, veuve de Molière, lui était accordée jusqu'à Pâques de l'année suivante : il paraît qu'il fut congédié à cette époque.

Son père mourut à Paris le 14 juillet 1701 (ou 1702).

FIN DU TOME PREMIER.

TABLE

De ce qui est contenu dans le Tome premier.

FIN DE LA TABLE.

ERRATA.

Pag. 306, l. 22. première *lisez* dernière.

Pag. 457, l. 2. faretériana *lisez* furetériana.

Pag. 534. au tit. SALLE *lisez* SALLÉ.

Pag. 541. l. 20. auteur *lisez* acteur.

www.ingramcontent.com/pod-product-compliance
Lightning Source LLC
Chambersburg PA
CBHW051338220526
45469CB00001B/12